STUDIO GAGA
präsentiert

DUR-AN-KI

produziert von
KENTARO MIURA

DUR-AN-KI

INHALT

STUDIO GAGA
KUROSAKI
AKIO MIYAJI
NOBUHIRO HIRAI
NAOHIDE NAGASHIMA
SHIGERU KINOSHITA
HIDEAKI SUGIMOTO

IDEE UND PRODUKTION
KENTARO MIURA

Übersetzung
JOHN SCHMITT-WEIGAND

Lettering
MONICA ROSSI

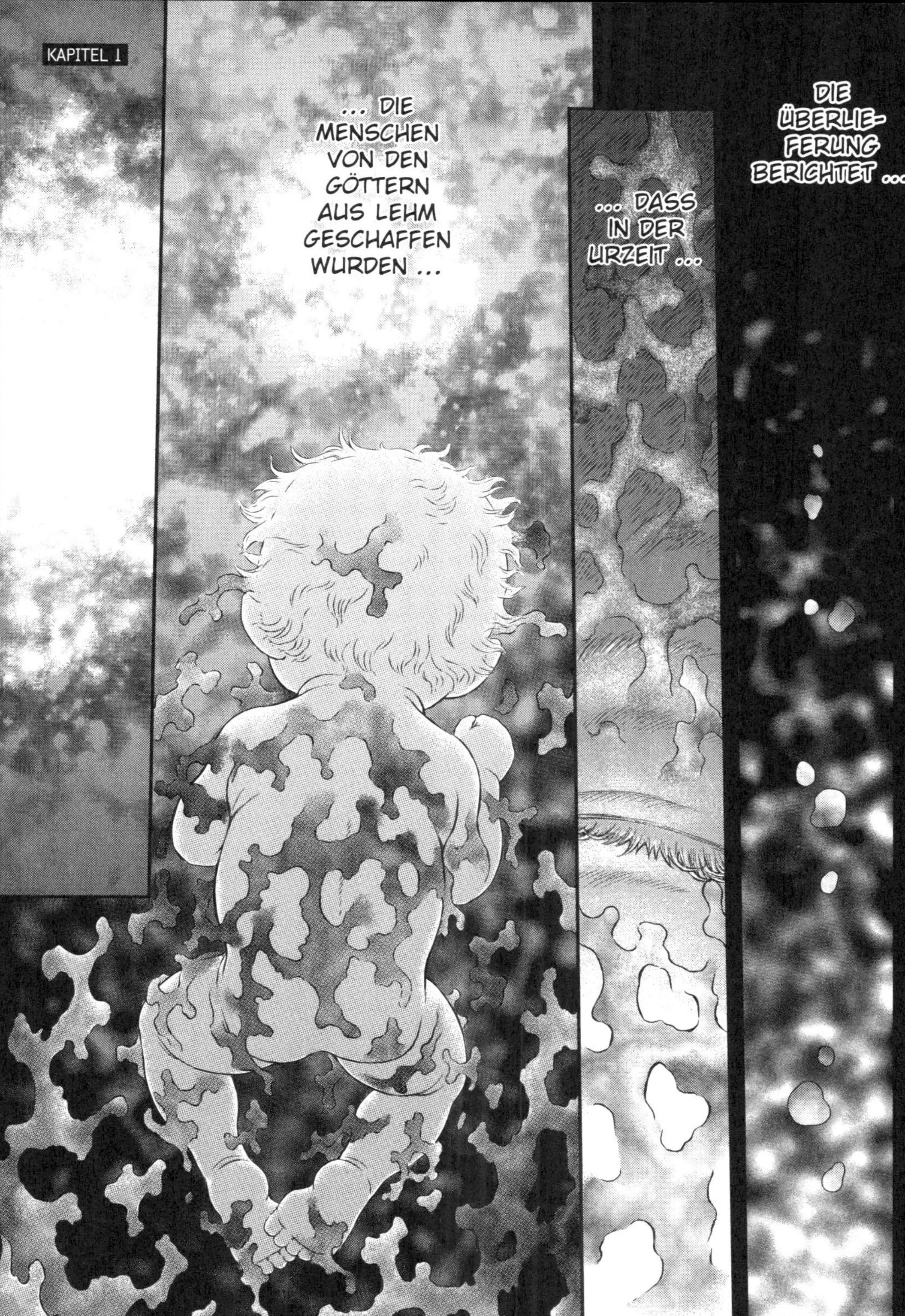
KAPITEL 1
DIE ÜBERLIE-
FERUNG
BERICHTET ...
... DASS
IN DER
URZEIT ...
... DIE
MENSCHEN
VON DEN
GÖTTERN
AUS LEHM
GESCHAFFEN
WURDEN ...

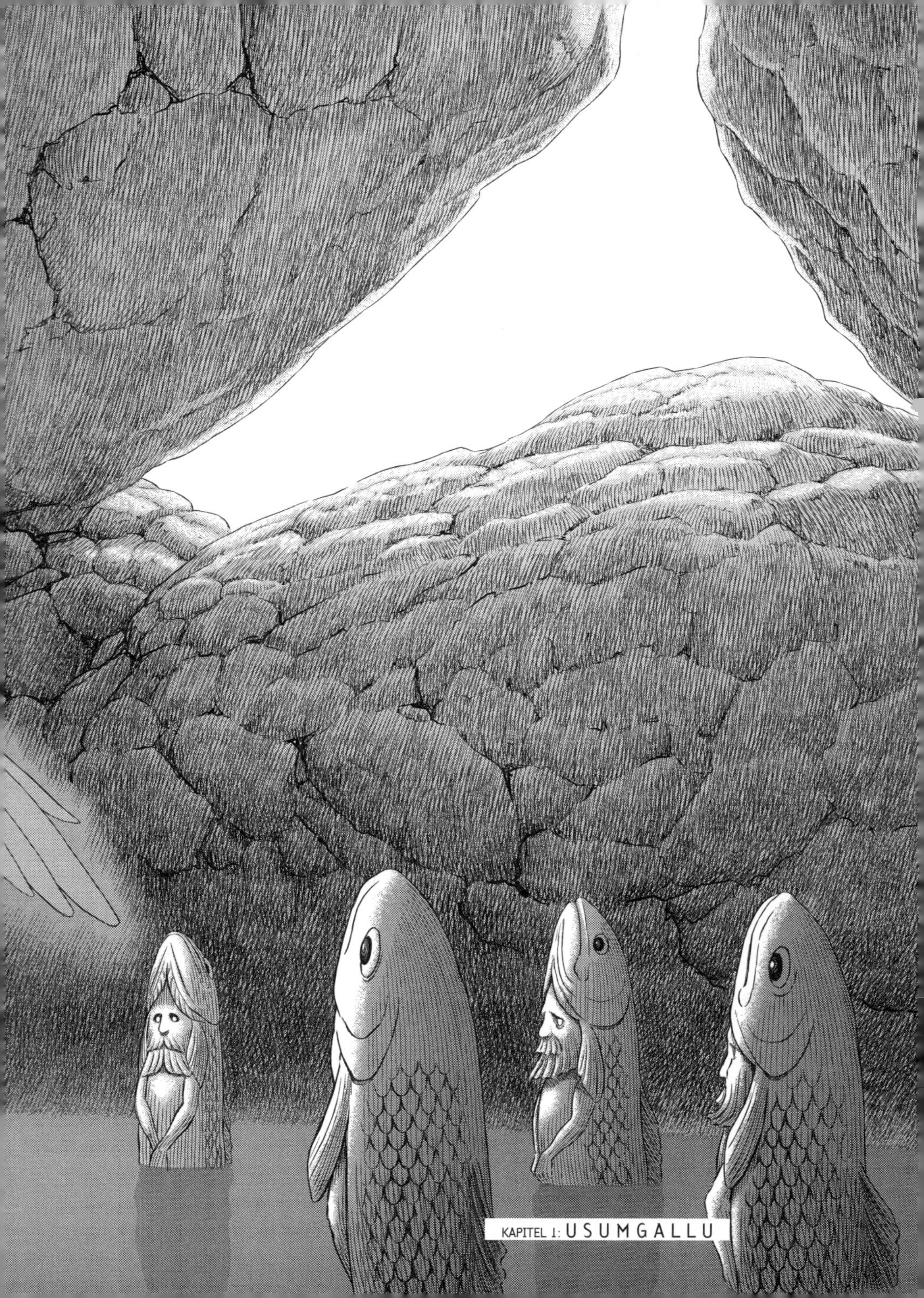
KAPITEL 1: USUMGALLU

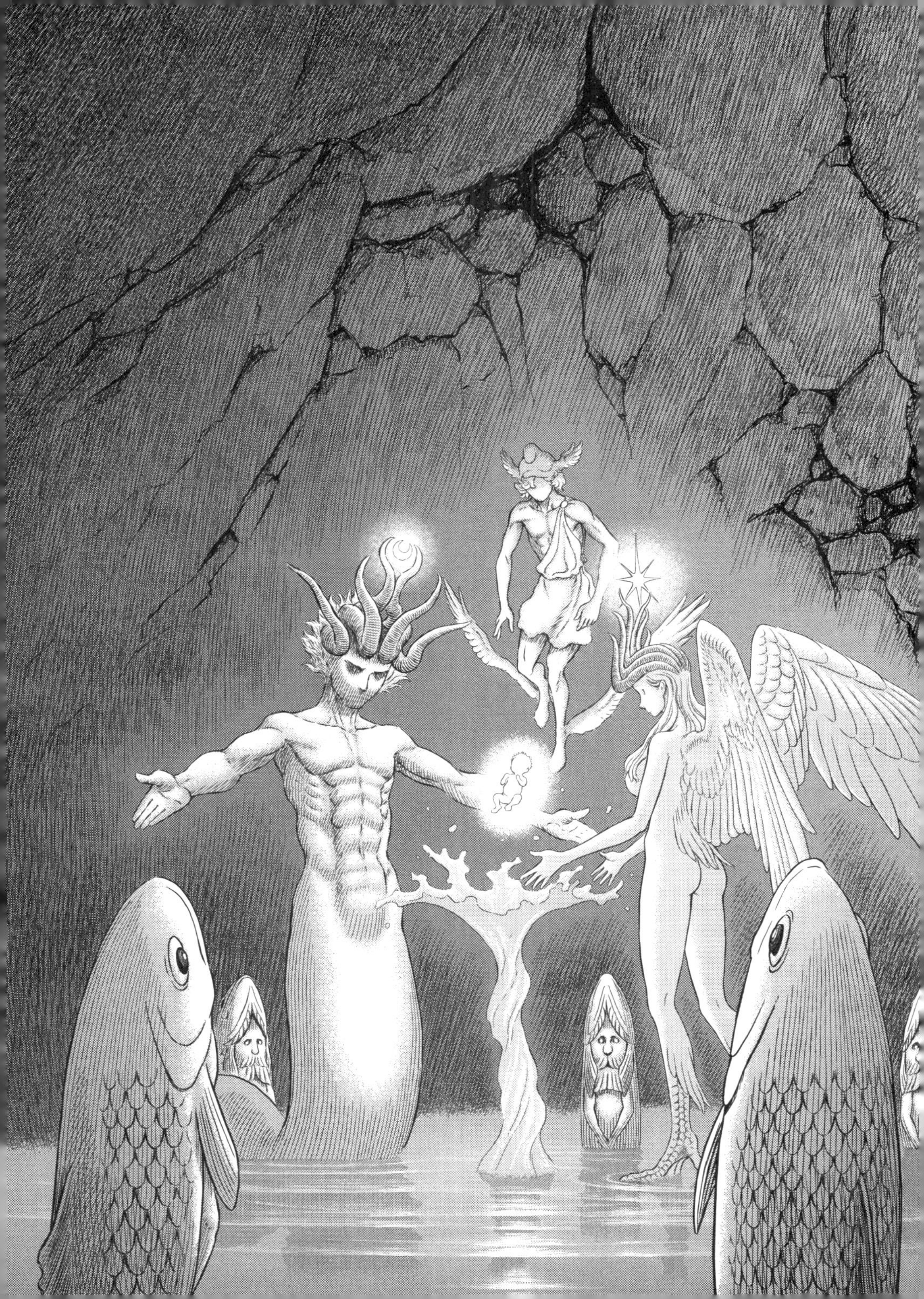

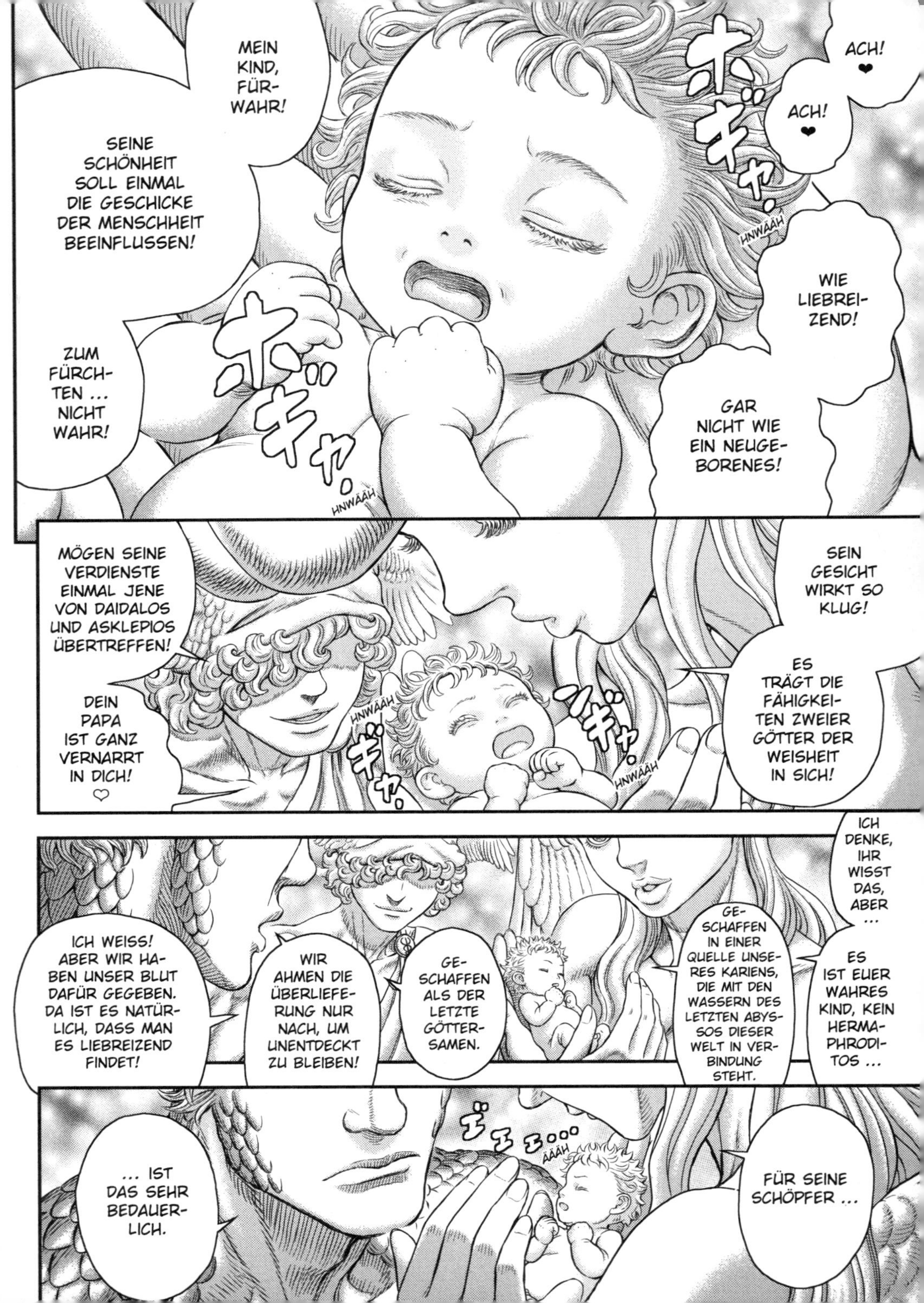
ACH! ❤
ACH! ❤
HNWÄÄH
MEIN KIND, FÜR-WAHR!
SEINE SCHÖNHEIT SOLL EINMAL DIE GESCHICKE DER MENSCHHEIT BEEINFLUSSEN!
WIE LIEBREI-ZEND!
GAR NICHT WIE EIN NEUGE-BORENES!
HNWÄÄH
ZUM FÜRCH-TEN … NICHT WAHR!
SEIN GESICHT WIRKT SO KLUG!
ES TRÄGT DIE FÄHIGKEI-TEN ZWEIER GÖTTER DER WEISHEIT IN SICH!
HNWÄÄH
HNWÄÄH
MÖGEN SEINE VERDIENSTE EINMAL JENE VON DAIDALOS UND ASKLEPIOS ÜBERTREFFEN!
DEIN PAPA IST GANZ VERNARRT IN DICH! ♡
ICH DENKE, IHR WISST DAS, ABER …
ES IST EUER WAHRES KIND, KEIN HERMA-PHRODI-TOS …
GE-SCHAFFEN IN EINER QUELLE UNSE-RES KARIENS, DIE MIT DEN WASSERN DES LETZTEN ABYS-SOS DIESER WELT IN VER-BINDUNG STEHT.
GE-SCHAFFEN ALS DER LETZTE GÖTTER-SAMEN.
WIR AHMEN DIE ÜBERLIEFE-RUNG NUR NACH, UM UNENTDECKT ZU BLEIBEN!
ICH WEISS! ABER WIR HA-BEN UNSER BLUT DAFÜR GEGEBEN. DA IST ES NATÜR-LICH, DASS MAN ES LIEBREIZEND FINDET!
ÄÄÄH
FÜR SEINE SCHÖPFER …
… IST DAS SEHR BEDAUER-LICH.

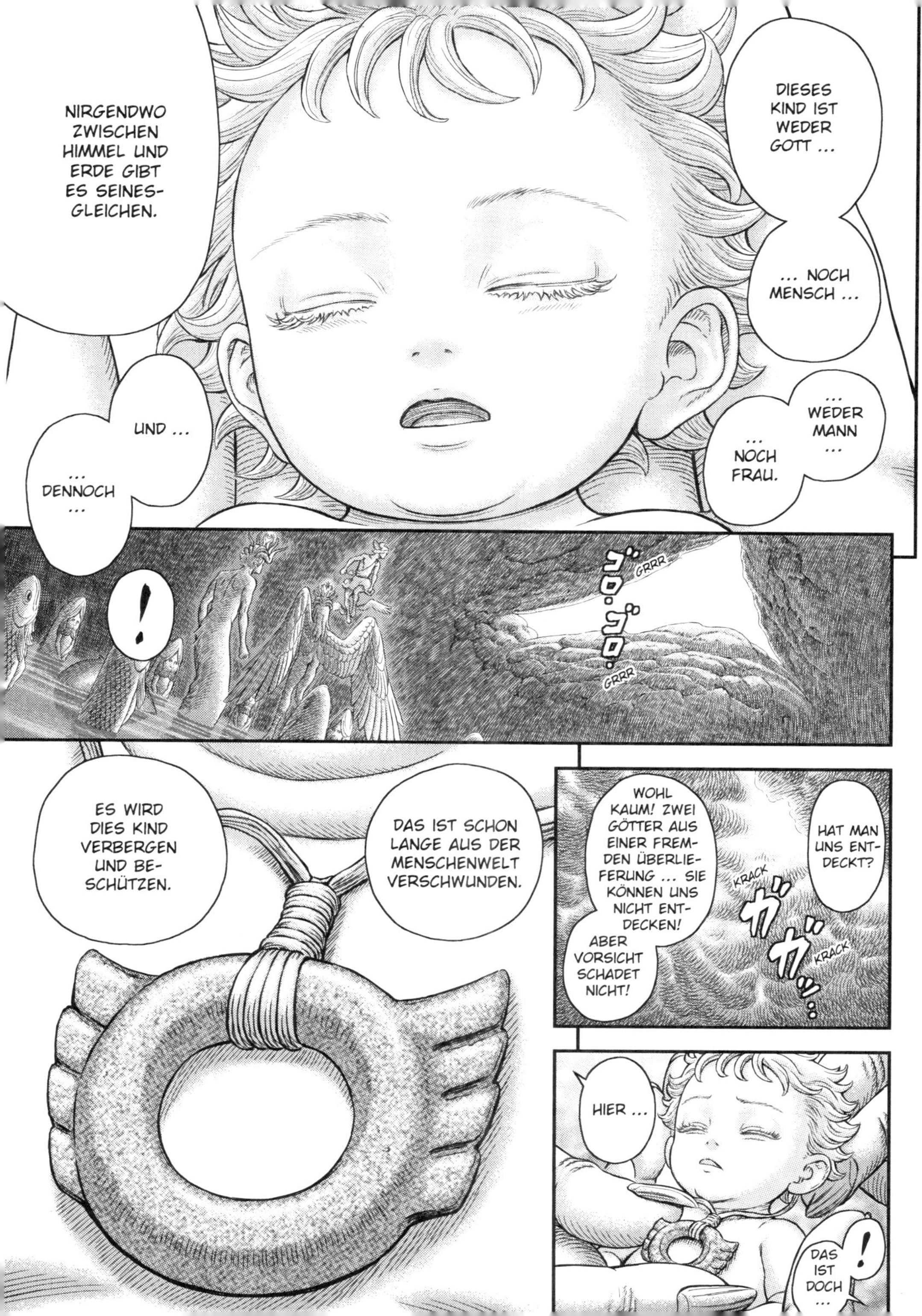
DIESES KIND IST WEDER GOTT …
… NOCH MENSCH …
… WEDER MANN …
… NOCH FRAU.
NIRGENDWO ZWISCHEN HIMMEL UND ERDE GIBT ES SEINESGLEICHEN.
UND …
… DENNOCH …
!
GRRR
GRRR
HAT MAN UNS ENTDECKT?
WOHL KAUM! ZWEI GÖTTER AUS EINER FREMDEN ÜBERLIEFERUNG … SIE KÖNNEN UNS NICHT ENTDECKEN!
ABER VORSICHT SCHADET NICHT!
KRACK
KRACK
DAS IST SCHON LANGE AUS DER MENSCHENWELT VERSCHWUNDEN.
ES WIRD DIES KIND VERBERGEN UND BESCHÜTZEN.
HIER …
!
DAS IST DOCH …

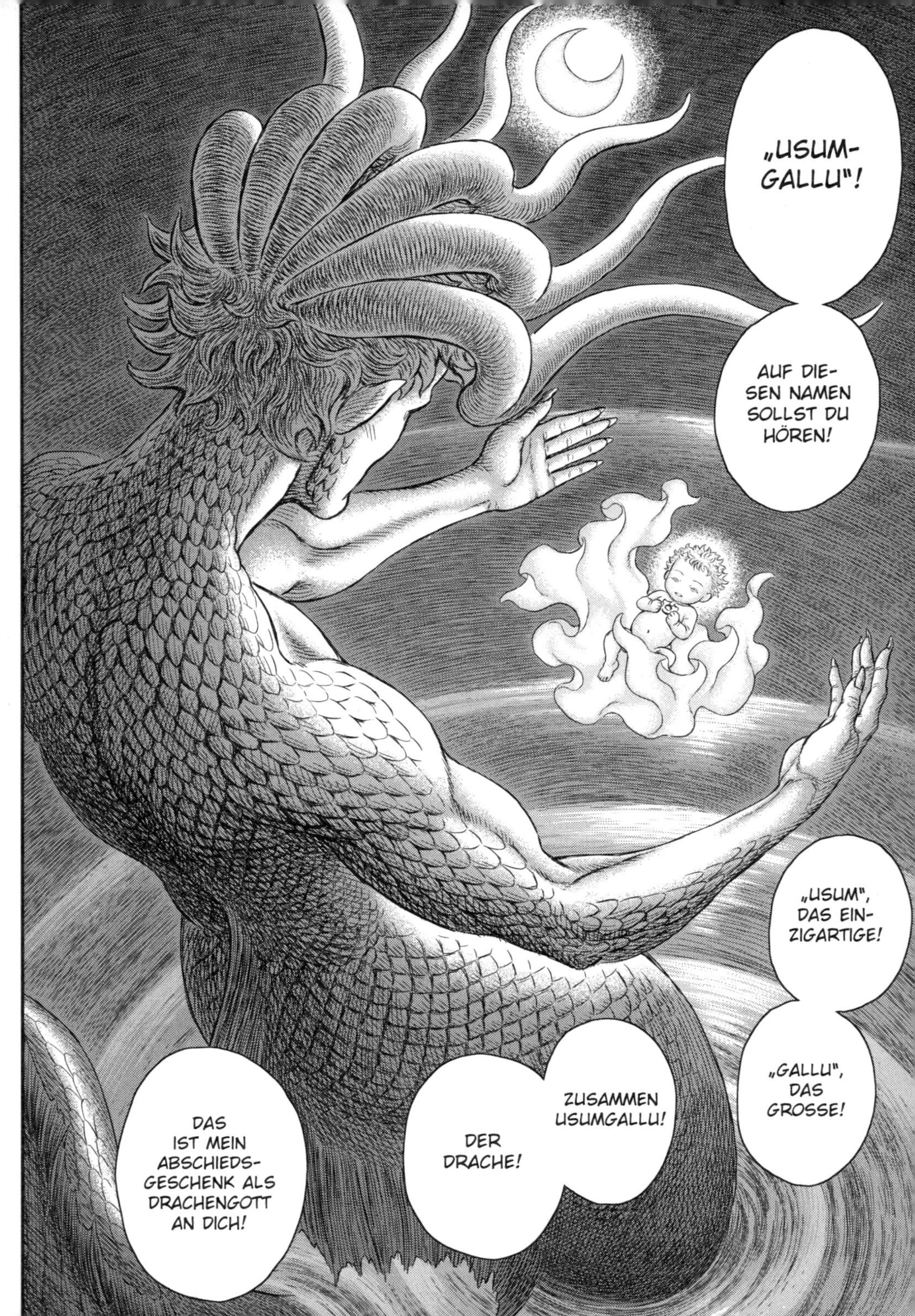
„USUM-GALLU"!
AUF DIE-SEN NAMEN SOLLST DU HÖREN!
„USUM", DAS EIN-ZIGARTIGE!
„GALLU", DAS GROSSE!
ZUSAMMEN USUMGALLU!
DER DRACHE!
DAS IST MEIN ABSCHIEDS-GESCHENK ALS DRACHENGOTT AN DICH!

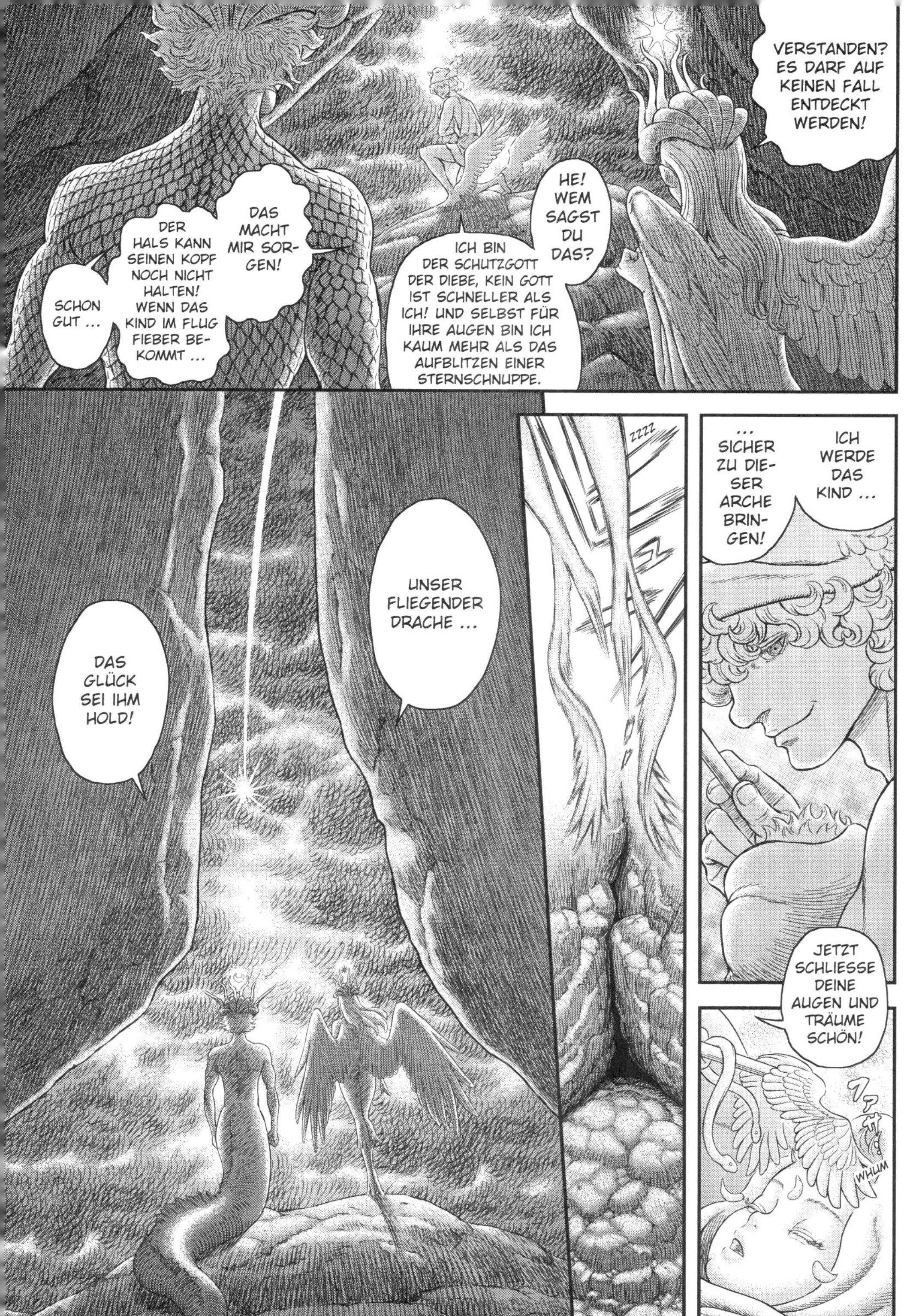
VERSTANDEN? ES DARF AUF KEINEN FALL ENTDECKT WERDEN!
HE! WEM SAGST DU DAS?
ICH BIN DER SCHUTZGOTT DER DIEBE, KEIN GOTT IST SCHNELLER ALS ICH! UND SELBST FÜR IHRE AUGEN BIN ICH KAUM MEHR ALS DAS AUFBLITZEN EINER STERNSCHNUPPE.
DAS MACHT MIR SOR-GEN!
DER HALS KANN SEINEN KOPF NOCH NICHT HALTEN! WENN DAS KIND IM FLUG FIEBER BE-KOMMT ...
SCHON GUT ...
ICH WERDE DAS KIND ...
... SICHER ZU DIE-SER ARCHE BRIN-GEN!
JETZT SCHLIESSE DEINE AUGEN UND TRÄUME SCHÖN!
WHUM
ZZZZ
UNSER FLIEGENDER DRACHE ...
DAS GLÜCK SEI IHM HOLD!

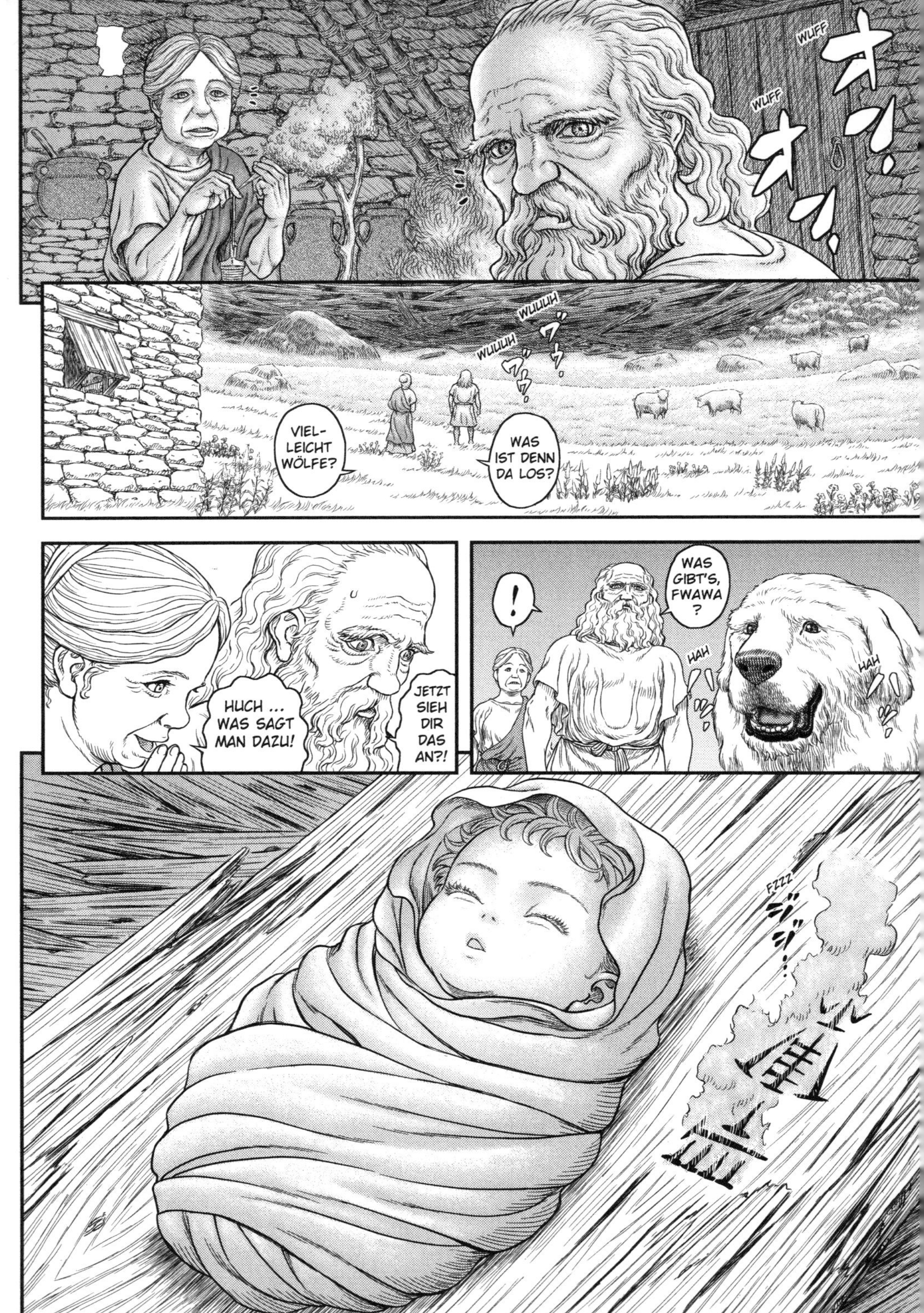

WUFF
WUFF
WUUUH
WUUUH
WAS IST DENN DA LOS?
VIEL-LEICHT WÖLFE?
WAS GIBT'S, FWAWA?
HAH
HAH
!
JETZT SIEH DIR DAS AN?!
HUCH … WAS SAGT MAN DAZU!
FZZZ

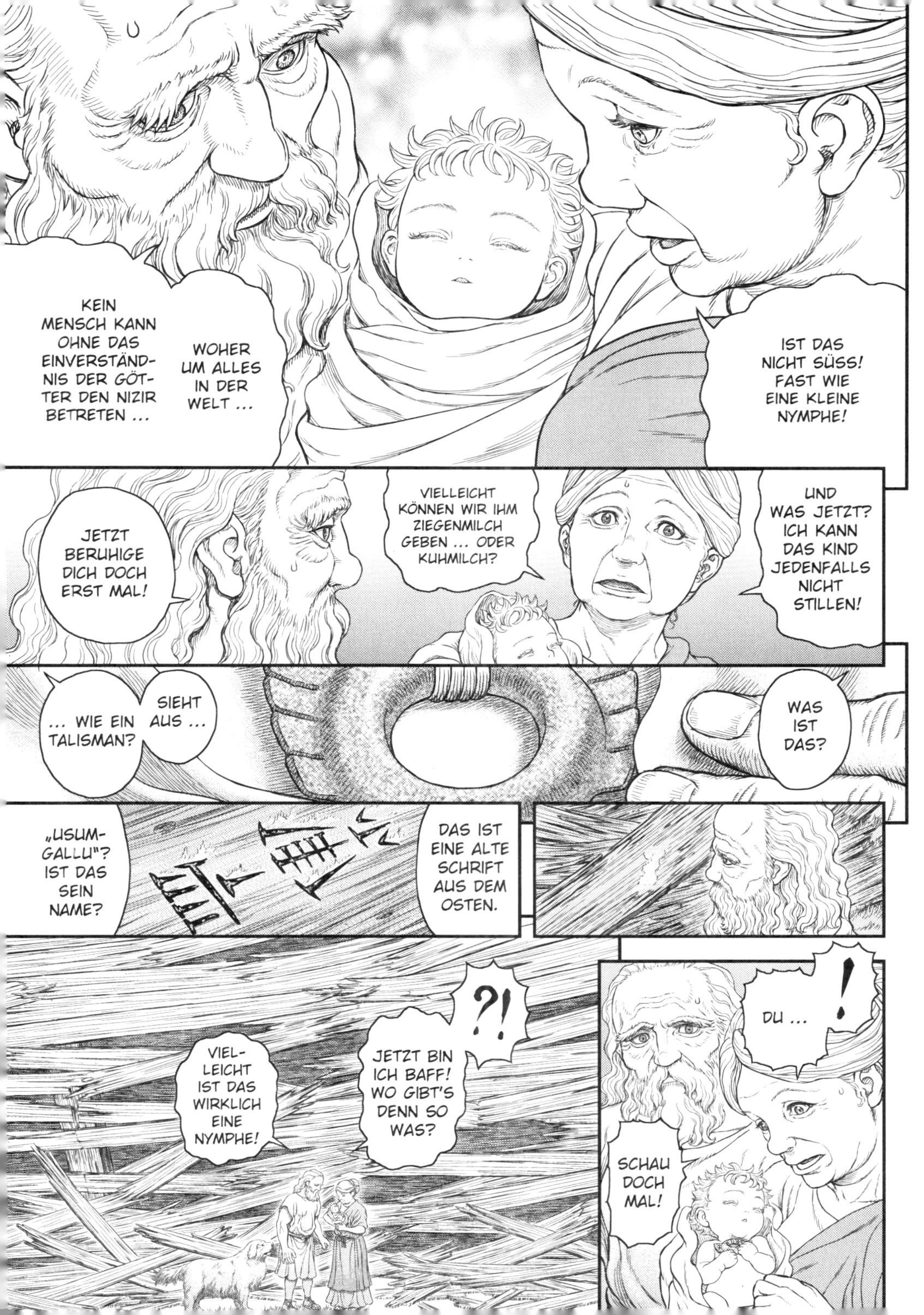
IST DAS NICHT SÜSS! FAST WIE EINE KLEINE NYMPHE!
WOHER UM ALLES IN DER WELT …
KEIN MENSCH KANN OHNE DAS EINVERSTÄNDNIS DER GÖTTER DEN NIZIR BETRETEN …
UND WAS JETZT? ICH KANN DAS KIND JEDENFALLS NICHT STILLEN!
VIELLEICHT KÖNNEN WIR IHM ZIEGENMILCH GEBEN … ODER KUHMILCH?
JETZT BERUHIGE DICH DOCH ERST MAL!
WAS IST DAS?
SIEHT AUS …
… WIE EIN TALISMAN?
DAS IST EINE ALTE SCHRIFT AUS DEM OSTEN.
„USUMGALLU"? IST DAS SEIN NAME?
!
DU …
SCHAU DOCH MAL!
?!
JETZT BIN ICH BAFF! WO GIBT'S DENN SO WAS?
VIELLEICHT IST DAS WIRKLICH EINE NYMPHE!

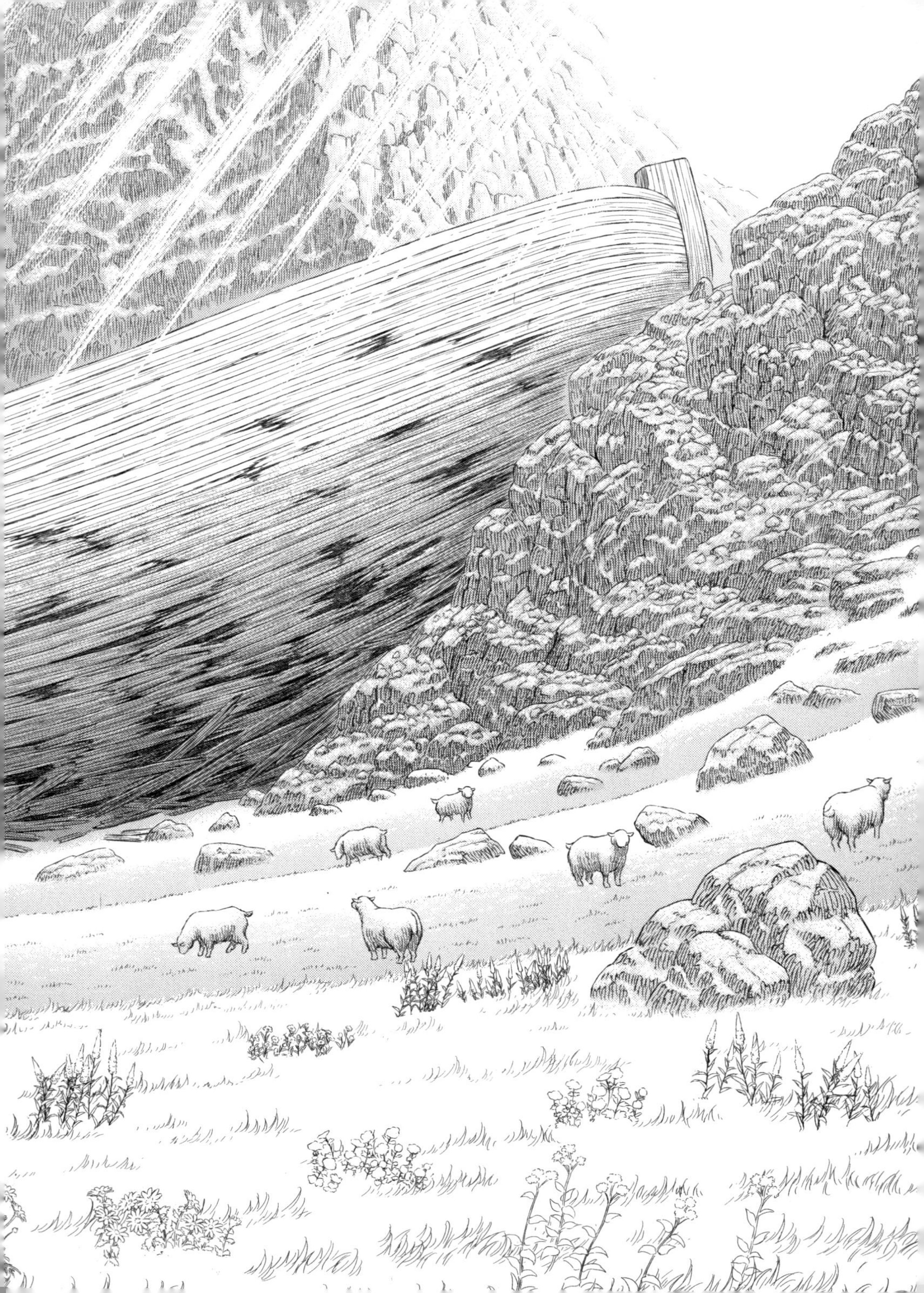

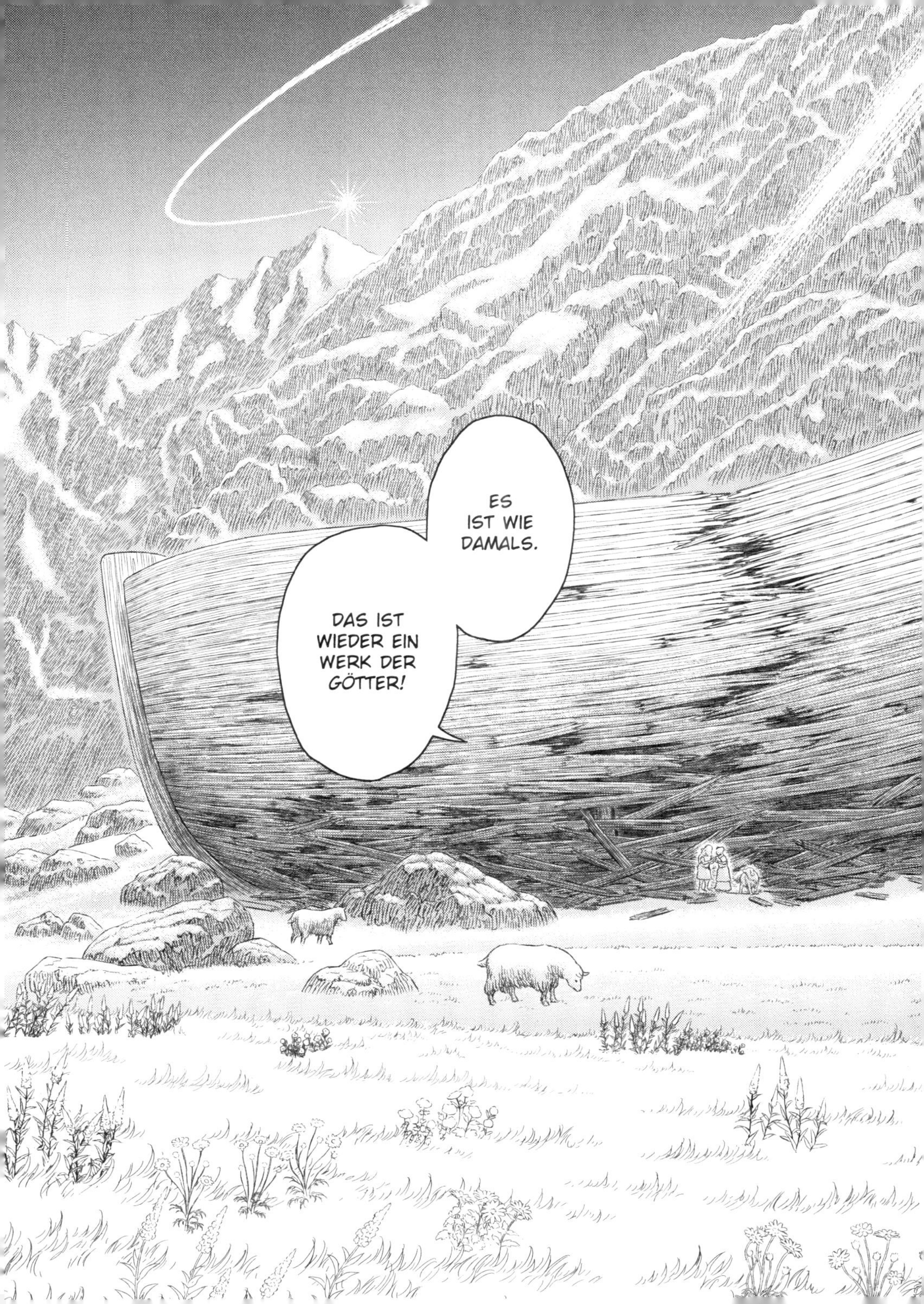
ES IST WIE DAMALS.
DAS IST WIEDER EIN WERK DER GÖTTER!

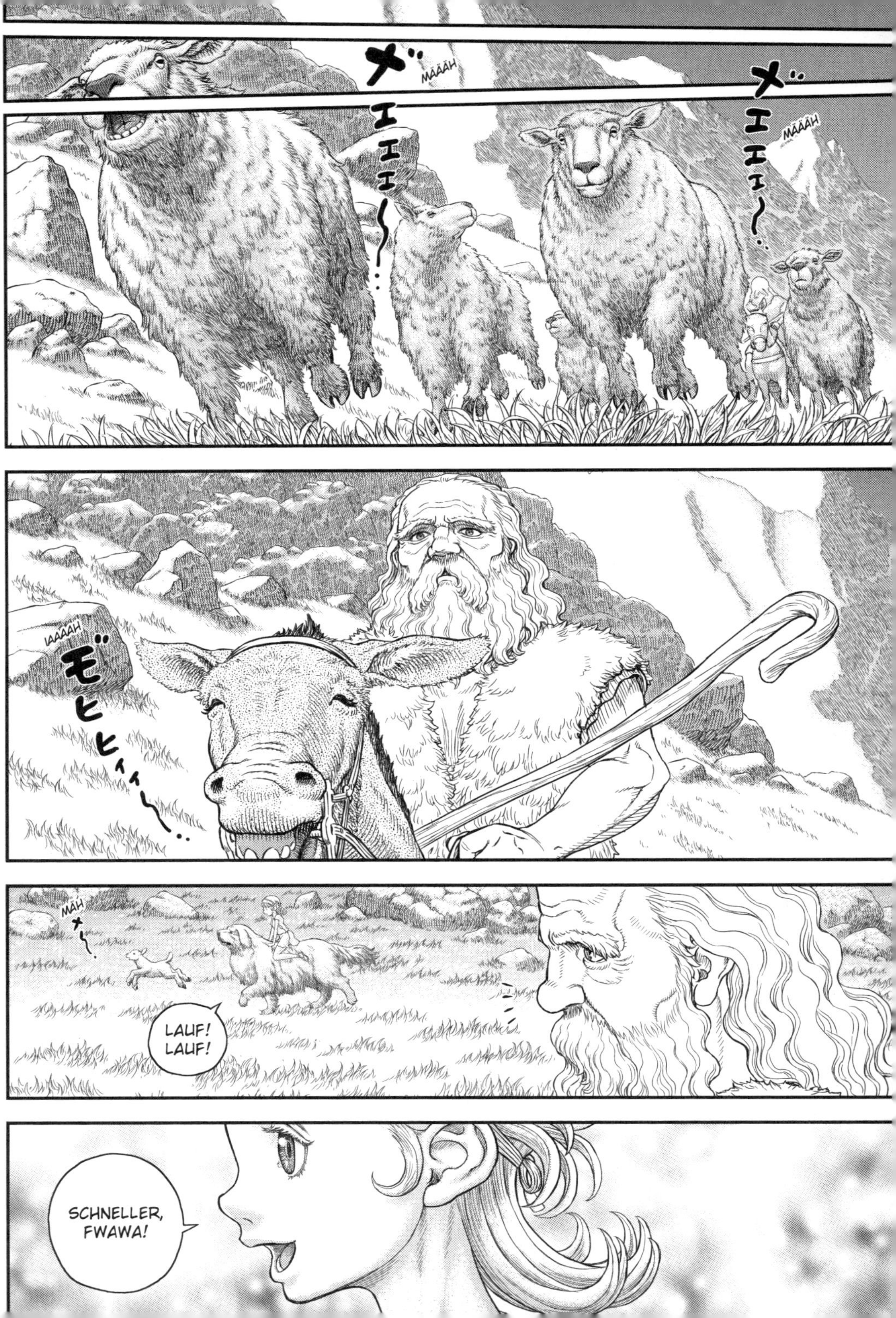

MÄÄÄH
メ゛エェェ〜…
MÄÄÄH
メ゛エェェ〜…

IAAAAH
モ゛ヒヒィィ〜…

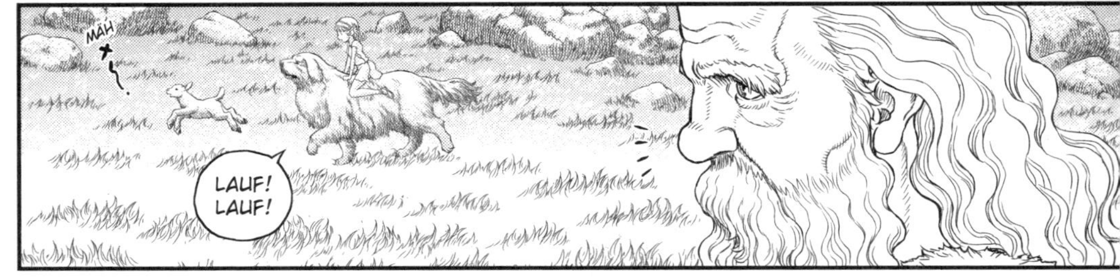

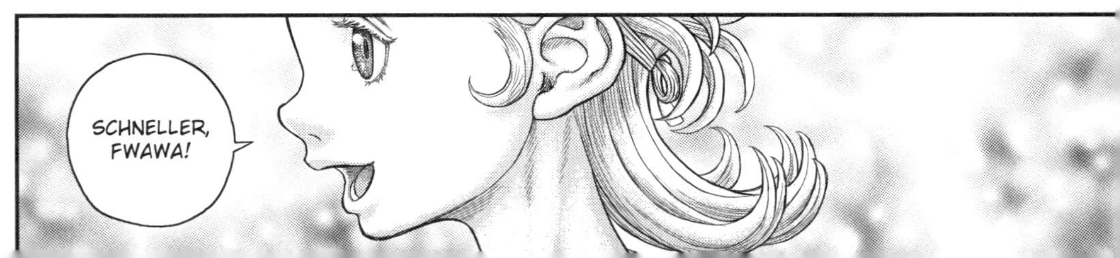

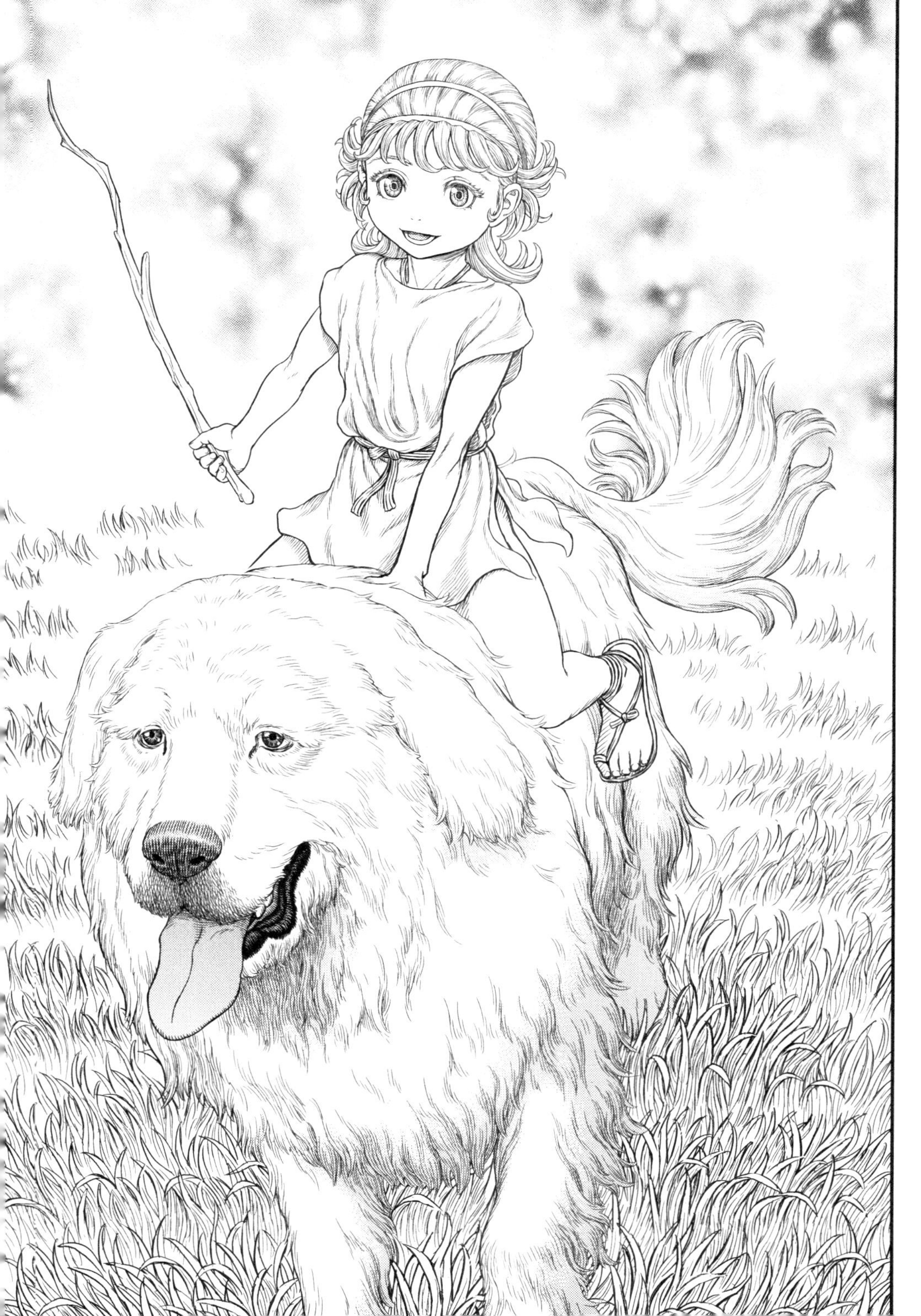

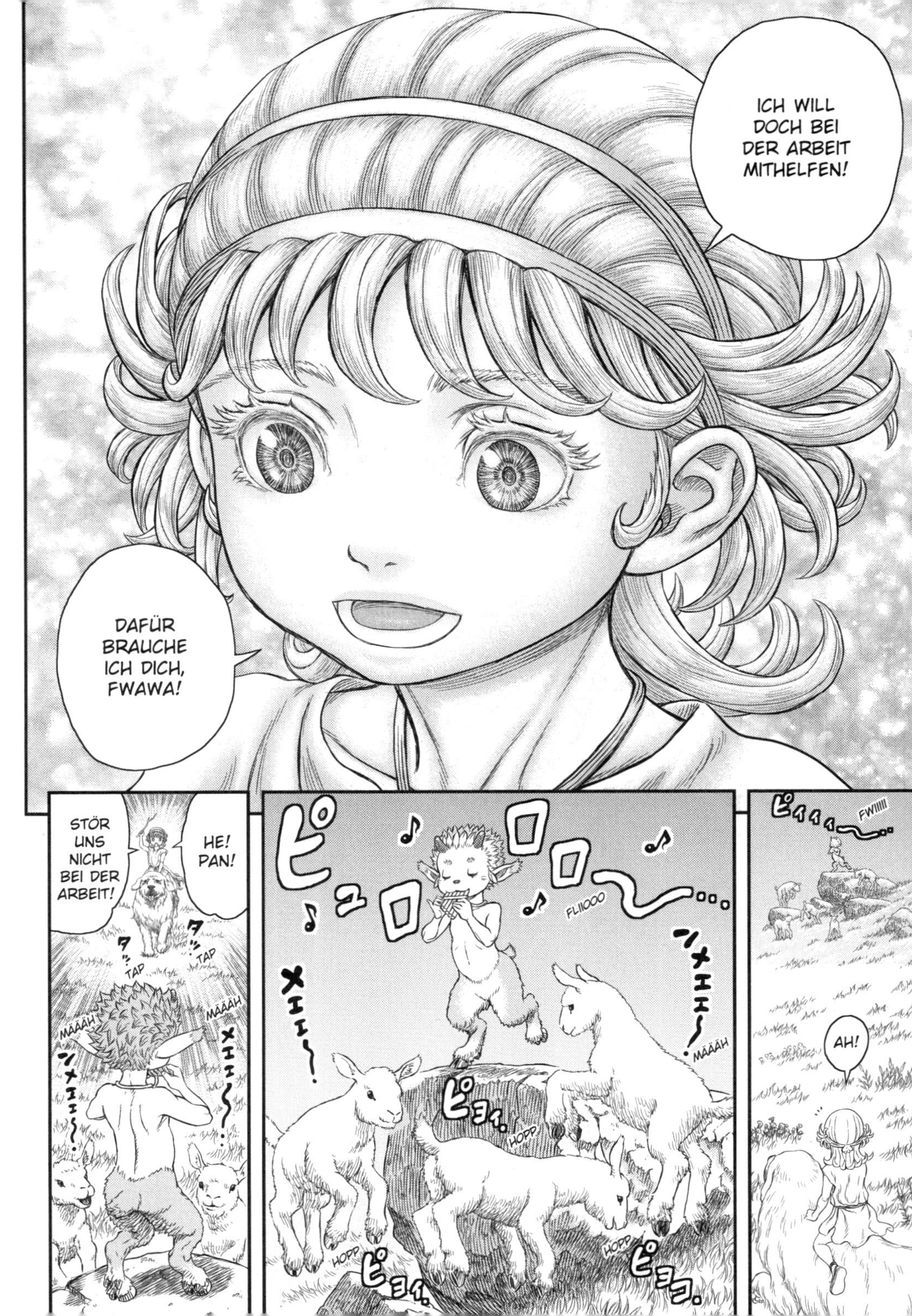
ICH WILL DOCH BEI DER ARBEIT MITHELFEN!
DAFÜR BRAUCHE ICH DICH, FWAWA!
ピィィィ〜〜。。
FWIIIIII
AH!
ピュロロロ〜。。。
FLIIOOO
メエエ〜
ハメエエ〜!
MÄÄÄH
ピョイ
HOPP
ピョイ
HOPP
ピョコ
HE! PAN!
STÖR UNS NICHT BEI DER ARBEIT!
TAP
TAP
MÄÄÄH
MÄÄÄH

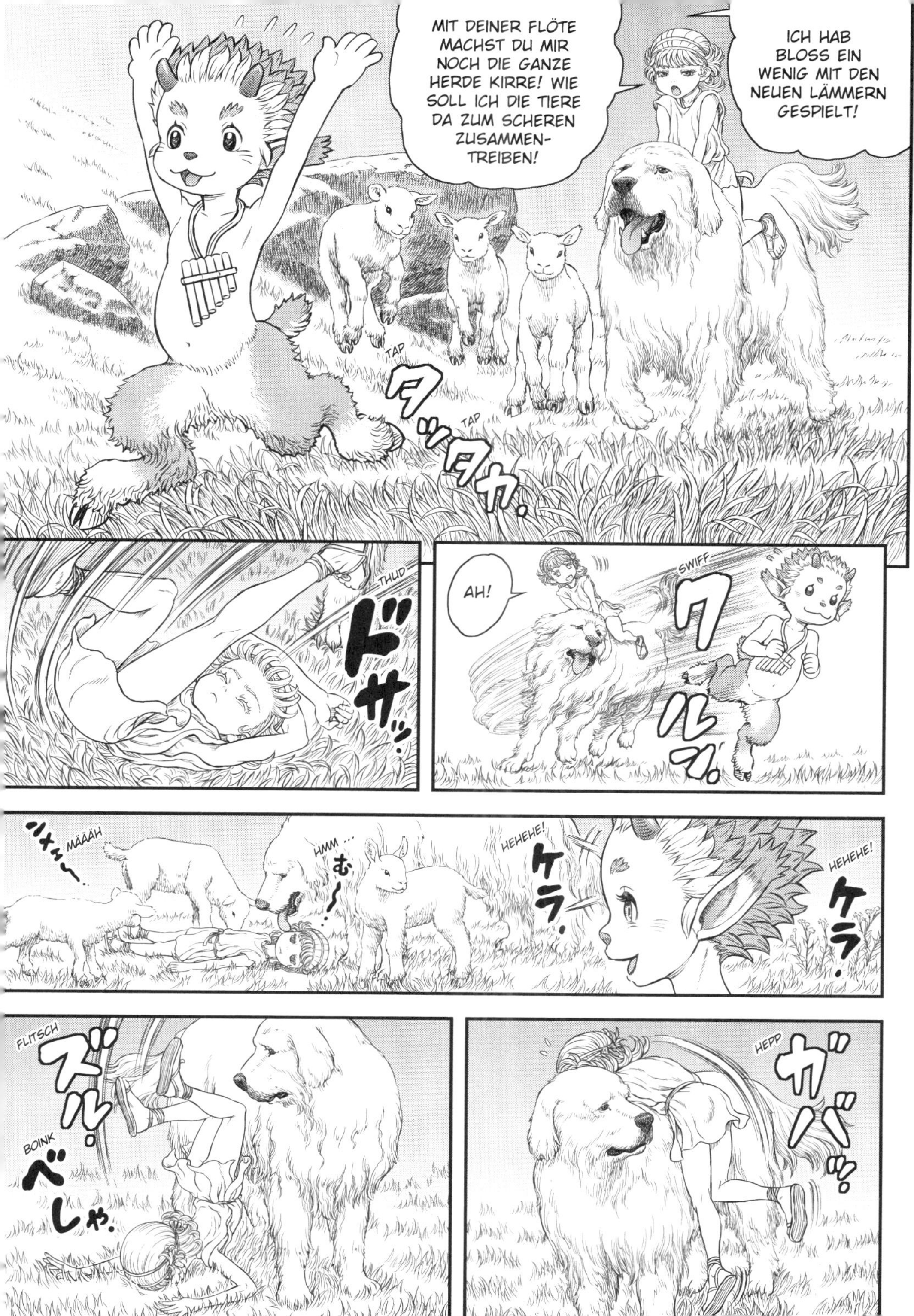
ICH HAB BLOSS EIN WENIG MIT DEN NEUEN LÄMMERN GESPIELT!
MIT DEINER FLÖTE MACHST DU MIR NOCH DIE GANZE HERDE KIRRE! WIE SOLL ICH DIE TIERE DA ZUM SCHEREN ZUSAMMEN-TREIBEN!
TAP
タッタカ。
TAP
SWIFF
クルッ。
AH!
THUD
ドサッ。
HEHEHE!
ケラ
HEHEHE!
ケラ。
HMM ...
む～！
MÄÄÄH
メェ～。
HEPP
ガバッ！
FLITSCH
ズルッ。
BOINK
べしゃ。

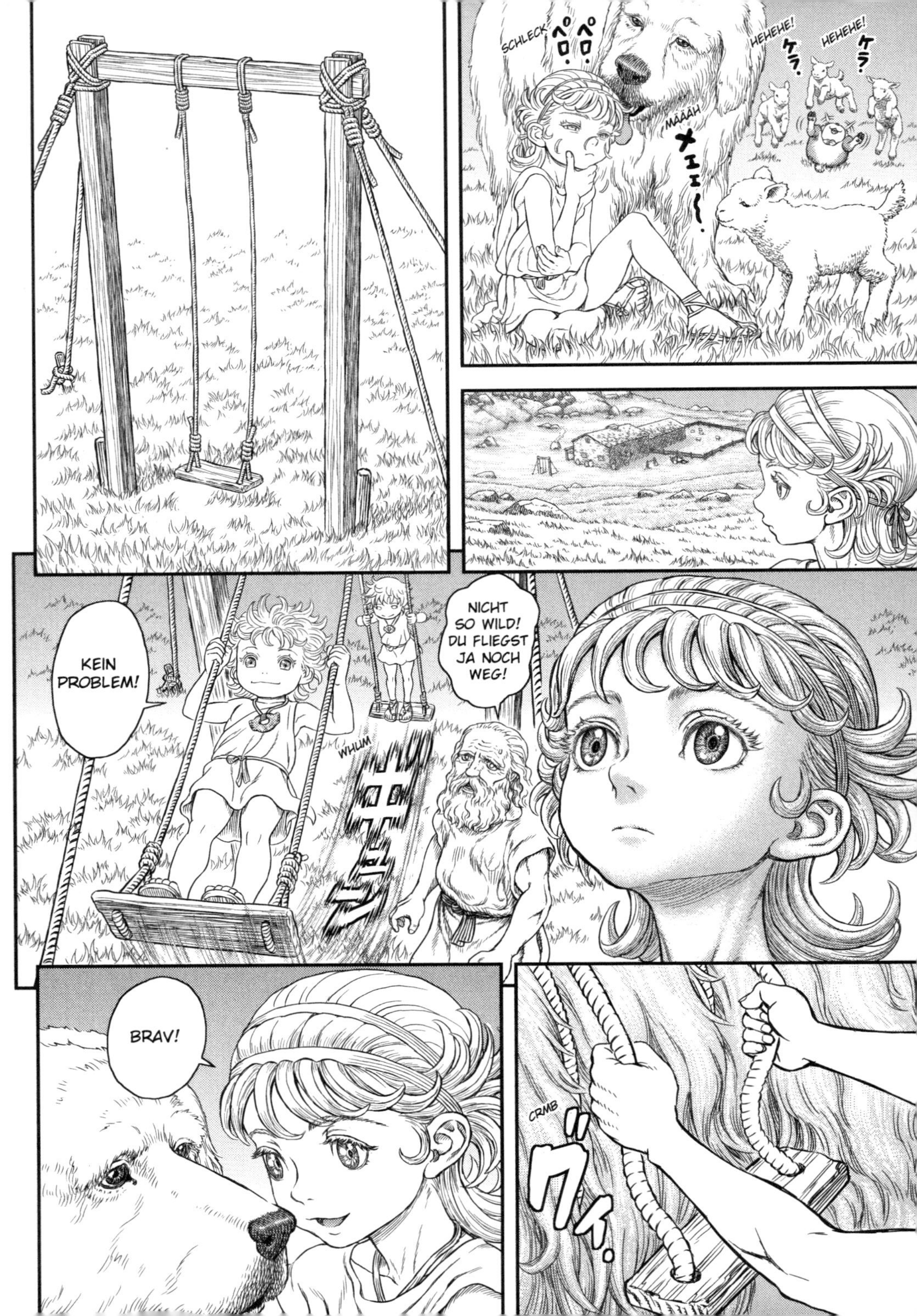
SCHLECK
ペロ. ペロ.
HEHEHE!
ケラ.
HEHEHE!
ケラ.
MÄÄÄH
メェェ〜.
NICHT SO WILD! DU FLIEGST JA NOCH WEG!
KEIN PROBLEM!
WHUM
CRMB
グイ.
BRAV!

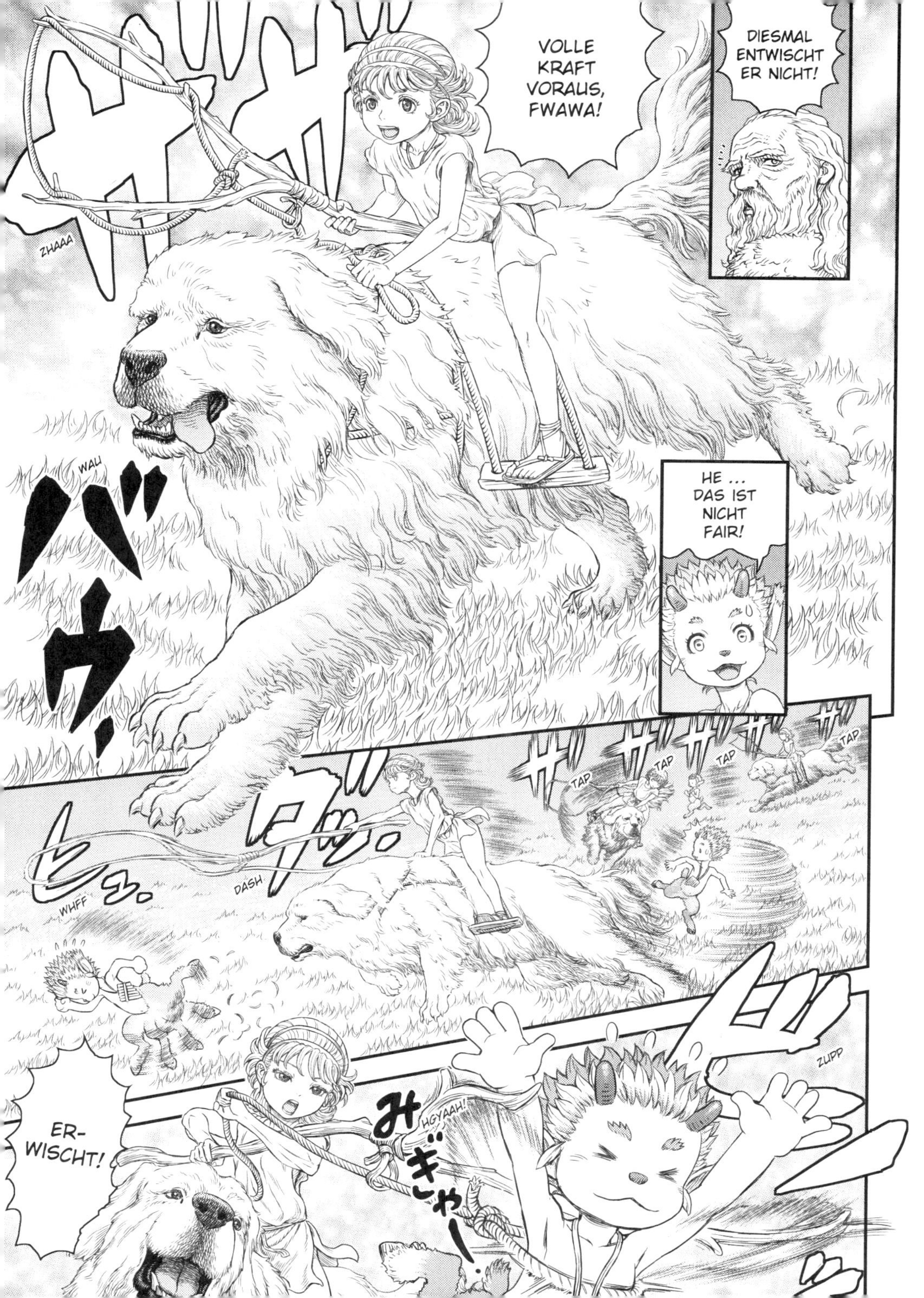
DIESMAL ENTWISCHT ER NICHT!
VOLLE KRAFT VORAUS, FWAWA!
ZHAAA
WAU
HE … DAS IST NICHT FAIR!
TAP
TAP
TAP
TAP
DASH
WHFF
ZUPP
HGYAAH!
ER-WISCHT!

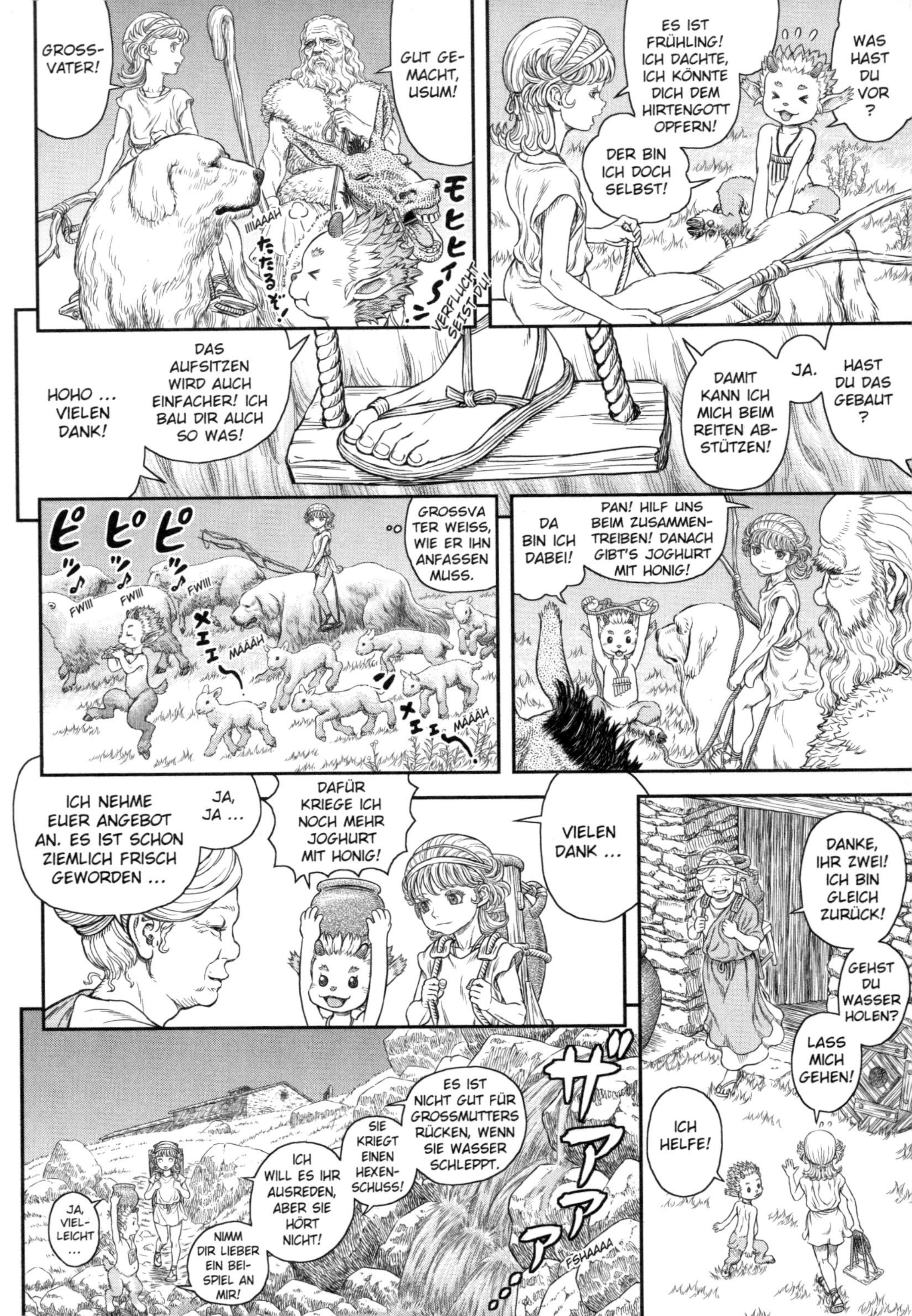

ES IST FRÜHLING! ICH DACHTE, ICH KÖNNTE DICH DEM HIRTENGOTT OPFERN!
WAS HAST DU VOR?
DER BIN ICH DOCH SELBST!
GROSS-VATER!
GUT GE-MACHT, USUM!
モヒヒィ〜ン
VERFLUCHT SEIST DU!
たたるぞ!
IIIIAAAH
HAST DU DAS GEBAUT?
JA.
DAMIT KANN ICH MICH BEIM REITEN AB-STÜTZEN!
DAS AUFSITZEN WIRD AUCH EINFACHER! ICH BAU DIR AUCH SO WAS!
HOHO ... VIELEN DANK!
PAN! HILF UNS BEIM ZUSAMMEN-TREIBEN! DANACH GIBT'S JOGHURT MIT HONIG!
DA BIN ICH DABEI!
GROSSVATER WEISS, WIE ER IHN ANFASSEN MUSS.
ピッ♪ ピッ♪ ピッ♪
FWIII FWIII FWIII
メエ〜 MÄÄÄH
メエ〜 MÄÄÄH
DANKE, IHR ZWEI! ICH BIN GLEICH ZURÜCK!
GEHST DU WASSER HOLEN?
LASS MICH GEHEN!
ICH HELFE!
VIELEN DANK ...
DAFÜR KRIEGE ICH NOCH MEHR JOGHURT MIT HONIG!
JA, JA ...
ICH NEHME EUER ANGEBOT AN. ES IST SCHON ZIEMLICH FRISCH GEWORDEN ...
ザアアア...
FSHAAAA
ES IST NICHT GUT FÜR GROSSMUTTERS RÜCKEN, WENN SIE WASSER SCHLEPPT.
SIE KRIEGT EINEN HEXEN-SCHUSS!
ICH WILL ES IHR AUSREDEN, ABER SIE HÖRT NICHT!
NIMM DIR LIEBER EIN BEI-SPIEL AN MIR!
JA, VIEL-LEICHT ...

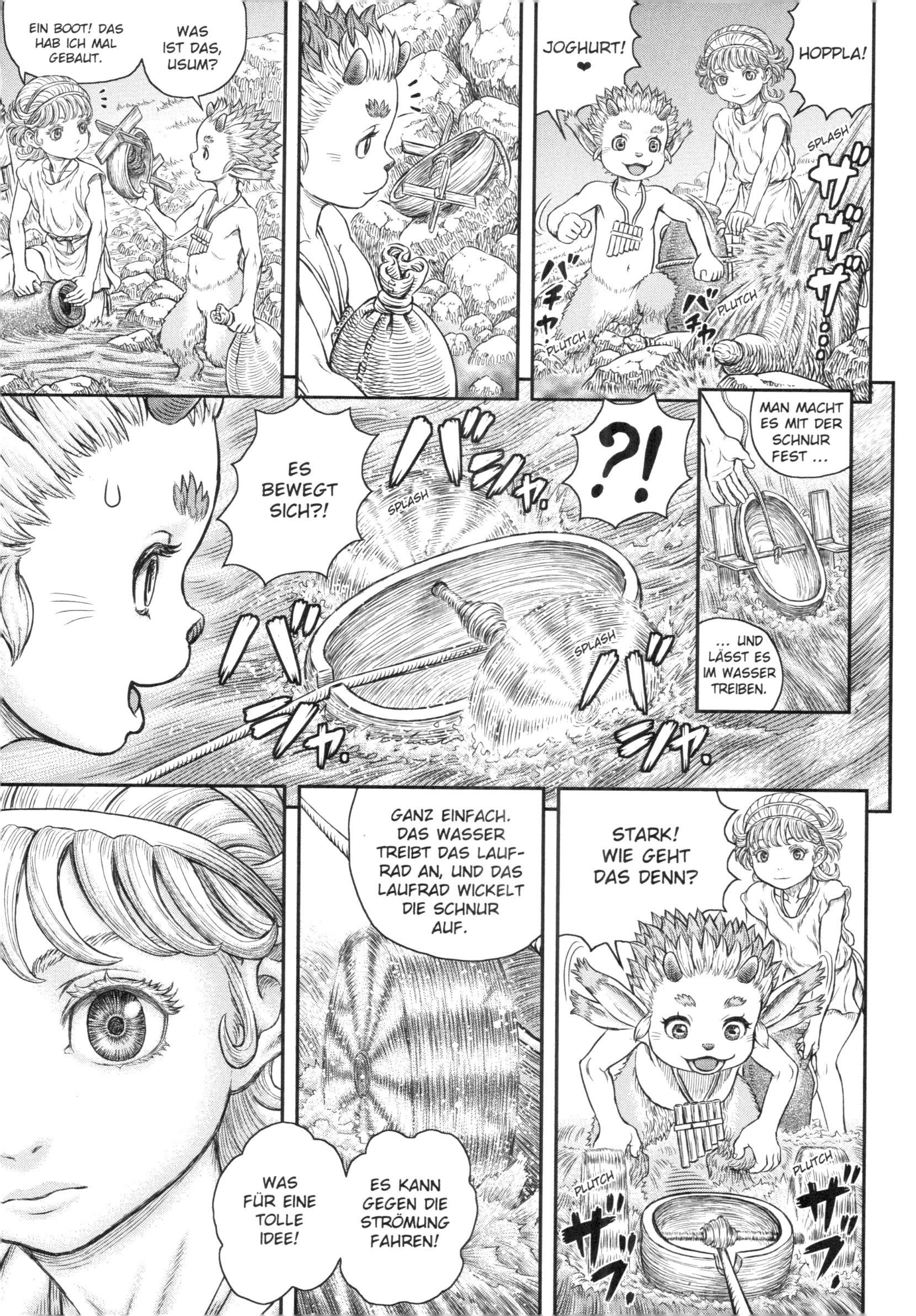
WAS IST DAS, USUM?
EIN BOOT! DAS HAB ICH MAL GEBAUT.
JOGHURT!
HOPPLA!
SPLASH
PLUTCH
PLUTCH
MAN MACHT ES MIT DER SCHNUR FEST ...
... UND LÄSST ES IM WASSER TREIBEN.
?!
SPLASH
ES BEWEGT SICH?!
SPLASH
STARK! WIE GEHT DAS DENN?
GANZ EINFACH. DAS WASSER TREIBT DAS LAUFRAD AN, UND DAS LAUFRAD WICKELT DIE SCHNUR AUF.
PLUTCH
PLUTCH
ES KANN GEGEN DIE STRÖMUNG FAHREN!
WAS FÜR EINE TOLLE IDEE!

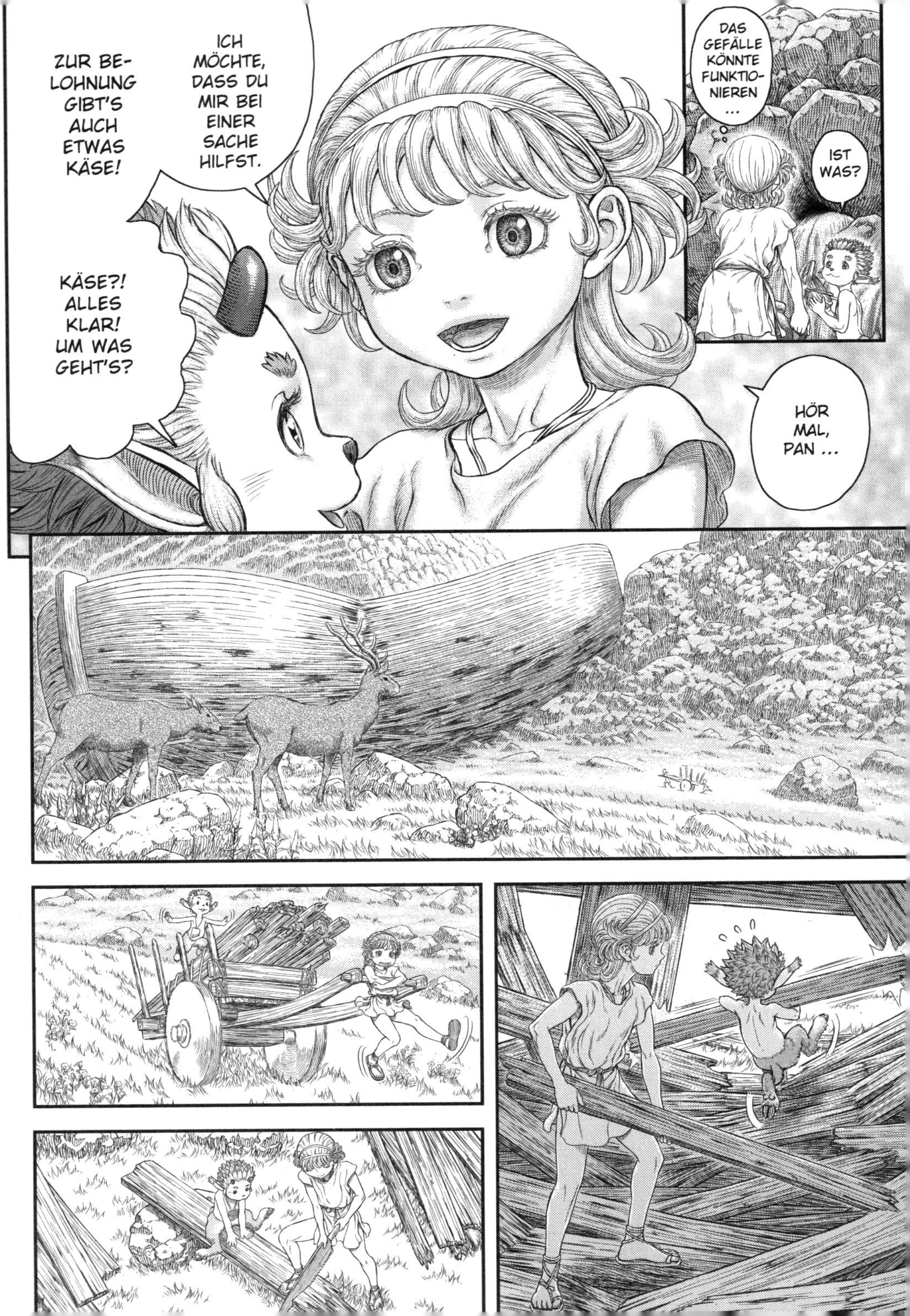

DAS GEFÄLLE KÖNNTE FUNKTIONIEREN …

IST WAS?

HÖR MAL, PAN …

ICH MÖCHTE, DASS DU MIR BEI EINER SACHE HILFST.

ZUR BELOHNUNG GIBT'S AUCH ETWAS KÄSE!

KÄSE?! ALLES KLAR! UM WAS GEHT'S?

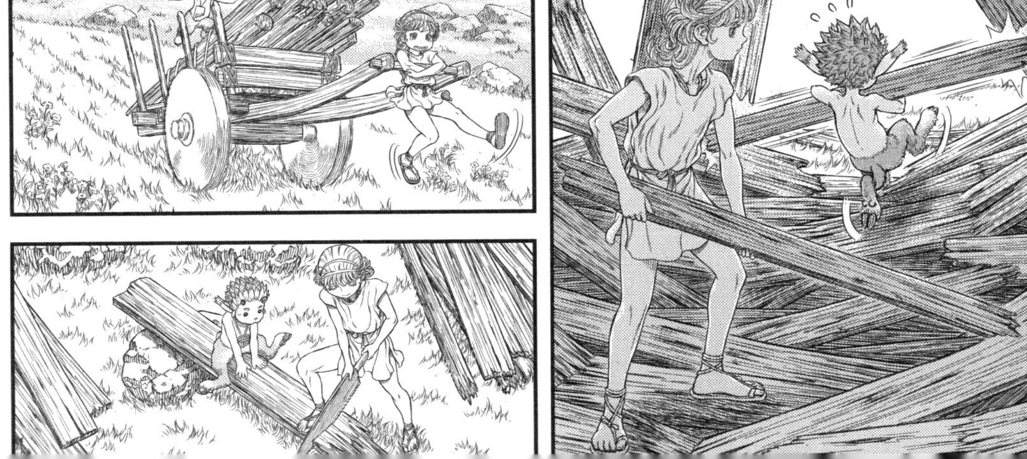

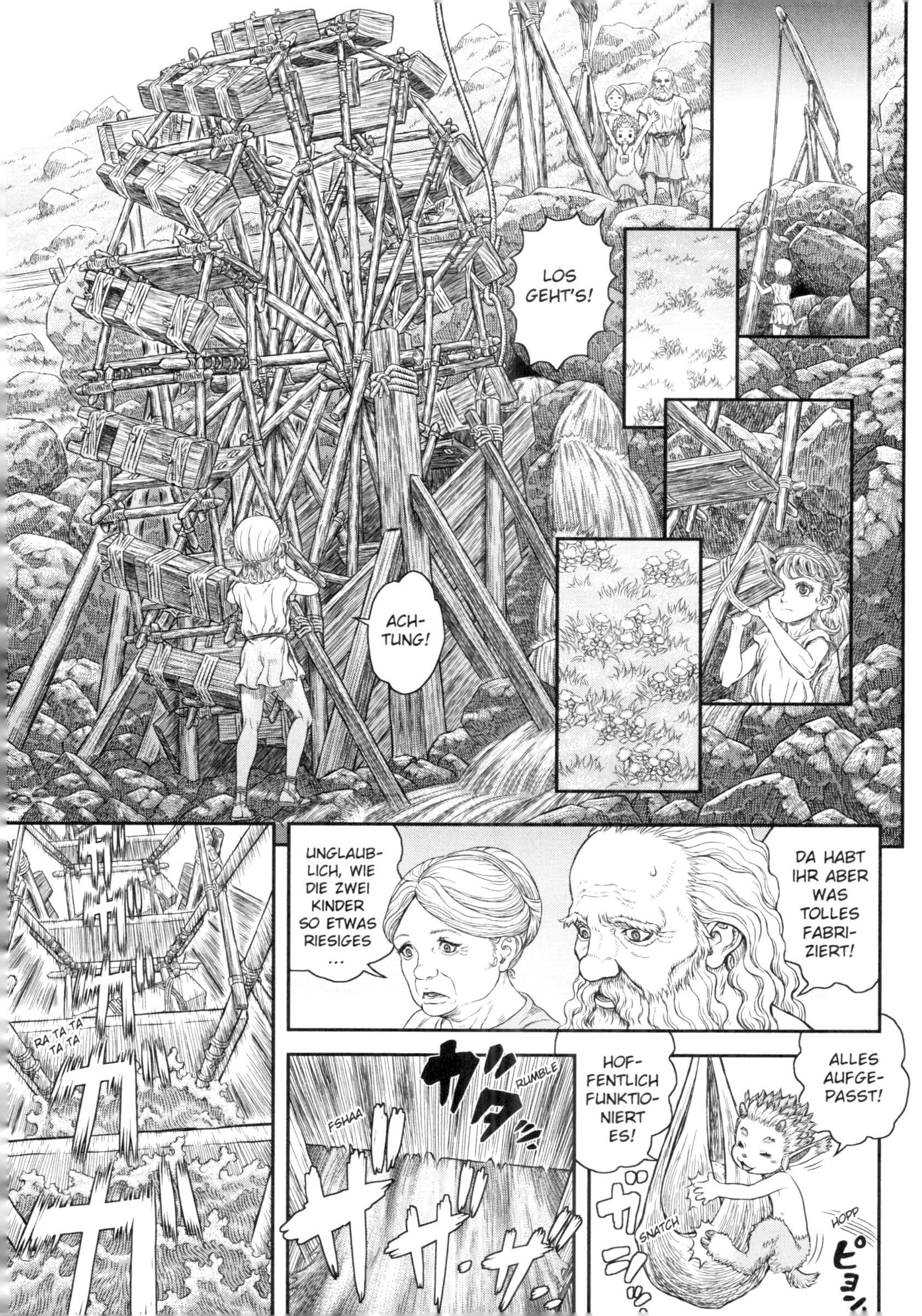

LOS GEHT'S!
ACH-TUNG!
DA HABT IHR ABER WAS TOLLES FABRIZIERT!
UNGLAUBLICH, WIE DIE ZWEI KINDER SO ETWAS RIESIGES …
RA TA TA TA TA
ALLES AUFGEPASST!
HOPP
SNATCH
HOFFENTLICH FUNKTIONIERT ES!
RUMBLE
FSHAA

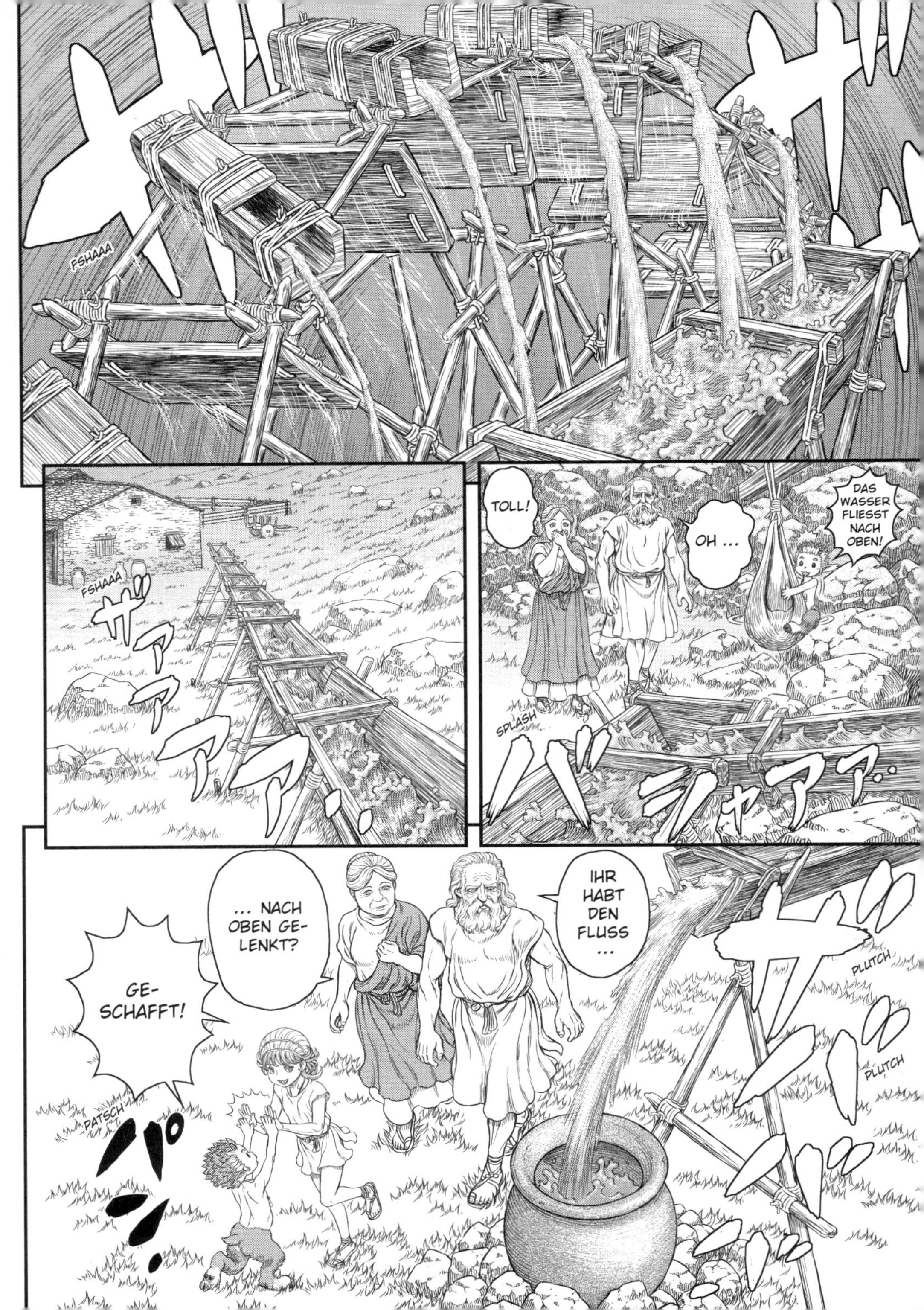
FSHAAA
DAS WASSER FLIESST NACH OBEN!
OH ...
TOLL!
SPLASH
FSHAAA
IHR HABT DEN FLUSS ...
... NACH OBEN GE-LENKT?
GE-SCHAFFT!
PLUTCH
PLUTCH
PATSCH

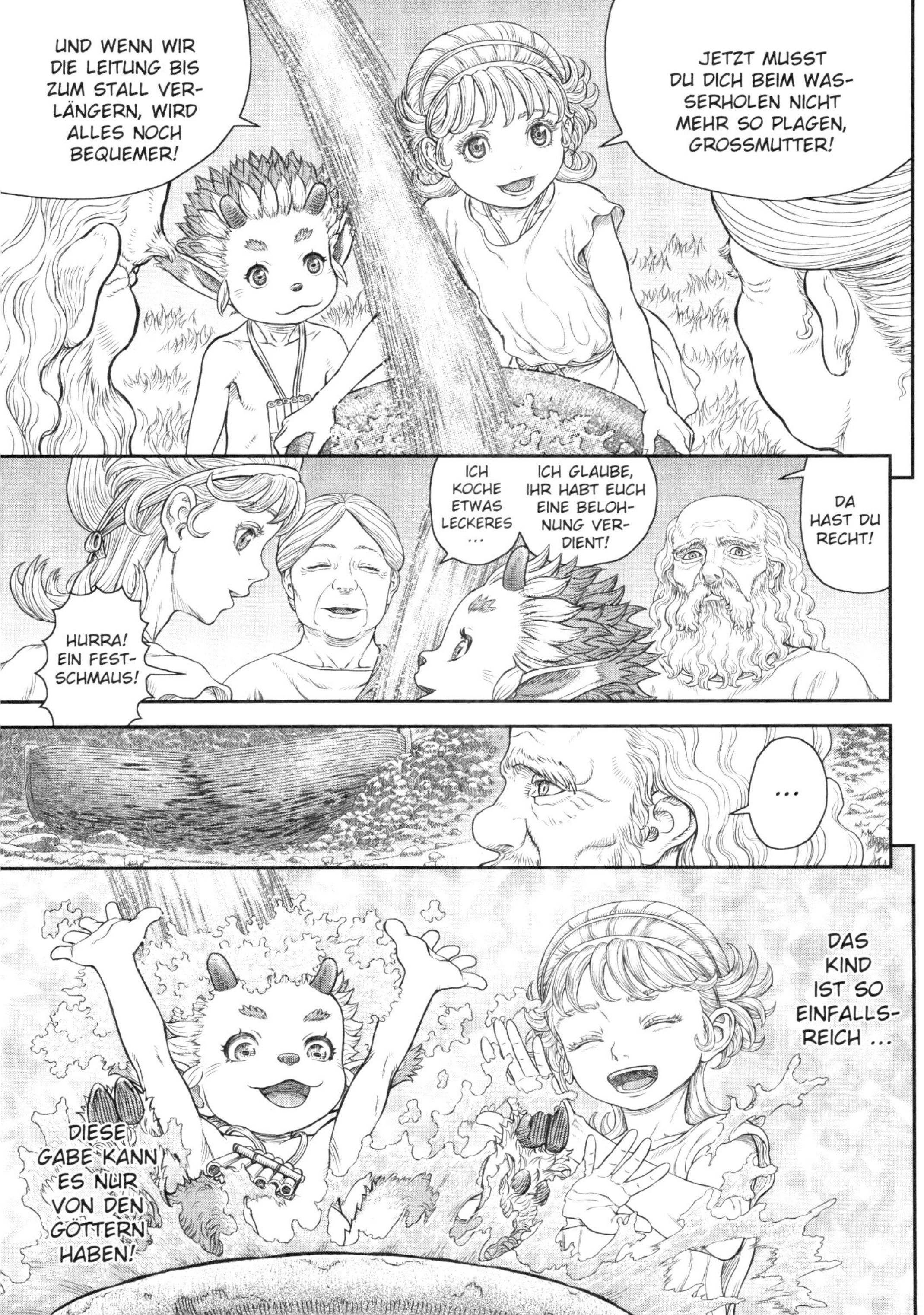
JETZT MUSST DU DICH BEIM WASSERHOLEN NICHT MEHR SO PLAGEN, GROSSMUTTER!
UND WENN WIR DIE LEITUNG BIS ZUM STALL VERLÄNGERN, WIRD ALLES NOCH BEQUEMER!
DA HAST DU RECHT!
ICH GLAUBE, IHR HABT EUCH EINE BELOHNUNG VERDIENT!
ICH KOCHE ETWAS LECKERES ...
HURRA! EIN FESTSCHMAUS!
...
DAS KIND IST SO EINFALLSREICH ...
DIESE GABE KANN ES NUR VON DEN GÖTTERN HABEN!

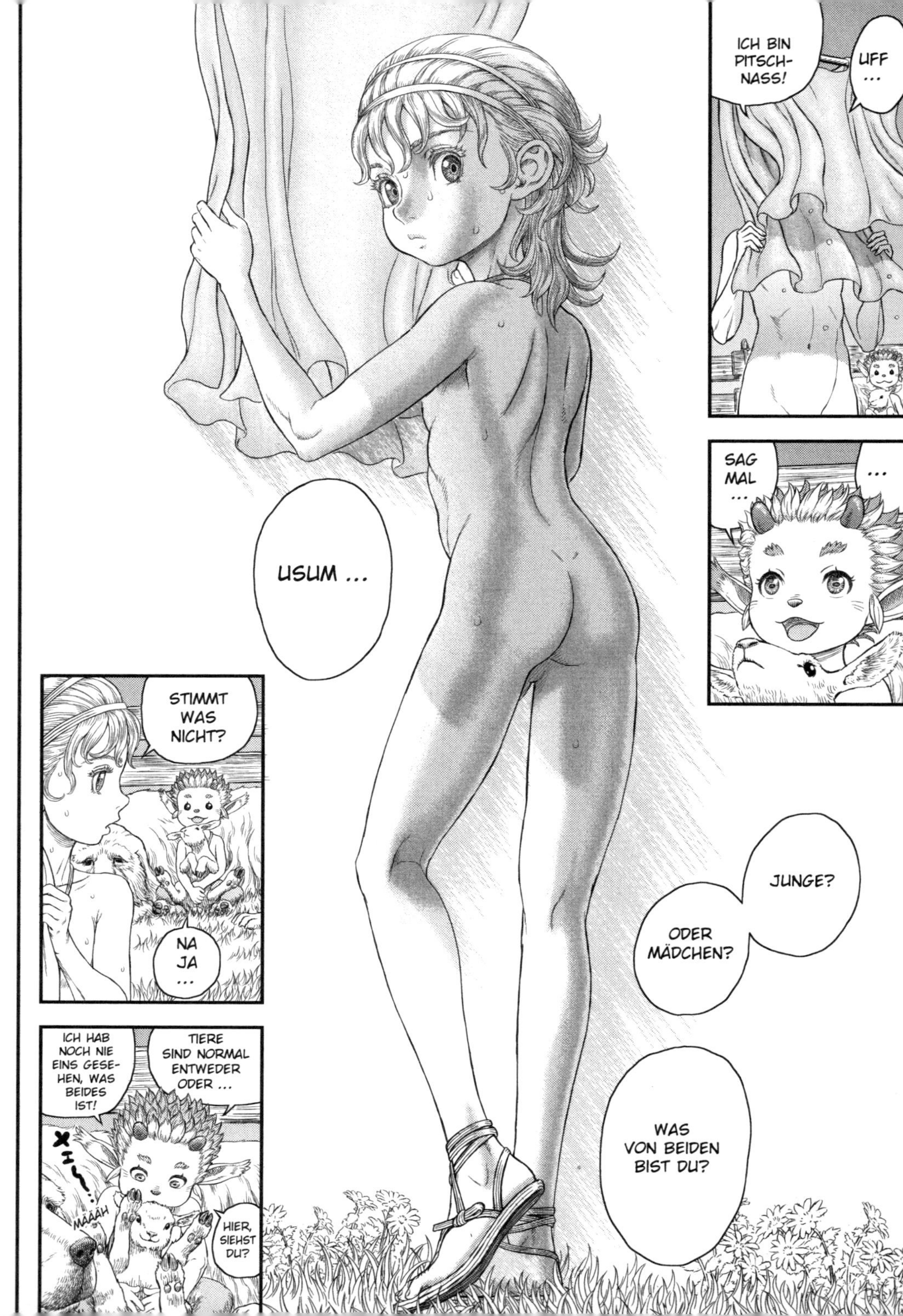
UFF ...
ICH BIN PITSCH-NASS!
...
SAG MAL ...
JUNGE?
ODER MÄDCHEN?
WAS VON BEIDEN BIST DU?
USUM ...
STIMMT WAS NICHT?
NA JA ...
TIERE SIND NORMAL ENTWEDER ODER ...
ICH HAB NOCH NIE EINS GESEHEN, WAS BEIDES IST!
HIER, SIEHST DU?
MÄÄÄH

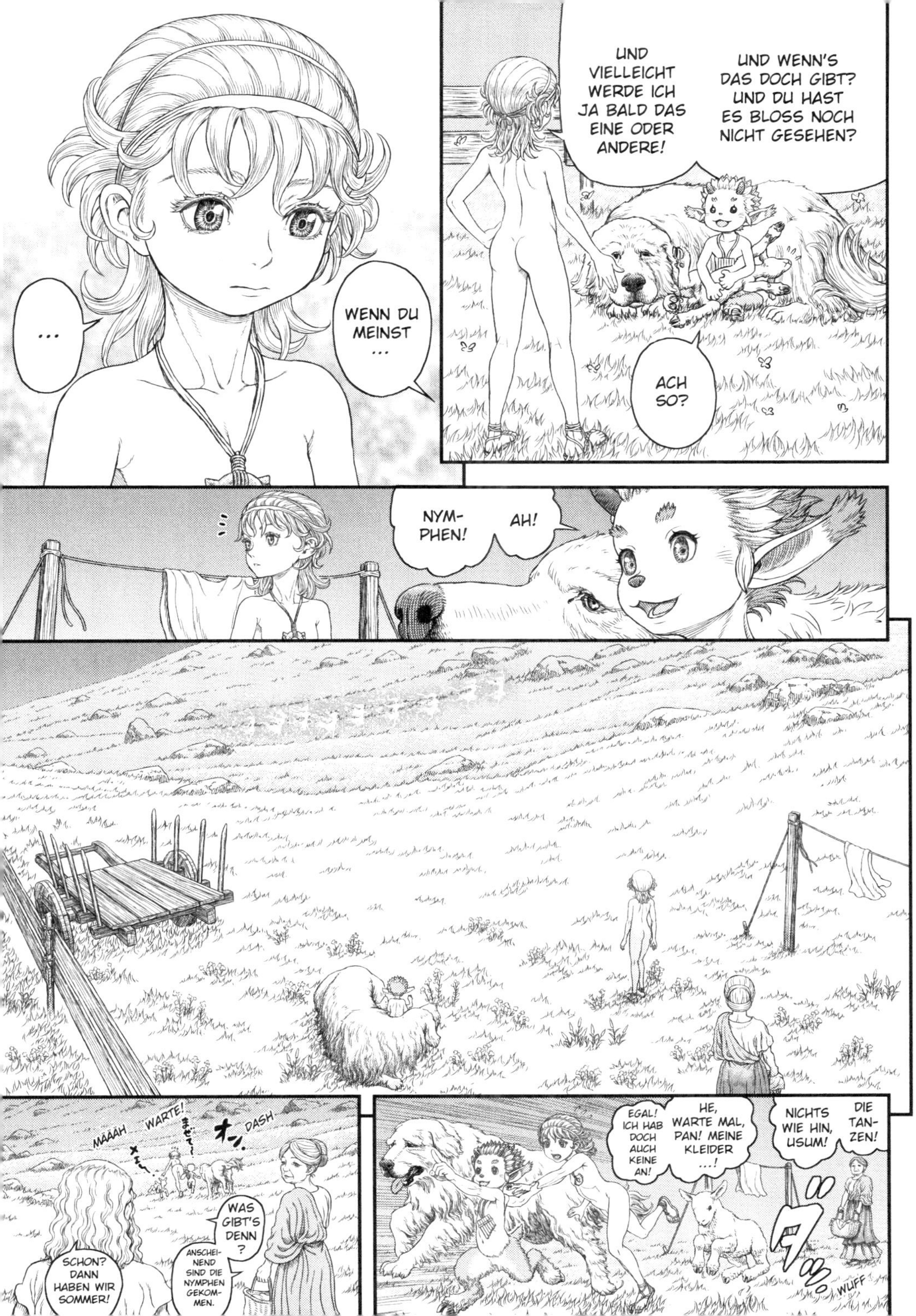
UND WENN'S DAS DOCH GIBT? UND DU HAST ES BLOSS NOCH NICHT GESEHEN?
UND VIELLEICHT WERDE ICH JA BALD DAS EINE ODER ANDERE!
ACH SO?
WENN DU MEINST ...
...
AH!
NYMPHEN!
DIE TANZEN!
NICHTS WIE HIN, USUM!
HE, WARTE MAL, PAN! MEINE KLEIDER ...!
EGAL! ICH HAB DOCH AUCH KEINE AN!
WUFF
DASH
オン.
まぜて~.
WARTE!
メェ~.
MÄÄÄH
WAS GIBT'S DENN?
ANSCHEINEND SIND DIE NYMPHEN GEKOMMEN.
SCHON? DANN HABEN WIR SOMMER!

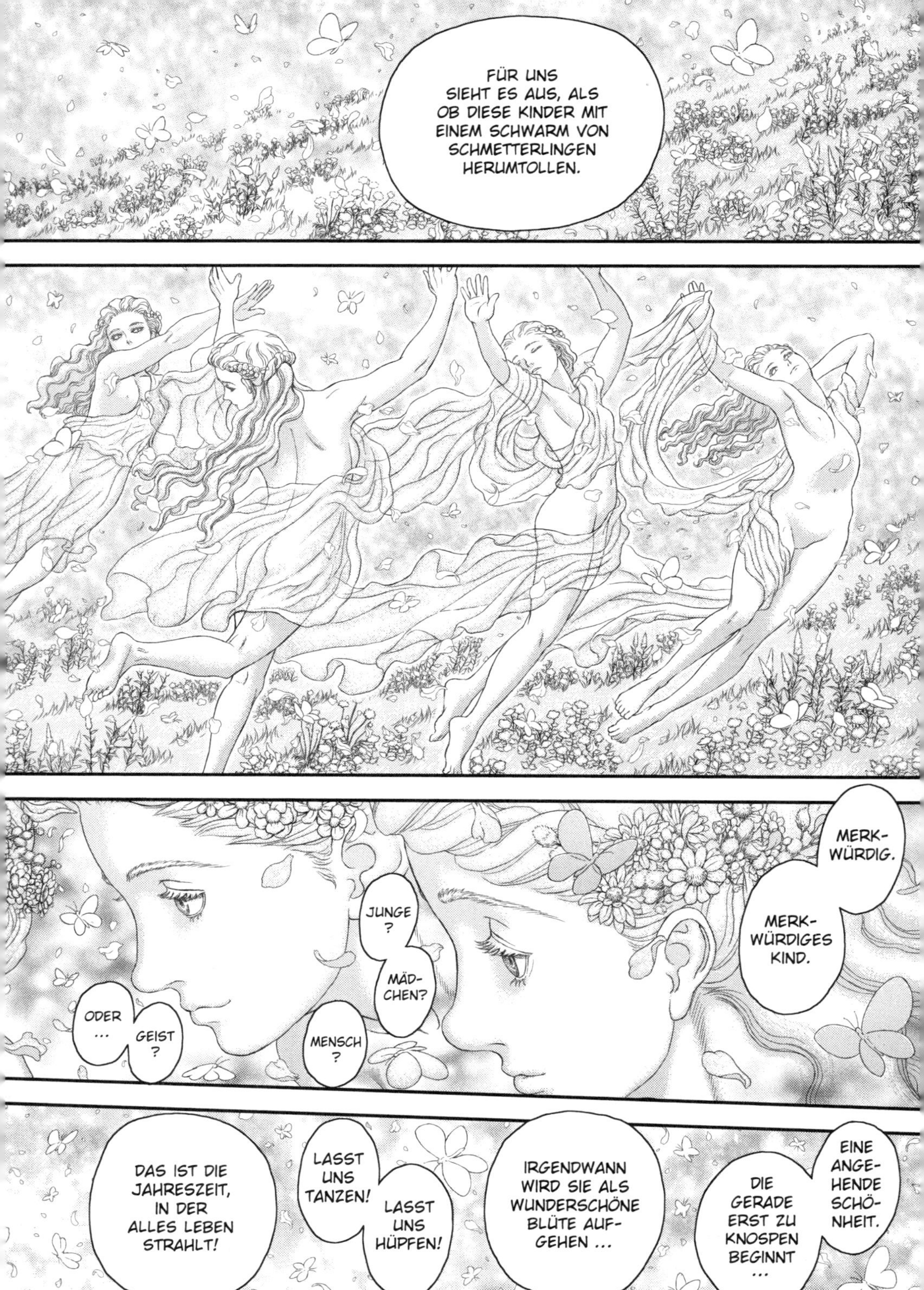
FÜR UNS SIEHT ES AUS, ALS OB DIESE KINDER MIT EINEM SCHWARM VON SCHMETTERLINGEN HERUMTOLLEN.
MERK-WÜRDIG.
MERK-WÜRDIGES KIND.
JUNGE?
MÄD-CHEN?
MENSCH?
ODER ...
GEIST?
EINE ANGE-HENDE SCHÖ-NHEIT.
DIE GERADE ERST ZU KNOSPEN BEGINNT ...
IRGENDWANN WIRD SIE ALS WUNDERSCHÖNE BLÜTE AUF-GEHEN ...
LASST UNS TANZEN!
LASST UNS HÜPFEN!
DAS IST DIE JAHRESZEIT, IN DER ALLES LEBEN STRAHLT!

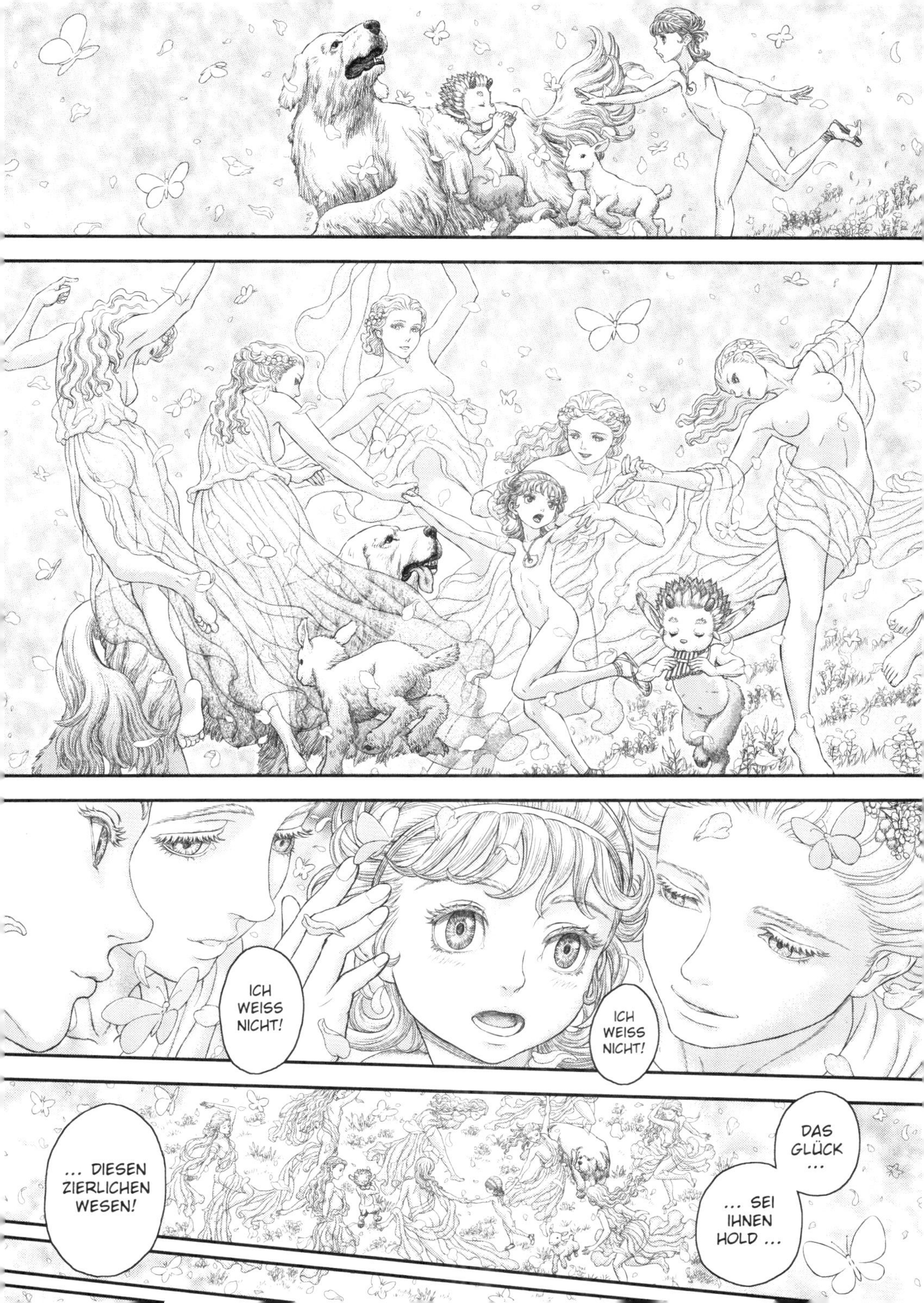
ICH WEISS NICHT!
ICH WEISS NICHT!
DAS GLÜCK ...
... SEI IHNEN HOLD ...
... DIESEN ZIERLICHEN WESEN!

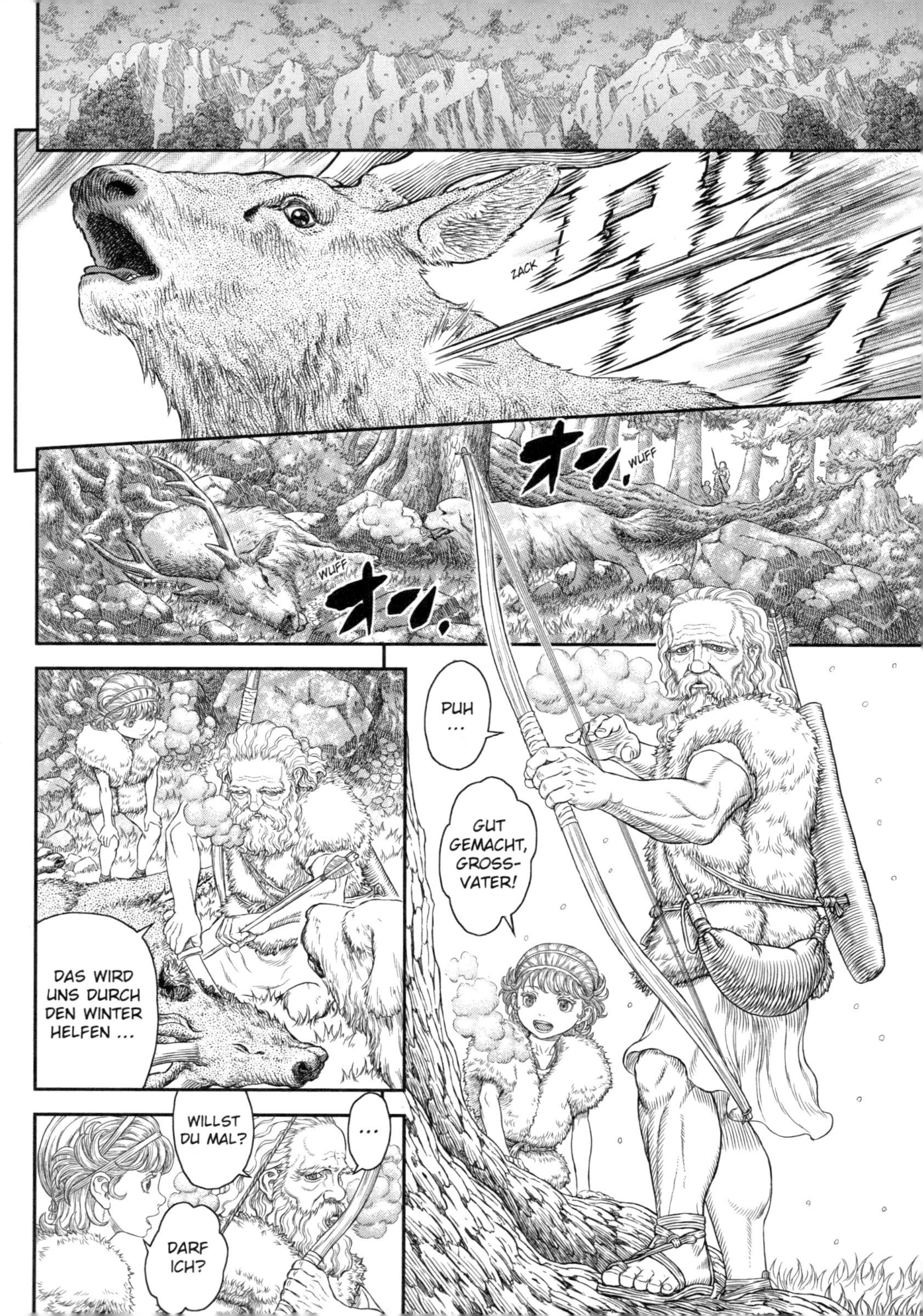
ZACK
WUFF
WUFF
PUH ...
GUT GEMACHT, GROSS-VATER!
DAS WIRD UNS DURCH DEN WINTER HELFEN ...
...
WILLST DU MAL?
DARF ICH?

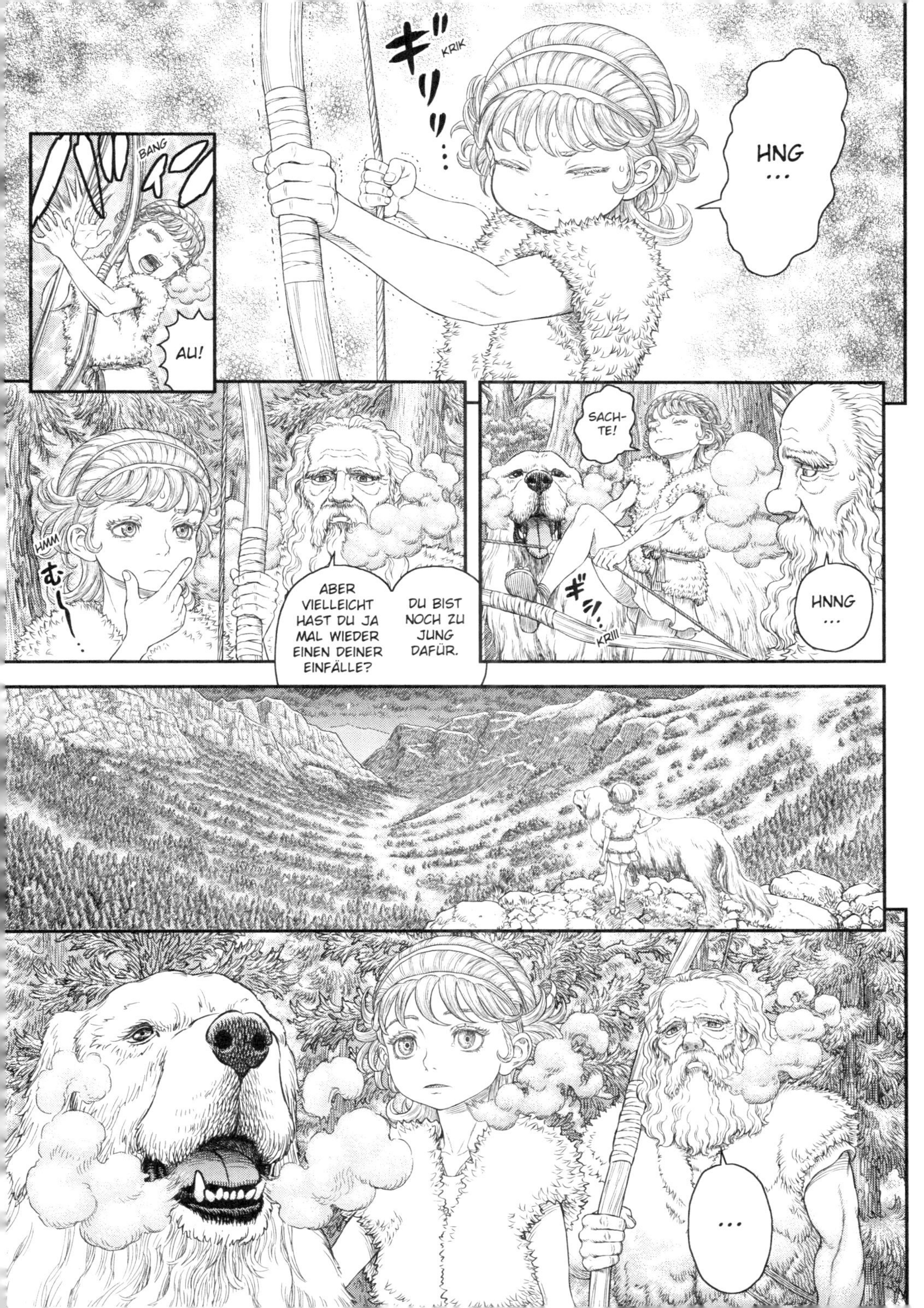
KRIK
HNG ...
BANG
AU!
HMM
SACH-TE!
DU BIST NOCH ZU JUNG DAFÜR.
ABER VIELLEICHT HAST DU JA MAL WIEDER EINEN DEINER EINFÄLLE?
HNNG ...
KRIII
...

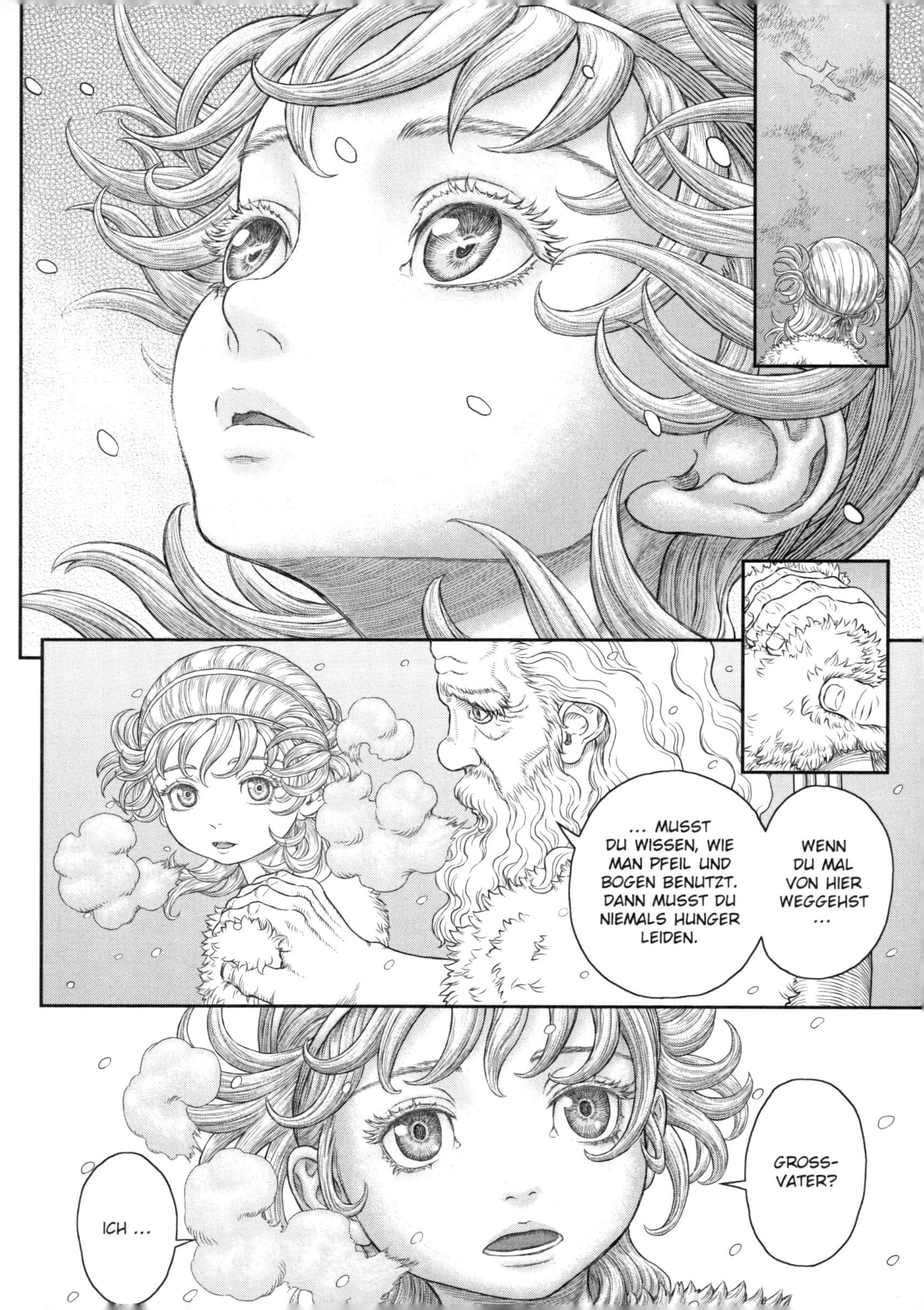
WENN DU MAL VON HIER WEGGEHST …
… MUSST DU WISSEN, WIE MAN PFEIL UND BOGEN BENUTZT. DANN MUSST DU NIEMALS HUNGER LEIDEN.
GROSS-VATER?
ICH …

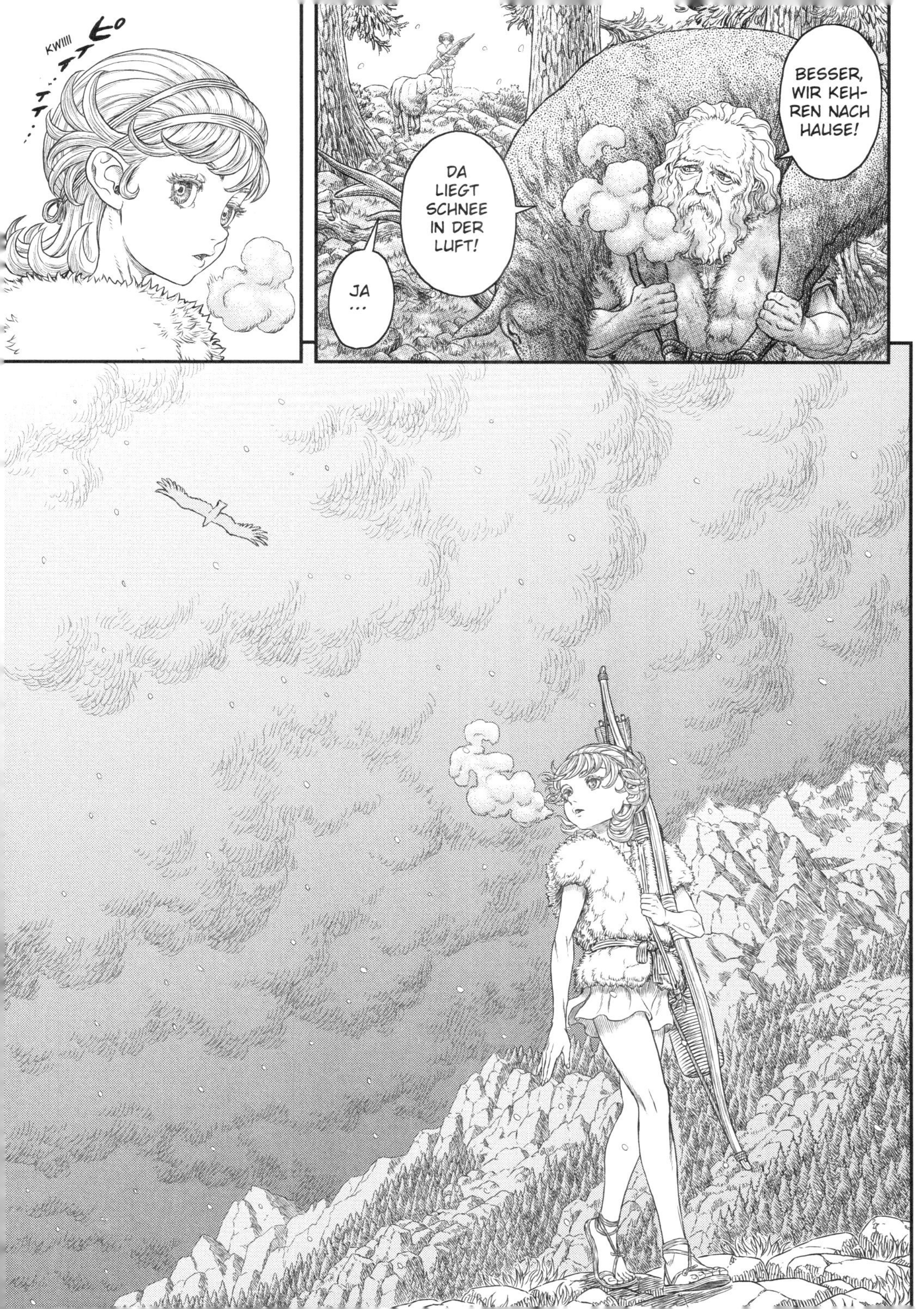

BESSER, WIR KEH-REN NACH HAUSE!
DA LIEGT SCHNEE IN DER LUFT!
JA …
KWIIII

DUR-AN-KI

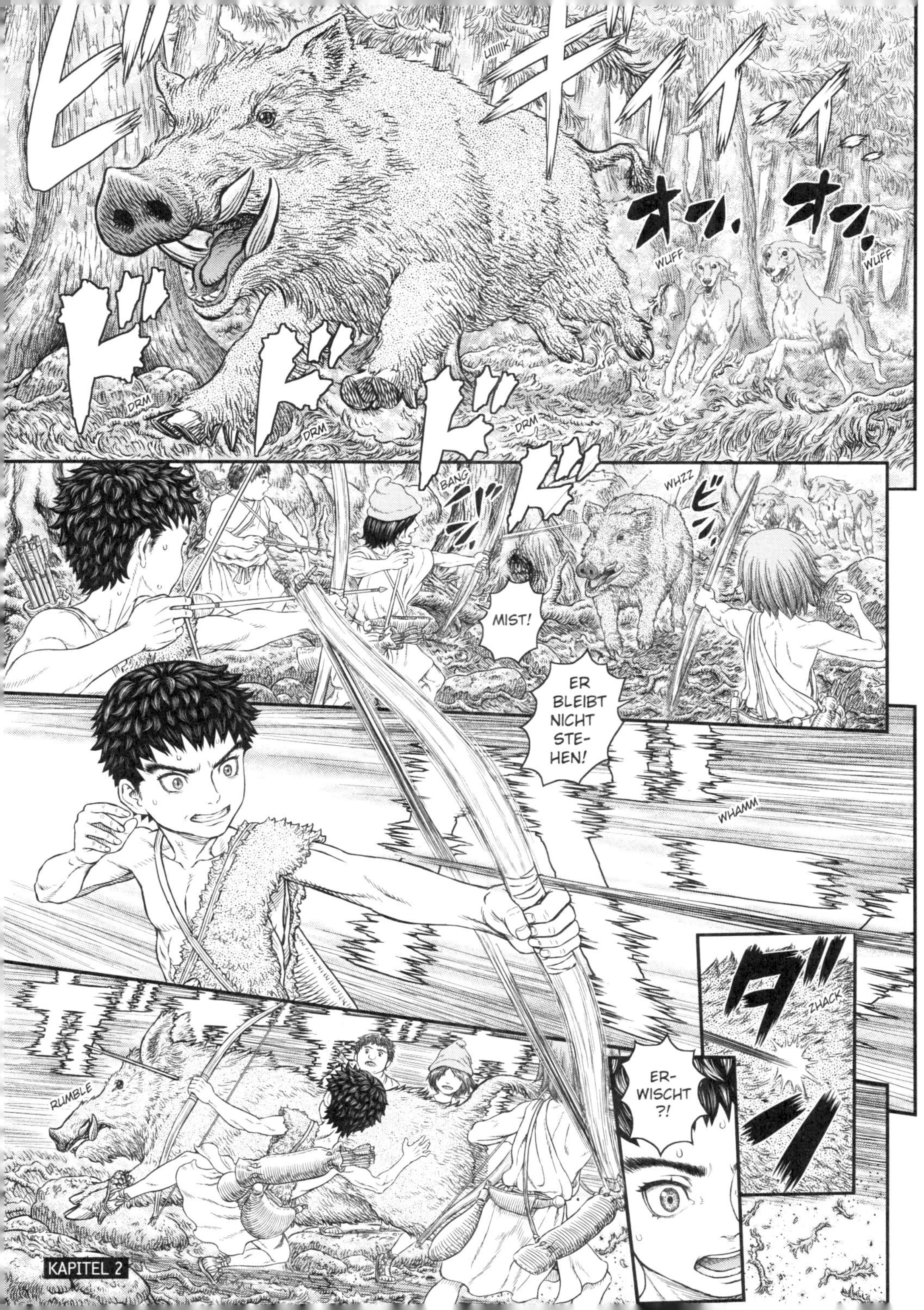
UIIIIIK
WUFF
WUFF
DRM
DRM
DRM
WHZZ
BANG
MIST!
ER BLEIBT NICHT STE-HEN!
WHAMM
ZHACK
ER-WISCHT ?!
RUMBLE

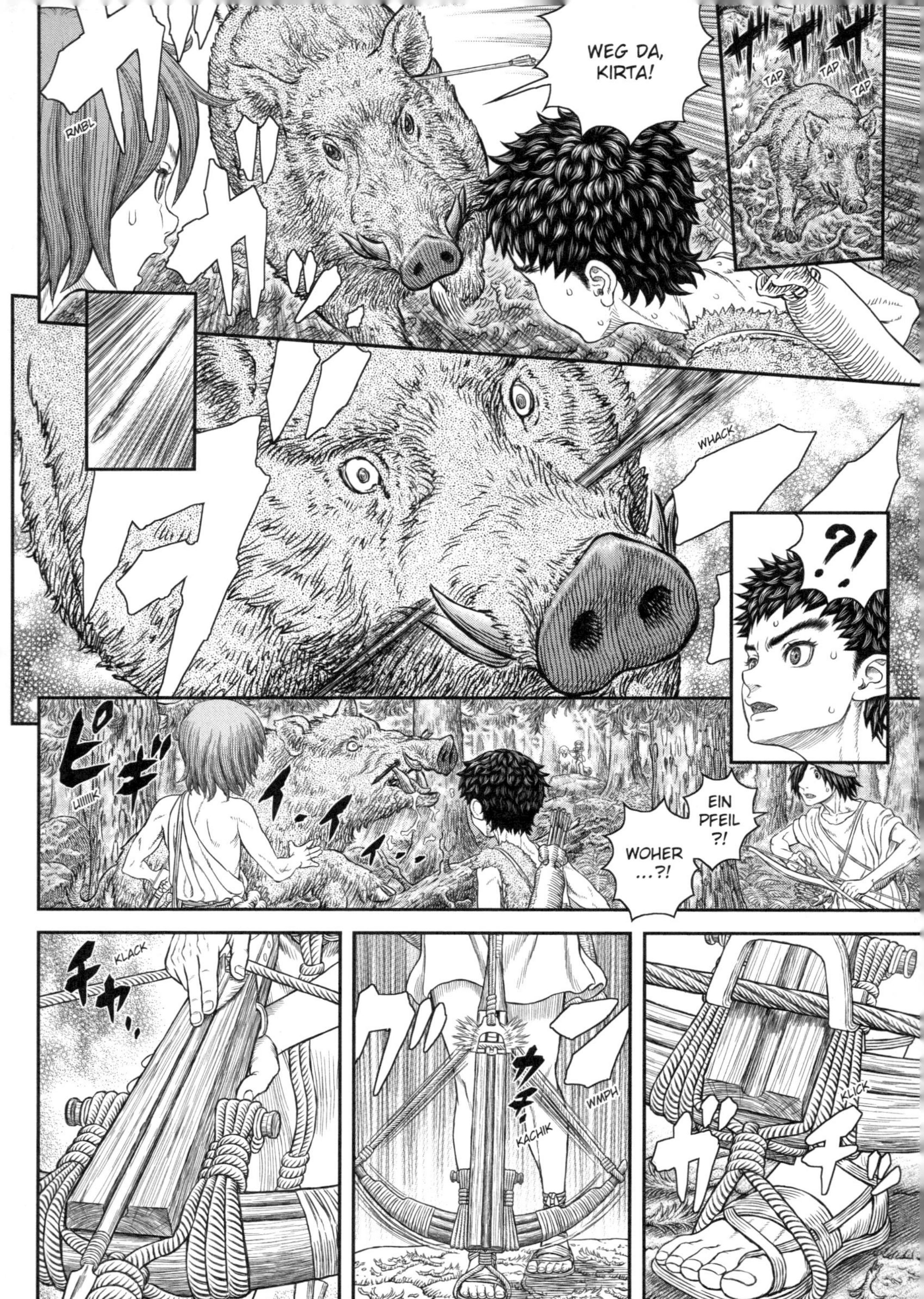

TAP
TAP
TAP
WEG DA, KIRTA!
RMBL
WHACK
?!
EIN PFEIL ?!
WOHER ...?!
UIIIIIK
KLICK
WMPH
KACHIK
KLACK

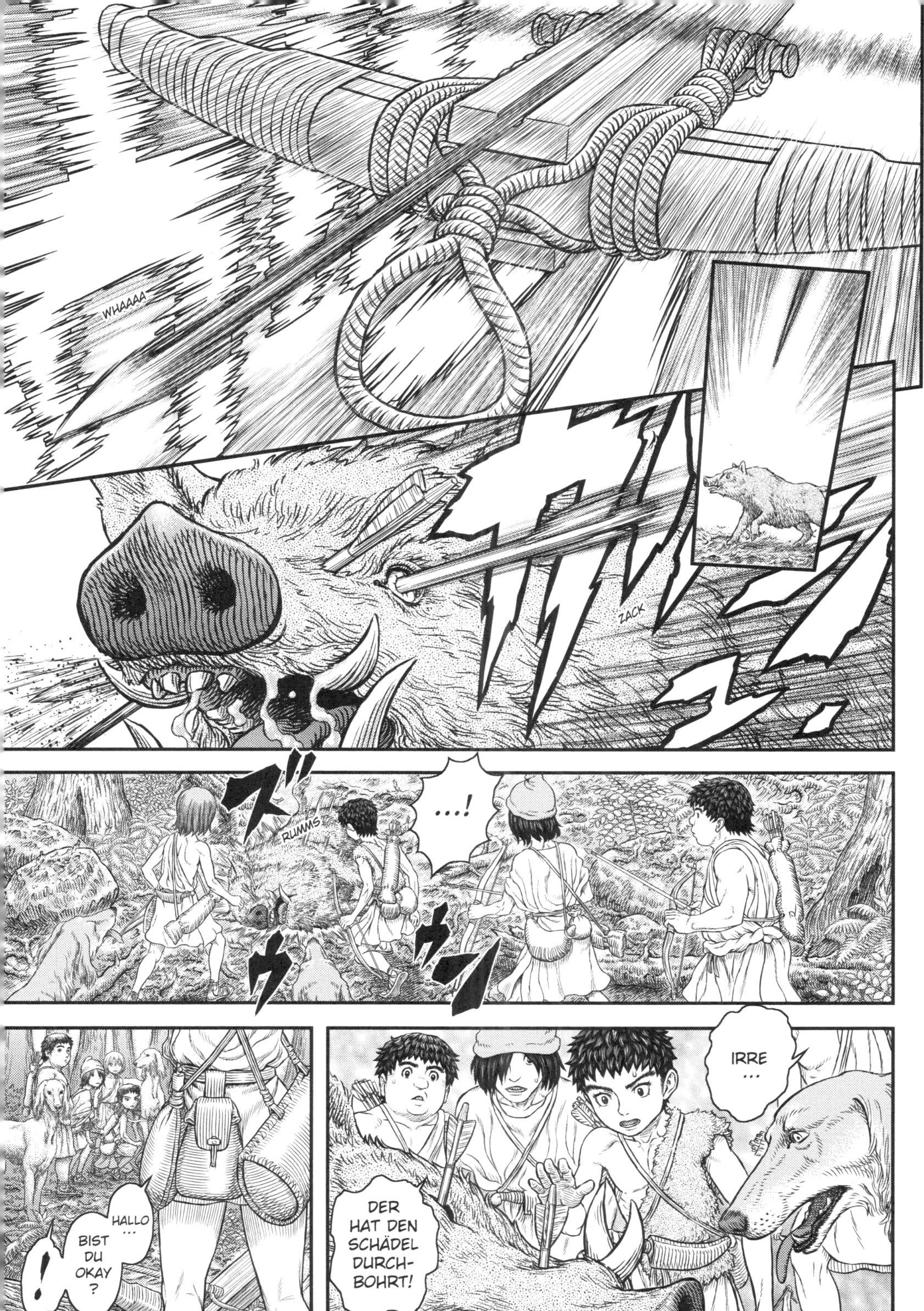

WHAAAA
ZACK
RUMMS
...!
IRRE ...
DER HAT DEN SCHÄDEL DURCH-BOHRT!
HALLO ... BIST DU OKAY?
!

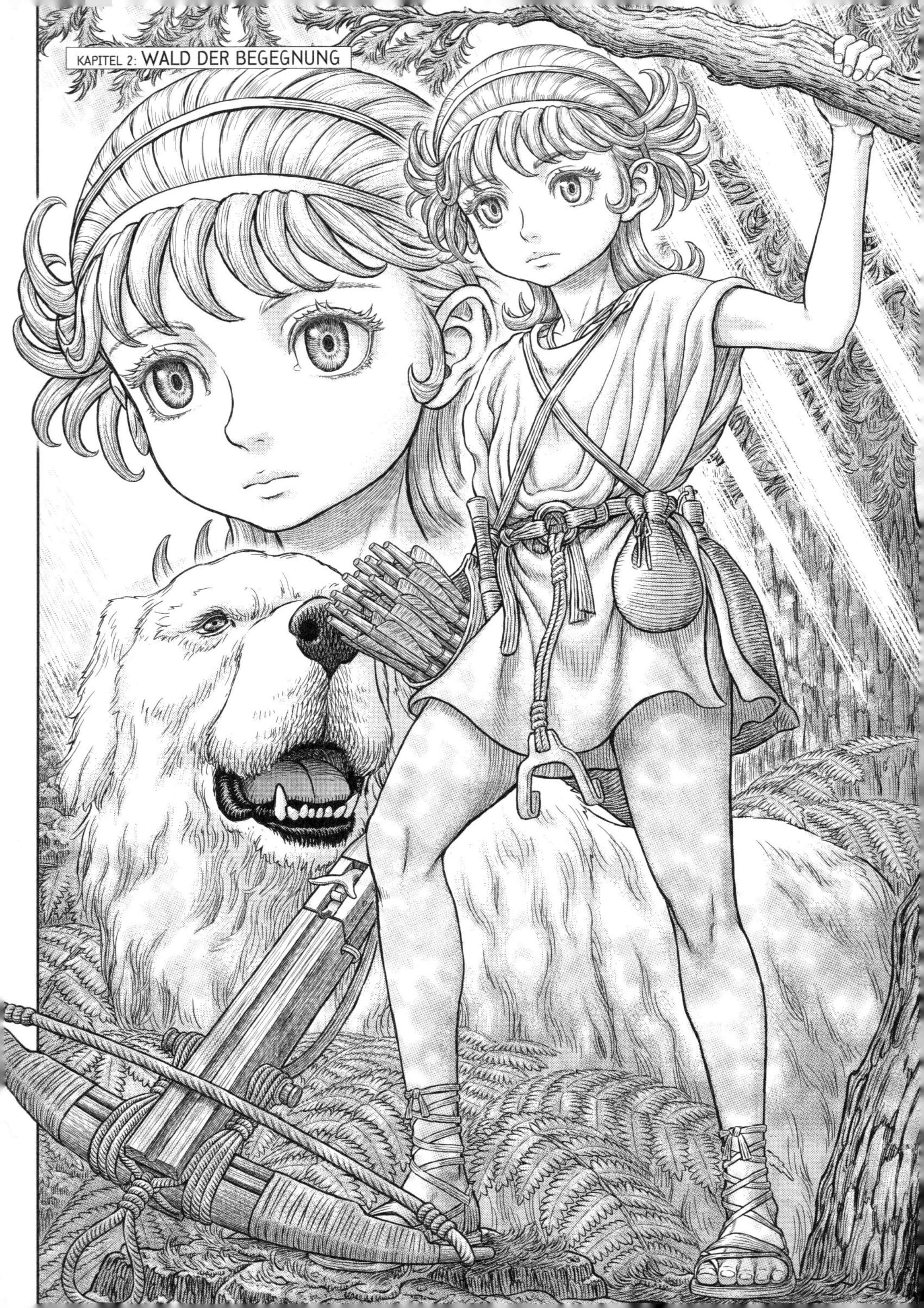
KAPITEL 2: WALD DER BEGEGNUNG

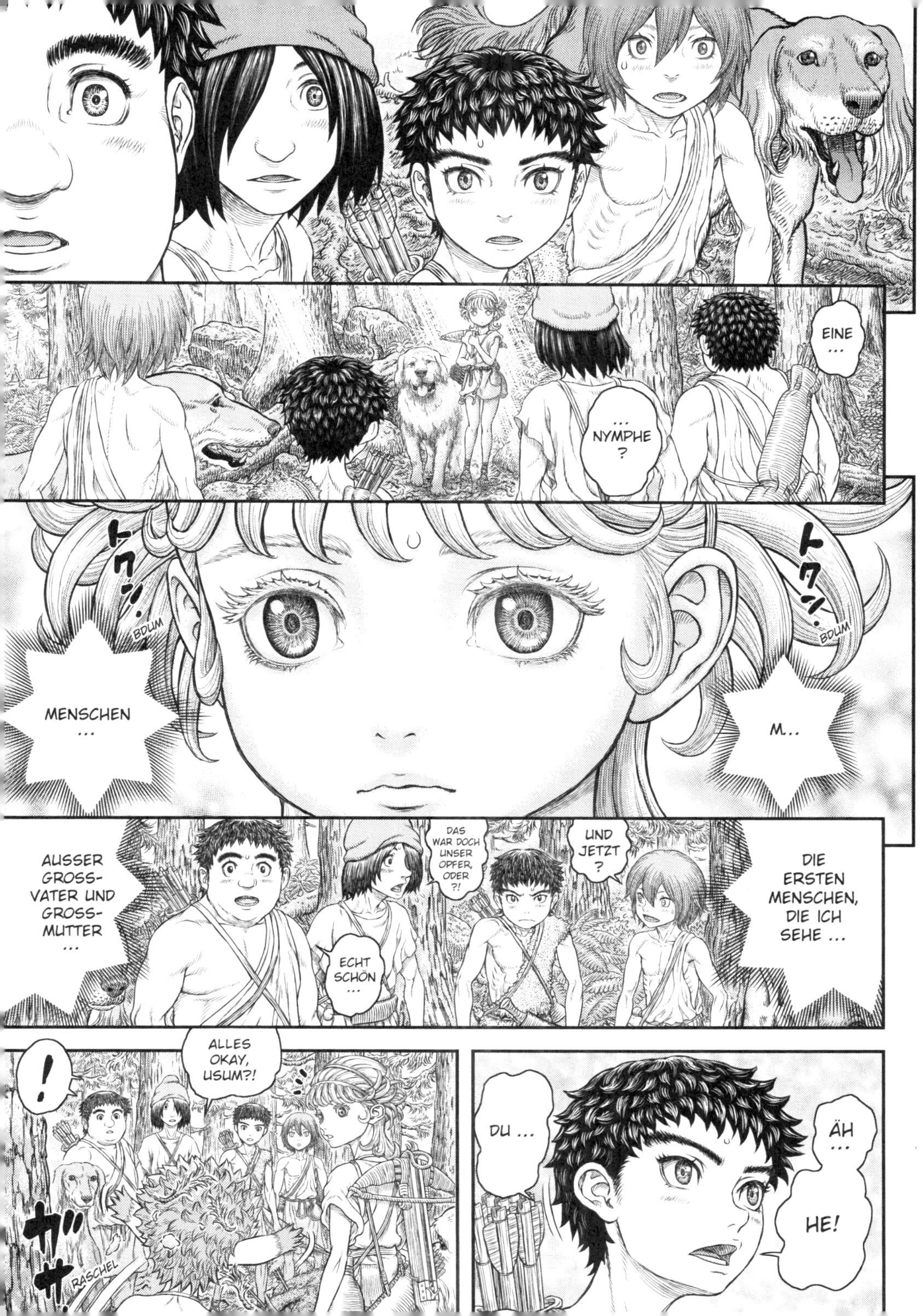
EINE ...
... NYMPHE ?
BDUM
BDUM
M..
MENSCHEN ...
DIE ERSTEN MENSCHEN, DIE ICH SEHE ...
UND JETZT ?
DAS WAR DOCH UNSER OPFER, ODER ?!
ECHT SCHÖN ...
AUSSER GROSS-VATER UND GROSS-MUTTER ...
ÄH ...
HE!
DU ...
ALLES OKAY, USUM?!
!
RASCHEL

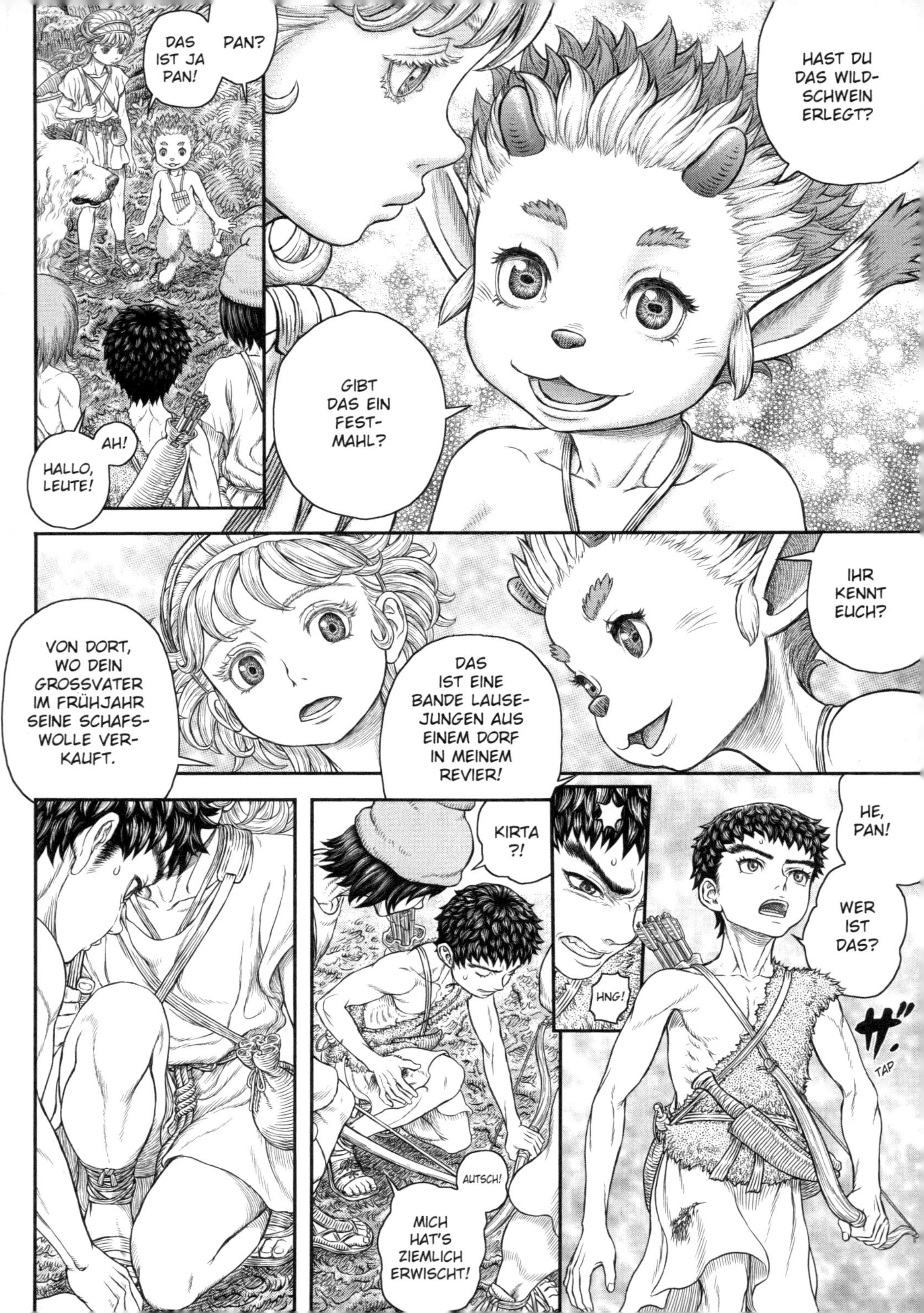
HAST DU DAS WILDSCHWEIN ERLEGT?
GIBT DAS EIN FESTMAHL?
PAN?
DAS IST JA PAN!
AH!
HALLO, LEUTE!
IHR KENNT EUCH?
DAS IST EINE BANDE LAUSEJUNGEN AUS EINEM DORF IN MEINEM REVIER!
VON DORT, WO DEIN GROSSVATER IM FRÜHJAHR SEINE SCHAFSWOLLE VERKAUFT.
HE, PAN!
WER IST DAS?
TAP
HNG!
KIRTA ?!
AUTSCH!
MICH HAT'S ZIEMLICH ERWISCHT!

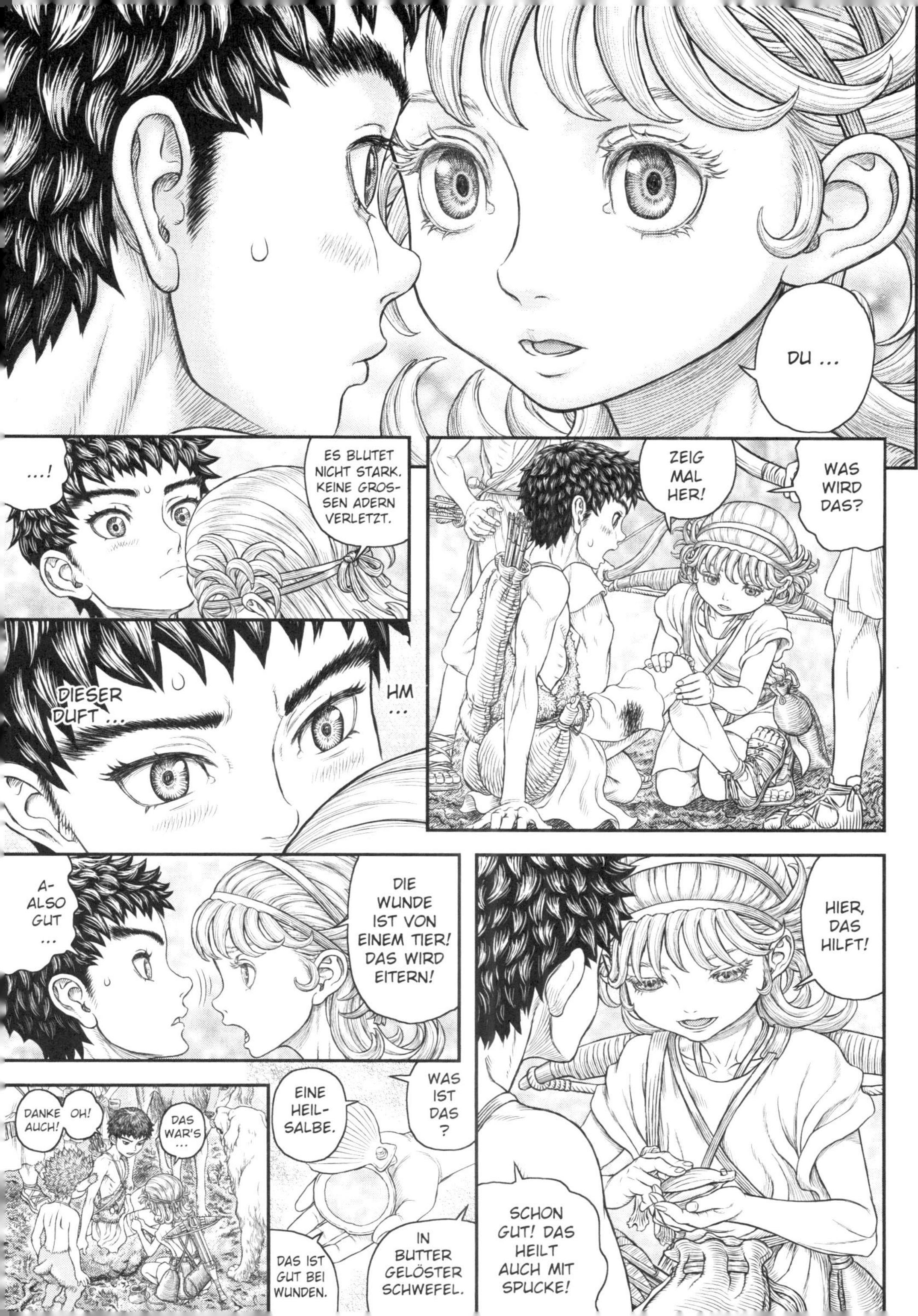
DU ...
WAS WIRD DAS?
ZEIG MAL HER!
ES BLUTET NICHT STARK. KEINE GROSSEN ADERN VERLETZT.
...!
HM ...
DIESER DUFT ...
HIER, DAS HILFT!
DIE WUNDE IST VON EINEM TIER! DAS WIRD EITERN!
A-ALSO GUT ...
SCHON GUT! DAS HEILT AUCH MIT SPUCKE!
WAS IST DAS ?
EINE HEILSALBE.
IN BUTTER GELÖSTER SCHWEFEL.
DAS IST GUT BEI WUNDEN.
DAS WAR'S ...
OH!
DANKE AUCH!

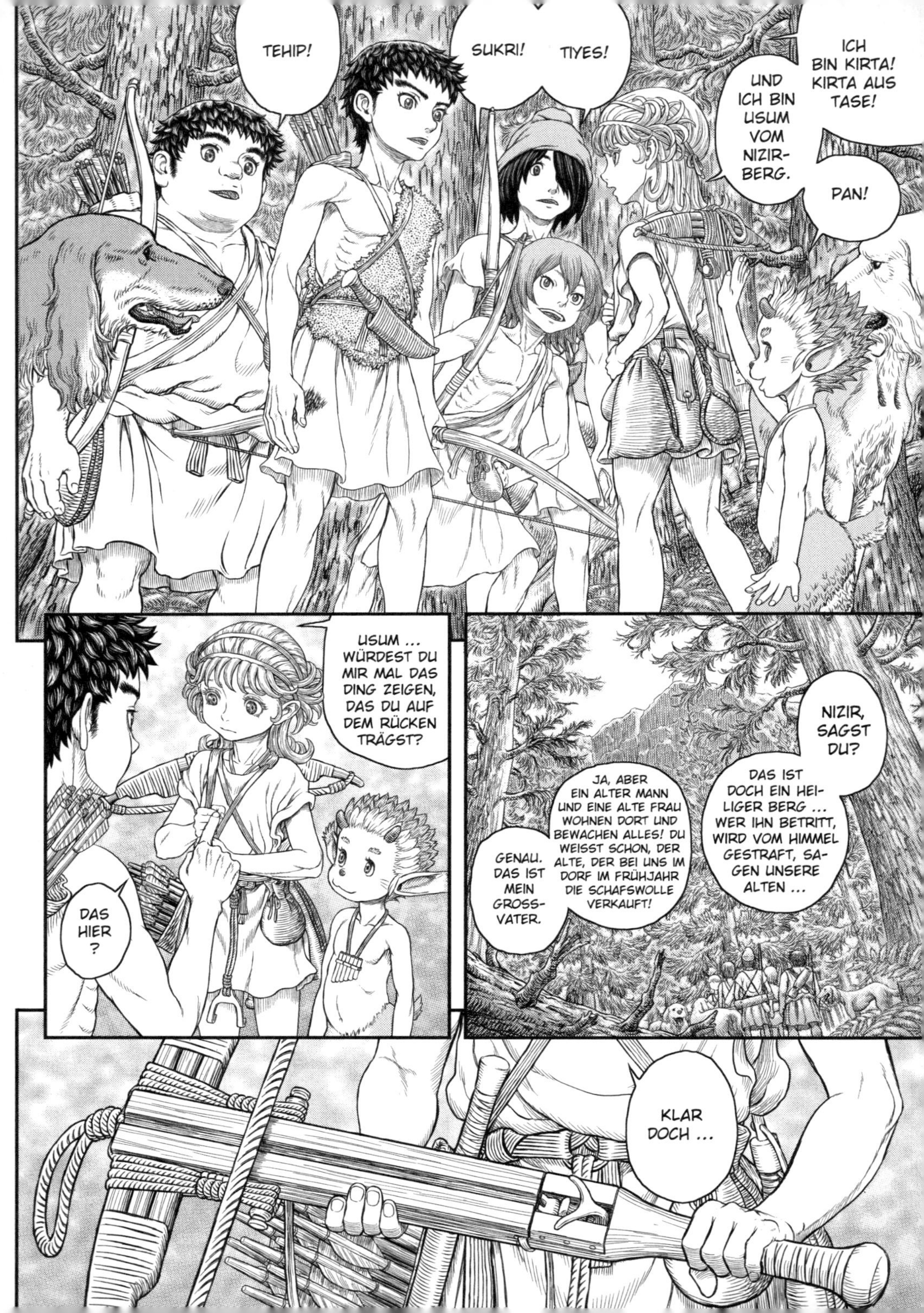
TEHIP!
SUKRI!
TIYES!
ICH BIN KIRTA! KIRTA AUS TASE!
UND ICH BIN USUM VOM NIZIR-BERG.
PAN!
USUM … WÜRDEST DU MIR MAL DAS DING ZEIGEN, DAS DU AUF DEM RÜCKEN TRÄGST?
DAS HIER?
NIZIR, SAGST DU?
DAS IST DOCH EIN HEILIGER BERG … WER IHN BETRITT, WIRD VOM HIMMEL GESTRAFT, SAGEN UNSERE ALTEN …
JA, ABER EIN ALTER MANN UND EINE ALTE FRAU WOHNEN DORT UND BEWACHEN ALLES! DU WEISST SCHON, DER ALTE, DER BEI UNS IM DORF IM FRÜHJAHR DIE SCHAFSWOLLE VERKAUFT!
GENAU. DAS IST MEIN GROSSVATER.
KLAR DOCH …

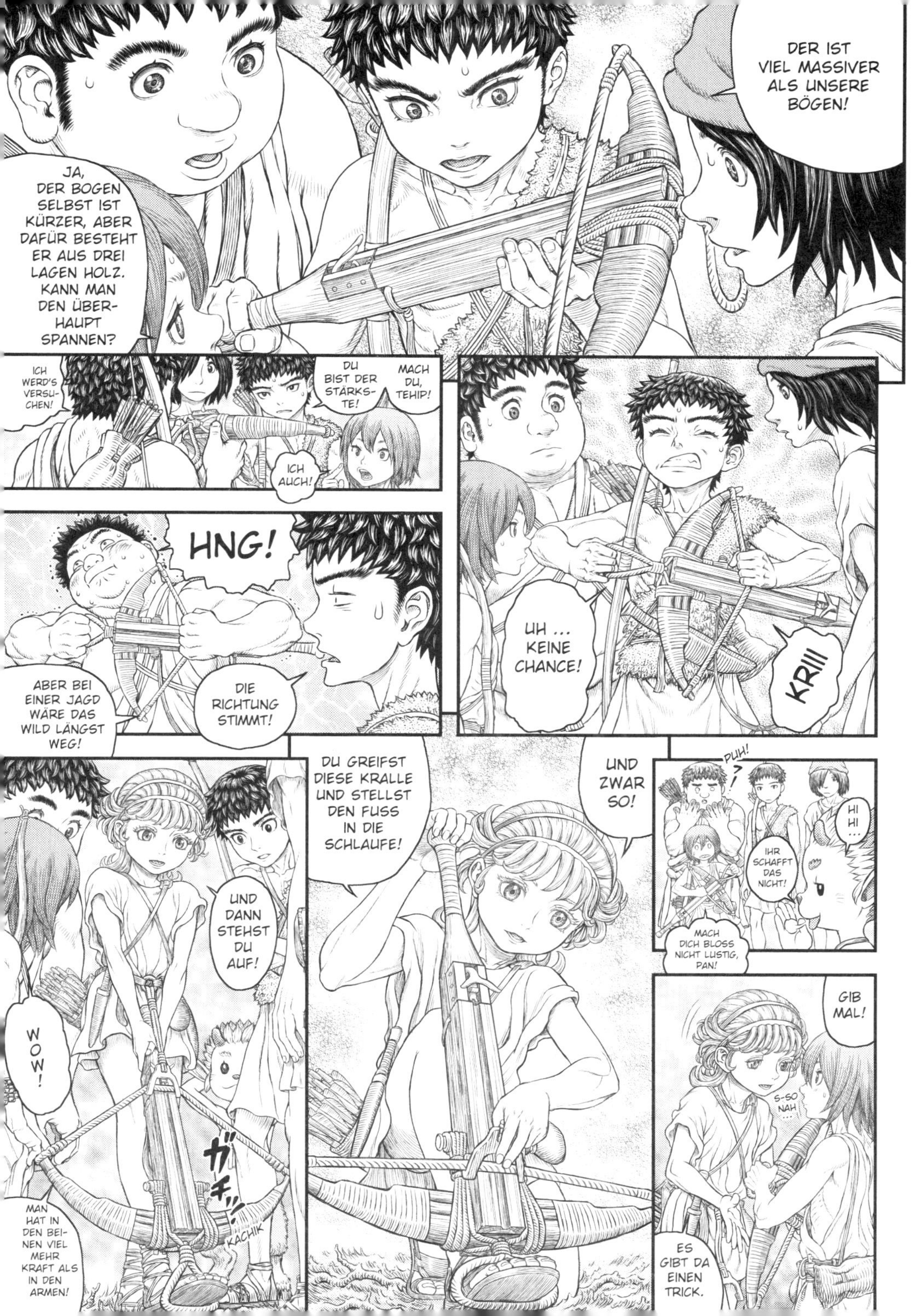
DER IST VIEL MASSIVER ALS UNSERE BÖGEN!
JA, DER BOGEN SELBST IST KÜRZER, ABER DAFÜR BESTEHT ER AUS DREI LAGEN HOLZ. KANN MAN DEN ÜBERHAUPT SPANNEN?
MACH DU, TEHIP!
DU BIST DER STÄRKSTE!
ICH WERD'S VERSUCHEN!
ICH AUCH!
KRIII
UH ... KEINE CHANCE!
HNG!
DIE RICHTUNG STIMMT!
ABER BEI EINER JAGD WÄRE DAS WILD LÄNGST WEG!
PUH!
?
!
HI HI ...
IHR SCHAFFT DAS NICHT!
MACH DICH BLOSS NICHT LUSTIG, PAN!
GIB MAL!
S-SO NAH ...
ES GIBT DA EINEN TRICK.
UND ZWAR SO!
DU GREIFST DIESE KRALLE UND STELLST DEN FUSS IN DIE SCHLAUFE!
UND DANN STEHST DU AUF!
WOW!
KACHIK
MAN HAT IN DEN BEINEN VIEL MEHR KRAFT ALS IN DEN ARMEN!

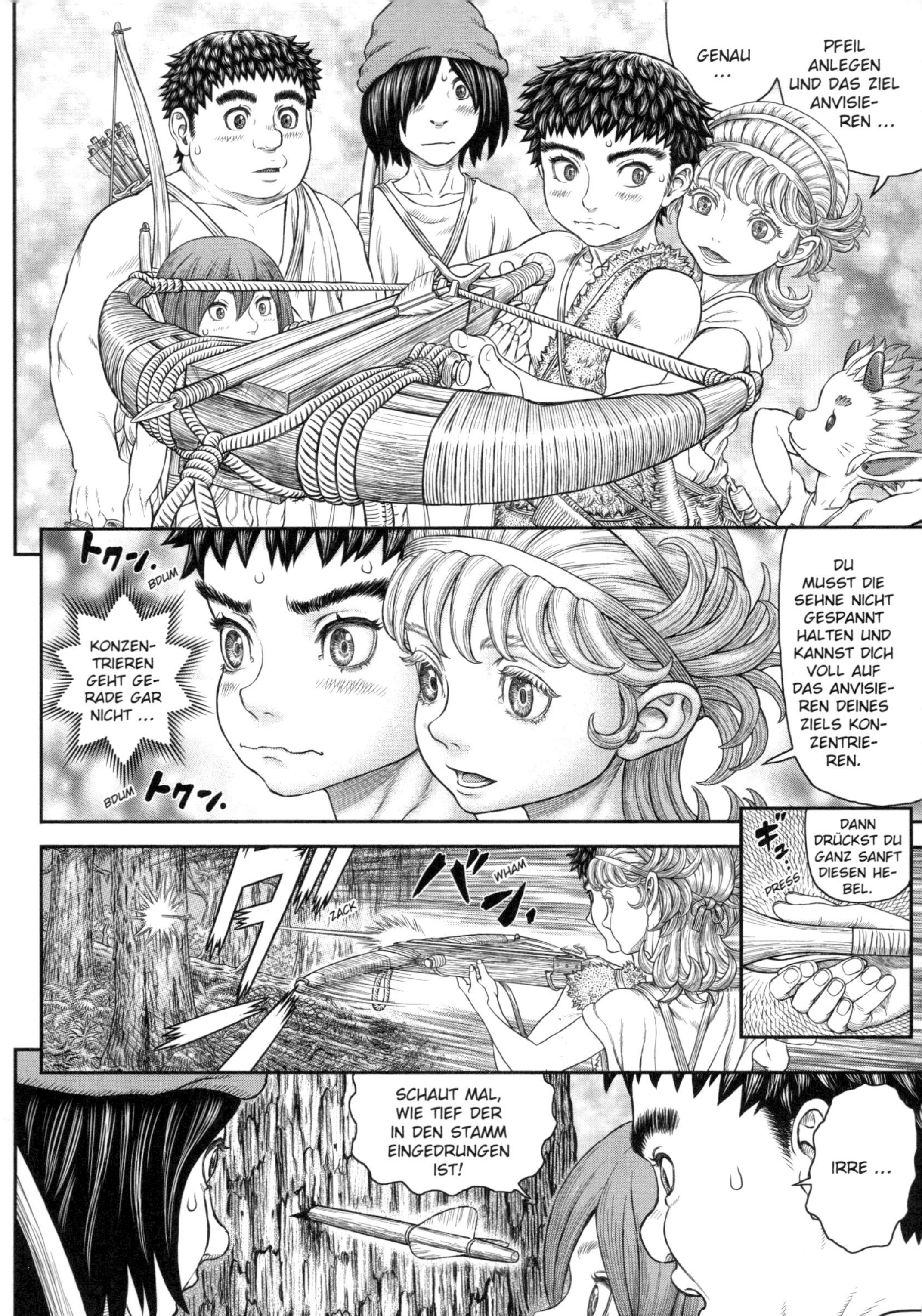
PFEIL ANLEGEN UND DAS ZIEL ANVISIEREN ...
GENAU ...
DU MUSST DIE SEHNE NICHT GESPANNT HALTEN UND KANNST DICH VOLL AUF DAS ANVISIEREN DEINES ZIELS KONZENTRIEREN.
BDUM
KONZENTRIEREN GEHT GERADE GAR NICHT ...
BDUM
DANN DRÜCKST DU GANZ SANFT DIESEN HEBEL.
PRESS
WHAM
ZACK
IRRE ...
SCHAUT MAL, WIE TIEF DER IN DEN STAMM EINGEDRUNGEN IST!

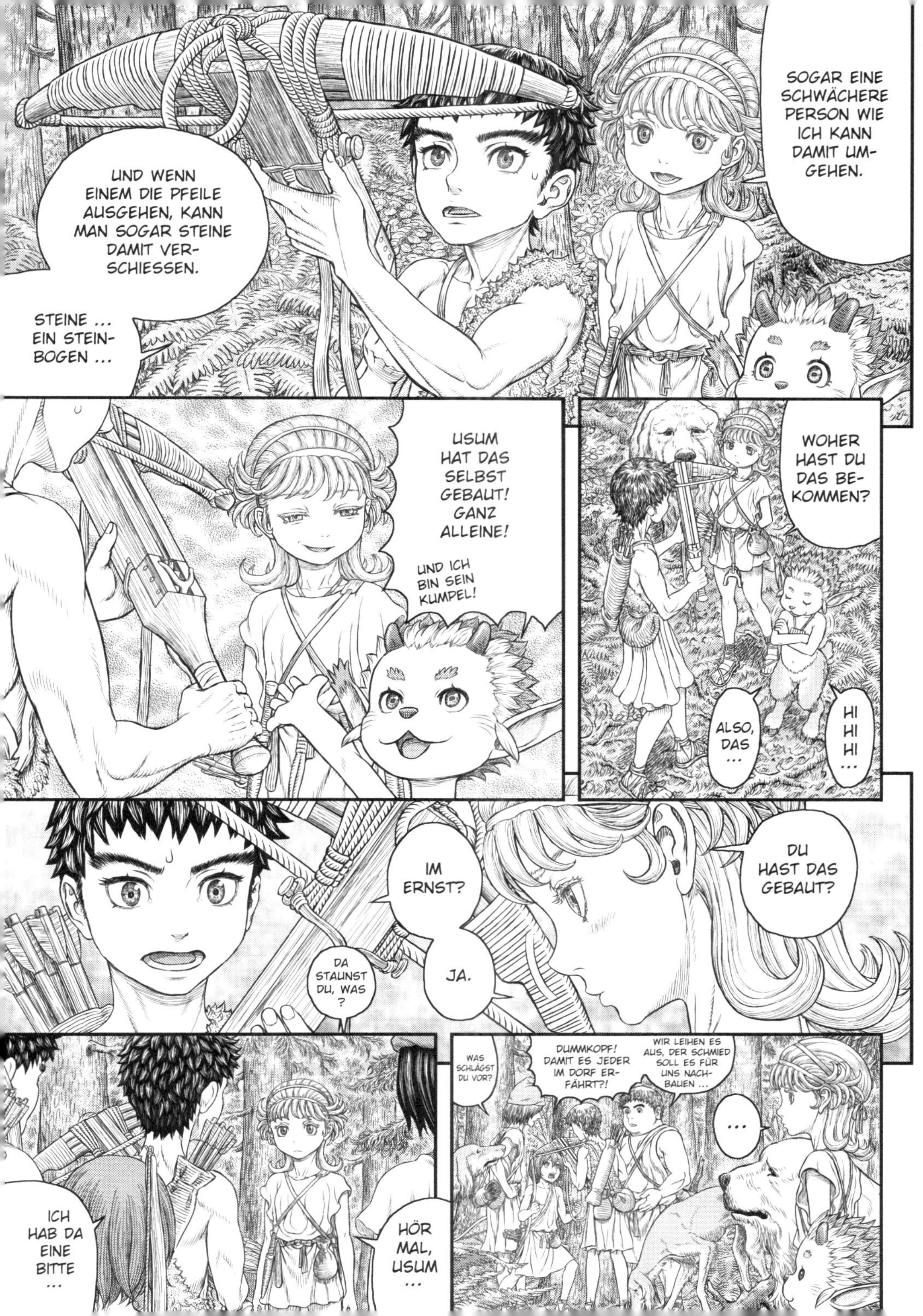
SOGAR EINE SCHWÄCHERE PERSON WIE ICH KANN DAMIT UMGEHEN.
UND WENN EINEM DIE PFEILE AUSGEHEN, KANN MAN SOGAR STEINE DAMIT VERSCHIESSEN.
STEINE ... EIN STEINBOGEN ...
WOHER HAST DU DAS BEKOMMEN?
HI HI HI ...
ALSO, DAS ...
USUM HAT DAS SELBST GEBAUT! GANZ ALLEINE!
UND ICH BIN SEIN KUMPEL!
DU HAST DAS GEBAUT?
JA.
IM ERNST?
DA STAUNST DU, WAS?
WIR LEIHEN ES AUS, DER SCHMIED SOLL ES FÜR UNS NACHBAUEN ...
DUMMKOPF! DAMIT ES JEDER IM DORF ERFÄHRT?!
WAS SCHLÄGST DU VOR?
...
HÖR MAL, USUM ...
ICH HAB DA EINE BITTE ...

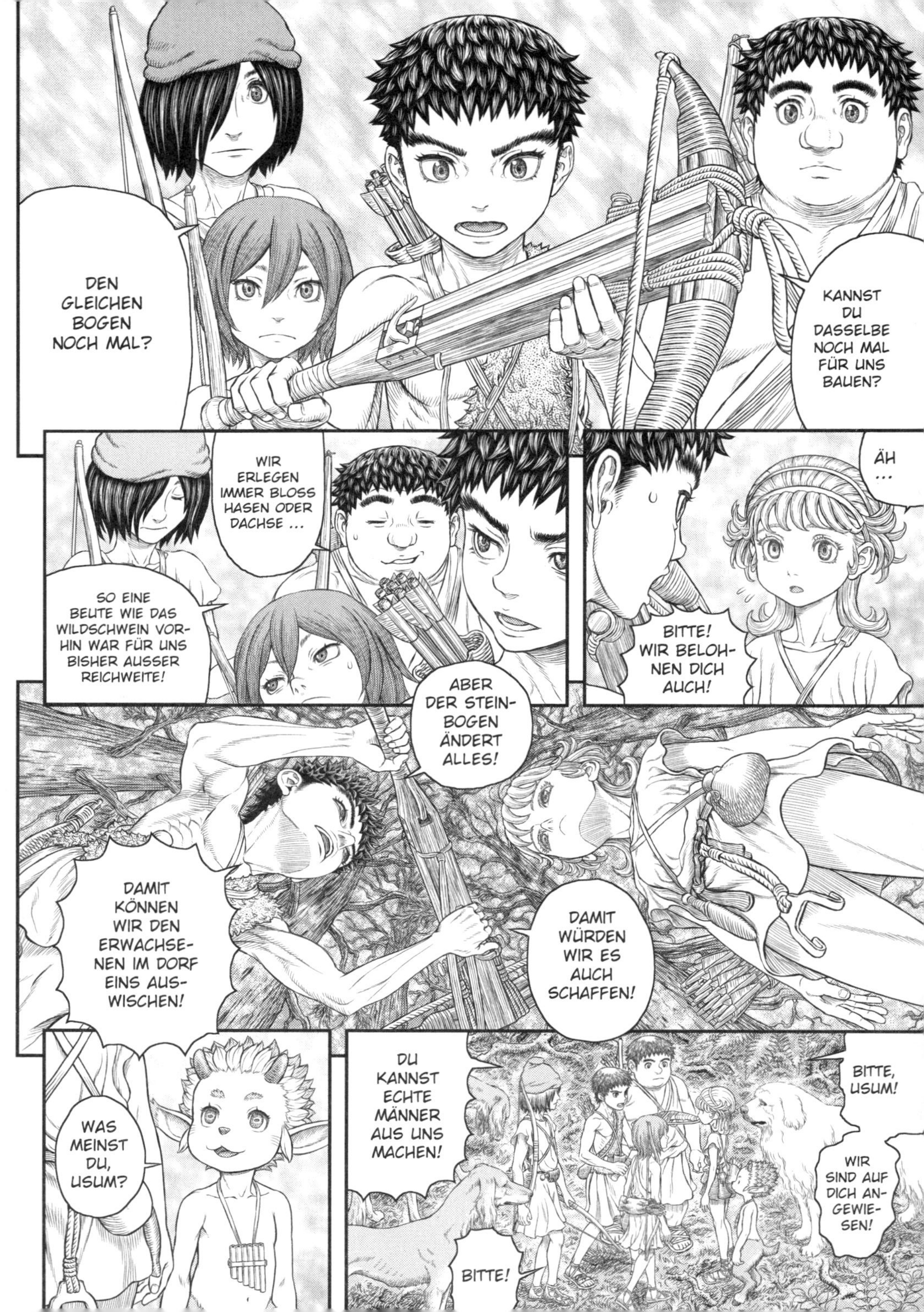
DEN GLEICHEN BOGEN NOCH MAL?
KANNST DU DASSELBE NOCH MAL FÜR UNS BAUEN?
WIR ERLEGEN IMMER BLOSS HASEN ODER DACHSE ...
SO EINE BEUTE WIE DAS WILDSCHWEIN VORHIN WAR FÜR UNS BISHER AUSSER REICHWEITE!
ÄH ...
BITTE! WIR BELOHNEN DICH AUCH!
ABER DER STEINBOGEN ÄNDERT ALLES!
DAMIT KÖNNEN WIR DEN ERWACHSENEN IM DORF EINS AUSWISCHEN!
DAMIT WÜRDEN WIR ES AUCH SCHAFFEN!
WAS MEINST DU, USUM?
DU KANNST ECHTE MÄNNER AUS UNS MACHEN!
BITTE, USUM!
WIR SIND AUF DICH ANGEWIESEN!
BITTE!

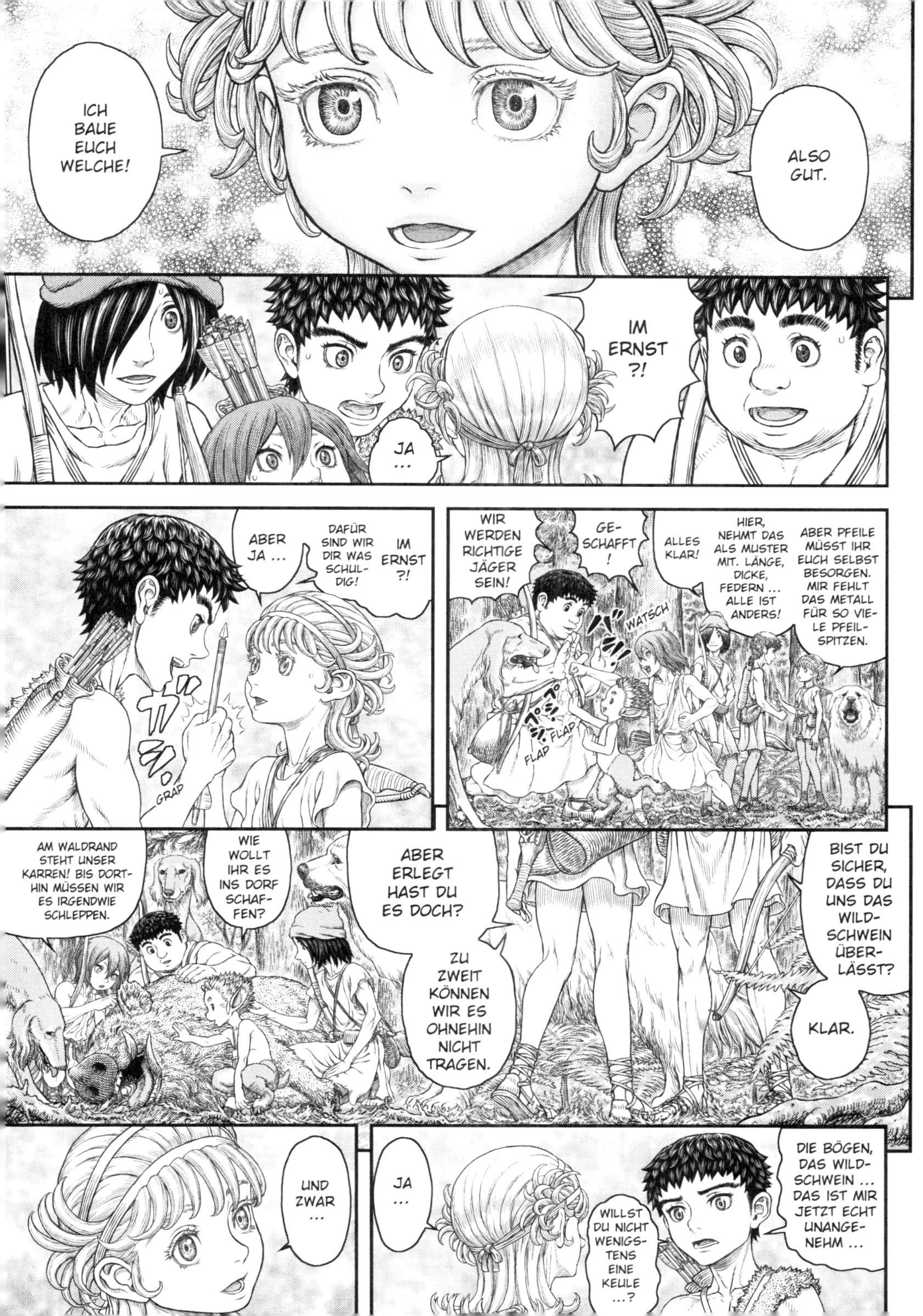
ALSO GUT.
ICH BAUE EUCH WELCHE!
IM ERNST ?!
JA ...
ABER PFEILE MÜSST IHR EUCH SELBST BESORGEN. MIR FEHLT DAS METALL FÜR SO VIELE PFEILSPITZEN.
HIER, NEHMT DAS ALS MUSTER MIT. LÄNGE, DICKE, FEDERN ... ALLE IST ANDERS!
ALLES KLAR!
GESCHAFFT!
WIR WERDEN RICHTIGE JÄGER SEIN!
WATSCH
FLAP FLAP
IM ERNST ?!
DAFÜR SIND WIR DIR WAS SCHULDIG!
ABER JA ...
GRAP
BIST DU SICHER, DASS DU UNS DAS WILDSCHWEIN ÜBERLÄSST?
KLAR.
ABER ERLEGT HAST DU ES DOCH?
ZU ZWEIT KÖNNEN WIR ES OHNEHIN NICHT TRAGEN.
WIE WOLLT IHR ES INS DORF SCHAFFEN?
AM WALDRAND STEHT UNSER KARREN! BIS DORTHIN MÜSSEN WIR ES IRGENDWIE SCHLEPPEN.
DIE BÖGEN, DAS WILDSCHWEIN ... DAS IST MIR JETZT ECHT UNANGENEHM ...
WILLST DU NICHT WENIGSTENS EINE KEULE ...?
JA ...
UND ZWAR ...

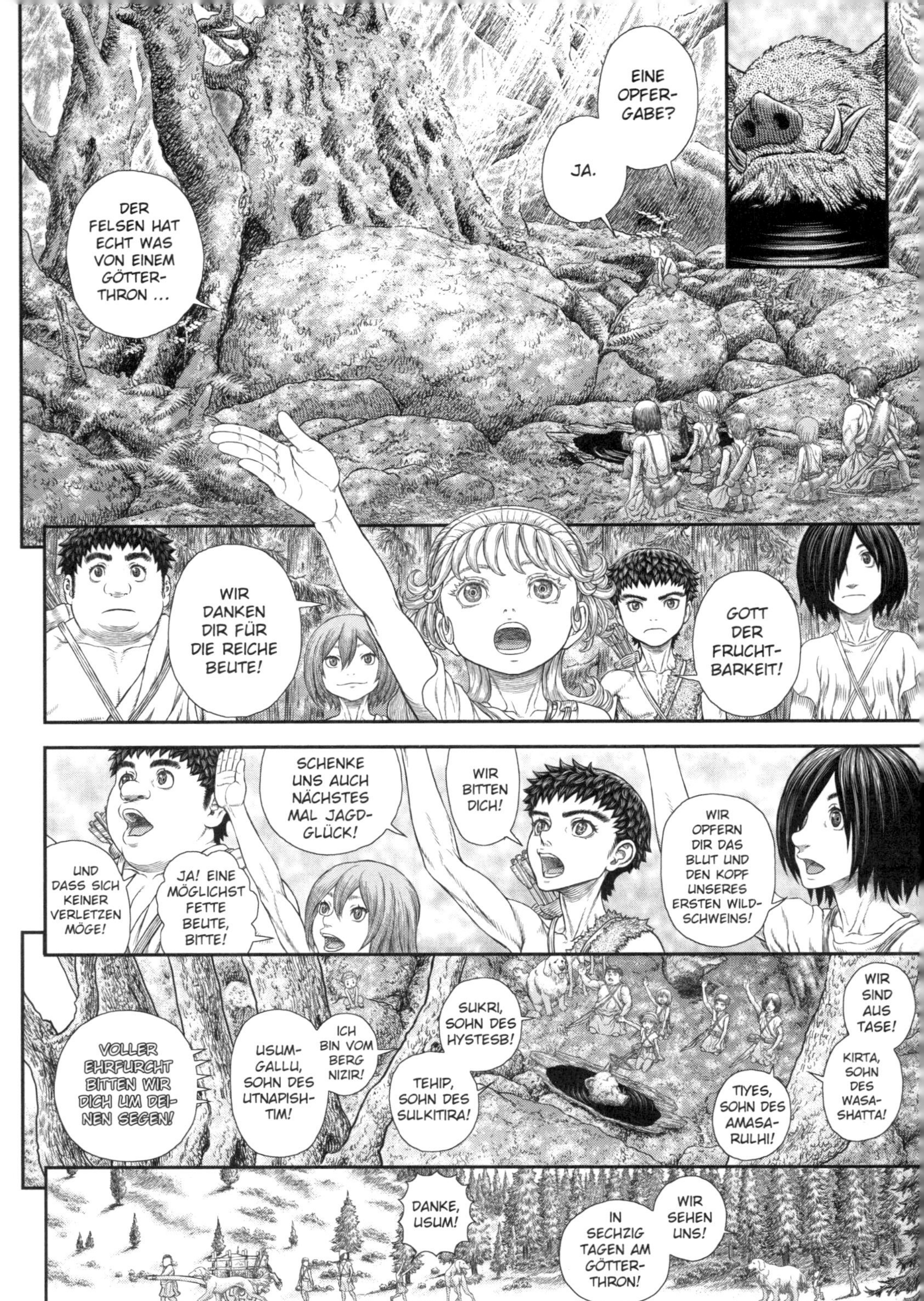
EINE OPFERGABE?
JA.
DER FELSEN HAT ECHT WAS VON EINEM GÖTTERTHRON …
GOTT DER FRUCHTBARKEIT!
WIR DANKEN DIR FÜR DIE REICHE BEUTE!
WIR OPFERN DIR DAS BLUT UND DEN KOPF UNSERES ERSTEN WILDSCHWEINS!
WIR BITTEN DICH!
SCHENKE UNS AUCH NÄCHSTES MAL JAGDGLÜCK!
JA! EINE MÖGLICHST FETTE BEUTE, BITTE!
UND DASS SICH KEINER VERLETZEN MÖGE!
WIR SIND AUS TASE!
KIRTA, SOHN DES WASASHATTA!
TIYES, SOHN DES AMASARULHI!
SUKRI, SOHN DES HYSTESB!
TEHIP, SOHN DES SULKITIRA!
ICH BIN VOM BERG NIZIR!
USUMGALLU, SOHN DES UTNAPISHTIM!
VOLLER EHRFURCHT BITTEN WIR DICH UM DEINEN SEGEN!
WIR SEHEN UNS!
IN SECHZIG TAGEN AM GÖTTERTHRON!
DANKE, USUM!

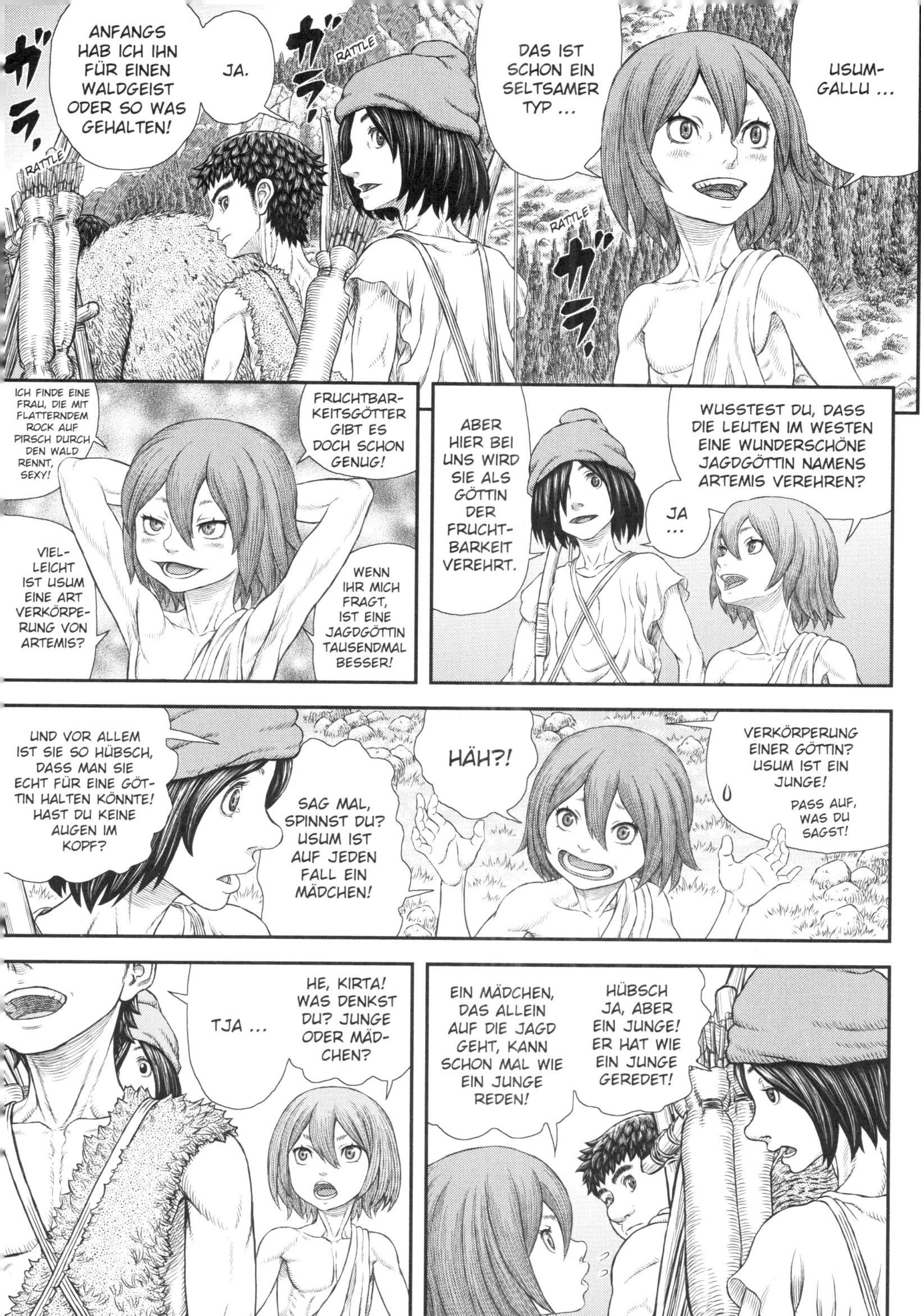
USUM-GALLU …
DAS IST SCHON EIN SELTSAMER TYP …
RATTLE
ガラ
JA.
ANFANGS HAB ICH IHN FÜR EINEN WALDGEIST ODER SO WAS GEHALTEN!
RATTLE
ガラ
RATTLE
ガラ
WUSSTEST DU, DASS DIE LEUTEN IM WESTEN EINE WUNDERSCHÖNE JAGDGÖTTIN NAMENS ARTEMIS VEREHREN?
JA …
ABER HIER BEI UNS WIRD SIE ALS GÖTTIN DER FRUCHTBARKEIT VEREHRT.
FRUCHTBARKEITSGÖTTER GIBT ES DOCH SCHON GENUG!
WENN IHR MICH FRAGT, IST EINE JAGDGÖTTIN TAUSENDMAL BESSER!
ICH FINDE EINE FRAU, DIE MIT FLATTERNDEM ROCK AUF PIRSCH DURCH DEN WALD RENNT, SEXY!
VIELLEICHT IST USUM EINE ART VERKÖRPERUNG VON ARTEMIS?
VERKÖRPERUNG EINER GÖTTIN? USUM IST EIN JUNGE!
PASS AUF, WAS DU SAGST!
HÄH?!
SAG MAL, SPINNST DU? USUM IST AUF JEDEN FALL EIN MÄDCHEN!
UND VOR ALLEM IST SIE SO HÜBSCH, DASS MAN SIE ECHT FÜR EINE GÖTTIN HALTEN KÖNNTE! HAST DU KEINE AUGEN IM KOPF?
HÜBSCH JA, ABER EIN JUNGE! ER HAT WIE EIN JUNGE GEREDET!
EIN MÄDCHEN, DAS ALLEIN AUF DIE JAGD GEHT, KANN SCHON MAL WIE EIN JUNGE REDEN!
HE, KIRTA! WAS DENKST DU? JUNGE ODER MÄDCHEN?
TJA …

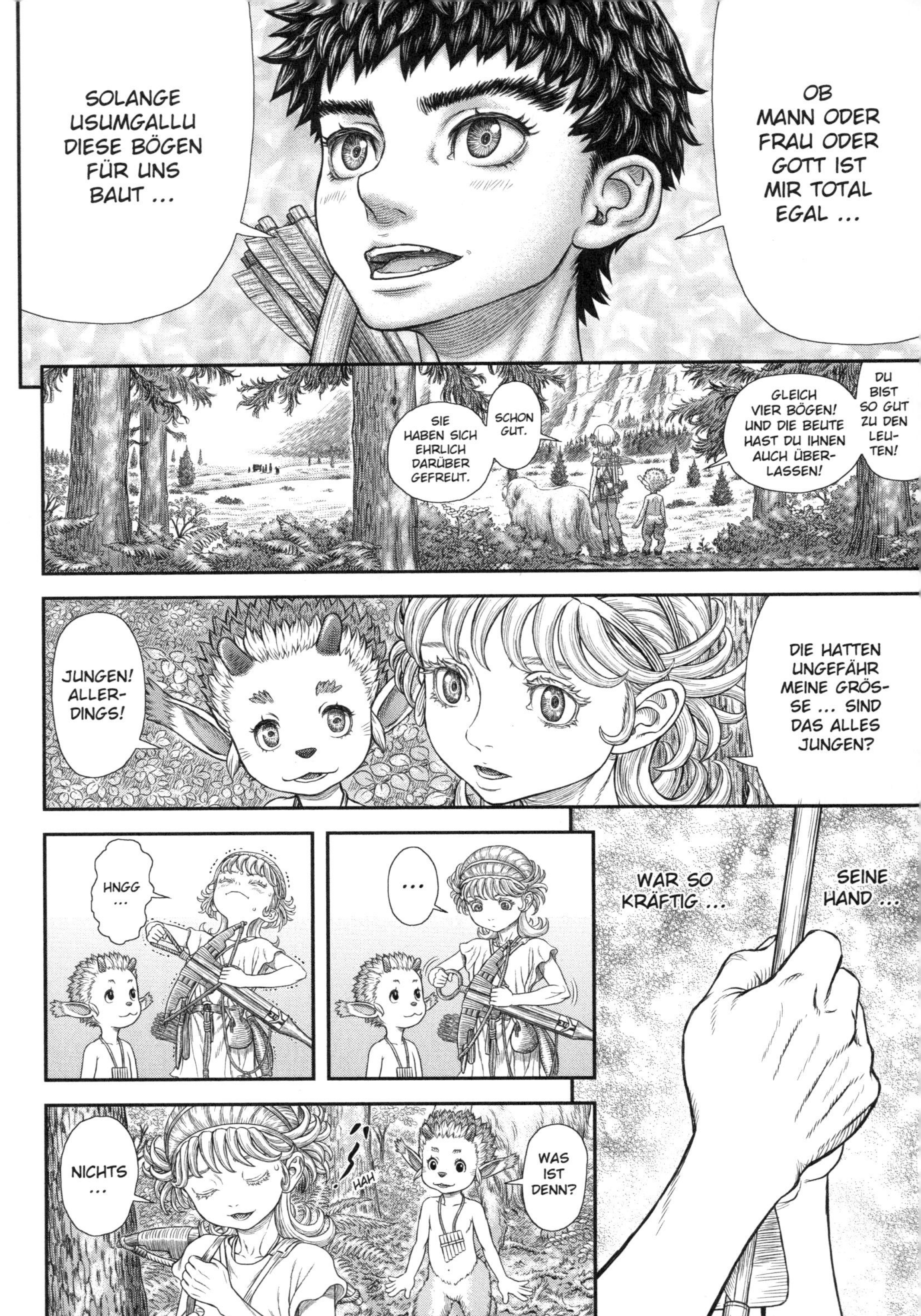
SOLANGE USUMGALLU DIESE BÖGEN FÜR UNS BAUT …
OB MANN ODER FRAU ODER GOTT IST MIR TOTAL EGAL …
SIE HABEN SICH EHRLICH DARÜBER GEFREUT.
SCHON GUT.
GLEICH VIER BÖGEN! UND DIE BEUTE HAST DU IHNEN AUCH ÜBERLASSEN!
DU BIST SO GUT ZU DEN LEUTEN!
JUNGEN! ALLERDINGS!
DIE HATTEN UNGEFÄHR MEINE GRÖSSE … SIND DAS ALLES JUNGEN?
HNGG …
…
WAR SO KRÄFTIG …
SEINE HAND …
NICHTS …
HAH
WAS IST DENN?

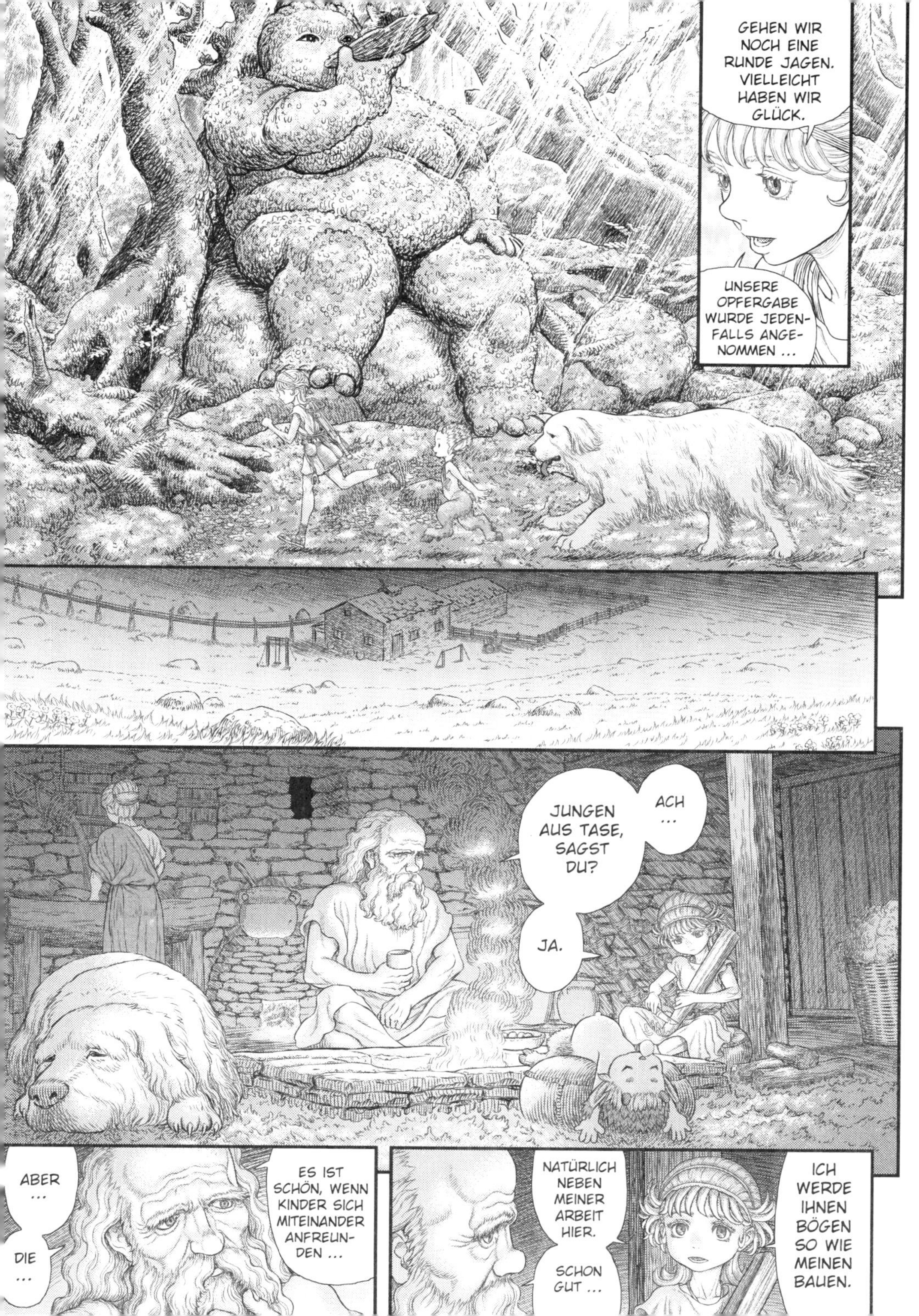
GEHEN WIR NOCH EINE RUNDE JAGEN. VIELLEICHT HABEN WIR GLÜCK.
UNSERE OPFERGABE WURDE JEDENFALLS ANGENOMMEN ...
JUNGEN AUS TASE, SAGST DU?
ACH ...
JA.
ABER ...
DIE ...
ES IST SCHÖN, WENN KINDER SICH MITEINANDER ANFREUNDEN ...
NATÜRLICH NEBEN MEINER ARBEIT HIER.
SCHON GUT ...
ICH WERDE IHNEN BÖGEN SO WIE MEINEN BAUEN.

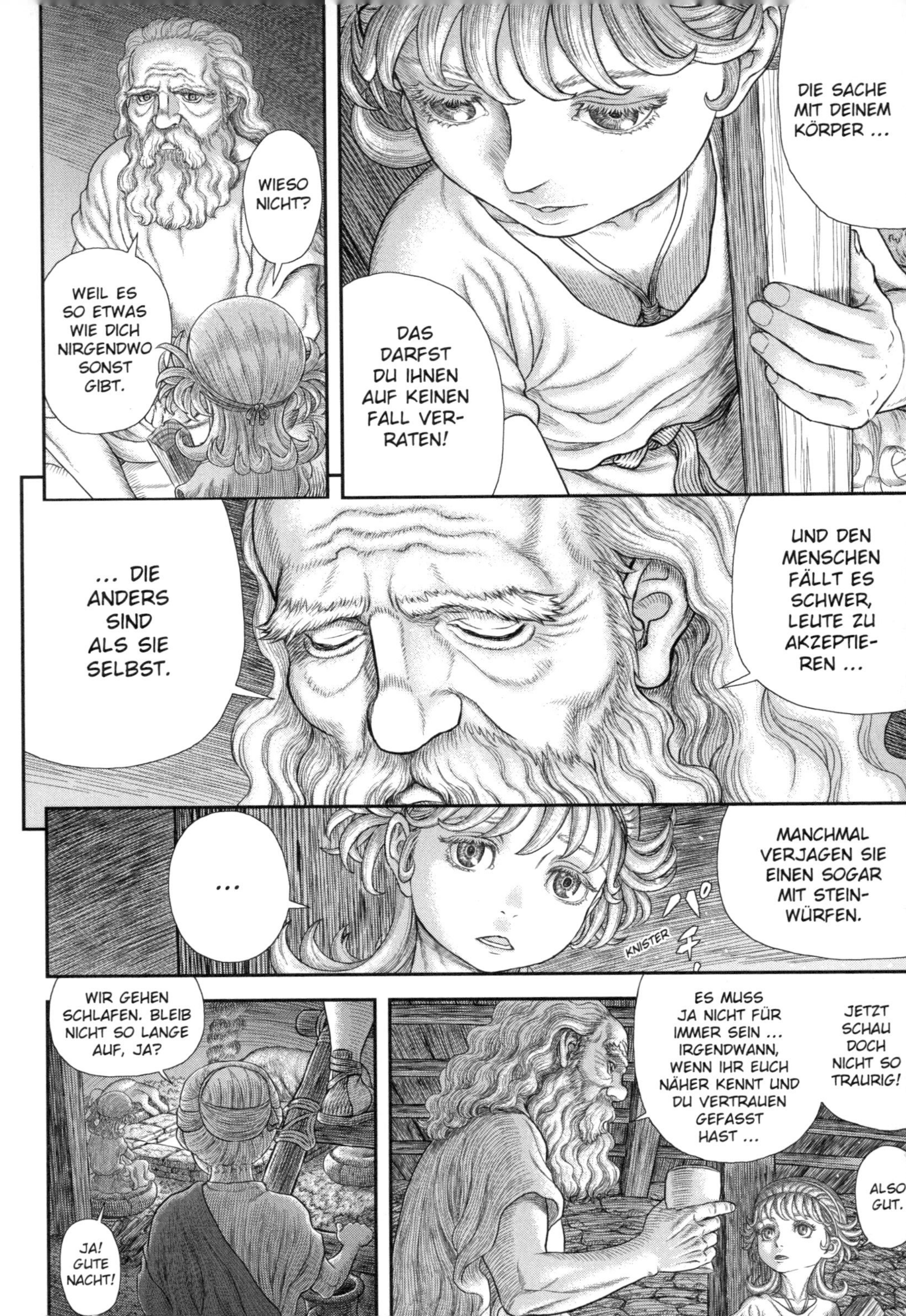
DIE SACHE MIT DEINEM KÖRPER ...
DAS DARFST DU IHNEN AUF KEINEN FALL VERRATEN!
WIESO NICHT?
WEIL ES SO ETWAS WIE DICH NIRGENDWO SONST GIBT.
UND DEN MENSCHEN FÄLLT ES SCHWER, LEUTE ZU AKZEPTIEREN ...
... DIE ANDERS SIND ALS SIE SELBST.
MANCHMAL VERJAGEN SIE EINEN SOGAR MIT STEINWÜRFEN.
KNISTER
...
JETZT SCHAU DOCH NICHT SO TRAURIG!
ES MUSS JA NICHT FÜR IMMER SEIN ... IRGENDWANN, WENN IHR EUCH NÄHER KENNT UND DU VERTRAUEN GEFASST HAST ...
ALSO GUT.
WIR GEHEN SCHLAFEN. BLEIB NICHT SO LANGE AUF, JA?
JA! GUTE NACHT!

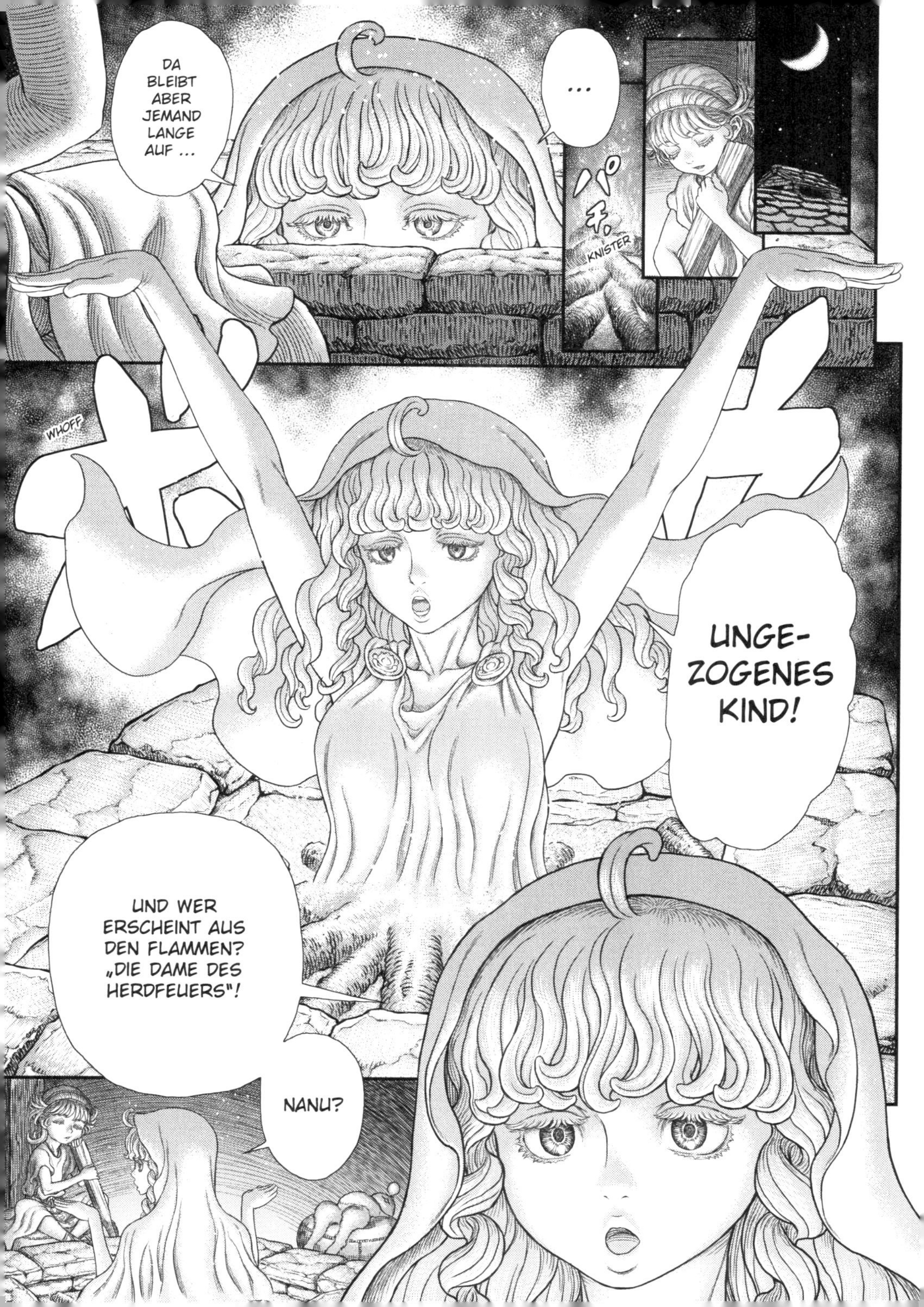
KNISTER
...
DA BLEIBT ABER JEMAND LANGE AUF ...
WHOFF
UNGE-ZOGENES KIND!
UND WER ERSCHEINT AUS DEN FLAMMEN? „DIE DAME DES HERDFEUERS"!
NANU?

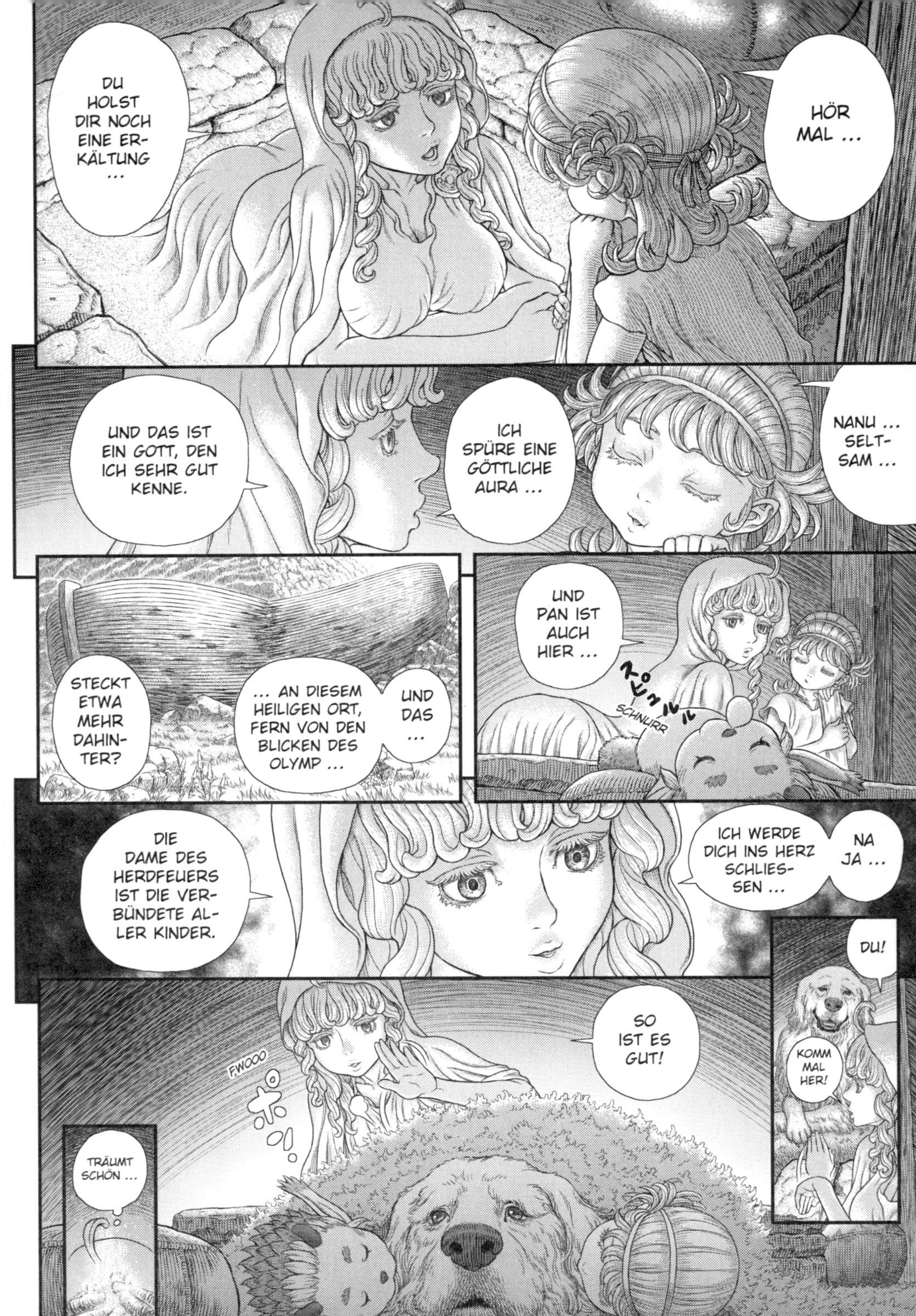
HÖR MAL ...
DU HOLST DIR NOCH EINE ER-KÄLTUNG ...
NANU ... SELT-SAM ...
ICH SPÜRE EINE GÖTTLICHE AURA ...
UND DAS IST EIN GOTT, DEN ICH SEHR GUT KENNE.
UND PAN IST AUCH HIER ...
SCHNURR
UND DAS ...
... AN DIESEM HEILIGEN ORT, FERN VON DEN BLICKEN DES OLYMP ...
STECKT ETWA MEHR DAHIN-TER?
NA JA ...
ICH WERDE DICH INS HERZ SCHLIES-SEN ...
DIE DAME DES HERDFEUERS IST DIE VER-BÜNDETE AL-LER KINDER.
DU!
KOMM MAL HER!
SO IST ES GUT!
F.WOOO
TRÄUMT SCHÖN ...

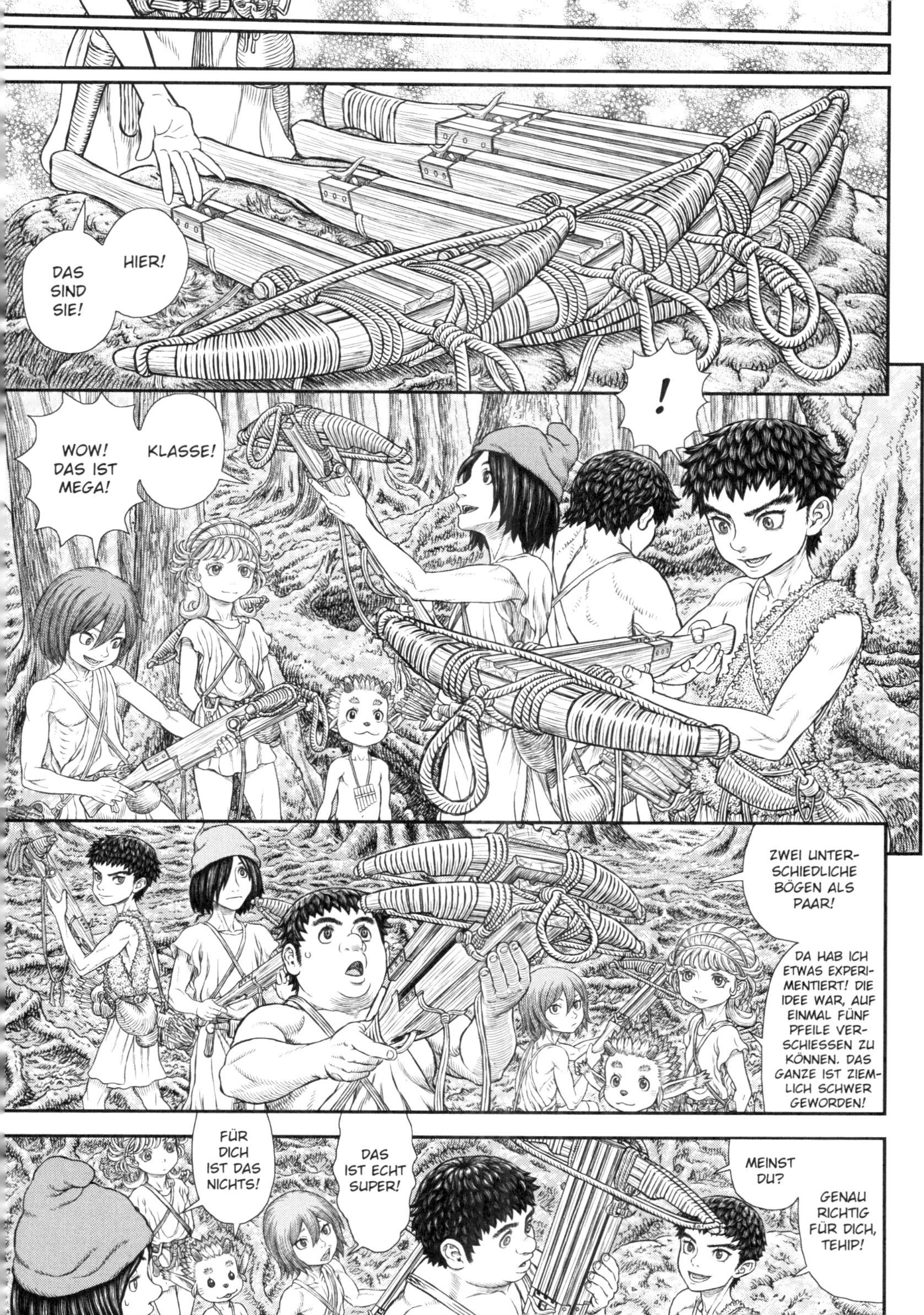
HIER!
DAS SIND SIE!
!
KLASSE!
WOW! DAS IST MEGA!
ZWEI UNTERSCHIEDLICHE BÖGEN ALS PAAR!
DA HAB ICH ETWAS EXPERIMENTIERT! DIE IDEE WAR, AUF EINMAL FÜNF PFEILE VERSCHIESSEN ZU KÖNNEN. DAS GANZE IST ZIEMLICH SCHWER GEWORDEN!
MEINST DU?
GENAU RICHTIG FÜR DICH, TEHIP!
DAS IST ECHT SUPER!
FÜR DICH IST DAS NICHTS!

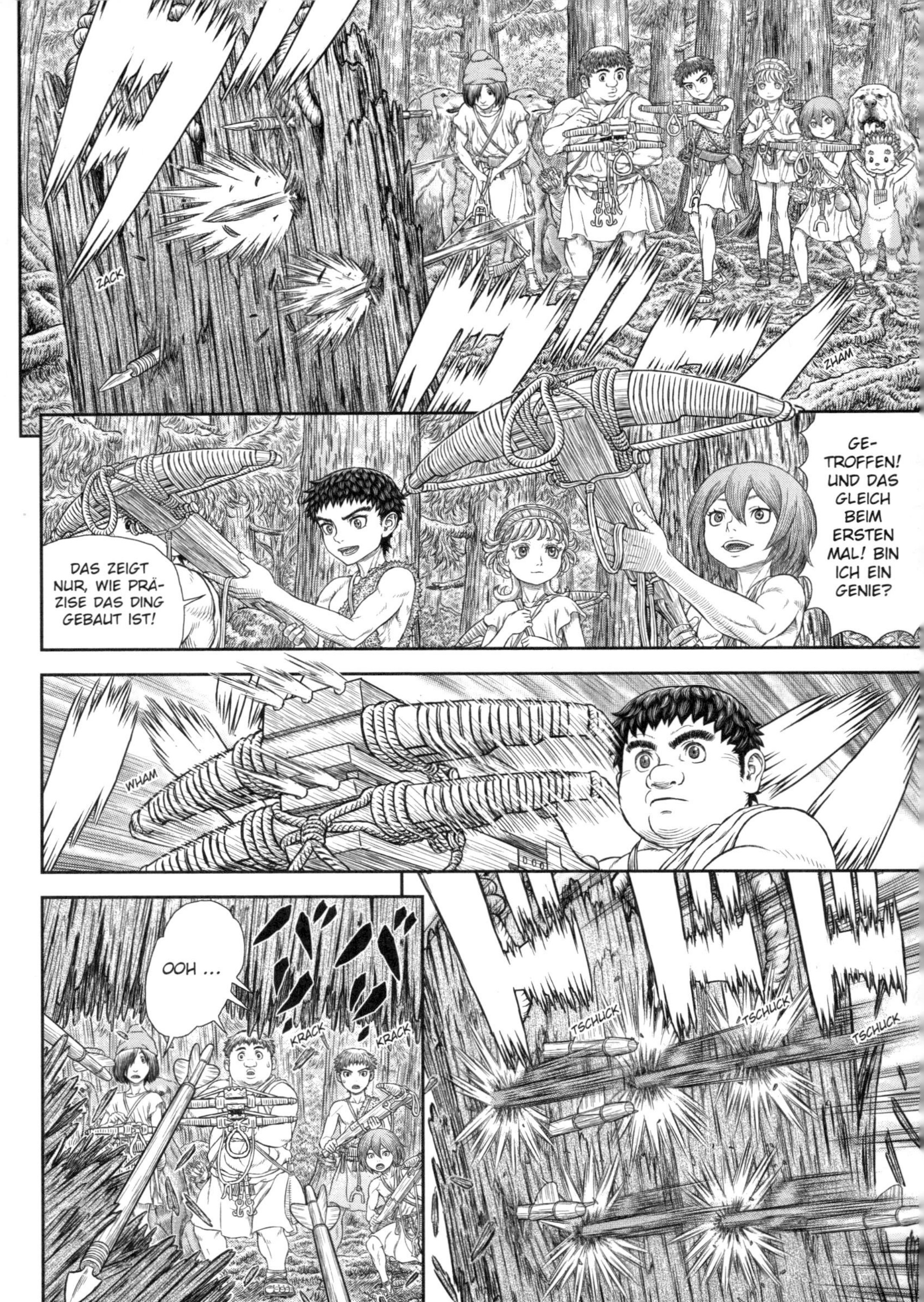
ZACK
ZHAM
GE-TROFFEN! UND DAS GLEICH BEIM ERSTEN MAL! BIN ICH EIN GENIE?
DAS ZEIGT NUR, WIE PRÄZISE DAS DING GEBAUT IST!
WHAM
OOH ...
KRACK
KRACK
TSCHLUCK
TSCHLUCK
TSCHLUCK

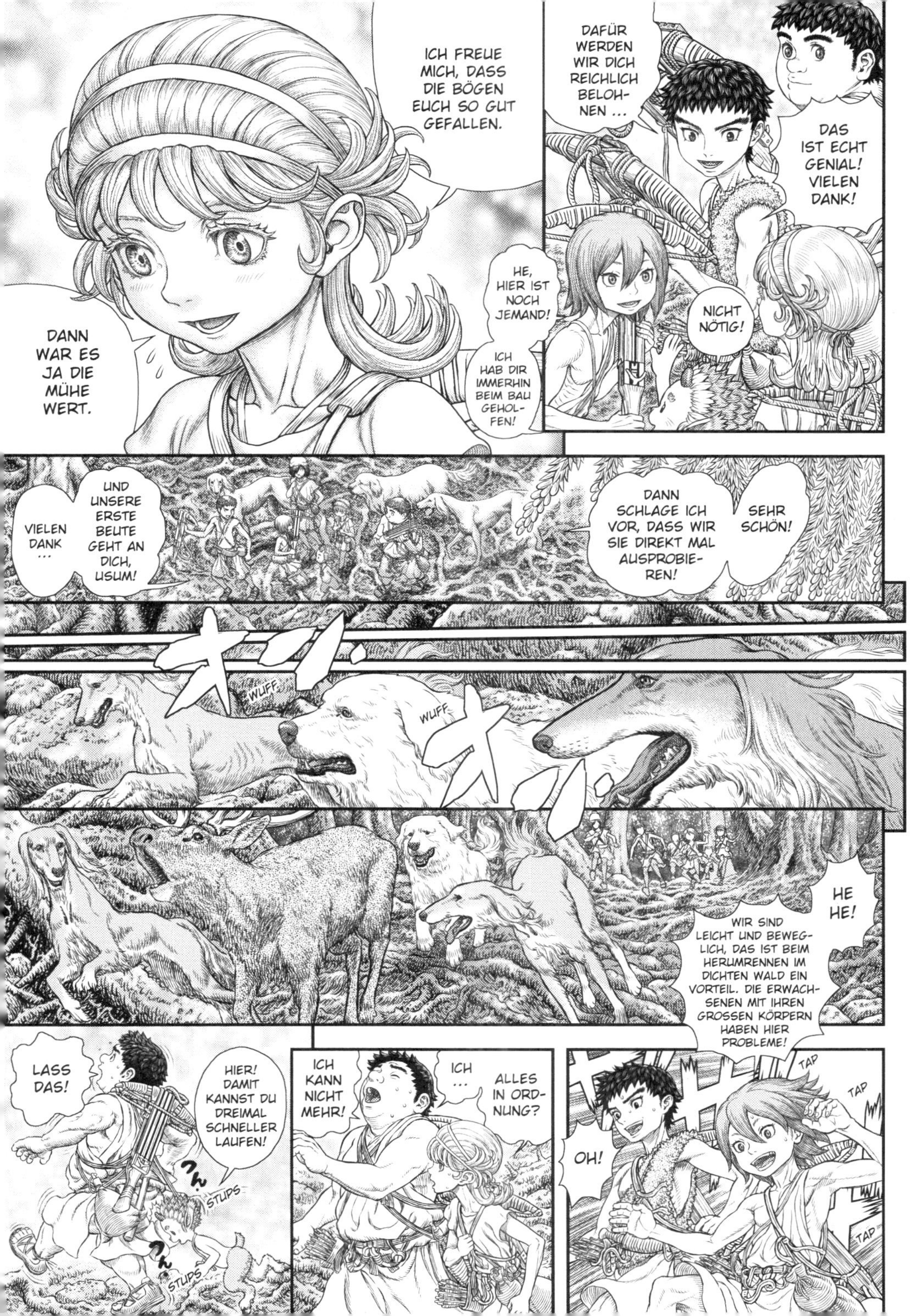
DAFÜR WERDEN WIR DICH REICHLICH BELOHNEN ...
DAS IST ECHT GENIAL! VIELEN DANK!
ICH FREUE MICH, DASS DIE BÖGEN EUCH SO GUT GEFALLEN.
DANN WAR ES JA DIE MÜHE WERT.
HE, HIER IST NOCH JEMAND!
ICH HAB DIR IMMERHIN BEIM BAU GEHOLFEN!
NICHT NÖTIG!
SEHR SCHÖN!
DANN SCHLAGE ICH VOR, DASS WIR SIE DIREKT MAL AUSPROBIEREN!
UND UNSERE ERSTE BEUTE GEHT AN DICH, USUM!
VIELEN DANK ...
WUFF
WUFF
HE HE!
WIR SIND LEICHT UND BEWEGLICH, DAS IST BEIM HERUMRENNEN IM DICHTEN WALD EIN VORTEIL. DIE ERWACHSENEN MIT IHREN GROSSEN KÖRPERN HABEN HIER PROBLEME!
TAP
TAP
TAP
OH!
ICH ... ALLES IN ORDNUNG?
ICH KANN NICHT MEHR!
HIER! DAMIT KANNST DU DREIMAL SCHNELLER LAUFEN!
LASS DAS!
STUPS
STUPS

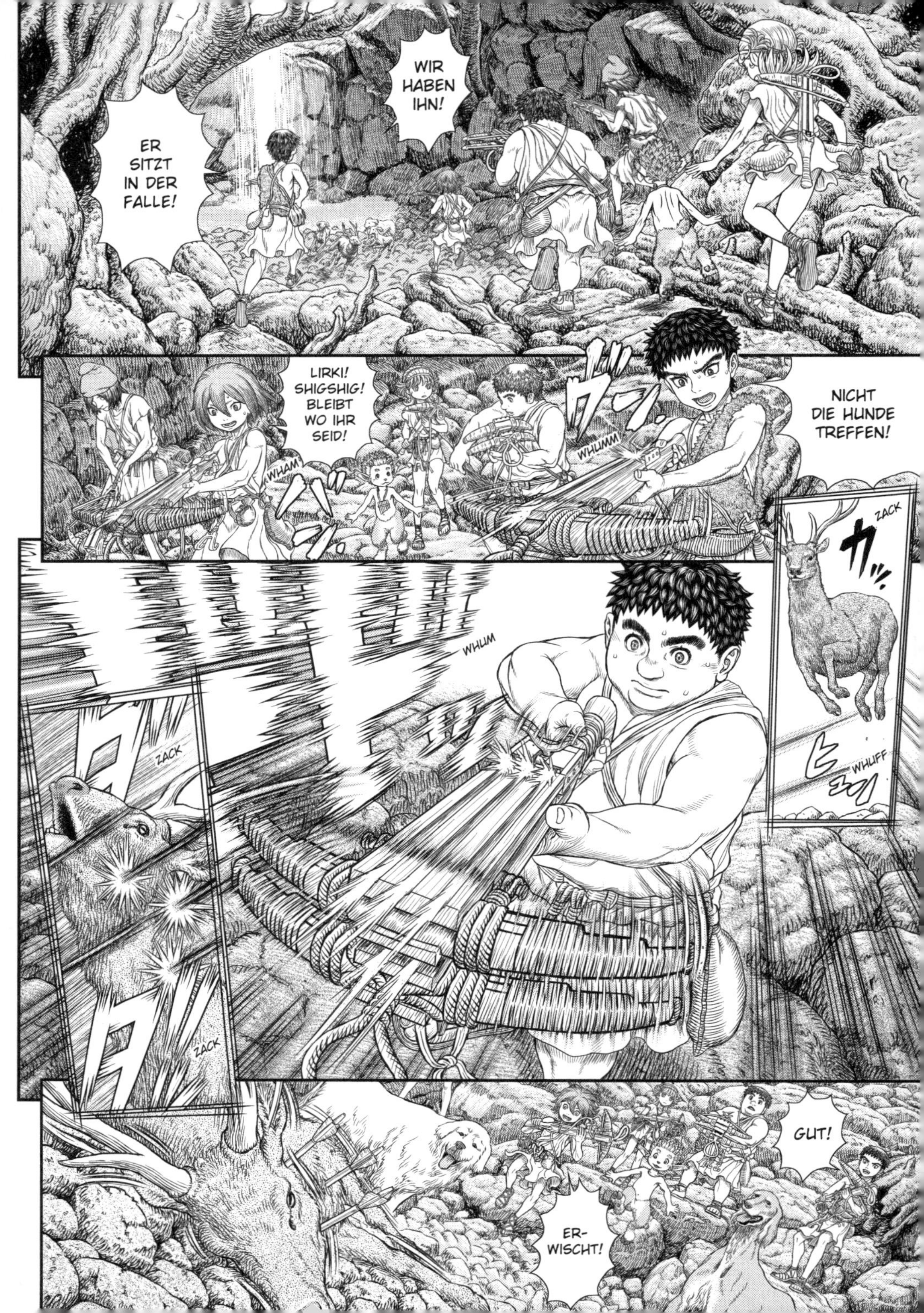
WIR HABEN IHN!
ER SITZT IN DER FALLE!
NICHT DIE HUNDE TREFFEN!
WHUMM
LIRKI! SHIGSHIG! BLEIBT WO IHR SEID!
WHAM
ZACK
WHUFF
WHUM
ZACK
ZACK
GUT!
ER-WISCHT!

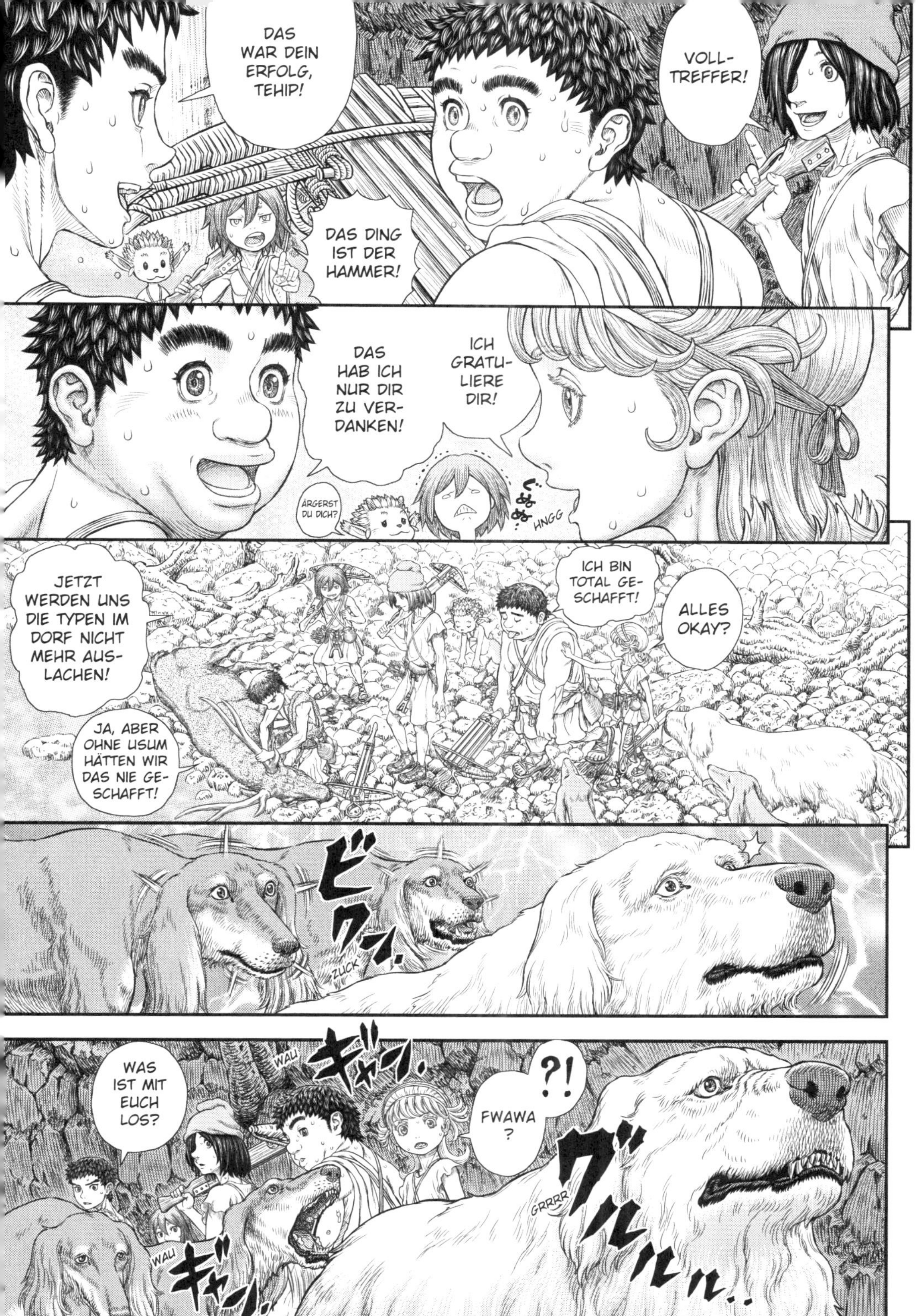
VOLL-
TREFFER!
DAS
WAR DEIN
ERFOLG,
TEHIP!
DAS DING
IST DER
HAMMER!
ICH
GRATU-
LIERE
DIR!
DAS
HAB ICH
NUR DIR
ZU VER-
DANKEN!
HNGG
ÄRGERST
DU DICH?
ICH BIN
TOTAL GE-
SCHAFFT!
ALLES
OKAY?
JETZT
WERDEN UNS
DIE TYPEN IM
DORF NICHT
MEHR AUS-
LACHEN!
JA, ABER
OHNE USUM
HÄTTEN WIR
DAS NIE GE-
SCHAFFT!
ZUCK
?!
FWAWA
?
GRRRR
WAU
WAS
IST MIT
EUCH
LOS?
WAU

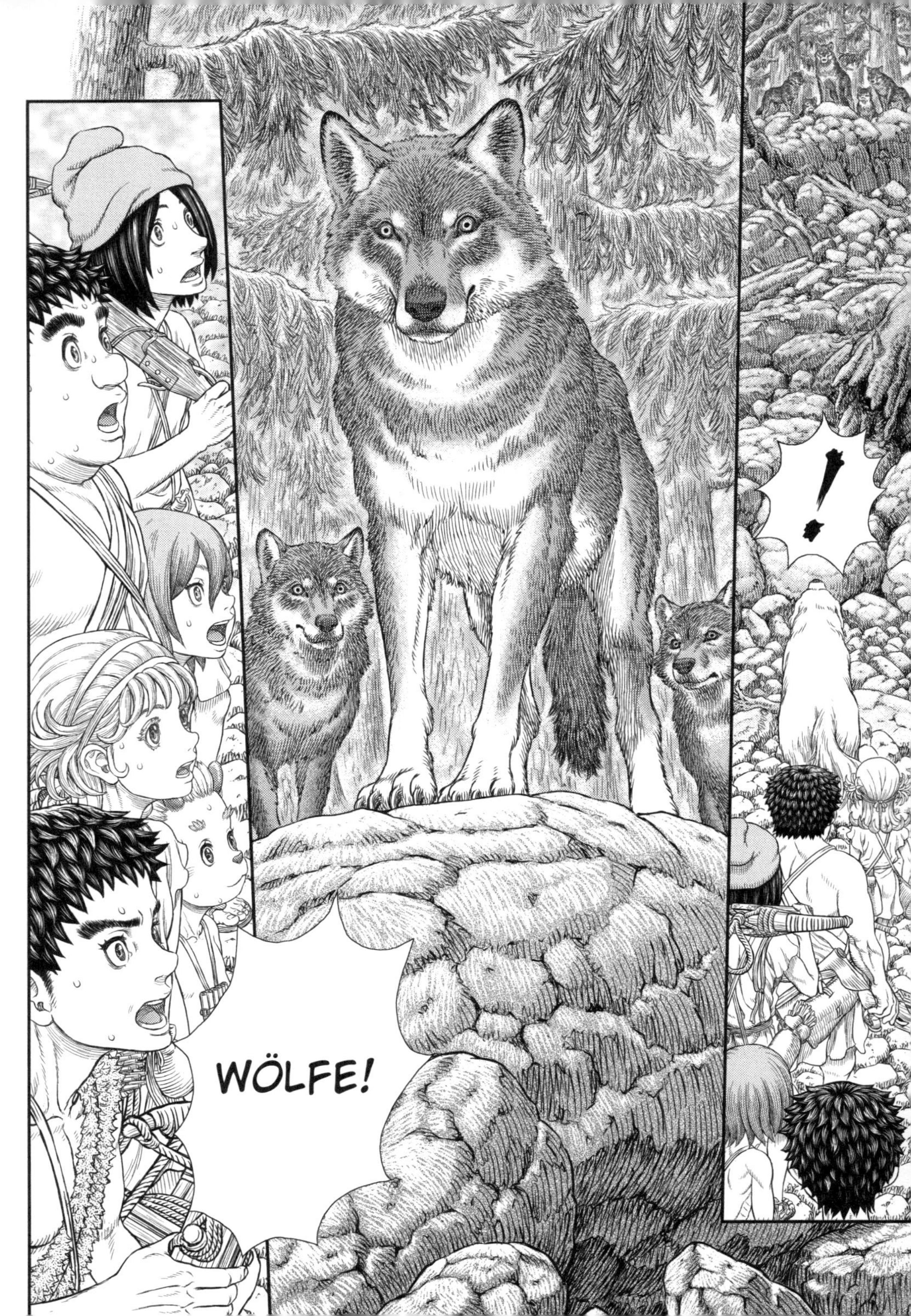
!
WÖLFE!

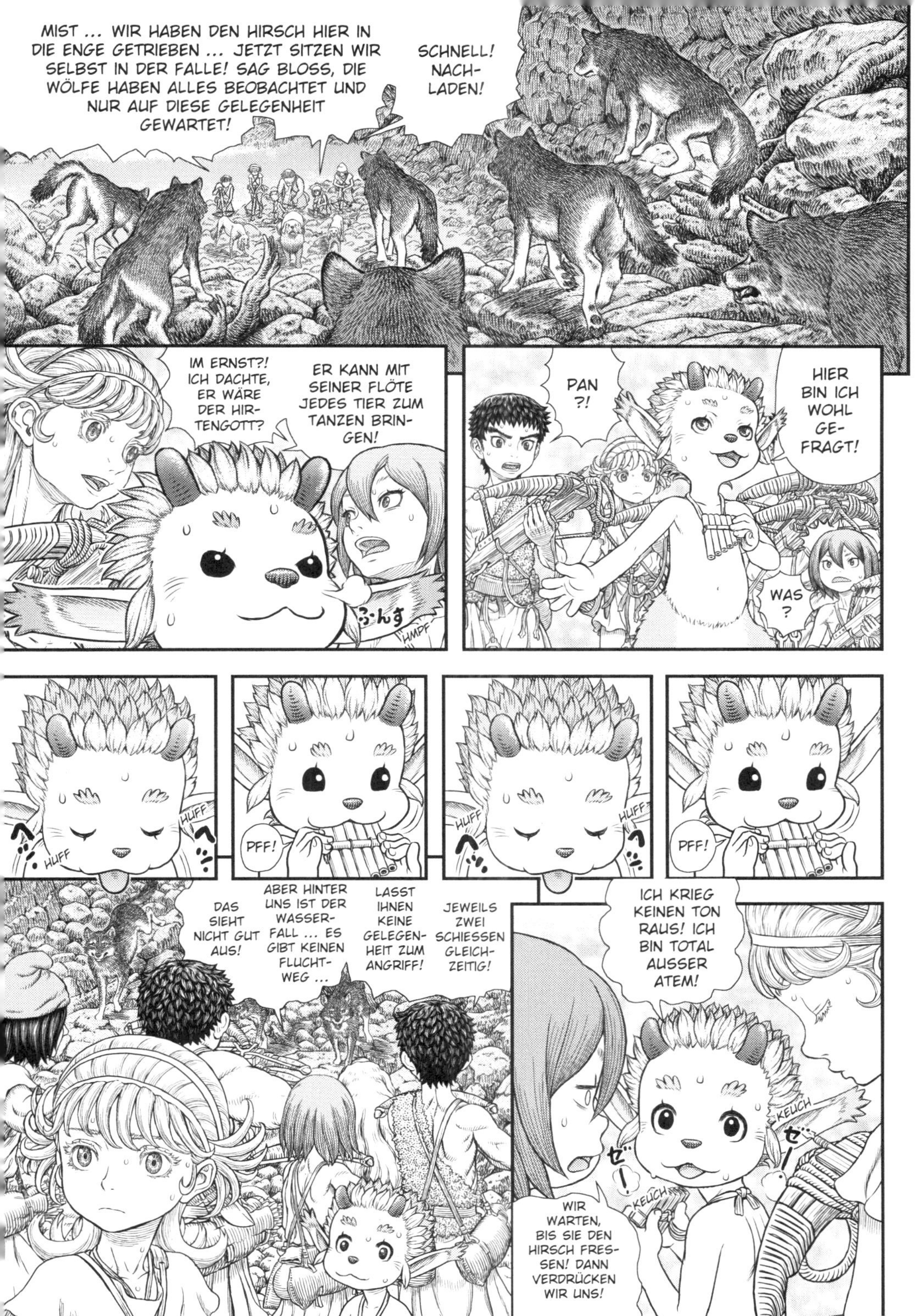
MIST ... WIR HABEN DEN HIRSCH HIER IN DIE ENGE GETRIEBEN ... JETZT SITZEN WIR SELBST IN DER FALLE! SAG BLOSS, DIE WÖLFE HABEN ALLES BEOBACHTET UND NUR AUF DIESE GELEGENHEIT GEWARTET!
SCHNELL! NACHLADEN!
IM ERNST?! ICH DACHTE, ER WÄRE DER HIRTENGOTT?
ER KANN MIT SEINER FLÖTE JEDES TIER ZUM TANZEN BRINGEN!
ふんす
HMPF
PAN ?!
HIER BIN ICH WOHL GEFRAGT!
WAS ?
HUFF
HUFF
PFF!
HUFF
HUFF
PFF!
DAS SIEHT NICHT GUT AUS!
ABER HINTER UNS IST DER WASSERFALL ... ES GIBT KEINEN FLUCHTWEG ...
LASST IHNEN KEINE GELEGENHEIT ZUM ANGRIFF!
JEWEILS ZWEI SCHIESSEN GLEICHZEITIG!
ICH KRIEG KEINEN TON RAUS! ICH BIN TOTAL AUSSER ATEM!
KEUCH
KEUCH
WIR WARTEN, BIS SIE DEN HIRSCH FRESSEN! DANN VERDRÜCKEN WIR UNS!

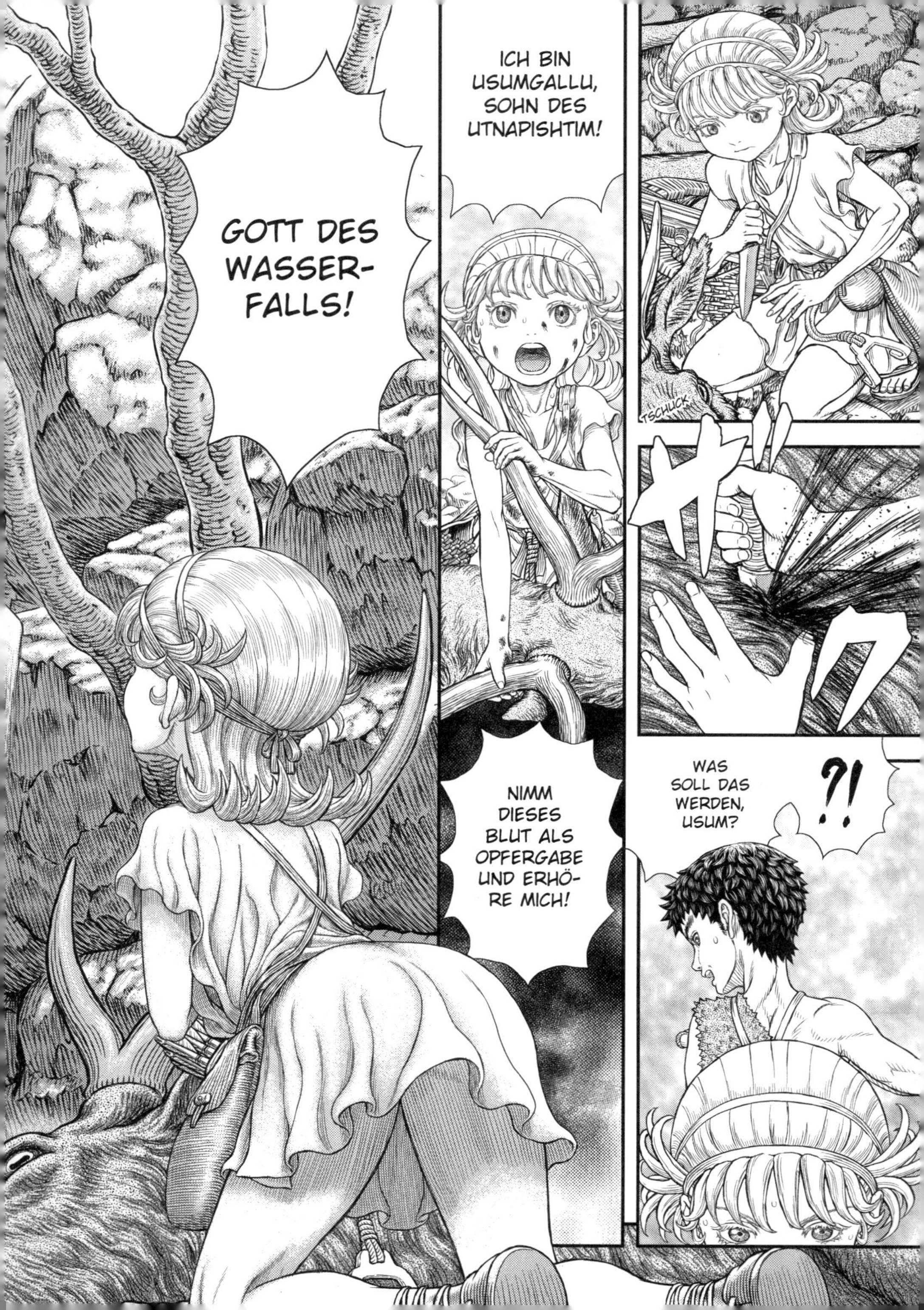
GOTT DES WASSER-FALLS!
ICH BIN USUMGALLU, SOHN DES UTNAPISHTIM!
TSCHUCK
NIMM DIESES BLUT ALS OPFERGABE UND ERHÖ-RE MICH!
?!
WAS SOLL DAS WERDEN, USUM?

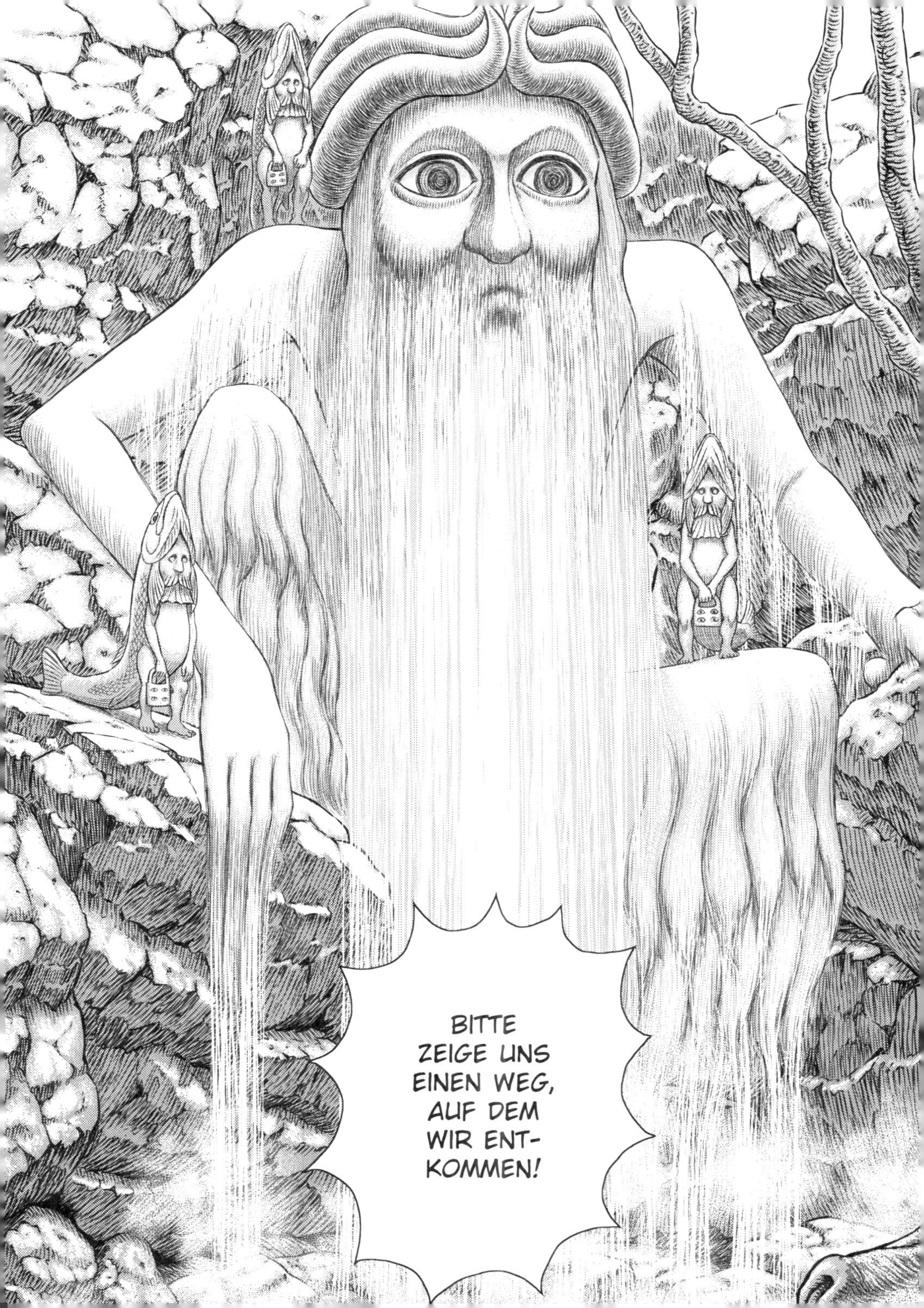
BITTE ZEIGE UNS EINEN WEG, AUF DEM WIR ENT-KOMMEN!

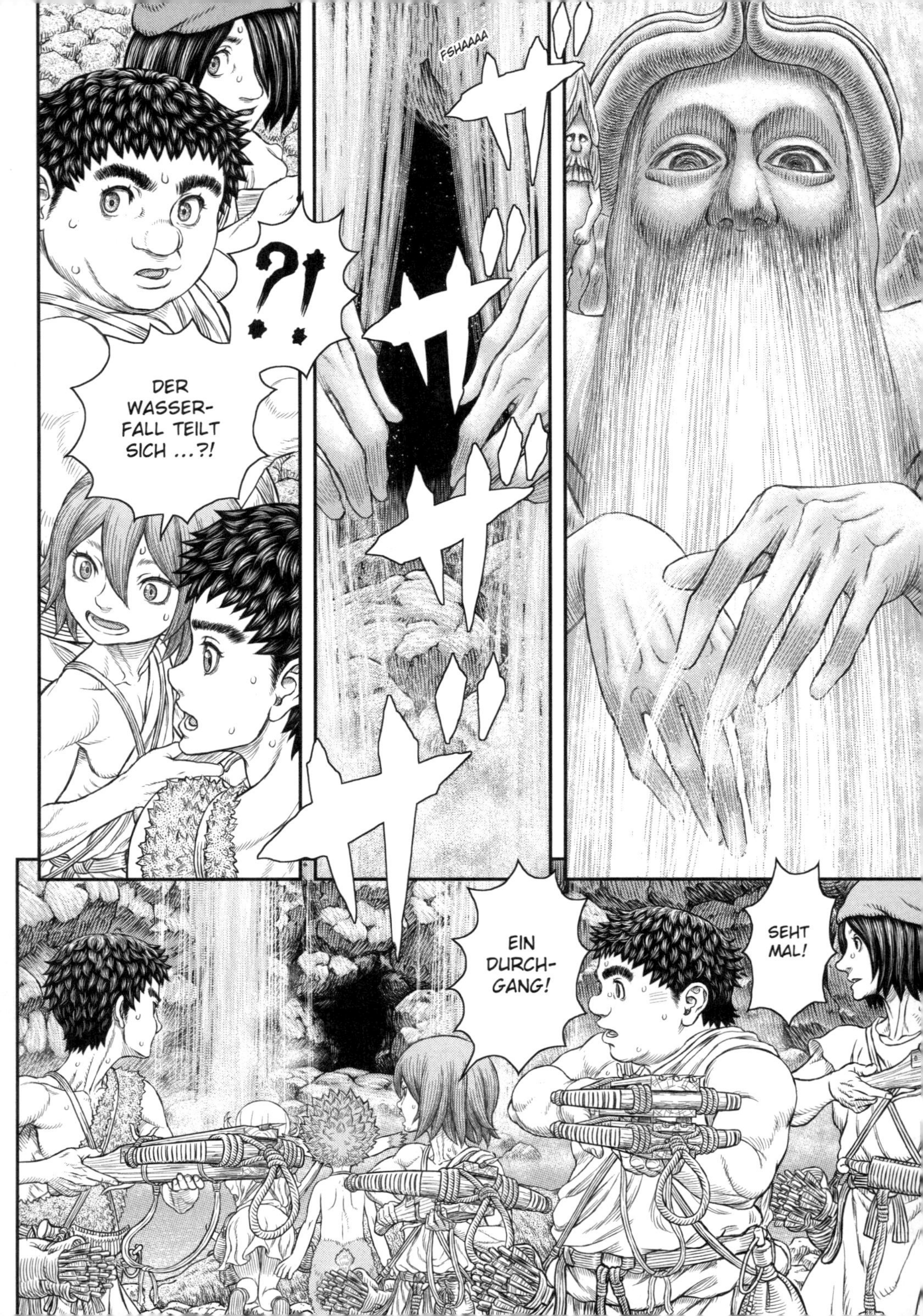
FSHAAAA
?!
DER WASSER-FALL TEILT SICH ...?!
SEHT MAL!
EIN DURCH-GANG!

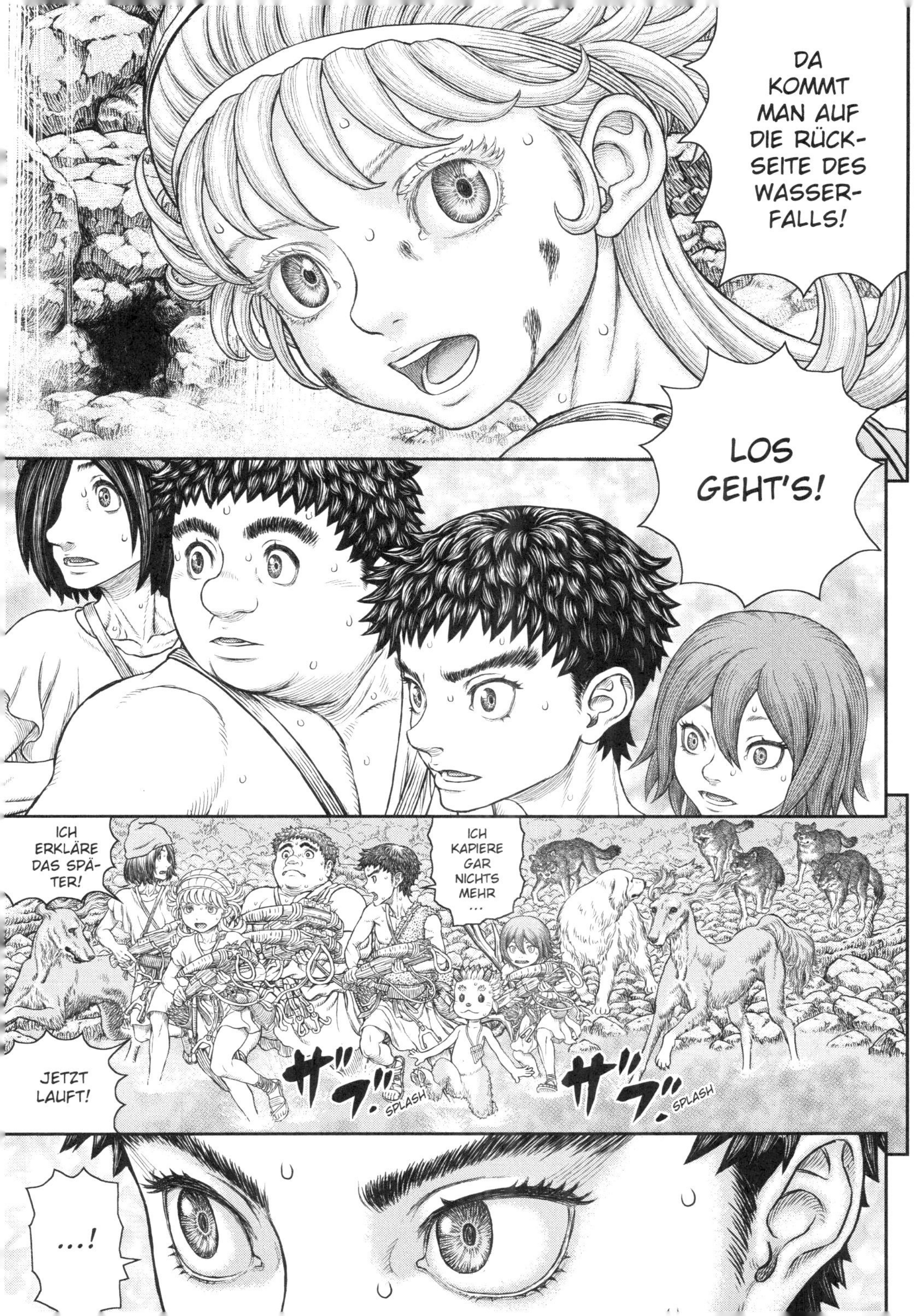
DA KOMMT MAN AUF DIE RÜCK-SEITE DES WASSER-FALLS!
LOS GEHT'S!
ICH KAPIERE GAR NICHTS MEHR …
ICH ERKLÄRE DAS SPÄ-TER!
JETZT LAUFT!
ザブ SPLASH
ザブ SPLASH
…!

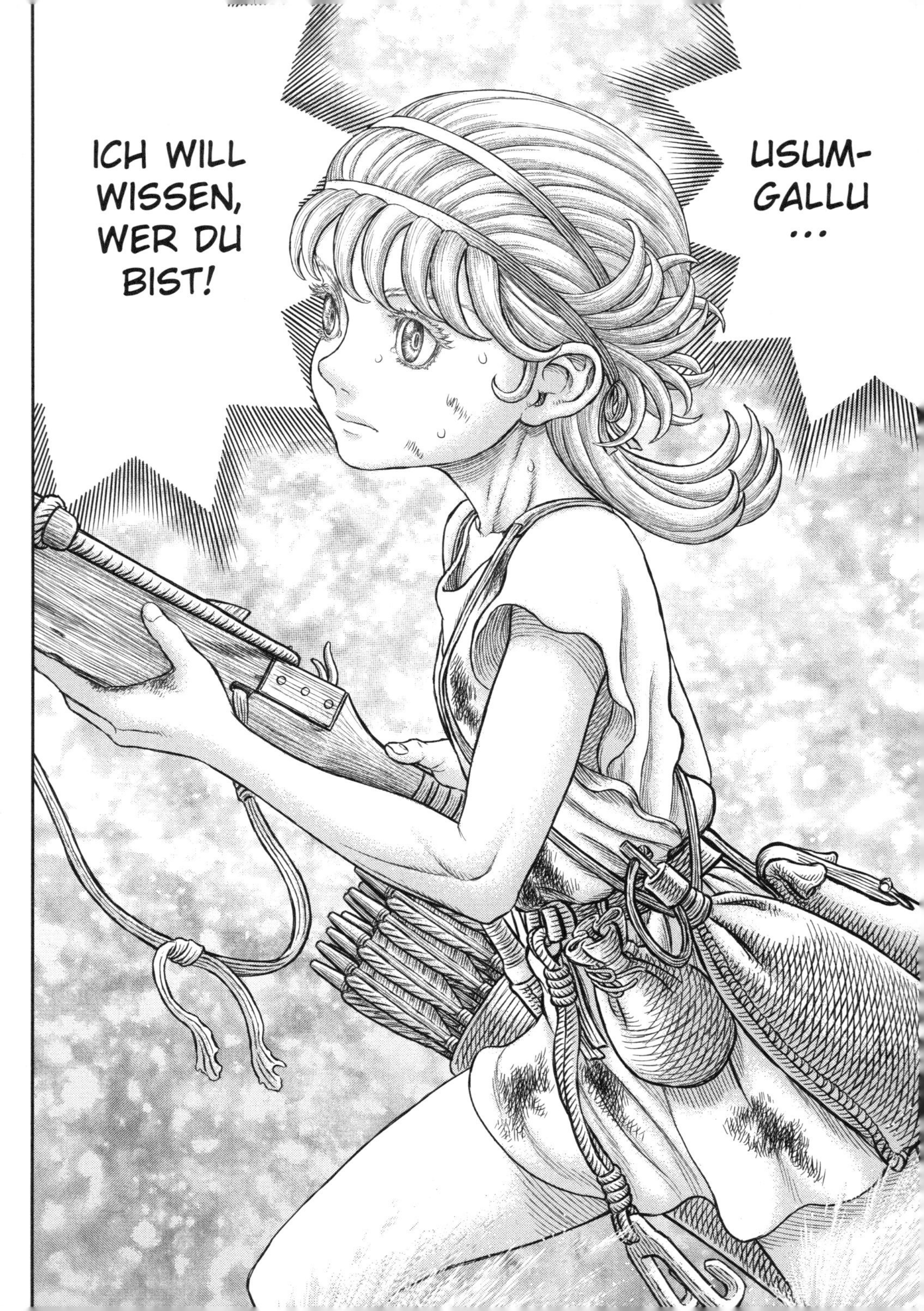
USUM-GALLU ...
ICH WILL WISSEN, WER DU BIST!

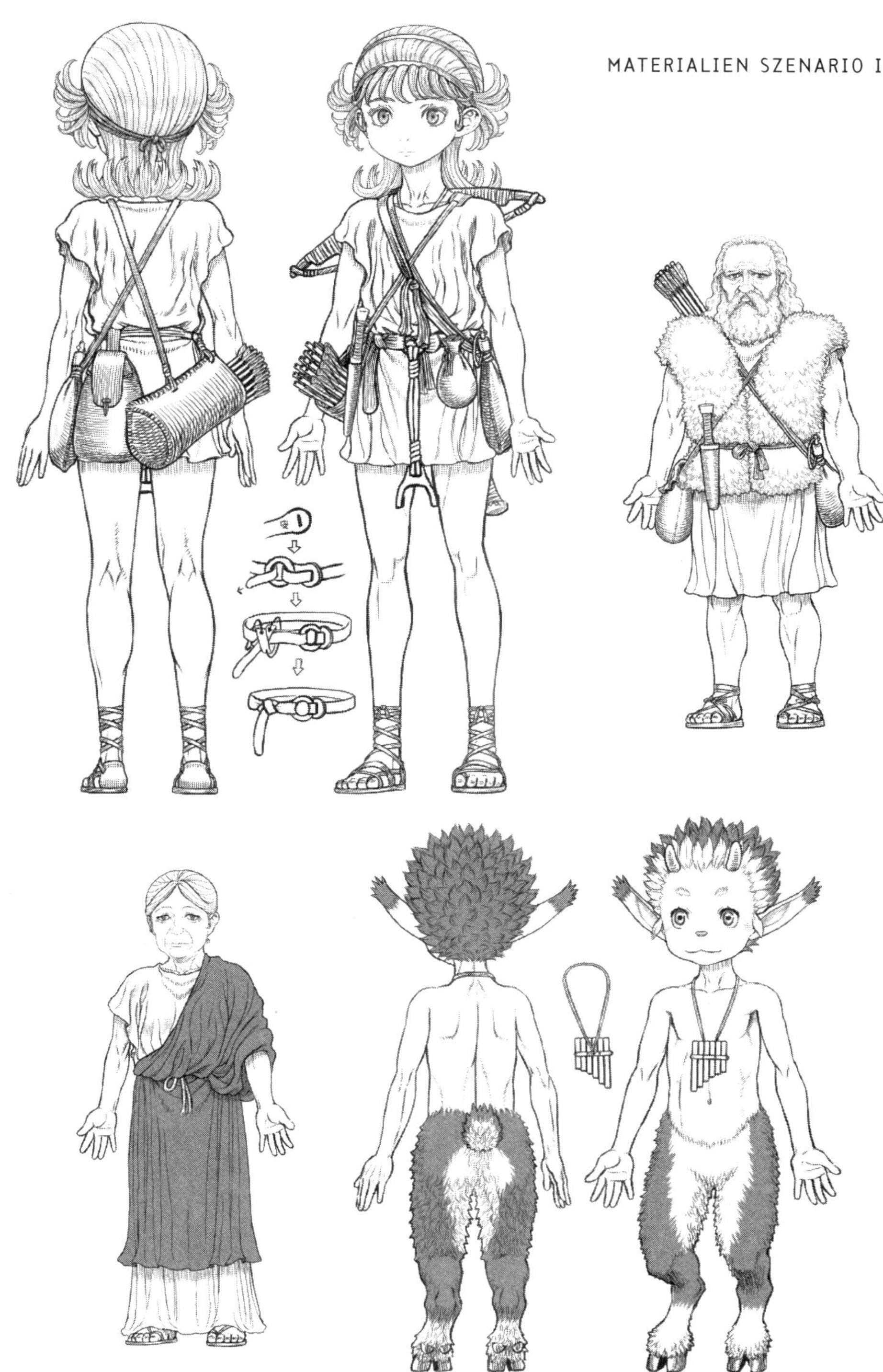

DUR-AN-KI

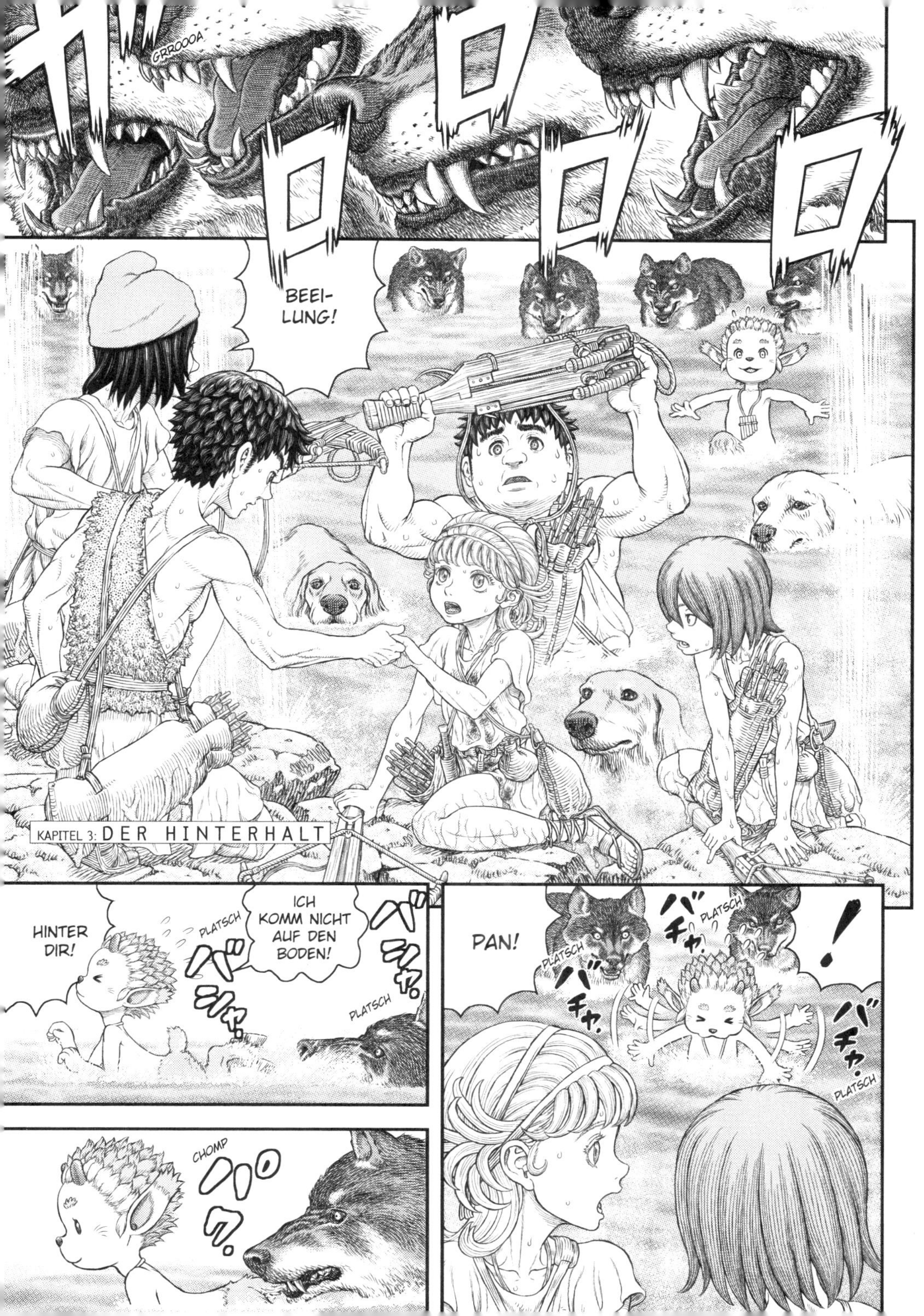
GRRROOOA
BEEI-
LUNG!
KAPITEL 3: DER HINTERHALT
HINTER DIR!
PLATSCH
ICH KOMM NICHT AUF DEN BODEN!
PLATSCH
PAN!
PLATSCH
PLATSCH
!
PLATSCH
CHOMP

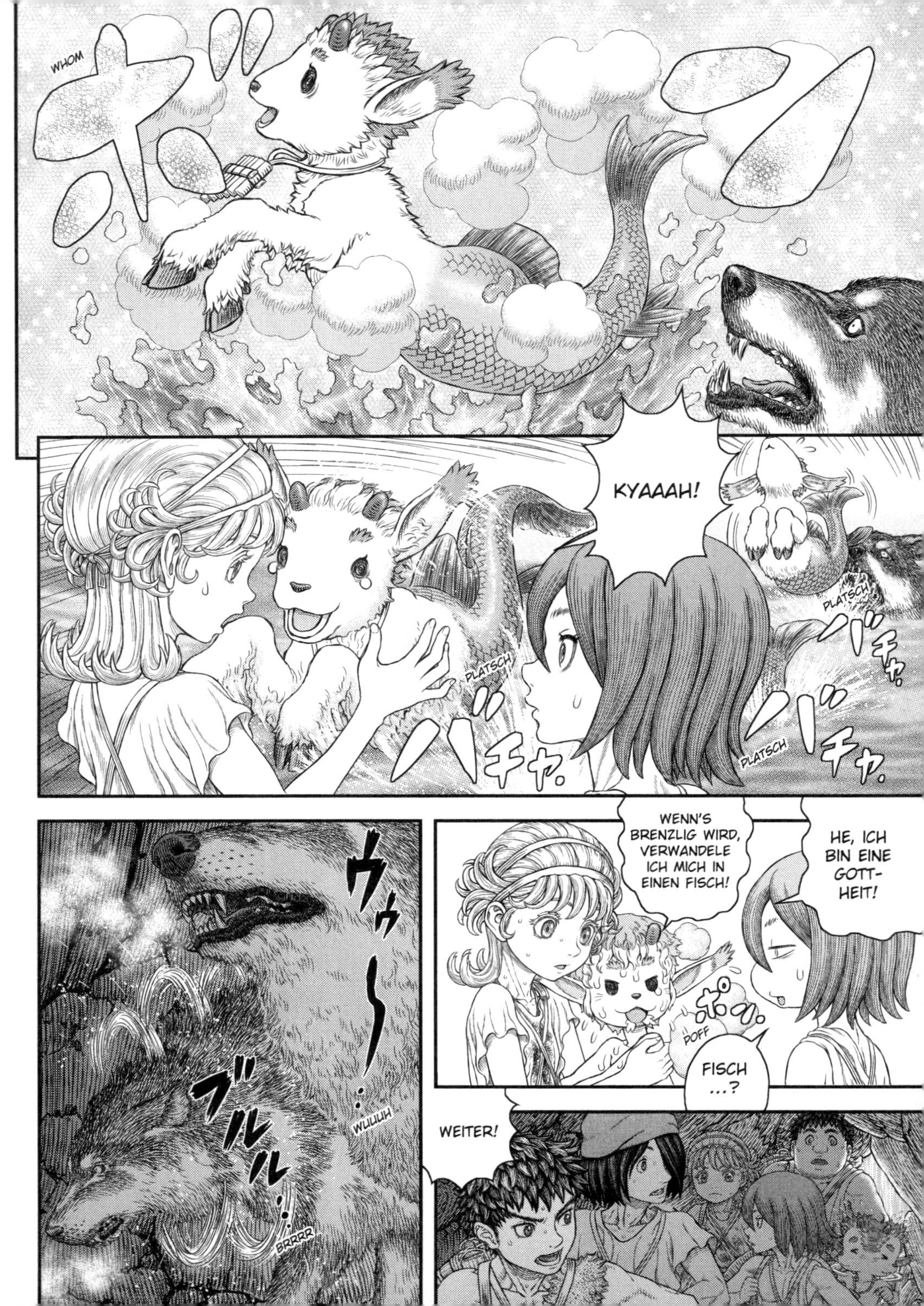
WHOM
KYAAAH!
PLATSCH
PLATSCH
PLATSCH
WENN'S BRENZLIG WIRD, VERWANDELE ICH MICH IN EINEN FISCH!
HE, ICH BIN EINE GOTT-HEIT!
POFF
FISCH ...?
WUUUH
BRRRR
WEITER!

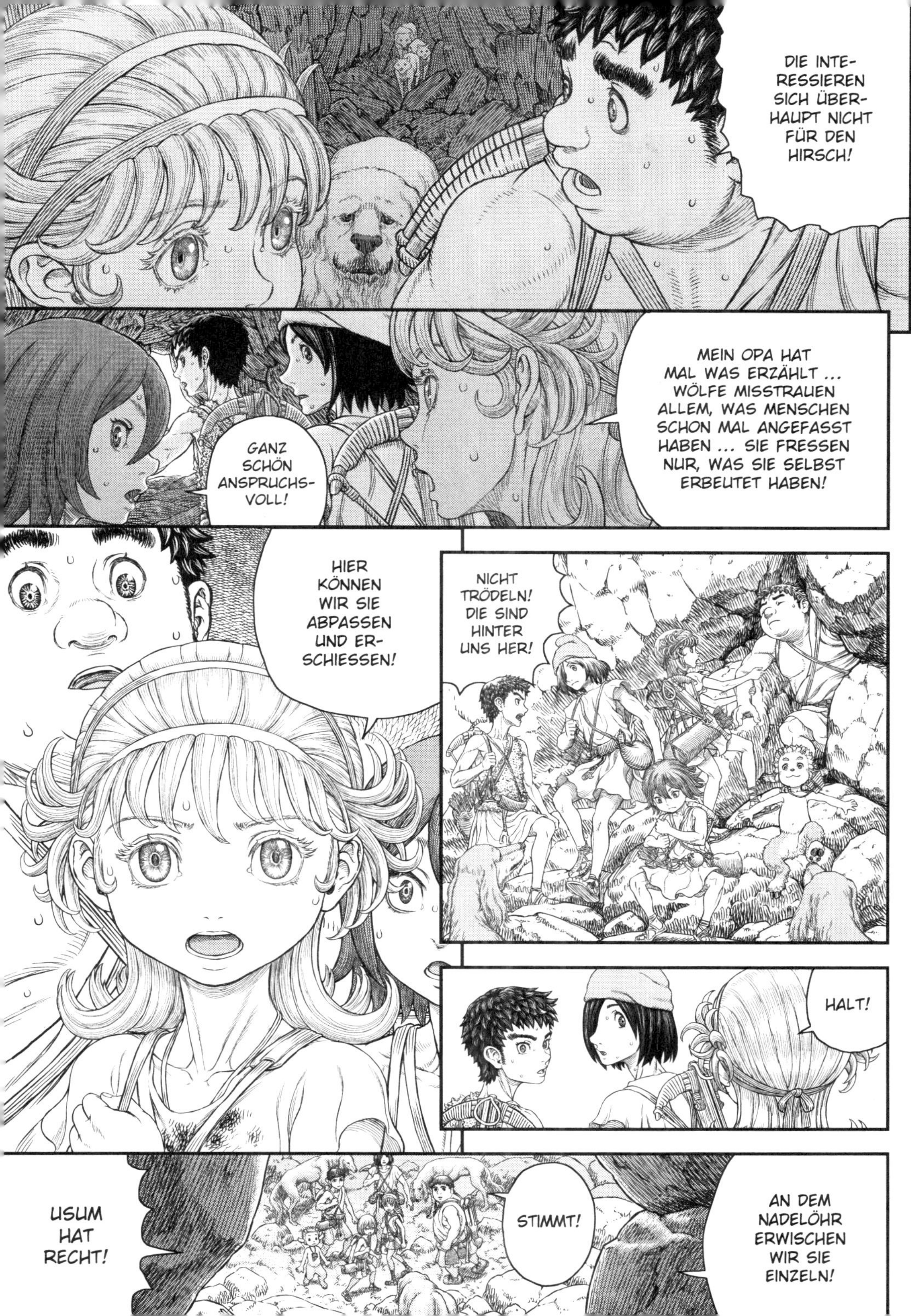
DIE INTERESSIEREN SICH ÜBERHAUPT NICHT FÜR DEN HIRSCH!
MEIN OPA HAT MAL WAS ERZÄHLT ... WÖLFE MISSTRAUEN ALLEM, WAS MENSCHEN SCHON MAL ANGEFASST HABEN ... SIE FRESSEN NUR, WAS SIE SELBST ERBEUTET HABEN!
GANZ SCHÖN ANSPRUCHSVOLL!
NICHT TRÖDELN! DIE SIND HINTER UNS HER!
HIER KÖNNEN WIR SIE ABPASSEN UND ERSCHIESSEN!
HALT!
AN DEM NADELÖHR ERWISCHEN WIR SIE EINZELN!
STIMMT!
USUM HAT RECHT!

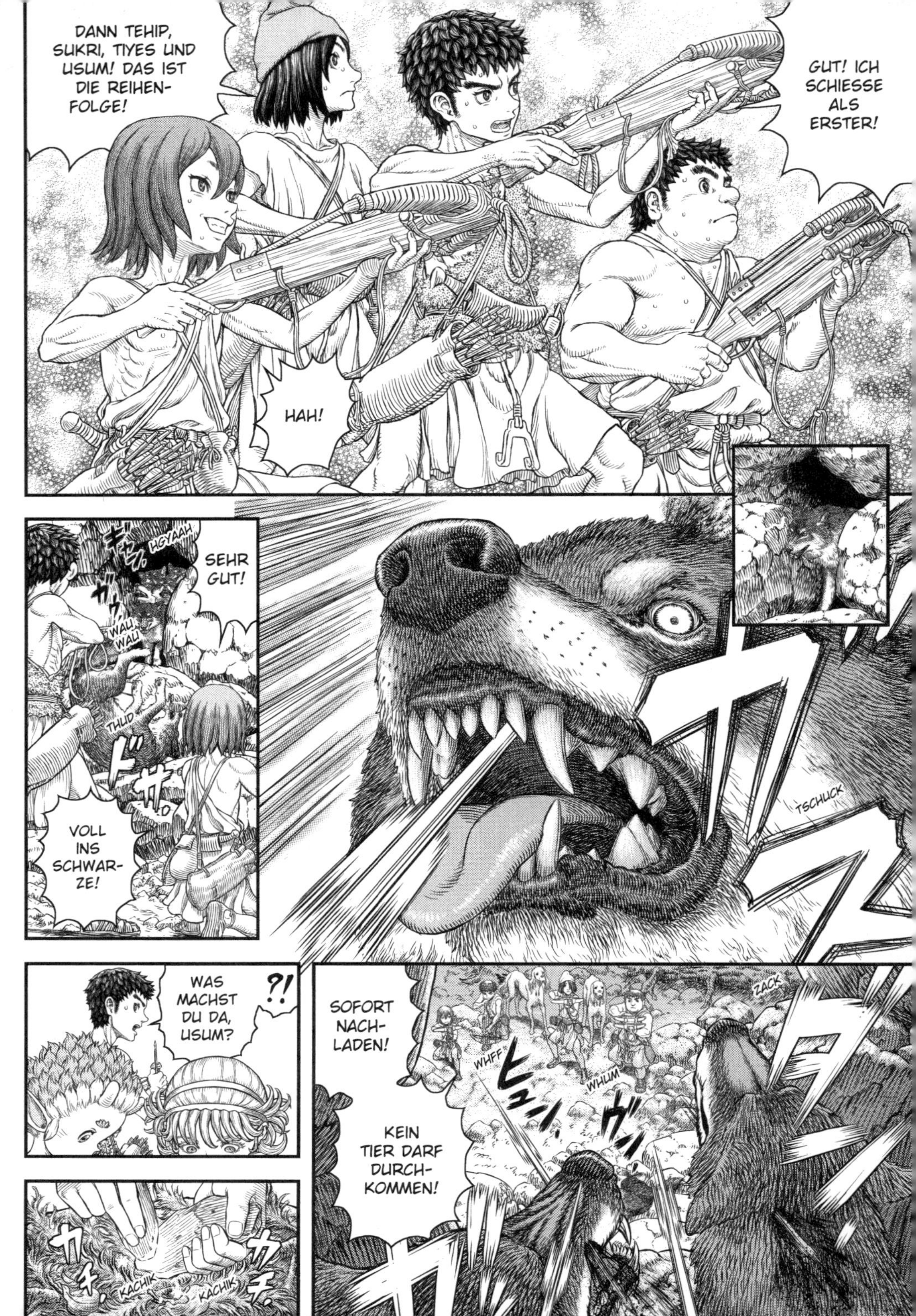
GUT! ICH SCHIESSE ALS ERSTER!
DANN TEHIP, SUKRI, TIYES UND USUM! DAS IST DIE REIHENFOLGE!
HAH!
TSCHLICK
HGYAAH
SEHR GUT!
WAU WAU
THUD
VOLL INS SCHWARZE!
?!
WAS MACHST DU DA, USUM?
KACHIK
KACHIK
ZACK
SOFORT NACHLADEN!
WHFF
WHUM
KEIN TIER DARF DURCHKOMMEN!

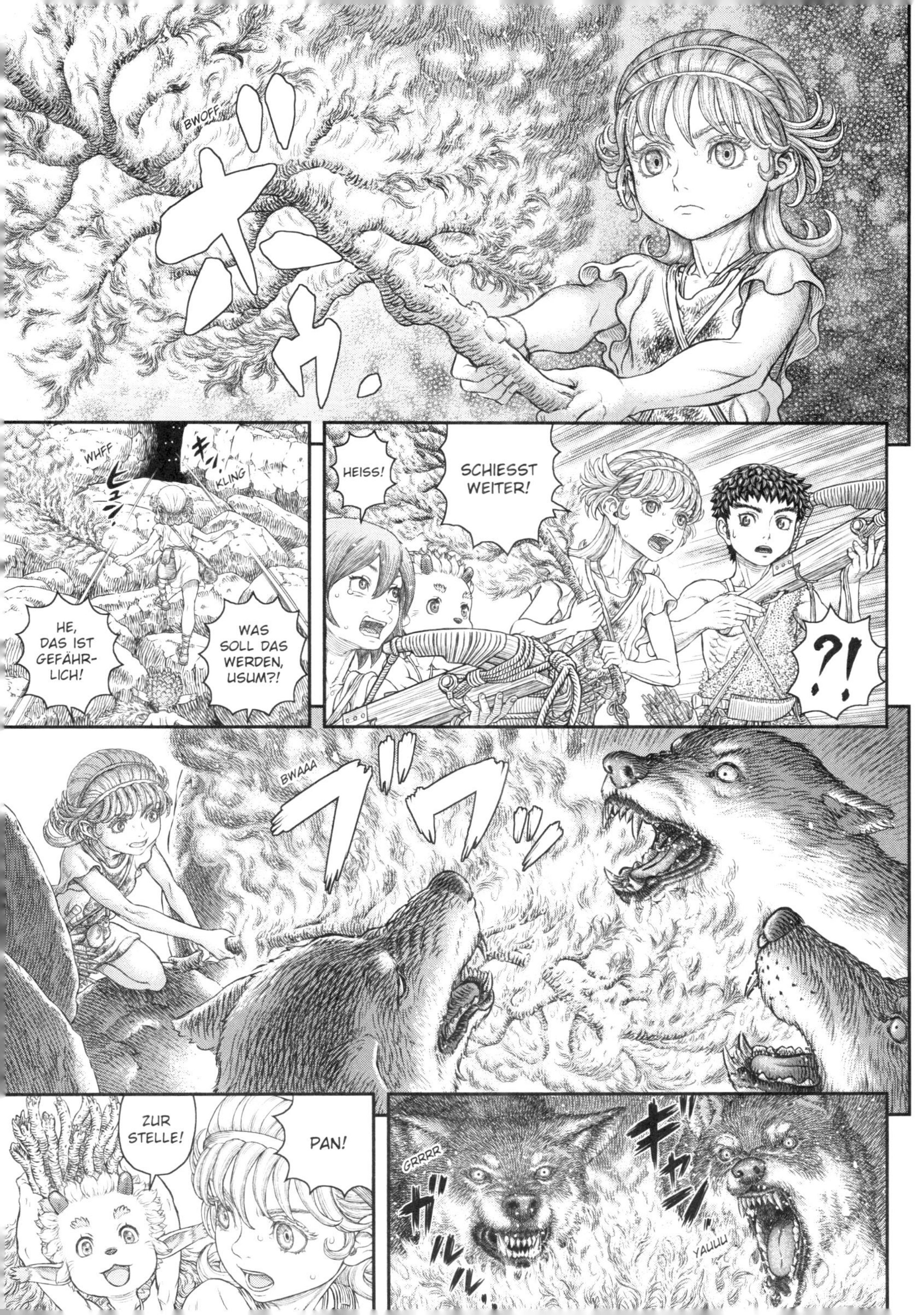

BWOFF
SCHIESST WEITER!
HEISS!
?!
KLING
WHFF
WAS SOLL DAS WERDEN, USUM?!
HE, DAS IST GEFÄHRLICH!
BWAAA
PAN!
ZUR STELLE!
YAUUU
GRRRR

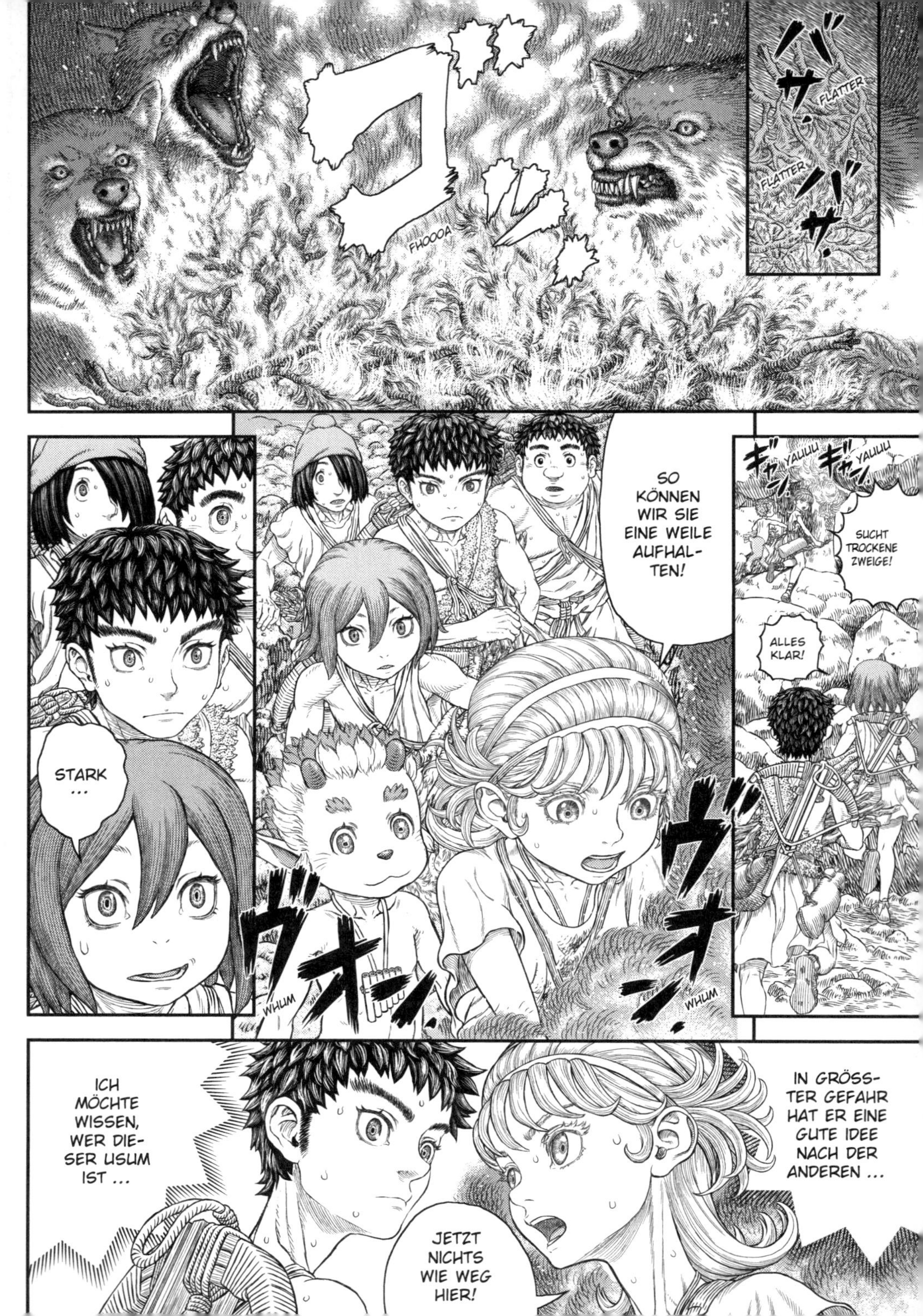
FLATTER
FLATTER
FHOOOA
YAUUU
YAUUU
SUCHT TROCKENE ZWEIGE!
ALLES KLAR!
SO KÖNNEN WIR SIE EINE WEILE AUFHALTEN!
WHUM
WHUM
STARK …
IN GRÖSSTER GEFAHR HAT ER EINE GUTE IDEE NACH DER ANDEREN …
ICH MÖCHTE WISSEN, WER DIESER USUM IST …
JETZT NICHTS WIE WEG HIER!

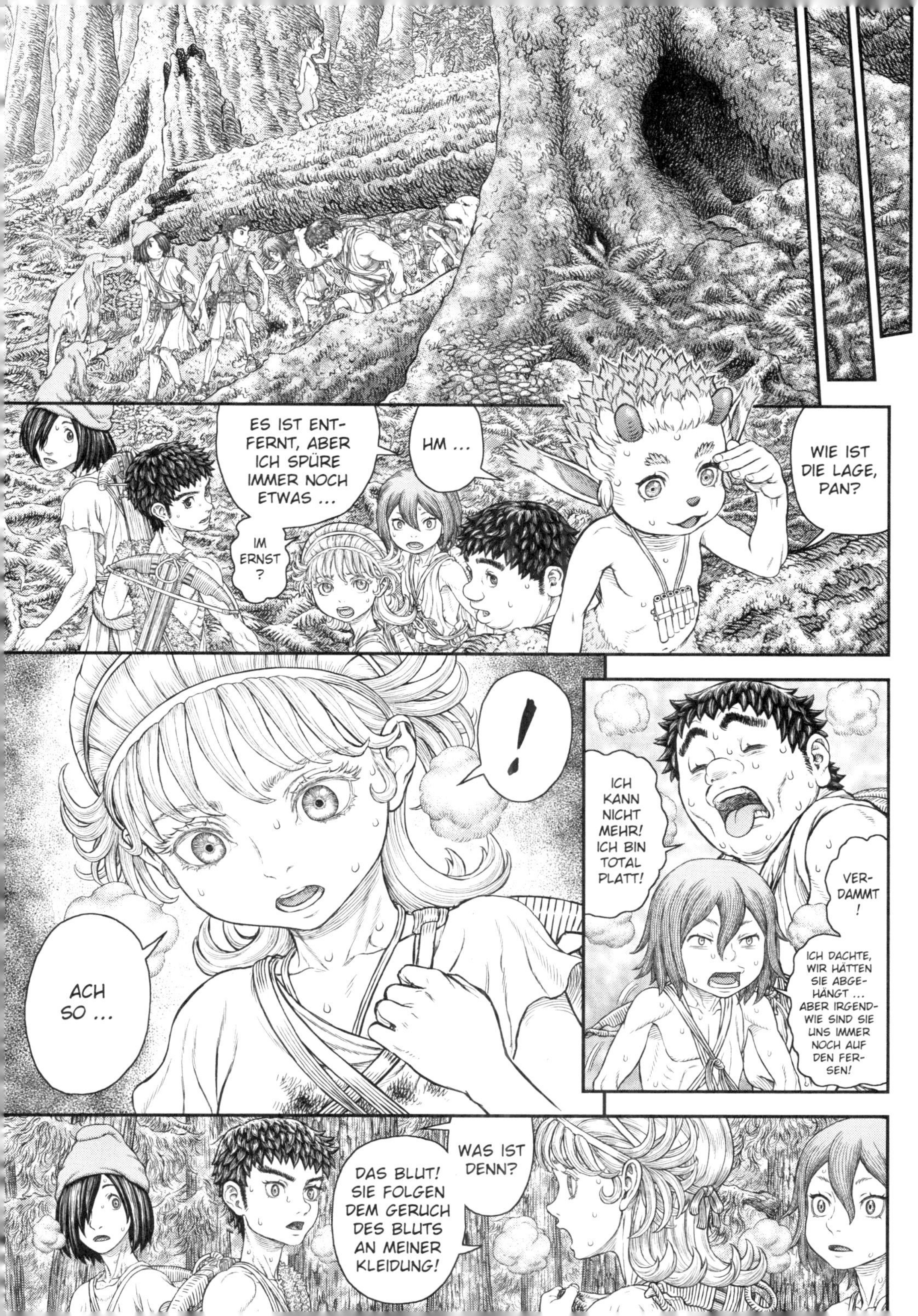
WIE IST DIE LAGE, PAN?
HM …
ES IST ENTFERNT, ABER ICH SPÜRE IMMER NOCH ETWAS …
IM ERNST?
!
ACH SO …
ICH KANN NICHT MEHR! ICH BIN TOTAL PLATT!
VERDAMMT!
ICH DACHTE, WIR HÄTTEN SIE ABGEHÄNGT … ABER IRGENDWIE SIND SIE UNS IMMER NOCH AUF DEN FERSEN!
WAS IST DENN?
DAS BLUT! SIE FOLGEN DEM GERUCH DES BLUTS AN MEINER KLEIDUNG!

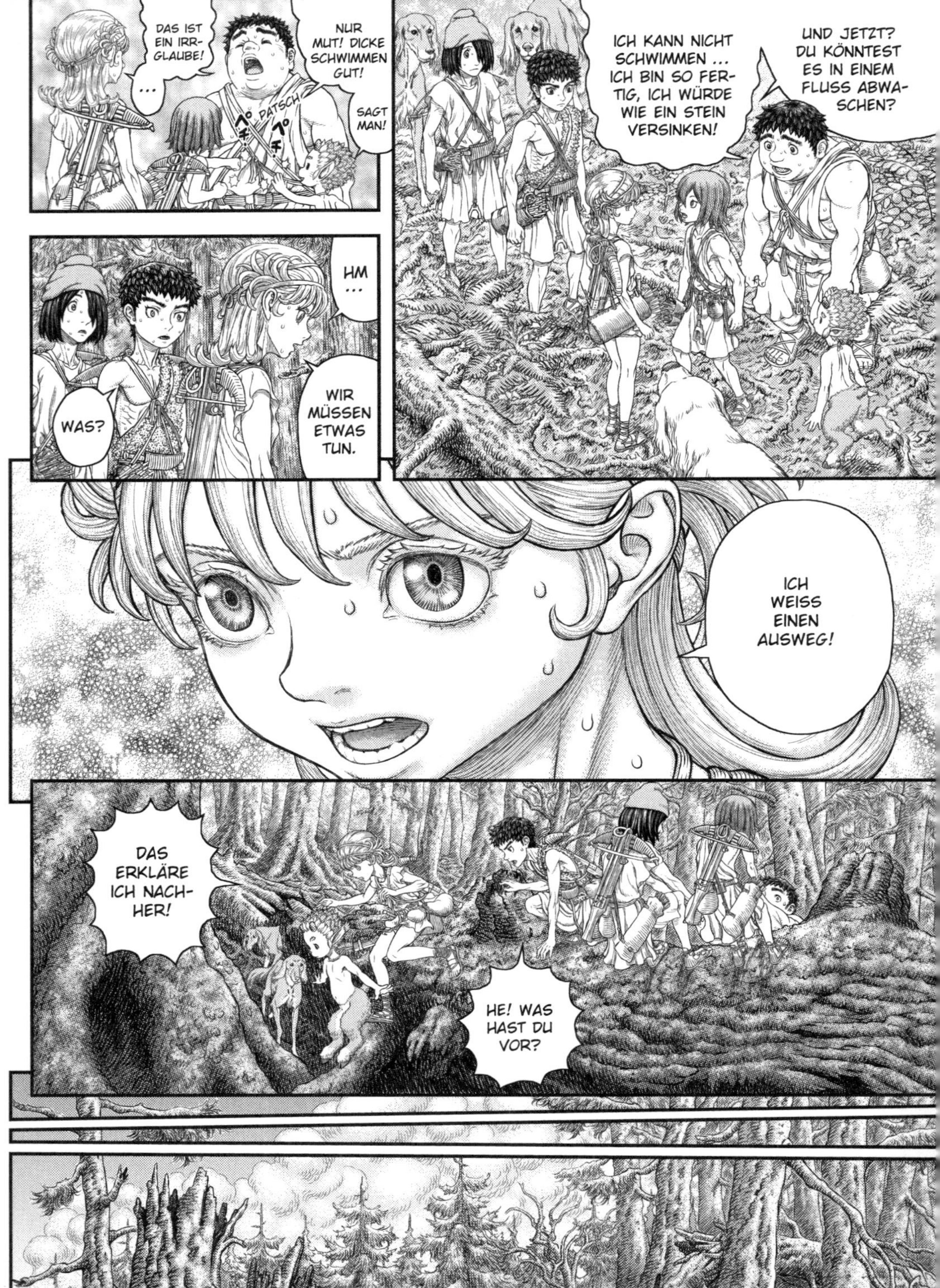
UND JETZT? DU KÖNNTEST ES IN EINEM FLUSS ABWA-SCHEN?
ICH KANN NICHT SCHWIMMEN ... ICH BIN SO FER-TIG, ICH WÜRDE WIE EIN STEIN VERSINKEN!
NUR MUT! DICKE SCHWIMMEN GUT!
SAGT MAN!
PATSCH
DAS IST EIN IRR-GLAUBE!
...
HM ...
WIR MÜSSEN ETWAS TUN.
WAS?
ICH WEISS EINEN AUSWEG!
HE! WAS HAST DU VOR?
DAS ERKLÄRE ICH NACH-HER!

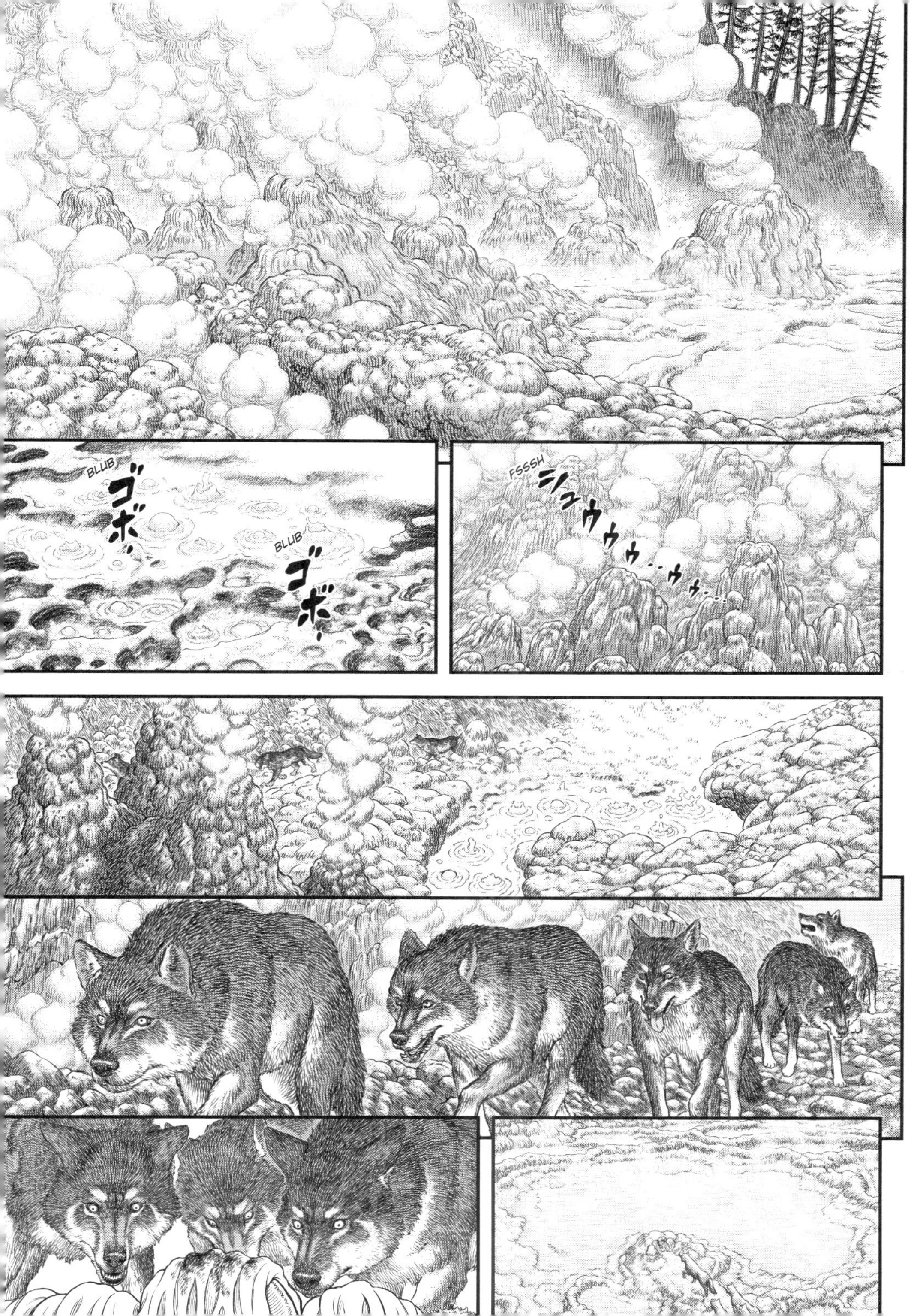
FSSSH
シュウウウ‥ウウ‥
BLUB
ゴボ、
BLUB
ゴボ、

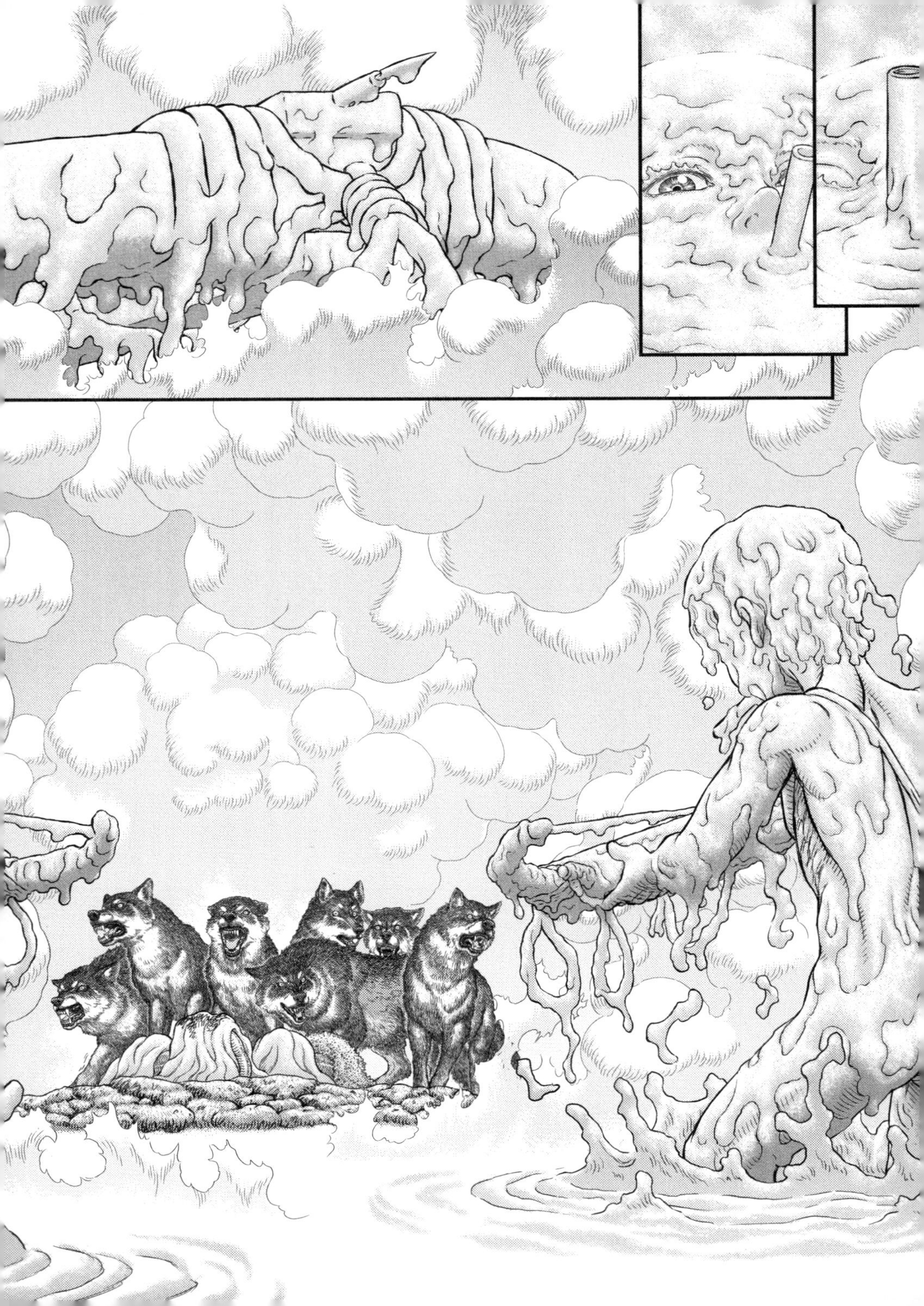

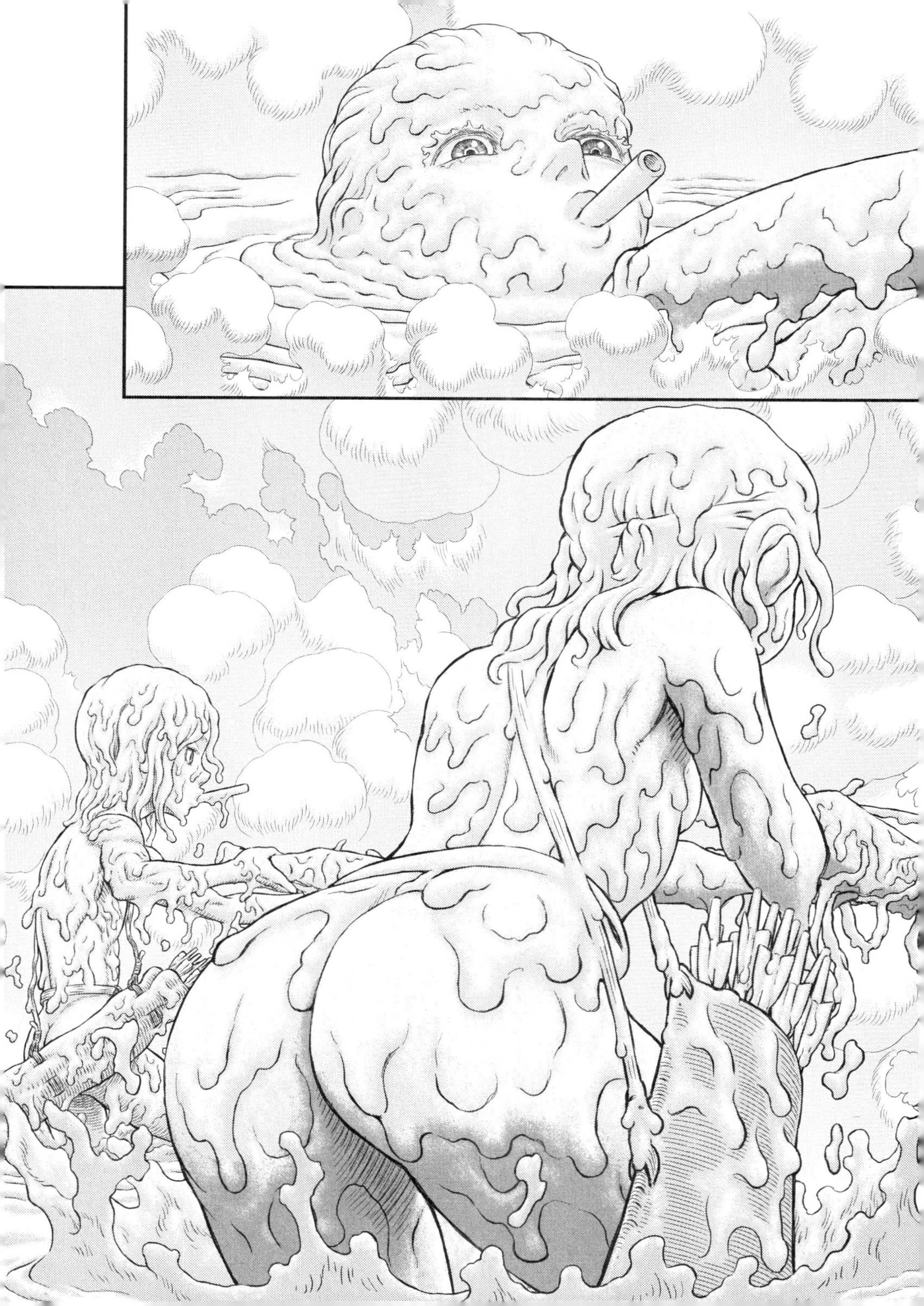

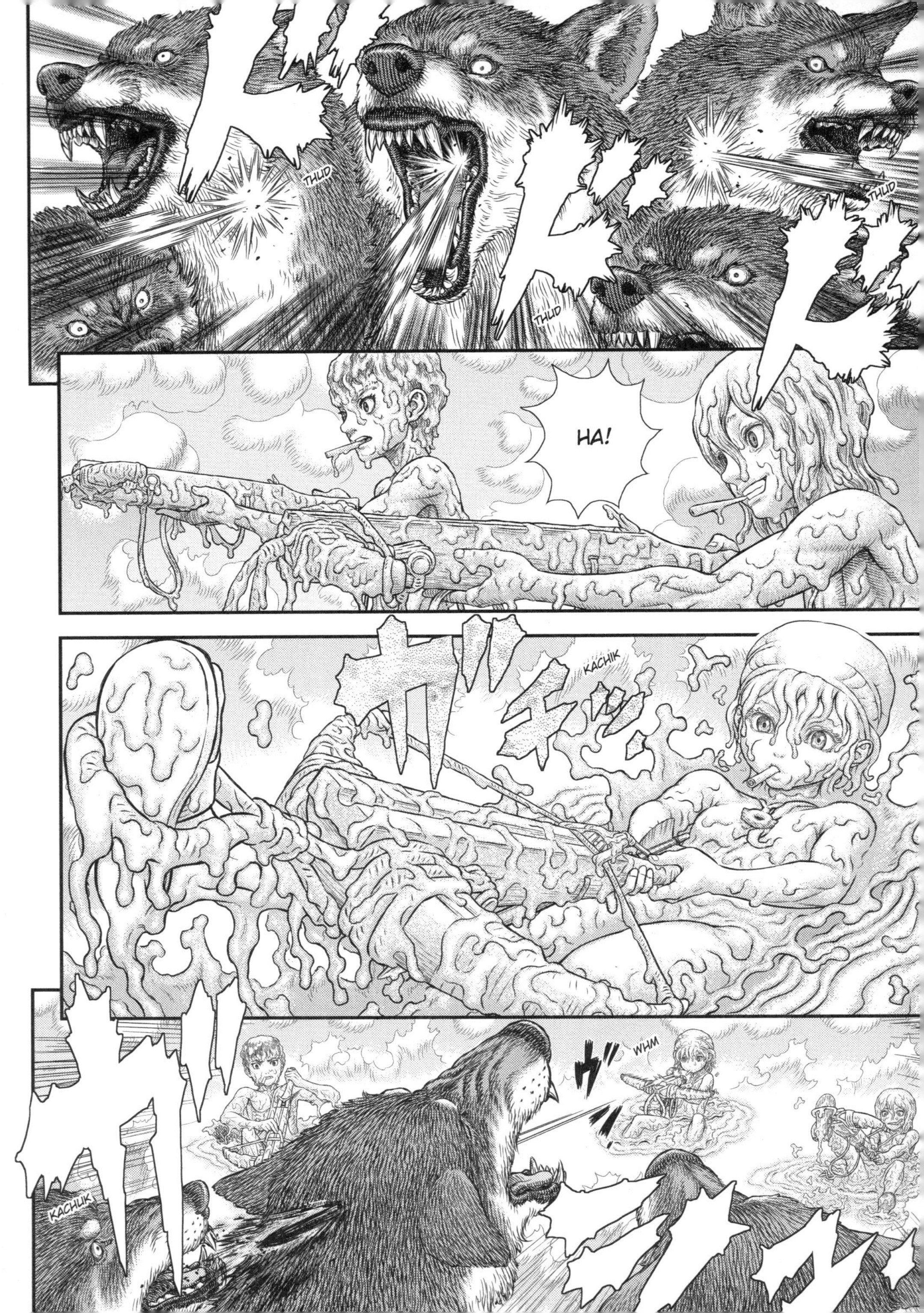
THUD
THUD
THUD
HA!
KACHIK
WHM
KACHUK

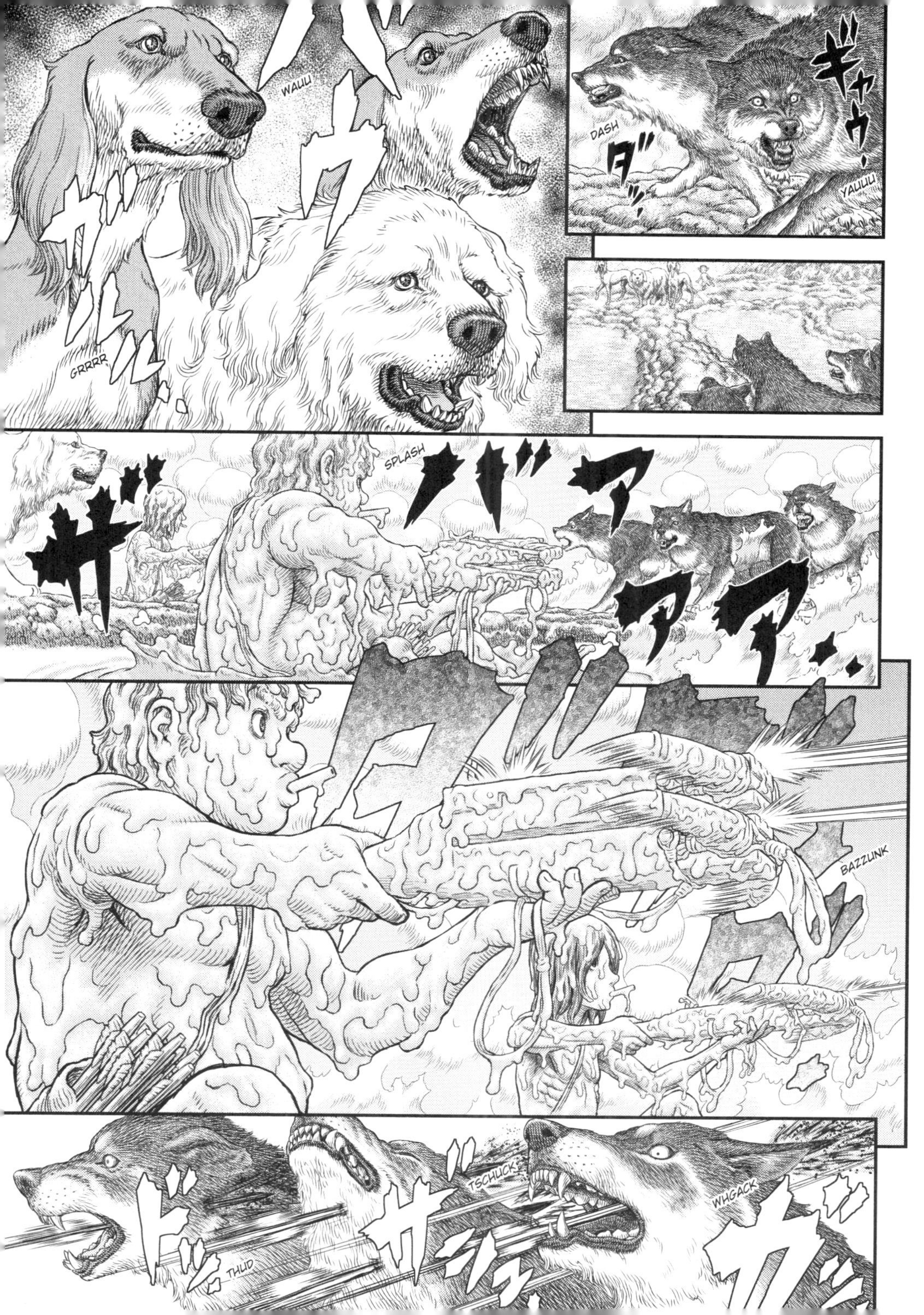
WAUU
GRRRR
DASH
YAUUU
SPLASH
BAZZUNK
TSCHUCK
WHGACK
THUD

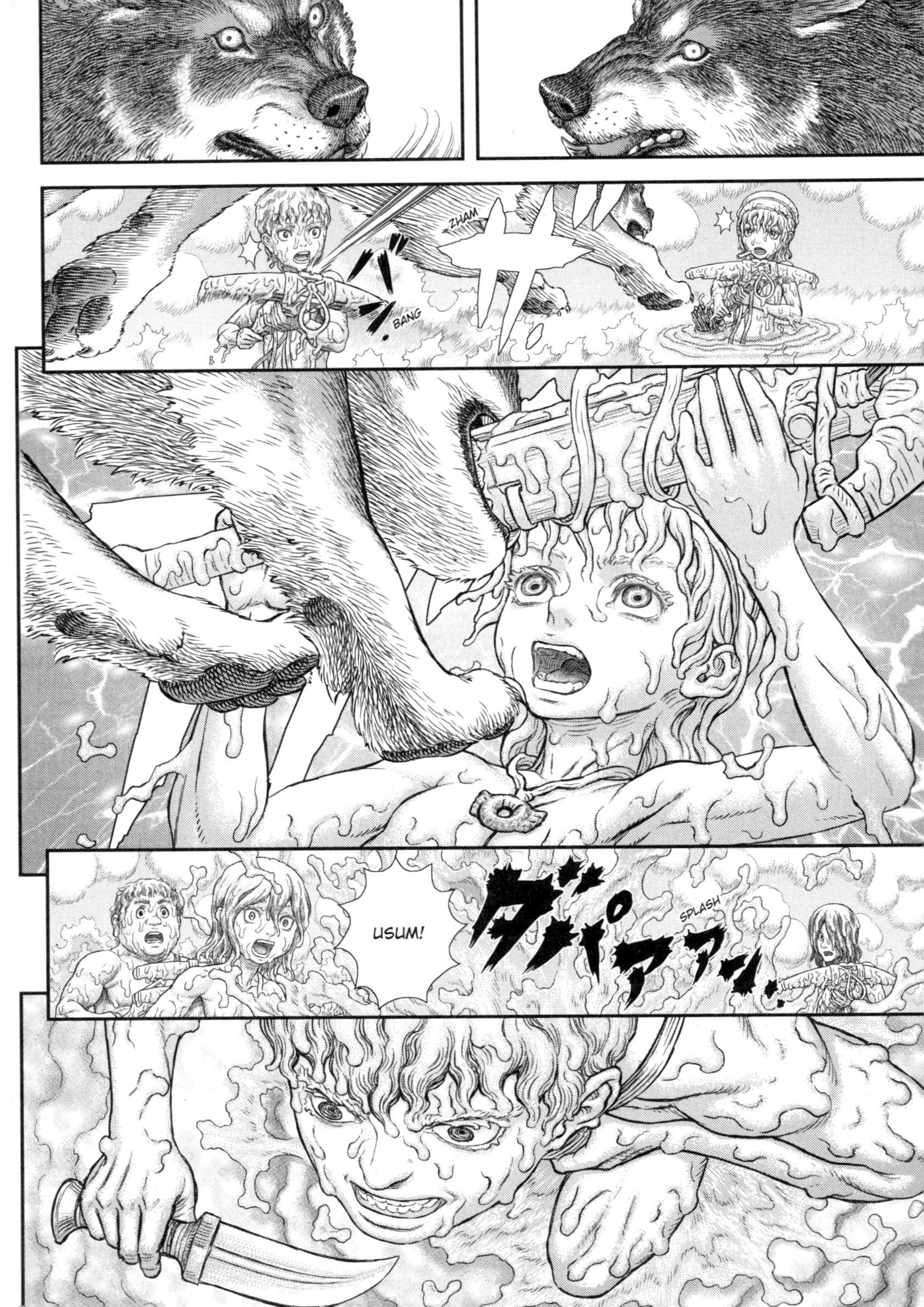

ZHAM
BANG
USUM!
SPLASH

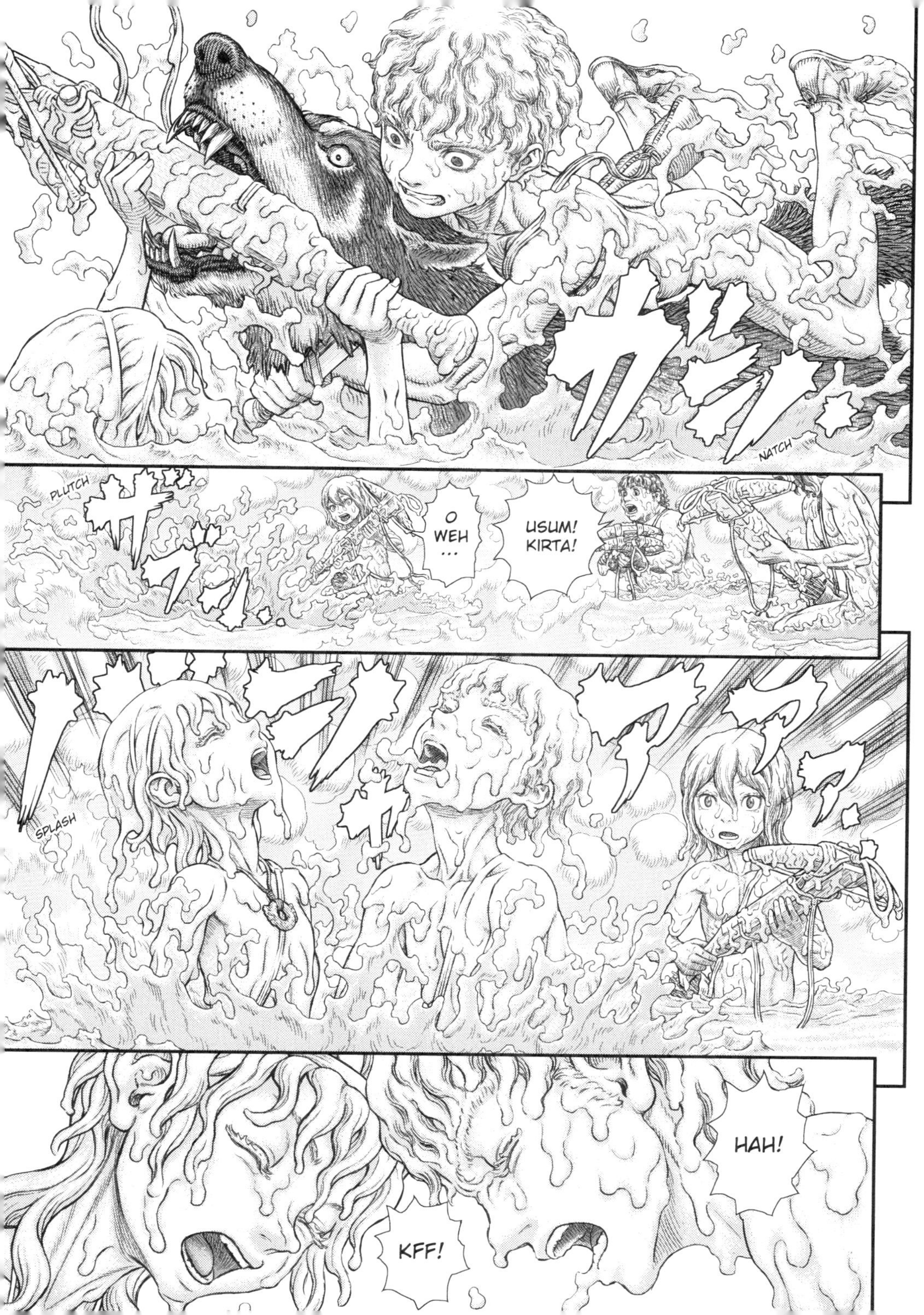

NATCH
USUM! KIRTA!
O WEH ...
PLUTCH
SPLASH
HAH!
KFF!

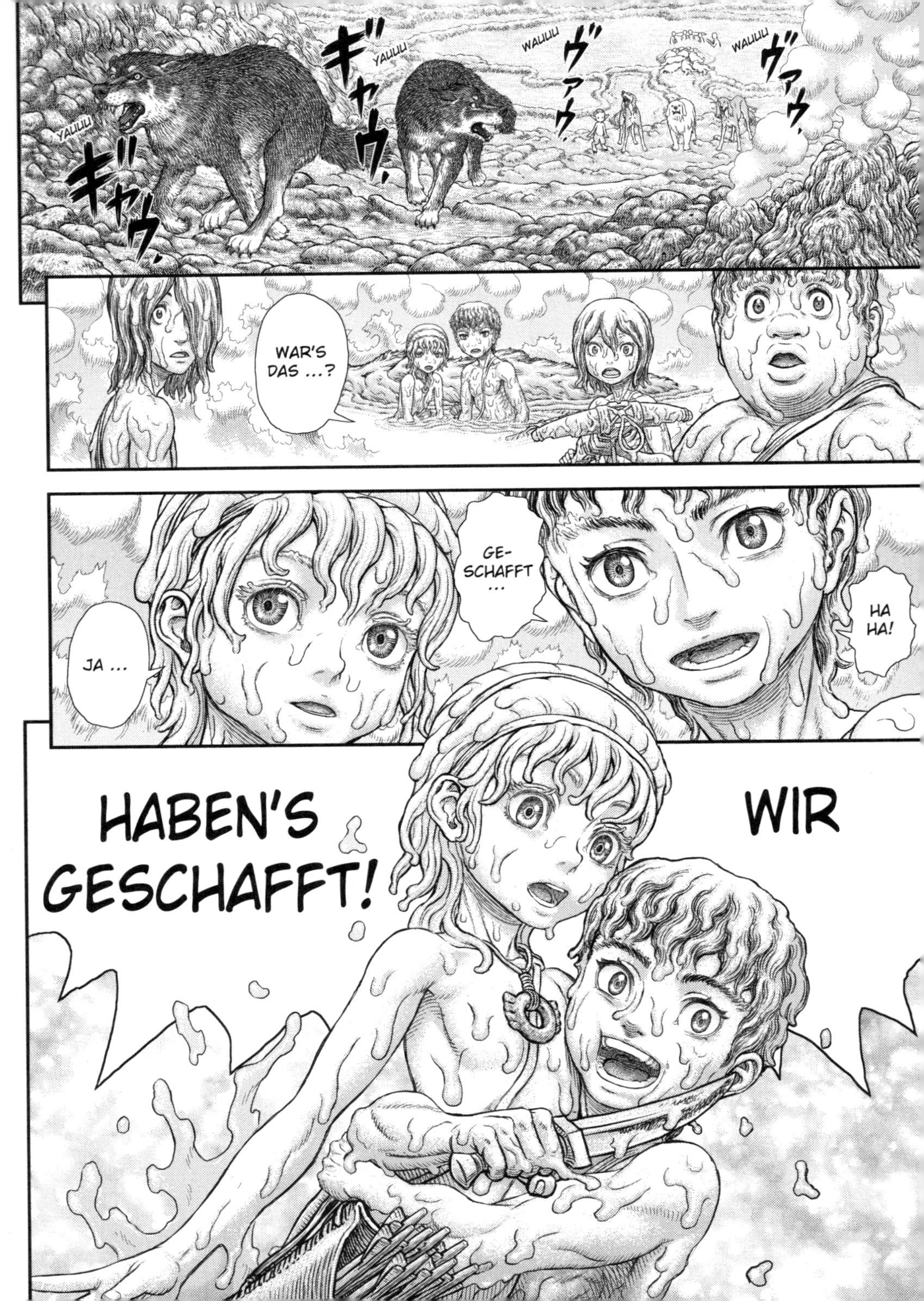
ヴァウ
WAUUU
ヴァウ
WAUUU
ギャウ
YAUUU
ギャウ
YAUUU
WAR'S DAS …?
HA HA!
GE-SCHAFFT …
JA …
WIR HABEN'S GESCHAFFT!

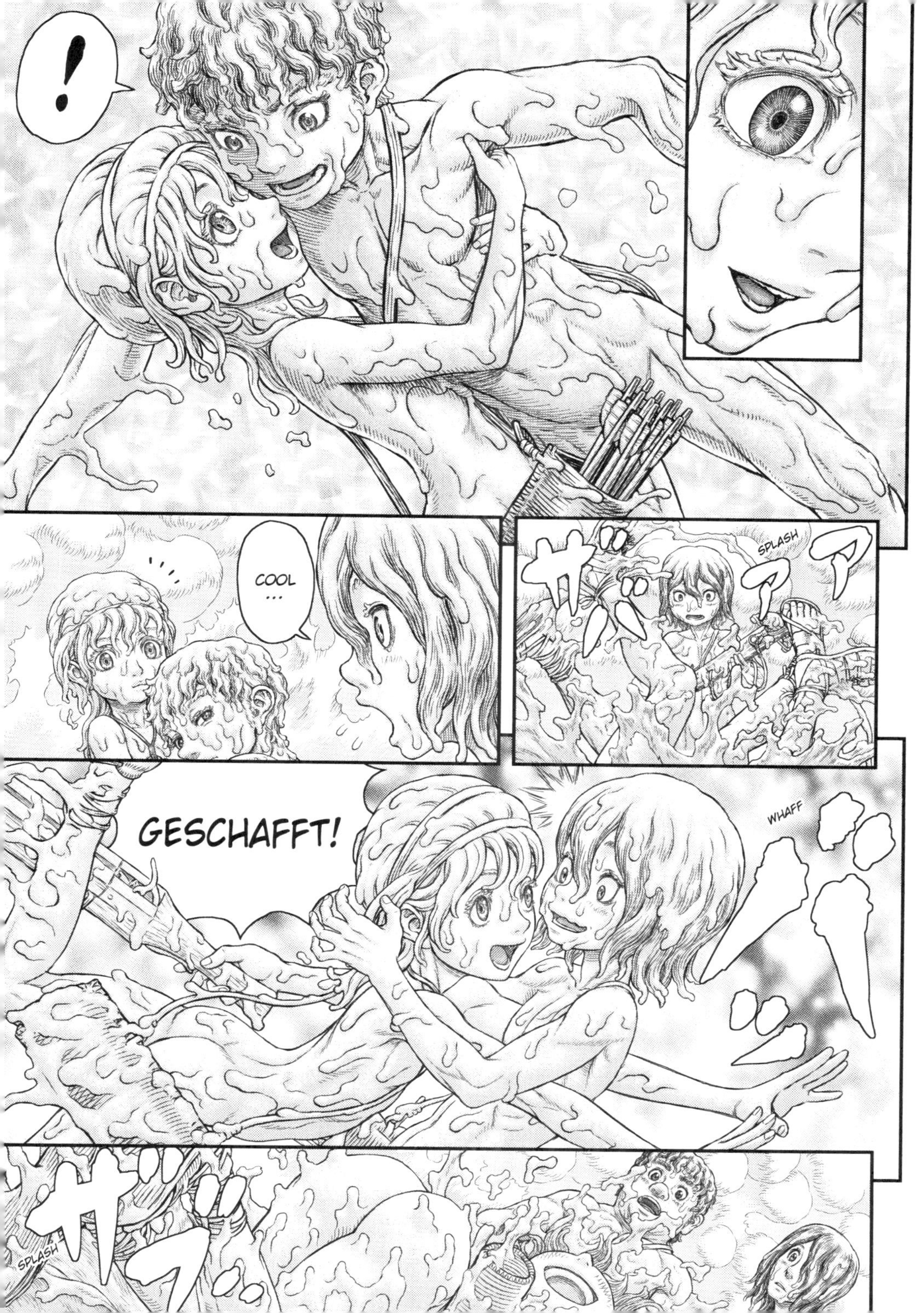
!
ザァア
SPLASH
COOL ...
GESCHAFFT!
WHAFF
ザブ
SPLASH

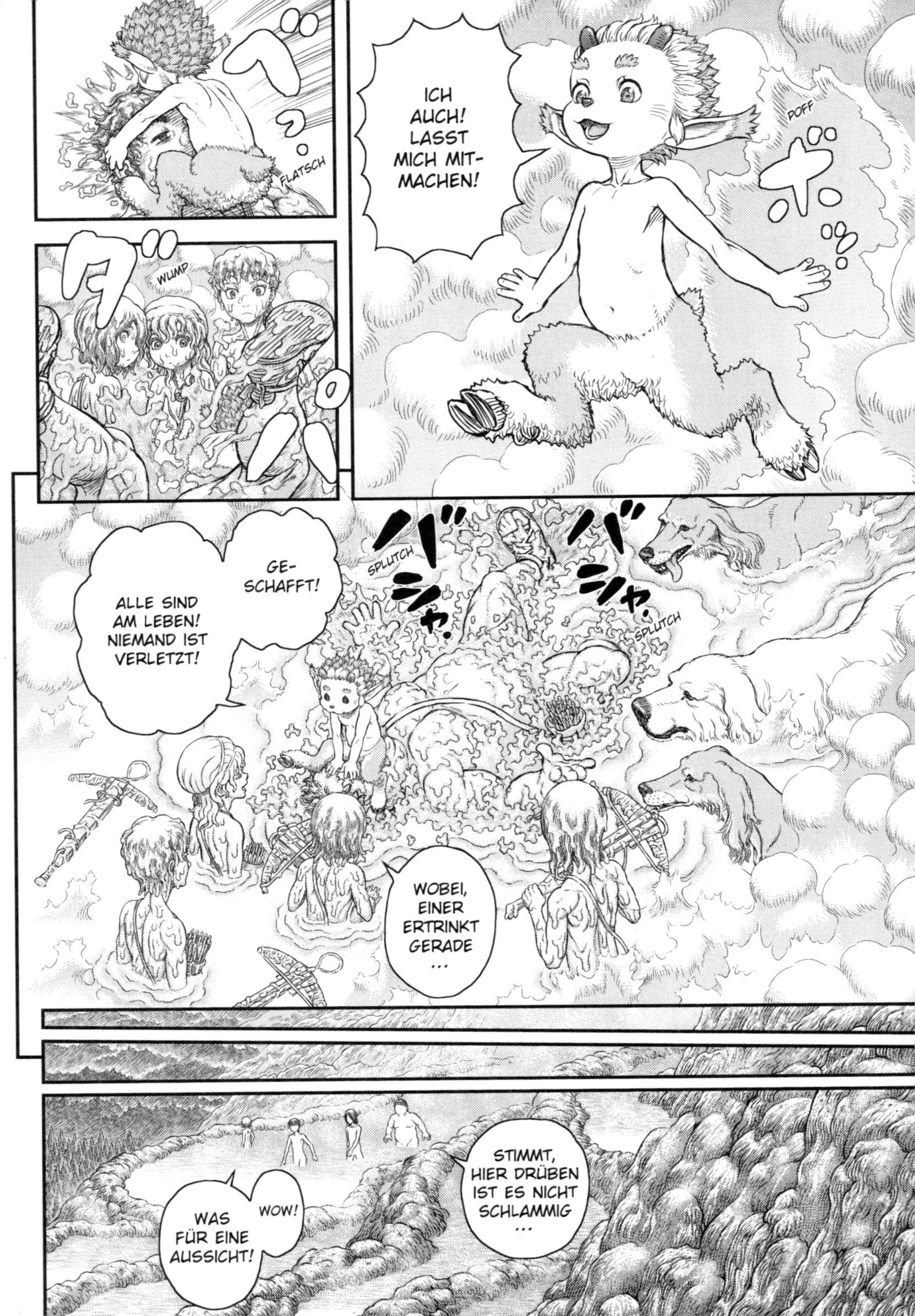
ICH AUCH! LASST MICH MIT-MACHEN!
POFF
FLATSCH
WUMP
GE-SCHAFFT!
ALLE SIND AM LEBEN! NIEMAND IST VERLETZT!
SPLUTCH
SPLUTCH
WOBEI, EINER ERTRINKT GERADE …
STIMMT, HIER DRÜBEN IST ES NICHT SCHLAMMIG …
WOW!
WAS FÜR EINE AUSSICHT!

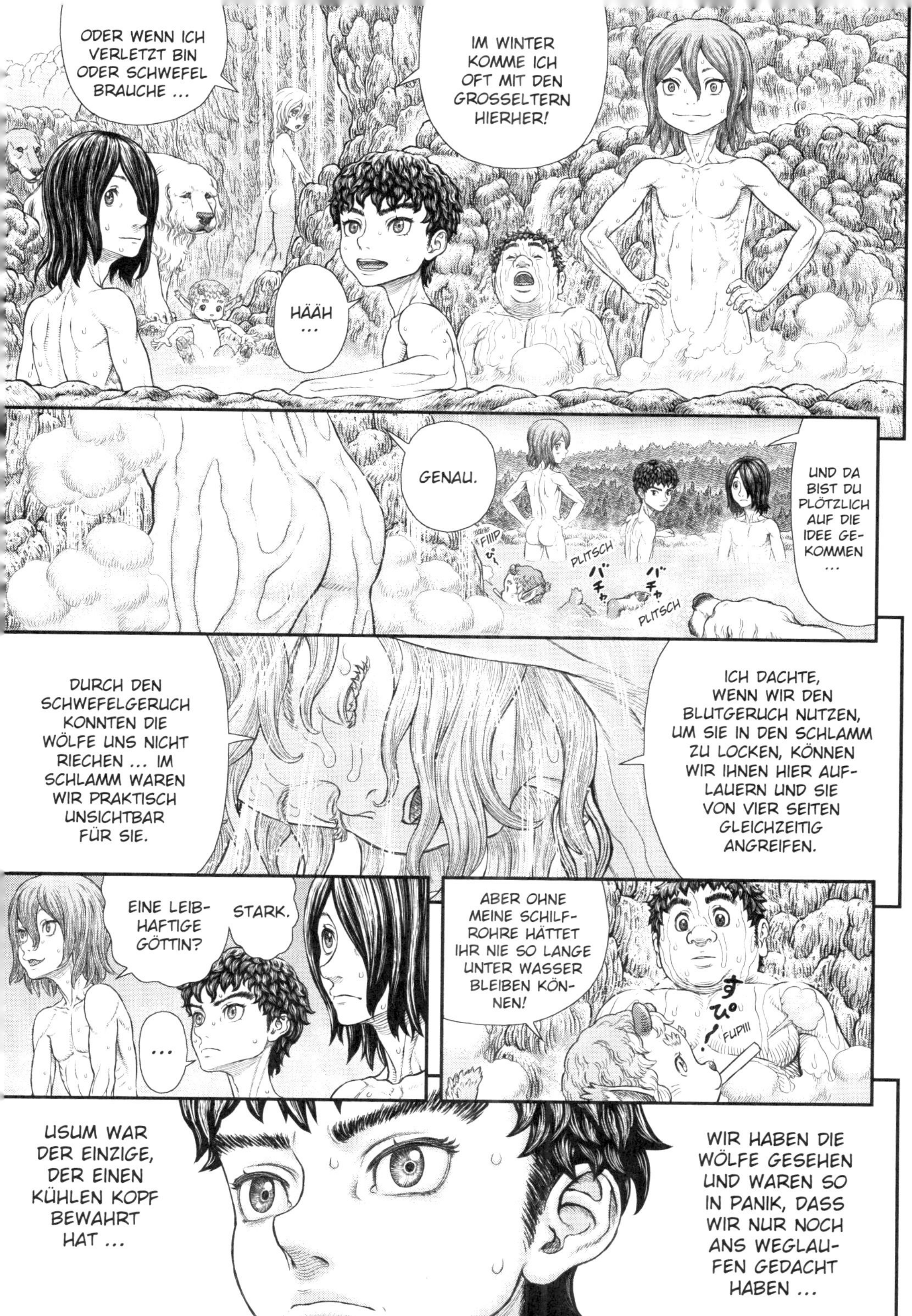
IM WINTER KOMME ICH OFT MIT DEN GROSSELTERN HIERHER!
ODER WENN ICH VERLETZT BIN ODER SCHWEFEL BRAUCHE …
HÄÄH …
UND DA BIST DU PLÖTZLICH AUF DIE IDEE GEKOMMEN …
GENAU.
PLITSCH
PLITSCH
FIIIP
ICH DACHTE, WENN WIR DEN BLUTGERUCH NUTZEN, UM SIE IN DEN SCHLAMM ZU LOCKEN, KÖNNEN WIR IHNEN HIER AUFLAUERN UND SIE VON VIER SEITEN GLEICHZEITIG ANGREIFEN.
DURCH DEN SCHWEFELGERUCH KONNTEN DIE WÖLFE UNS NICHT RIECHEN … IM SCHLAMM WAREN WIR PRAKTISCH UNSICHTBAR FÜR SIE.
ABER OHNE MEINE SCHILFROHRE HÄTTET IHR NIE SO LANGE UNTER WASSER BLEIBEN KÖNNEN!
FUPIII
STARK.
EINE LEIBHAFTIGE GÖTTIN?
…
WIR HABEN DIE WÖLFE GESEHEN UND WAREN SO IN PANIK, DASS WIR NUR NOCH ANS WEGLAUFEN GEDACHT HABEN …
USUM WAR DER EINZIGE, DER EINEN KÜHLEN KOPF BEWAHRT HAT …

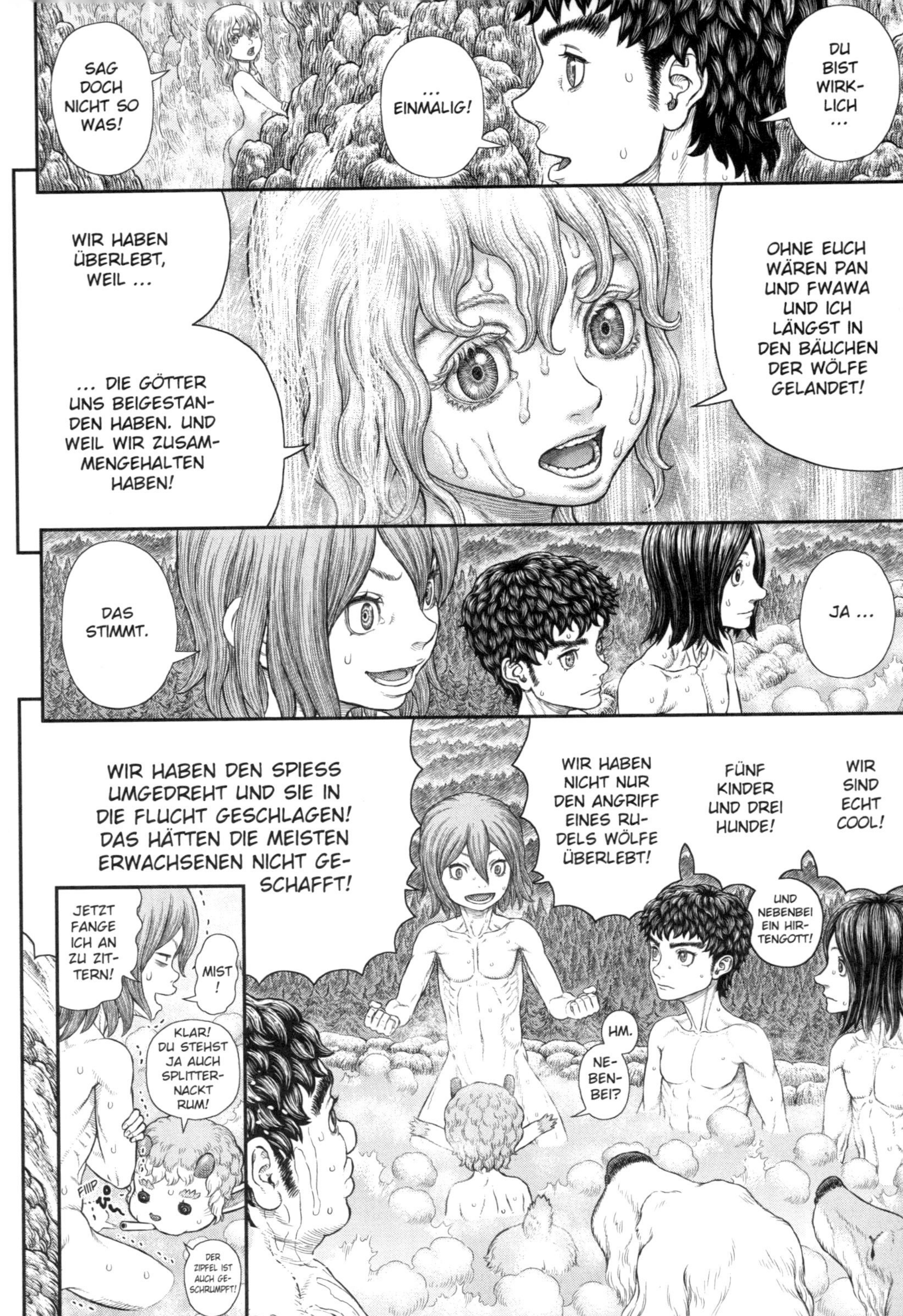
DU BIST WIRKLICH …
… EINMALIG!
SAG DOCH NICHT SO WAS!
OHNE EUCH WÄREN PAN UND FWAWA UND ICH LÄNGST IN DEN BÄUCHEN DER WÖLFE GELANDET!
WIR HABEN ÜBERLEBT, WEIL …
… DIE GÖTTER UNS BEIGESTANDEN HABEN. UND WEIL WIR ZUSAMMENGEHALTEN HABEN!
JA …
DAS STIMMT.
WIR SIND ECHT COOL!
FÜNF KINDER UND DREI HUNDE!
WIR HABEN NICHT NUR DEN ANGRIFF EINES RUDELS WÖLFE ÜBERLEBT!
WIR HABEN DEN SPIESS UMGEDREHT UND SIE IN DIE FLUCHT GESCHLAGEN! DAS HÄTTEN DIE MEISTEN ERWACHSENEN NICHT GESCHAFFT!
UND NEBENBEI EIN HIRTENGOTT!
HM. NEBENBEI?
MIST!
JETZT FANGE ICH AN ZU ZITTERN!
KLAR! DU STEHST JA AUCH SPLITTERNACKT RUM!
FIIIP
DER ZIPFEL IST AUCH GESCHRUMPFT!

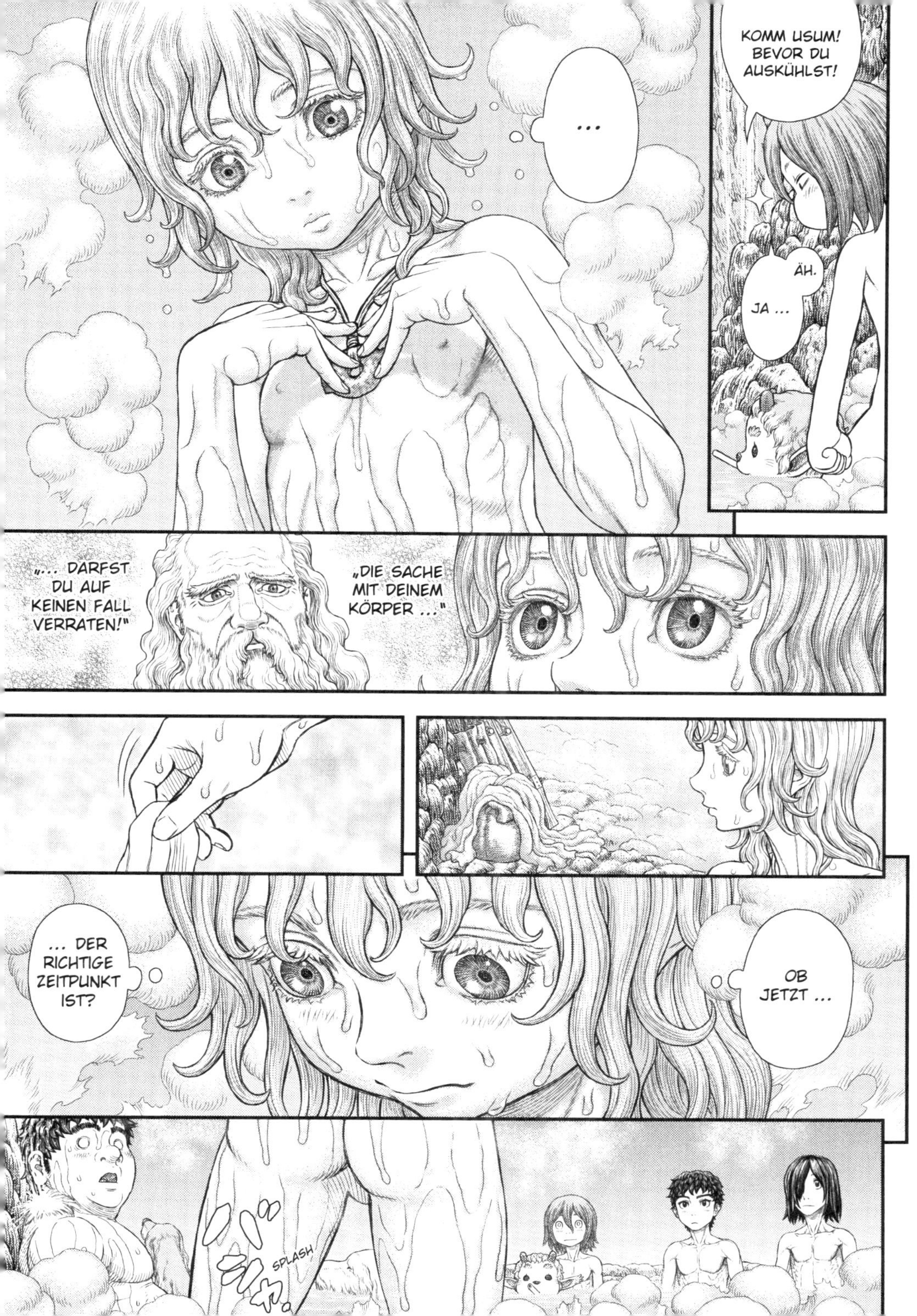
KOMM USUM! BEVOR DU AUSKÜHLST!
ÄH.
JA …
…
„DIE SACHE MIT DEINEM KÖRPER …"
„… DARFST DU AUF KEINEN FALL VERRATEN!"
OB JETZT …
… DER RICHTIGE ZEITPUNKT IST?
SPLASH

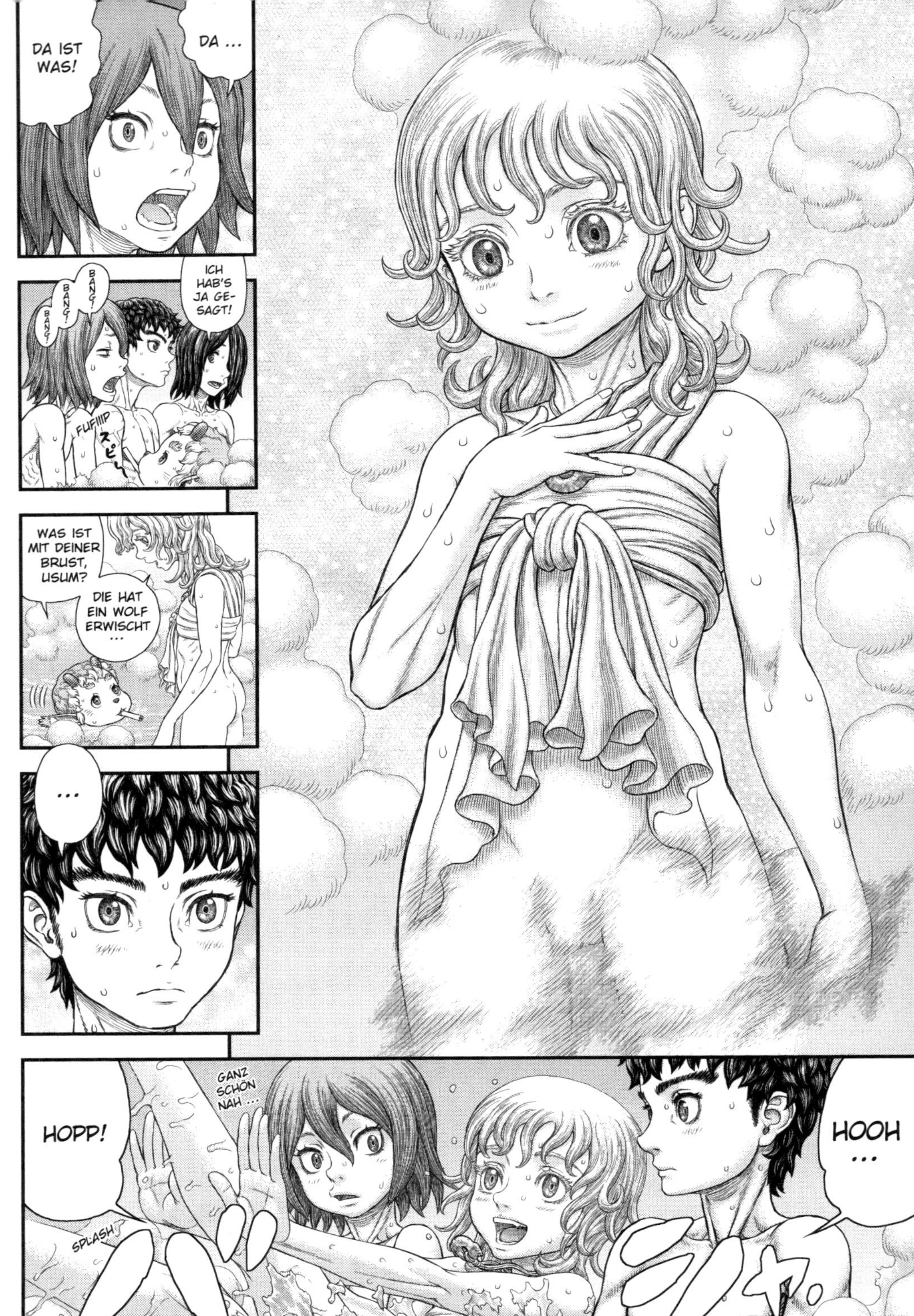
DA ...
DA IST WAS!
ICH HAB'S JA GE-SAGT!
BANG! BANG! BANG!
FUFIIIP
スピ〜
WAS IST MIT DEINER BRUST, USUM?
DIE HAT EIN WOLF ERWISCHT ...
...
HOOH ...
GANZ SCHÖN NAH ...
HOPP!
SPLASH

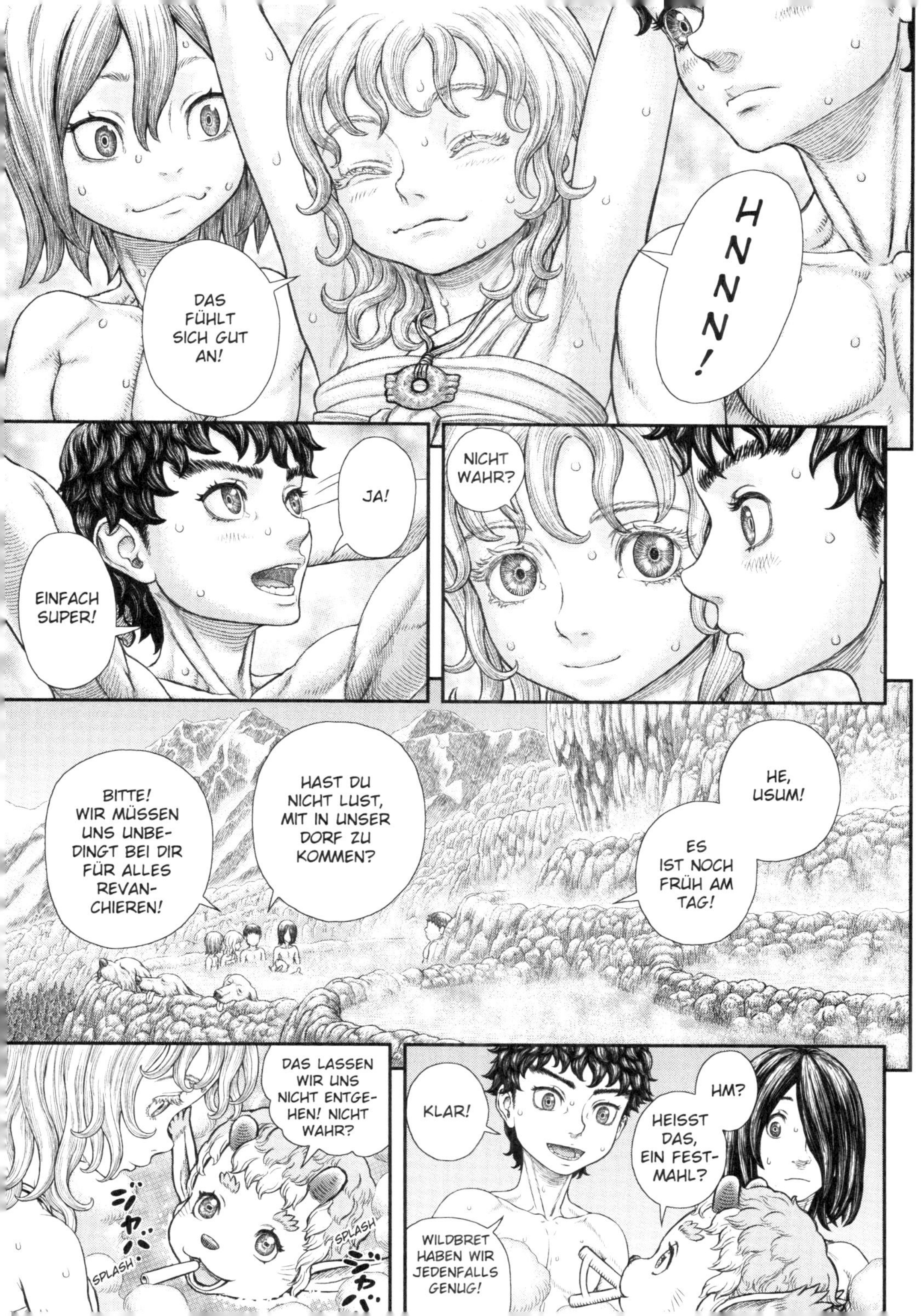
HNNN!
DAS FÜHLT SICH GUT AN!
NICHT WAHR?
JA!
EINFACH SUPER!
HE, USUM!
ES IST NOCH FRÜH AM TAG!
HAST DU NICHT LUST, MIT IN UNSER DORF ZU KOMMEN?
BITTE! WIR MÜSSEN UNS UNBEDINGT BEI DIR FÜR ALLES REVANCHIEREN!
HM?
HEISST DAS, EIN FESTMAHL?
KLAR!
WILDBRET HABEN WIR JEDENFALLS GENUG!
DAS LASSEN WIR UNS NICHT ENTGEHEN! NICHT WAHR?
SPLASH
SPLASH

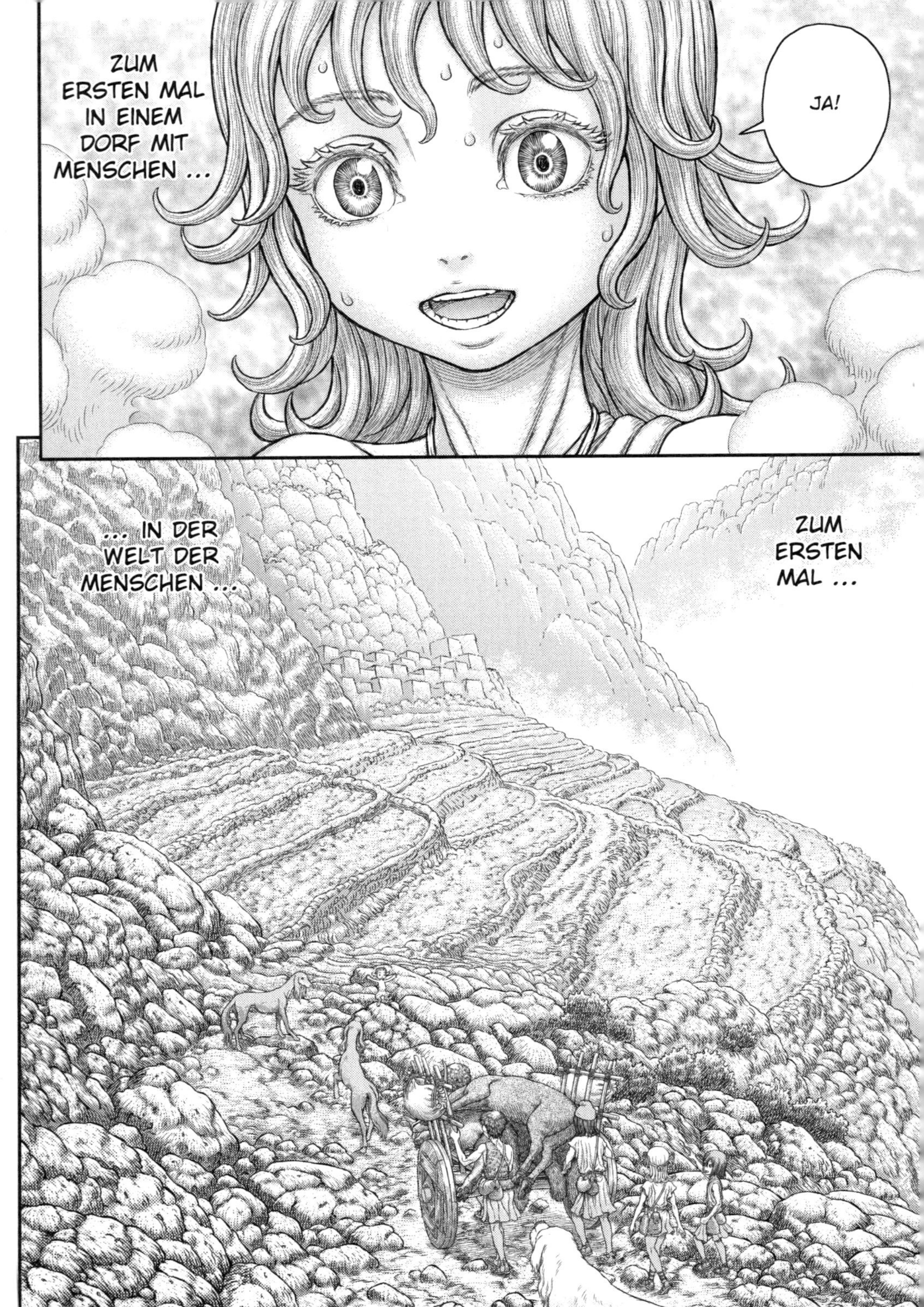
JA!
ZUM ERSTEN MAL IN EINEM DORF MIT MENSCHEN ...
ZUM ERSTEN MAL ...
... IN DER WELT DER MENSCHEN ...

MATERIALIEN SZENARIO II

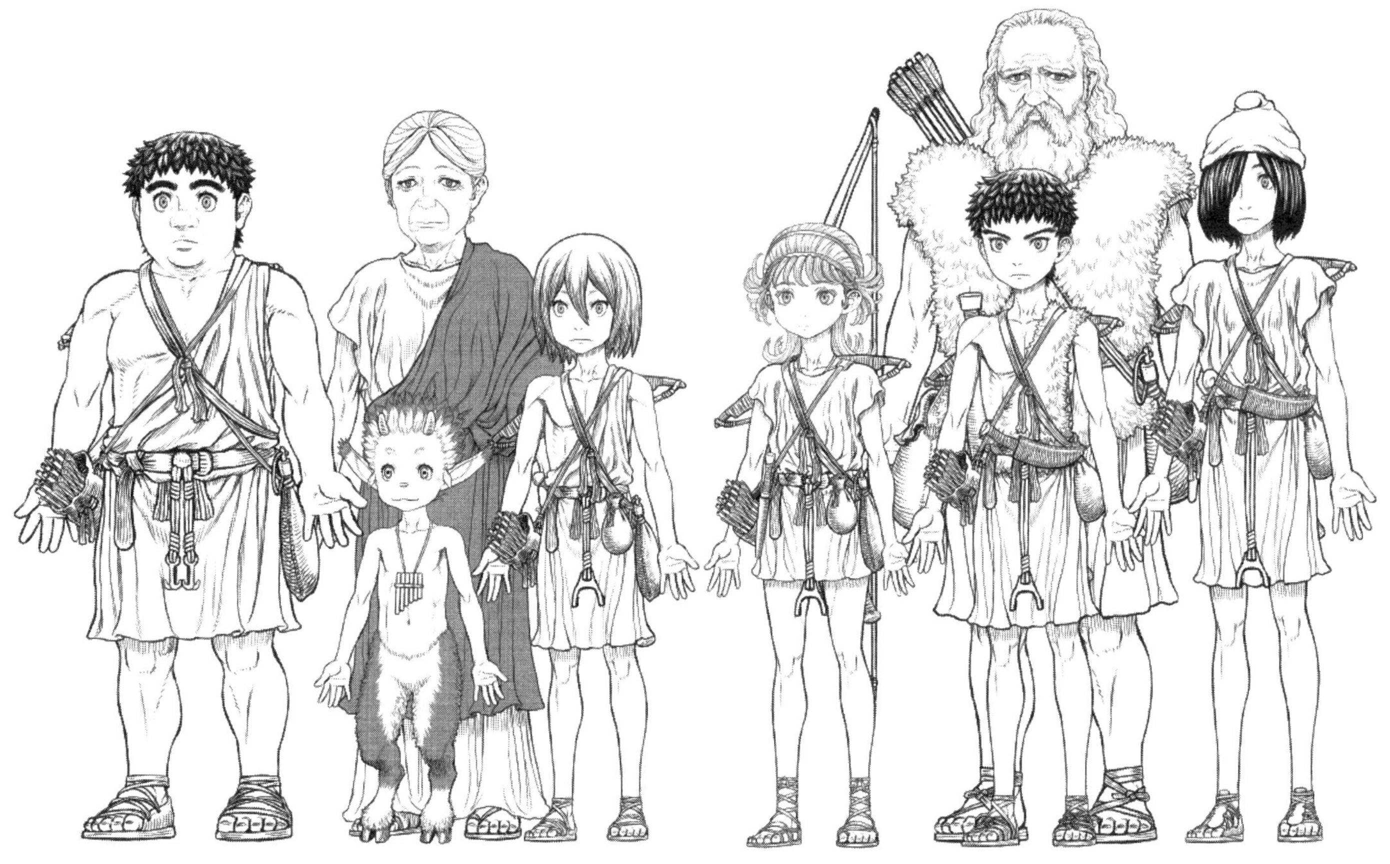

DUR-AN-KI

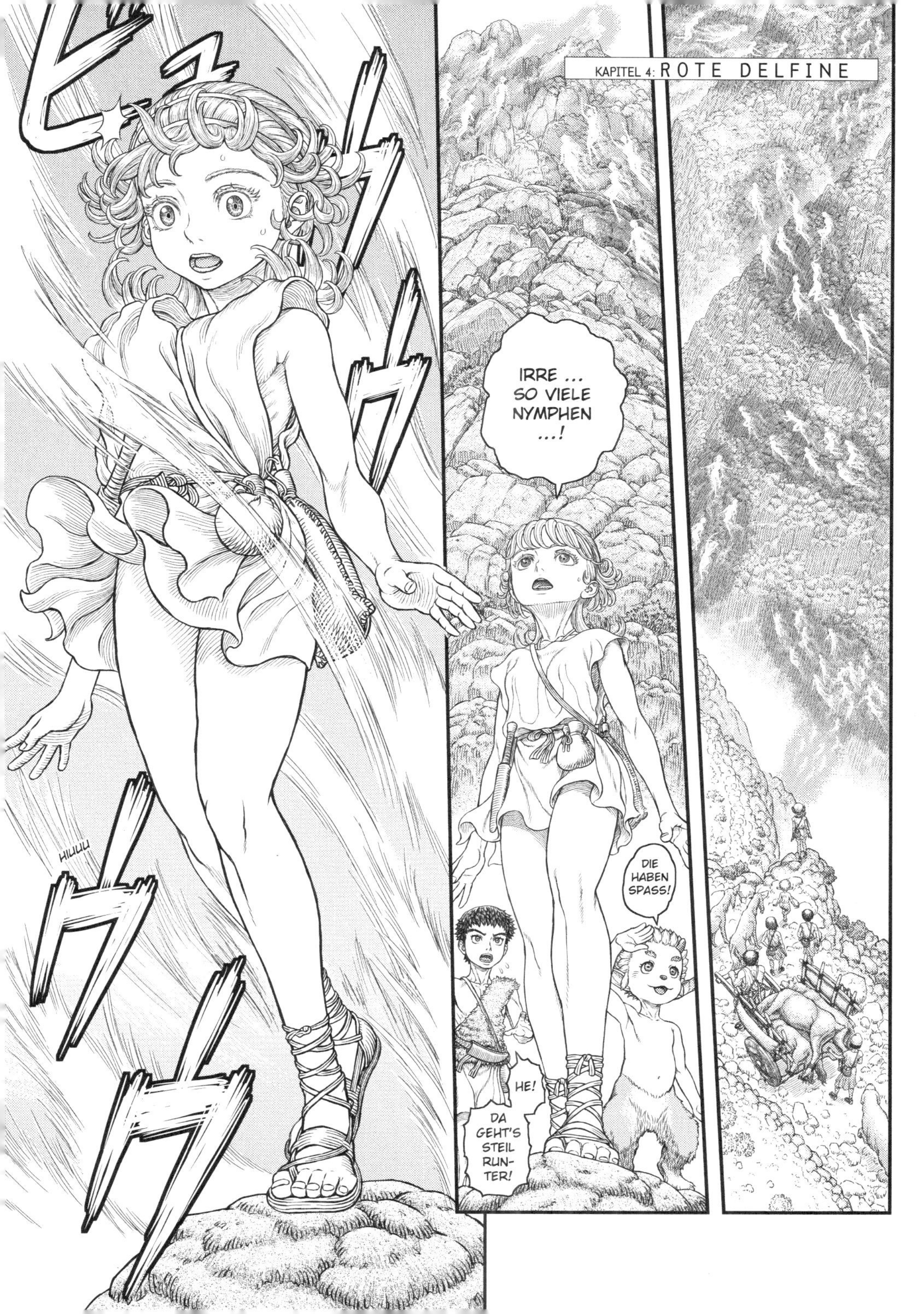
KAPITEL 4: ROTE DELFINE
IRRE ... SO VIELE NYMPHEN ...!
DIE HABEN SPASS!
HE!
DA GEHT'S STEIL RUN-TER!
HIUUU

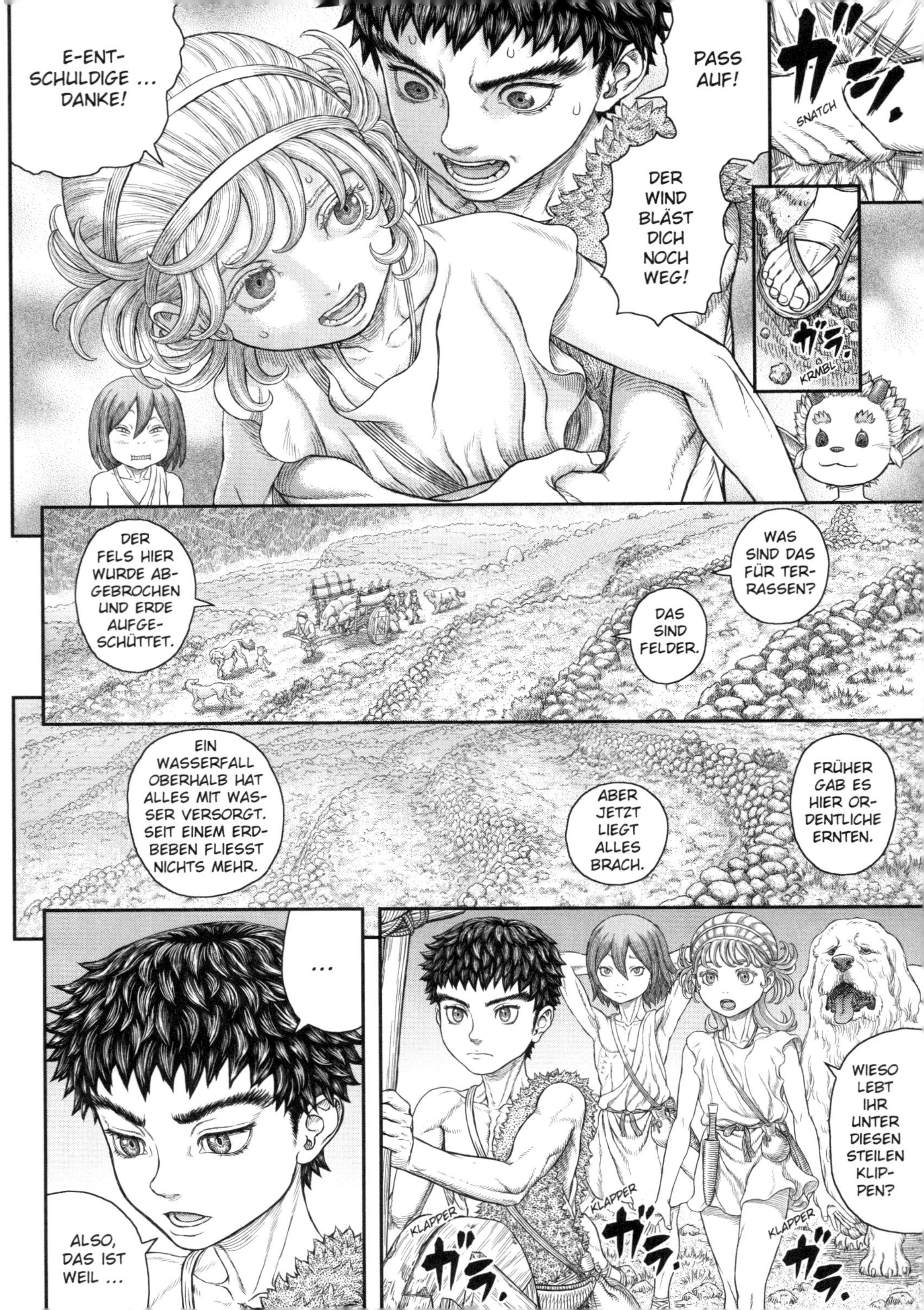
SNATCH
PASS AUF!
DER WIND BLÄST DICH NOCH WEG!
E-ENT-SCHULDIGE … DANKE!
KRMBL
WAS SIND DAS FÜR TER-RASSEN?
DAS SIND FELDER.
DER FELS HIER WURDE AB-GEBROCHEN UND ERDE AUFGE-SCHÜTTET.
FRÜHER GAB ES HIER OR-DENTLICHE ERNTEN.
ABER JETZT LIEGT ALLES BRACH.
EIN WASSERFALL OBERHALB HAT ALLES MIT WAS-SER VERSORGT. SEIT EINEM ERD-BEBEN FLIESST NICHTS MEHR.
WIESO LEBT IHR UNTER DIESEN STEILEN KLIP-PEN?
KLAPPER
KLAPPER
KLAPPER
…
ALSO, DAS IST WEIL …

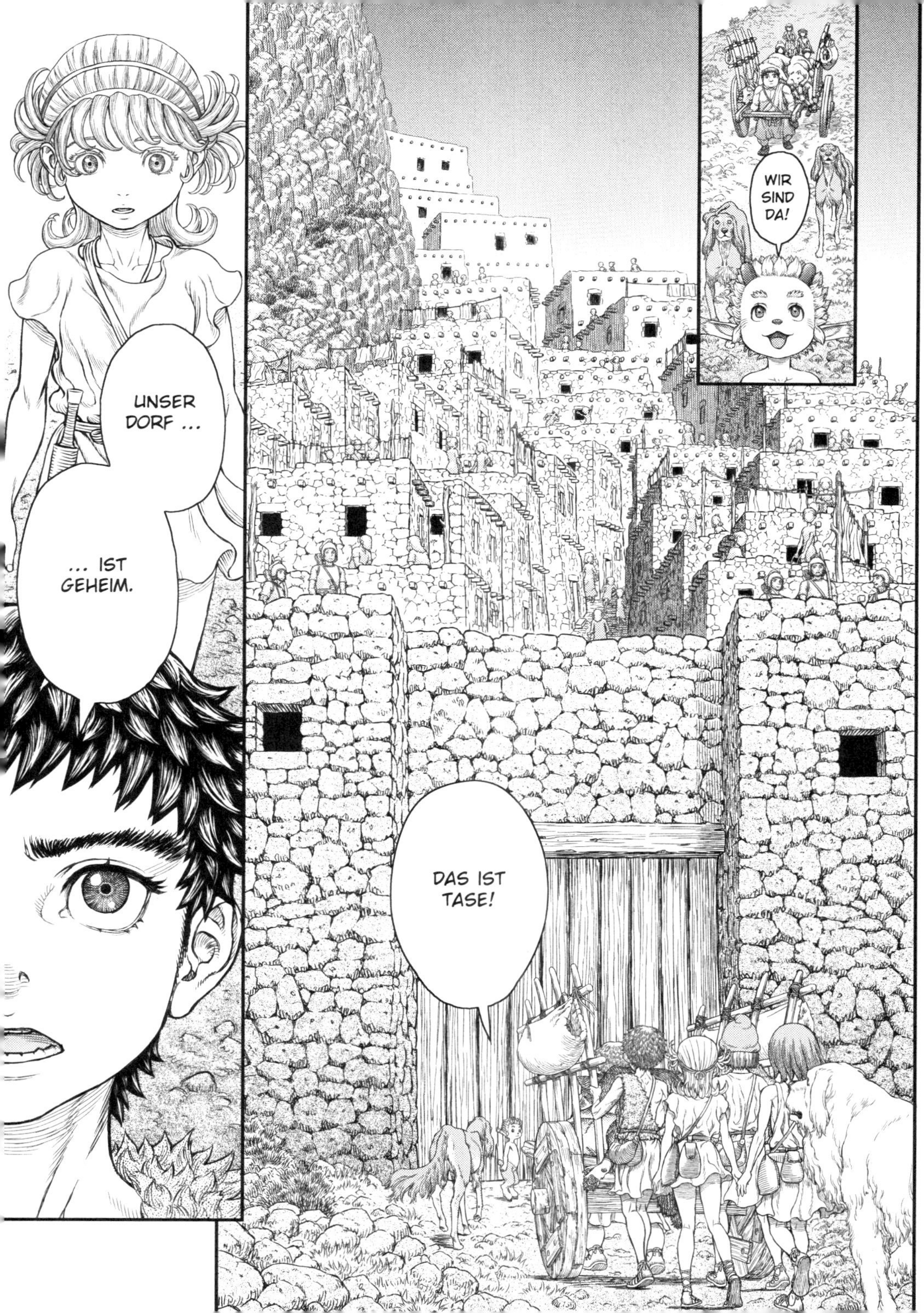
WIR SIND DA!
DAS IST TASE!
UNSER DORF ...
... IST GEHEIM.

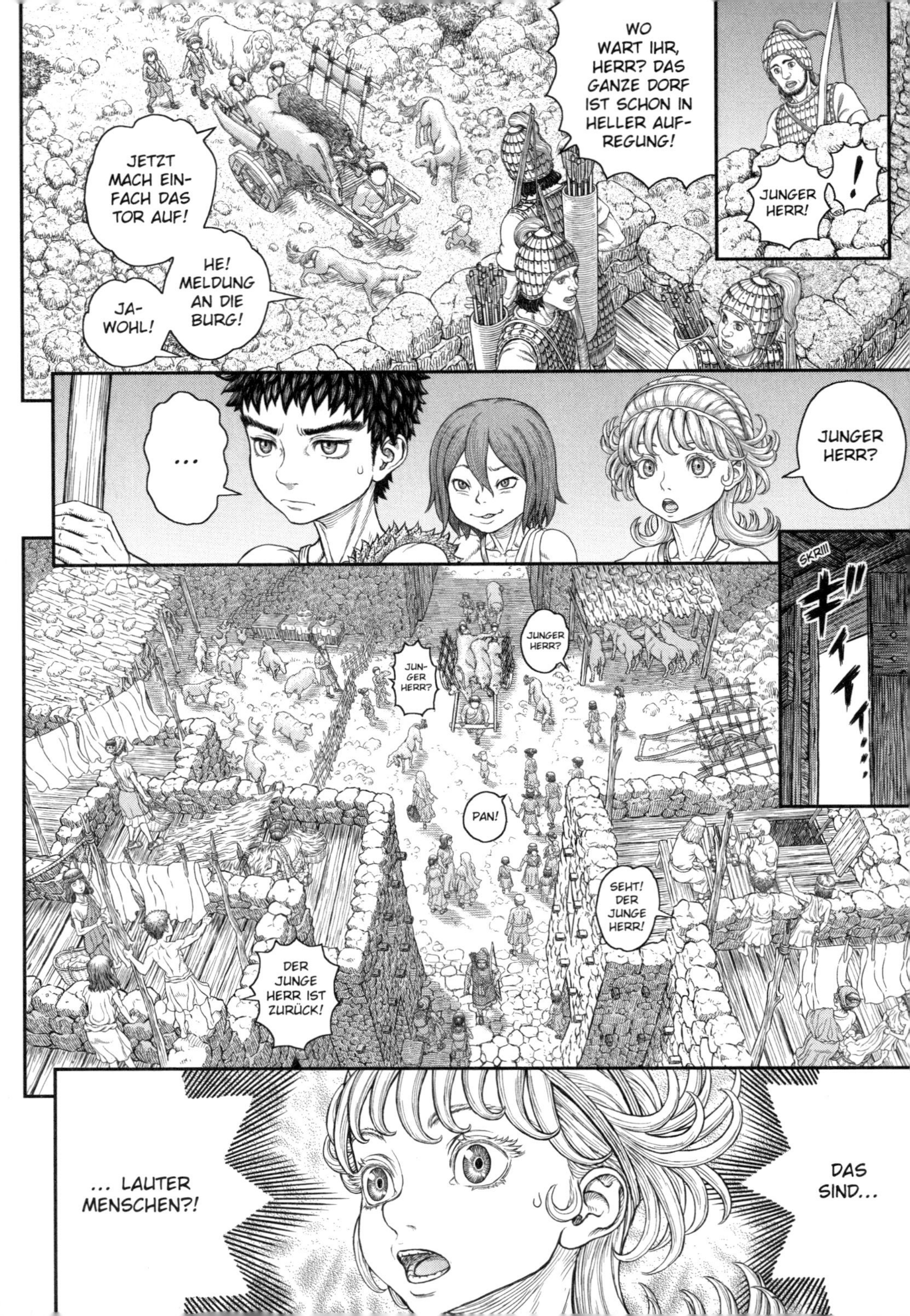
JUNGER HERR!
!
WO WART IHR, HERR? DAS GANZE DORF IST SCHON IN HELLER AUFREGUNG!
JETZT MACH EINFACH DAS TOR AUF!
HE! MELDUNG AN DIE BURG!
JAWOHL!
JUNGER HERR?
...
SKRIII
ギィィィ…
JUNGER HERR?
JUNGER HERR?
PAN!
SEHT! DER JUNGE HERR!
DER JUNGE HERR IST ZURÜCK!
DAS SIND...
... LAUTER MENSCHEN?!

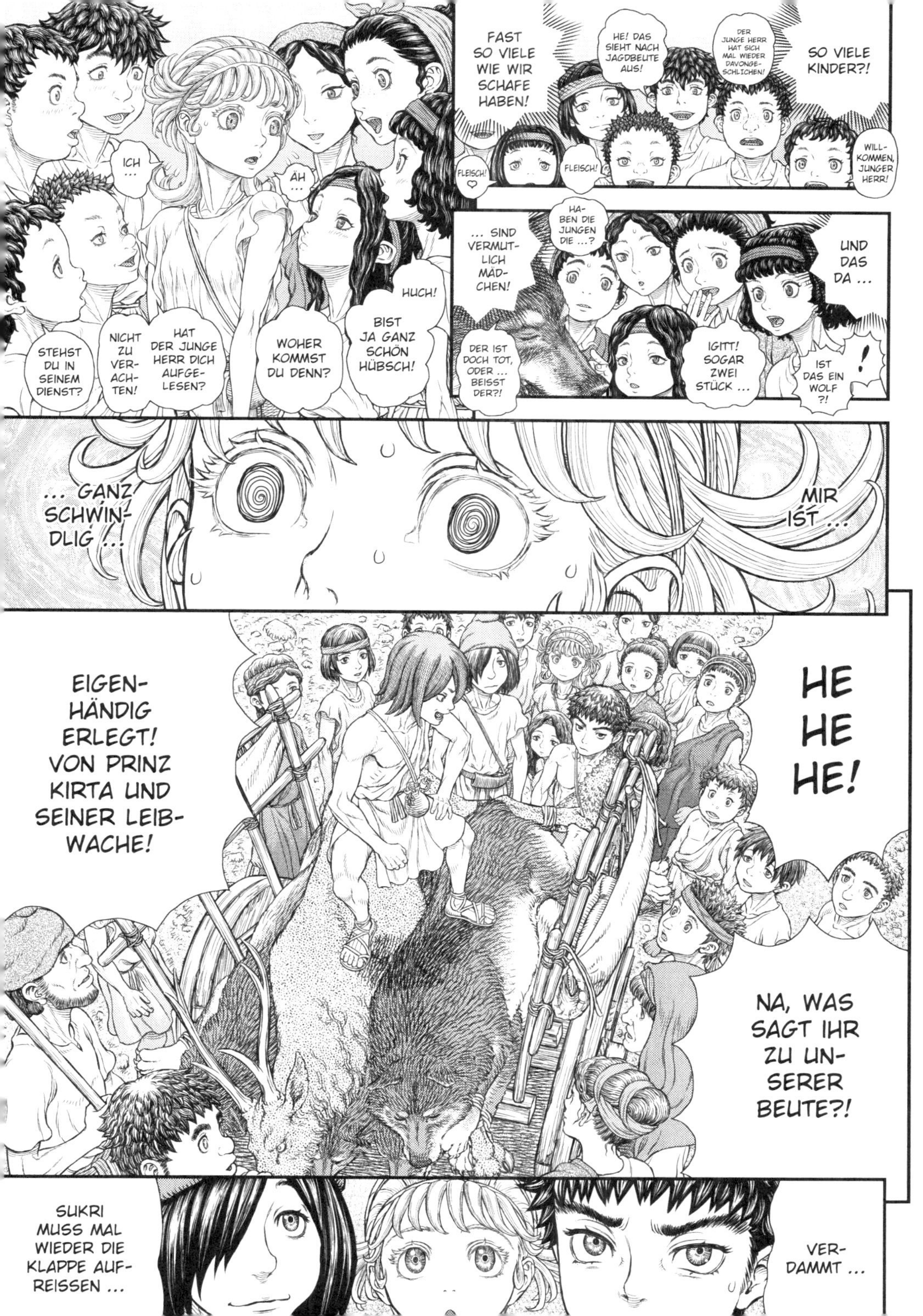
SO VIELE KINDER?!
DER JUNGE HERR HAT SICH MAL WIEDER DAVONGESCHLICHEN!
HE! DAS SIEHT NACH JAGDBEUTE AUS!
FAST SO VIELE WIE WIR SCHAFE HABEN!
WILLKOMMEN, JUNGER HERR!
FLEISCH!
FLEISCH! ♡
UND DAS DA ...
HABEN DIE JUNGEN DIE ...?
... SIND VERMUTLICH MÄDCHEN!
!
IST DAS EIN WOLF?!
IGITT! SOGAR ZWEI STÜCK ...
DER IST DOCH TOT, ODER ... BEISST DER?!
HUCH!
BIST JA GANZ SCHÖN HÜBSCH!
ÄH ...
ICH ...
WOHER KOMMST DU DENN?
HAT DER JUNGE HERR DICH AUFGELESEN?
NICHT ZU VERACHTEN!
STEHST DU IN SEINEM DIENST?
MIR IST ...
... GANZ SCHWINDLIG ...
HE HE HE!
EIGENHÄNDIG ERLEGT! VON PRINZ KIRTA UND SEINER LEIBWACHE!
NA, WAS SAGT IHR ZU UNSERER BEUTE?!
VERDAMMT ...
SUKRI MUSS MAL WIEDER DIE KLAPPE AUFREISSEN ...

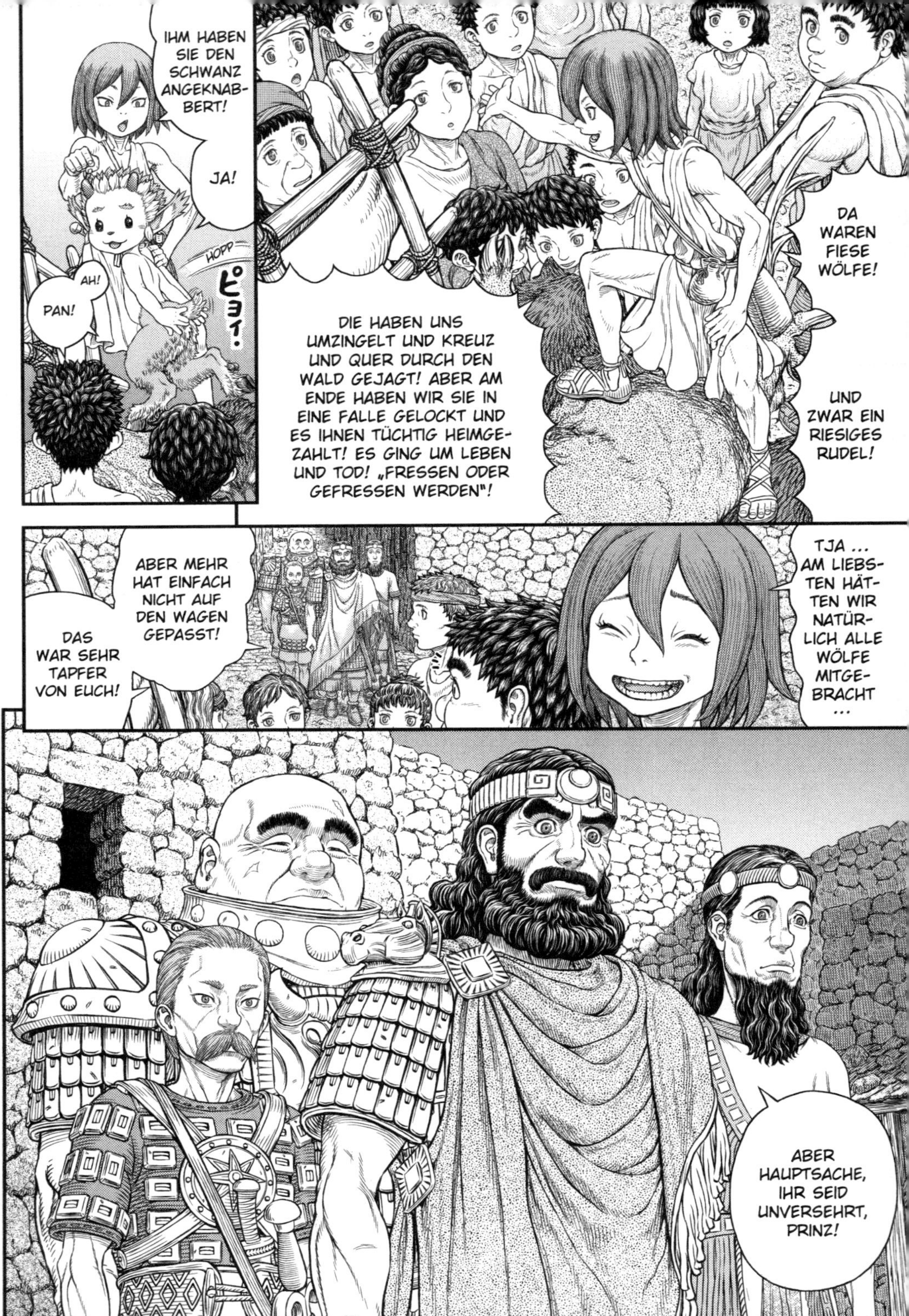
DA WAREN FIESE WÖLFE!
UND ZWAR EIN RIESIGES RUDEL!
DIE HABEN UNS UMZINGELT UND KREUZ UND QUER DURCH DEN WALD GEJAGT! ABER AM ENDE HABEN WIR SIE IN EINE FALLE GELOCKT UND ES IHNEN TÜCHTIG HEIMGEZAHLT! ES GING UM LEBEN UND TOD! „FRESSEN ODER GEFRESSEN WERDEN"!
IHM HABEN SIE DEN SCHWANZ ANGEKNABBERT!
JA!
HOPP
ピョイ・
AH!
PAN!
TJA ... AM LIEBSTEN HÄTTEN WIR NATÜRLICH ALLE WÖLFE MITGEBRACHT ...
ABER MEHR HAT EINFACH NICHT AUF DEN WAGEN GEPASST!
DAS WAR SEHR TAPFER VON EUCH!
ABER HAUPTSACHE, IHR SEID UNVERSEHRT, PRINZ!

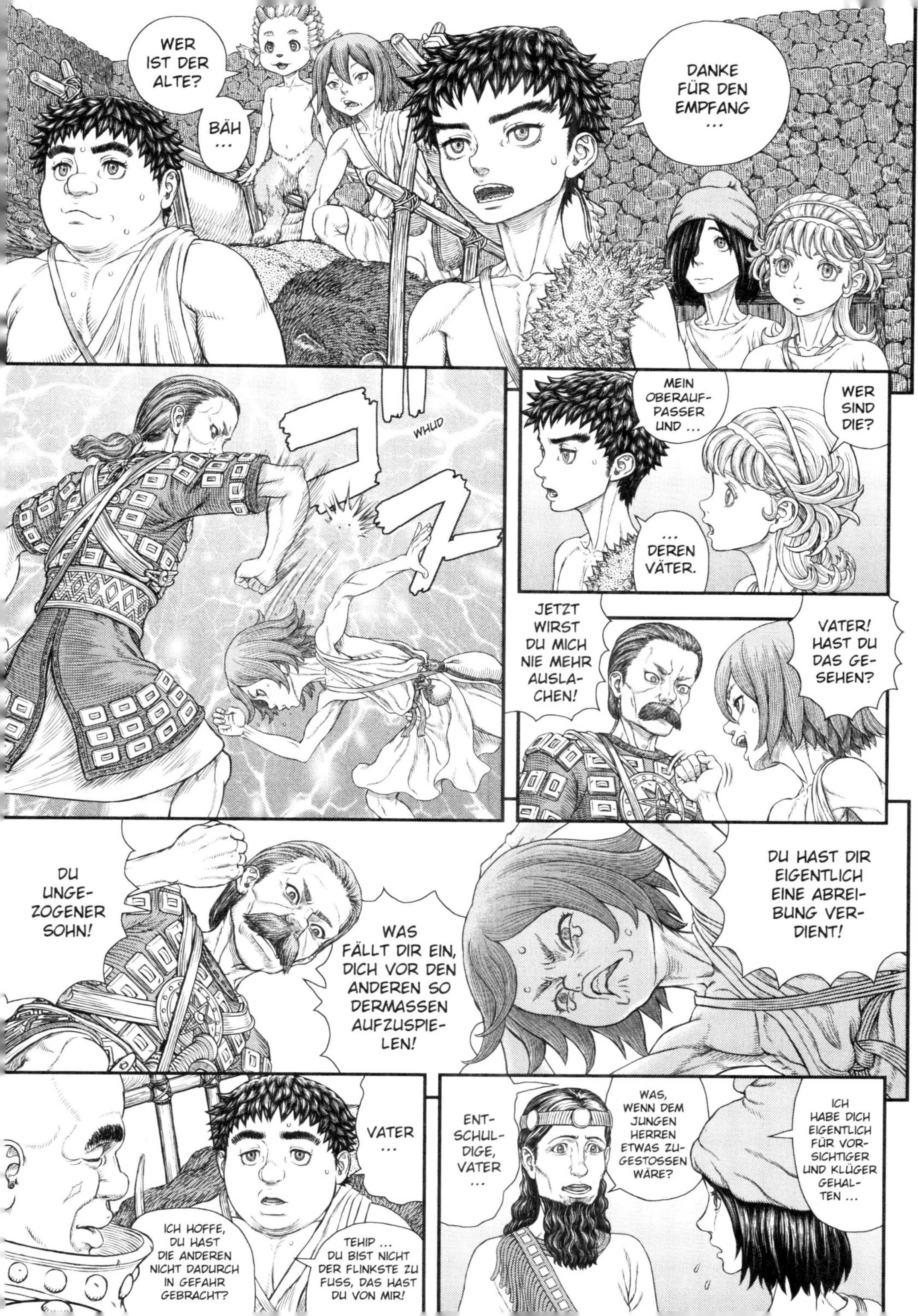
WER IST DER ALTE?
BÄH ...
DANKE FÜR DEN EMPFANG ...
WHUD
MEIN OBERAUF-PASSER UND ...
WER SIND DIE?
... DEREN VÄTER.
JETZT WIRST DU MICH NIE MEHR AUSLA-CHEN!
VATER! HAST DU DAS GE-SEHEN?
DU UNGE-ZOGENER SOHN!
WAS FÄLLT DIR EIN, DICH VOR DEN ANDEREN SO DERMASSEN AUFZUSPIE-LEN!
DU HAST DIR EIGENTLICH EINE ABREI-BUNG VER-DIENT!
VATER ...
ICH HOFFE, DU HAST DIE ANDEREN NICHT DADURCH IN GEFAHR GEBRACHT?
TEHIP ... DU BIST NICHT DER FLINKSTE ZU FUSS, DAS HAST DU VON MIR!
ENT-SCHUL-DIGE, VATER ...
WAS, WENN DEM JUNGEN HERREN ETWAS ZU-GESTOSSEN WÄRE?
ICH HABE DICH EIGENTLICH FÜR VOR-SICHTIGER UND KLÜGER GEHAL-TEN ...

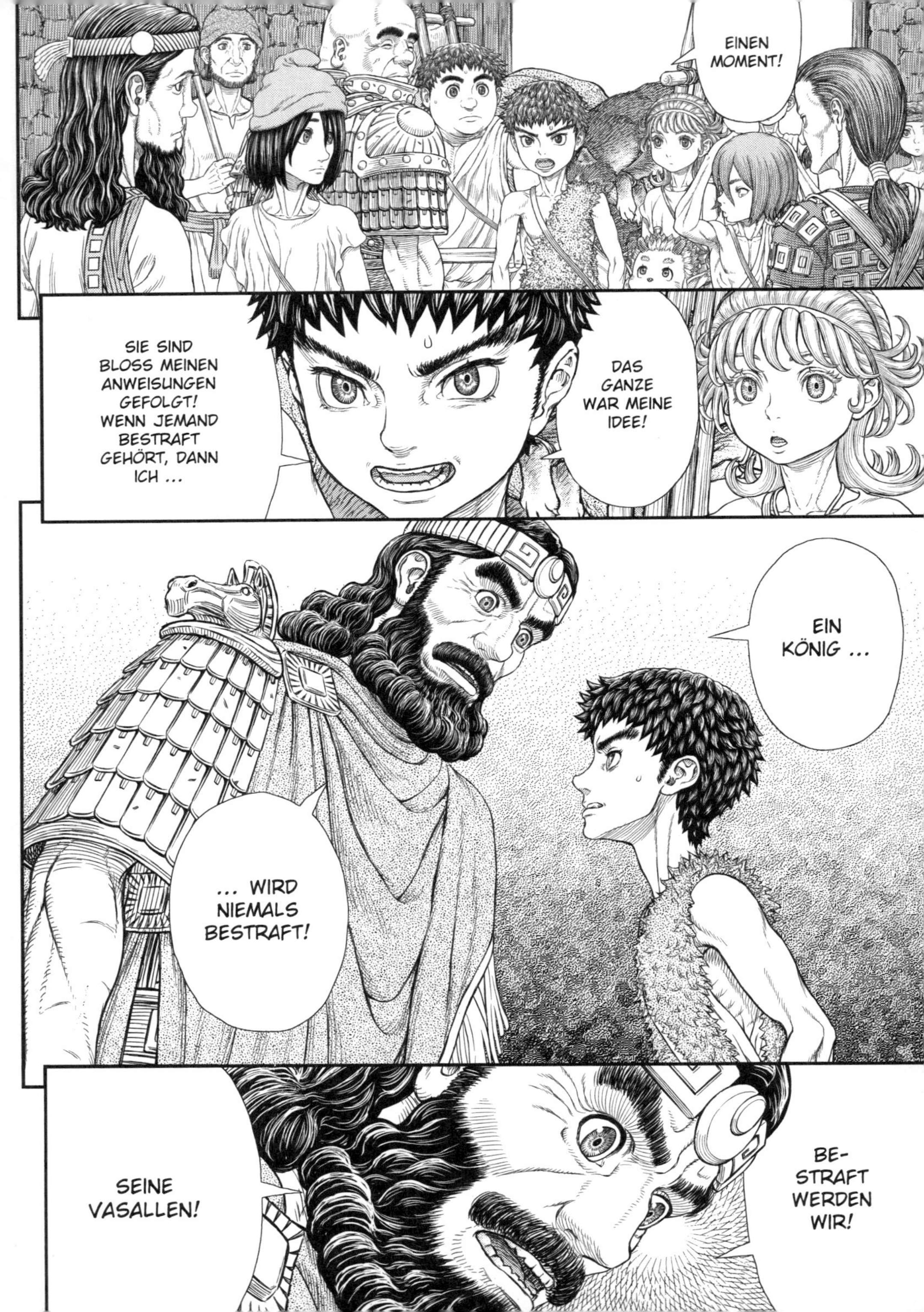
EINEN MOMENT!
DAS GANZE WAR MEINE IDEE!
SIE SIND BLOSS MEINEN ANWEISUNGEN GEFOLGT! WENN JEMAND BESTRAFT GEHÖRT, DANN ICH …
EIN KÖNIG …
… WIRD NIEMALS BESTRAFT!
BE-STRAFT WERDEN WIR!
SEINE VASALLEN!

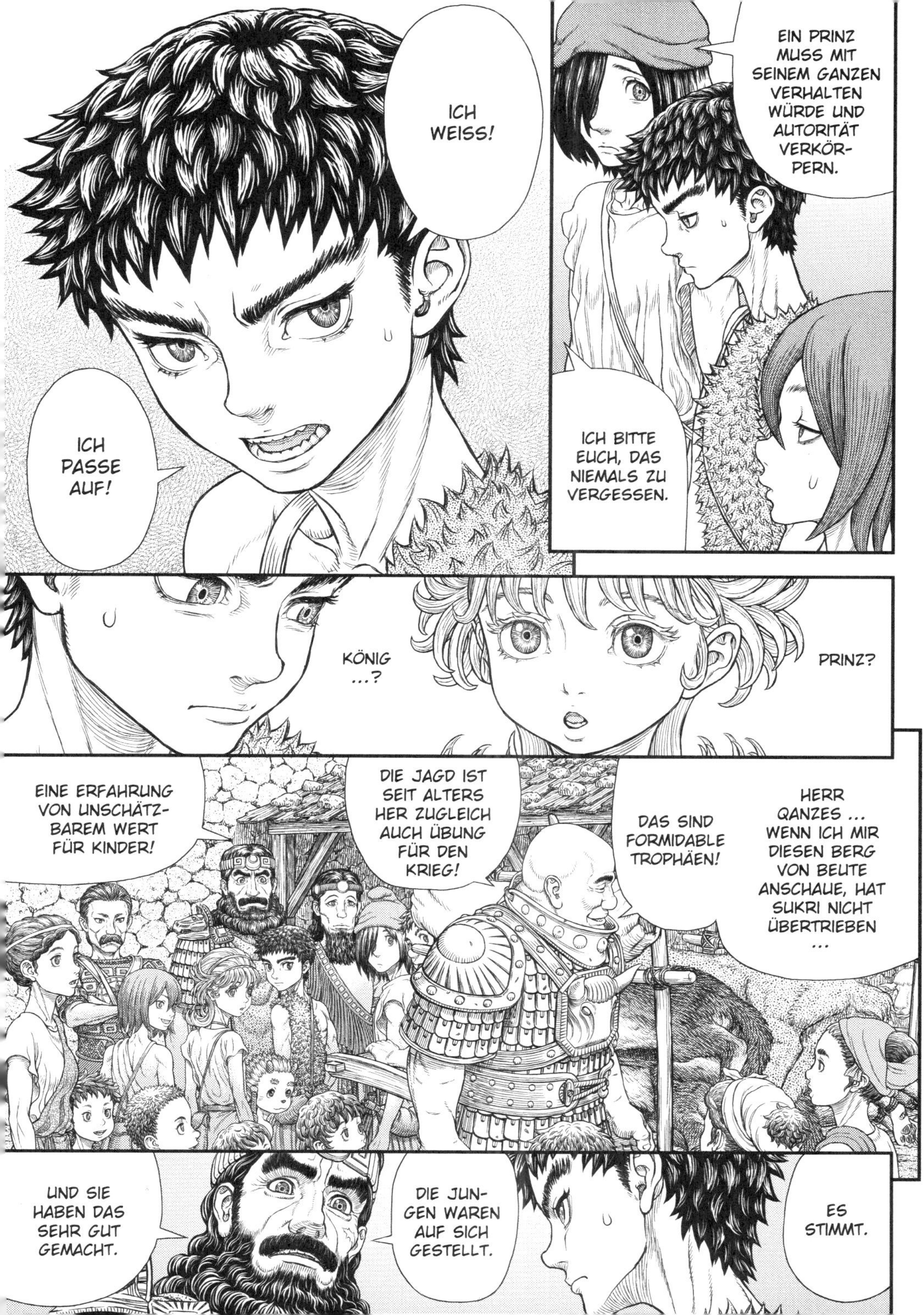
EIN PRINZ MUSS MIT SEINEM GANZEN VERHALTEN WÜRDE UND AUTORITÄT VERKÖRPERN.
ICH BITTE EUCH, DAS NIEMALS ZU VERGESSEN.
ICH WEISS!
ICH PASSE AUF!
PRINZ?
KÖNIG …?
HERR QANZES … WENN ICH MIR DIESEN BERG VON BEUTE ANSCHAUE, HAT SUKRI NICHT ÜBERTRIEBEN …
DAS SIND FORMIDABLE TROPHÄEN!
DIE JAGD IST SEIT ALTERS HER ZUGLEICH AUCH ÜBUNG FÜR DEN KRIEG!
EINE ERFAHRUNG VON UNSCHÄTZBAREM WERT FÜR KINDER!
ES STIMMT.
DIE JUNGEN WAREN AUF SICH GESTELLT.
UND SIE HABEN DAS SEHR GUT GEMACHT.

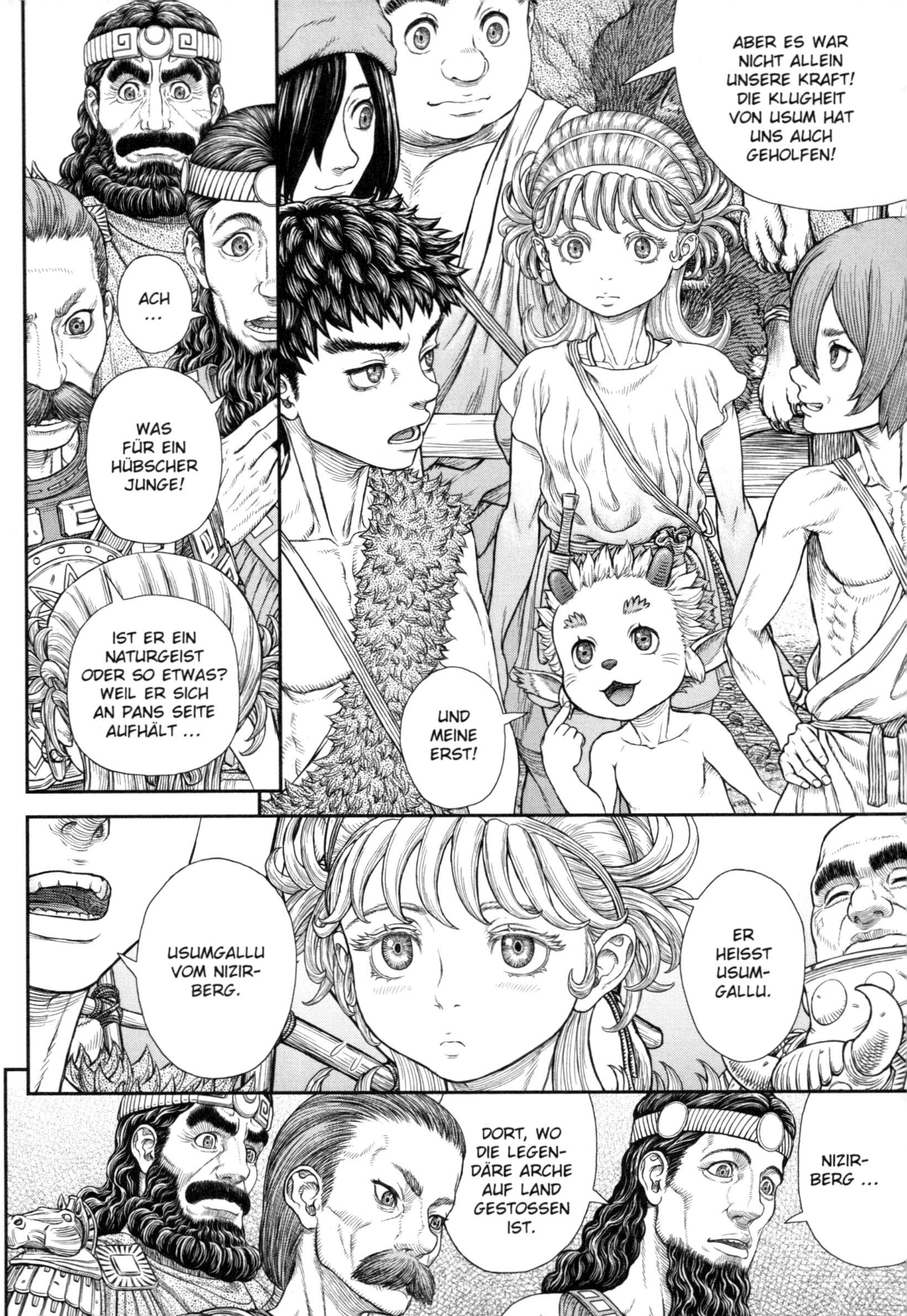
ABER ES WAR NICHT ALLEIN UNSERE KRAFT! DIE KLUGHEIT VON USUM HAT UNS AUCH GEHOLFEN!
UND MEINE ERST!
ACH ...
WAS FÜR EIN HÜBSCHER JUNGE!
IST ER EIN NATURGEIST ODER SO ETWAS? WEIL ER SICH AN PANS SEITE AUFHÄLT ...
ER HEISST USUM-GALLU.
USUMGALLU VOM NIZIR-BERG.
NIZIR-BERG ...
DORT, WO DIE LEGEN-DÄRE ARCHE AUF LAND GESTOSSEN IST.

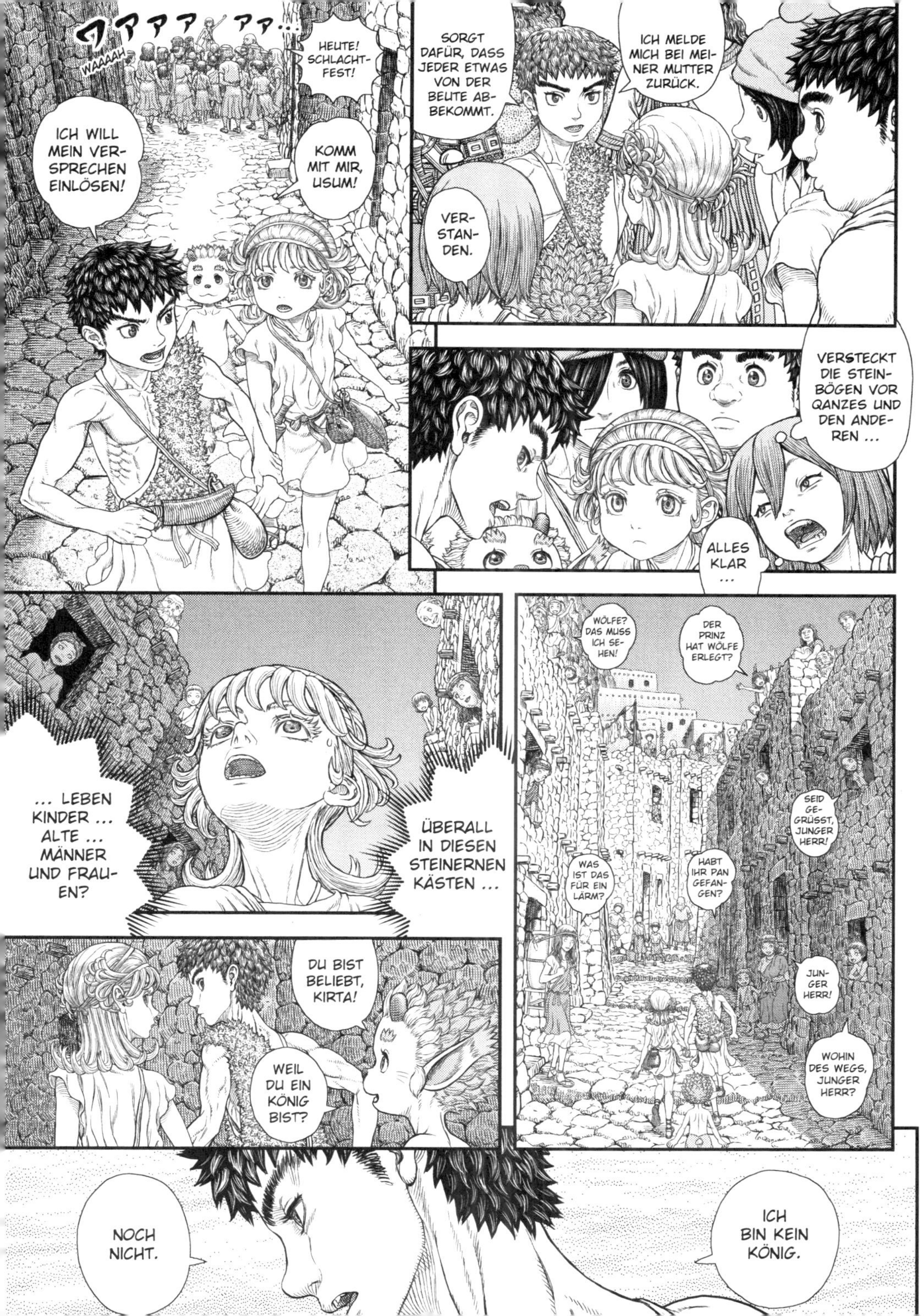
ICH MELDE MICH BEI MEINER MUTTER ZURÜCK.
SORGT DAFÜR, DASS JEDER ETWAS VON DER BEUTE ABBEKOMMT.
VERSTANDEN.
VERSTECKT DIE STEINBÖGEN VOR QANZES UND DEN ANDEREN ...
ALLES KLAR ...
ワアアア アア…
WAAAAH
HEUTE! SCHLACHTFEST!
ICH WILL MEIN VERSPRECHEN EINLÖSEN!
KOMM MIT MIR, USUM!
DER PRINZ HAT WÖLFE ERLEGT?
WÖLFE? DAS MUSS ICH SEHEN!
SEID GEGRÜSST, JUNGER HERR!
HABT IHR PAN GEFANGEN?
WAS IST DAS FÜR EIN LÄRM?
JUNGER HERR!
WOHIN DES WEGS, JUNGER HERR?
ÜBERALL IN DIESEN STEINERNEN KÄSTEN ...
... LEBEN KINDER ... ALTE ... MÄNNER UND FRAUEN?
DU BIST BELIEBT, KIRTA!
WEIL DU EIN KÖNIG BIST?
ICH BIN KEIN KÖNIG.
NOCH NICHT.

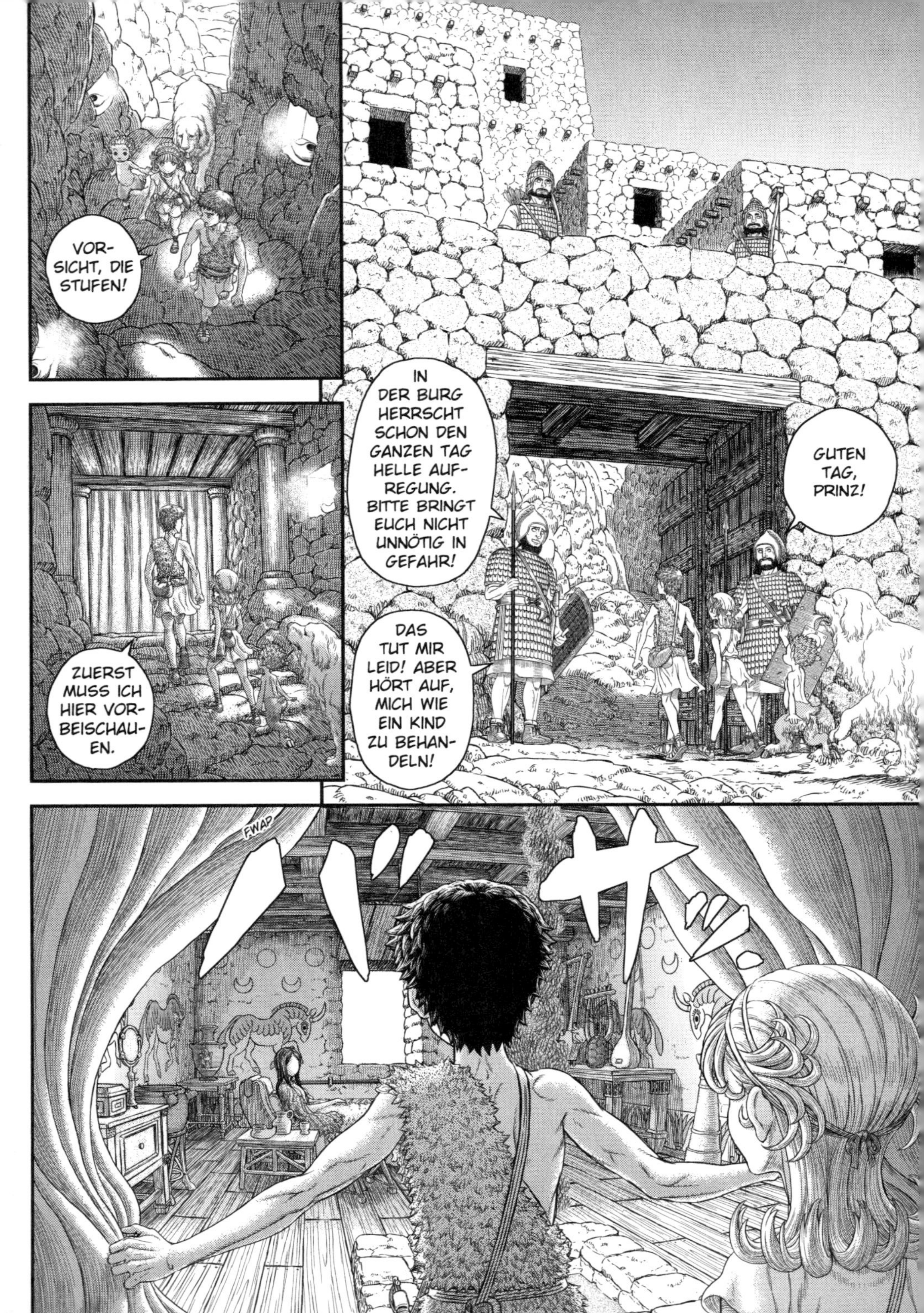
VORSICHT, DIE STUFEN!
GUTEN TAG, PRINZ!
IN DER BURG HERRSCHT SCHON DEN GANZEN TAG HELLE AUFREGUNG. BITTE BRINGT EUCH NICHT UNNÖTIG IN GEFAHR!
DAS TUT MIR LEID! ABER HÖRT AUF, MICH WIE EIN KIND ZU BEHANDELN!
ZUERST MUSS ICH HIER VORBEISCHAUEN.
FWAP

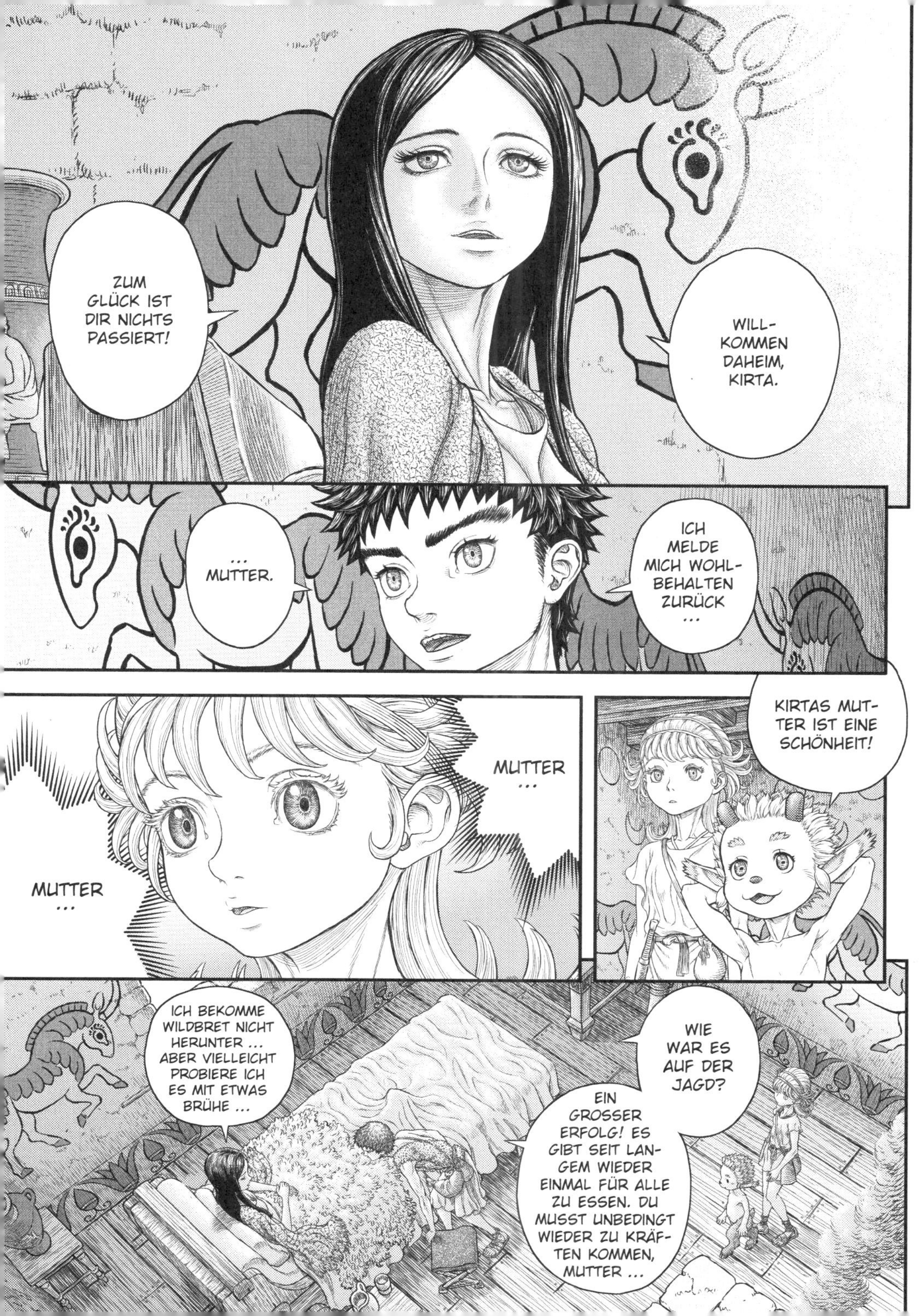
ZUM GLÜCK IST DIR NICHTS PASSIERT!
WILL-KOMMEN DAHEIM, KIRTA.
... MUTTER.
ICH MELDE MICH WOHL-BEHALTEN ZURÜCK ...
MUTTER ...
MUTTER ...
KIRTAS MUT-TER IST EINE SCHÖNHEIT!
ICH BEKOMME WILDBRET NICHT HERUNTER ... ABER VIELLEICHT PROBIERE ICH ES MIT ETWAS BRÜHE ...
WIE WAR ES AUF DER JAGD?
EIN GROSSER ERFOLG! ES GIBT SEIT LAN-GEM WIEDER EINMAL FÜR ALLE ZU ESSEN. DU MUSST UNBEDINGT WIEDER ZU KRÄF-TEN KOMMEN, MUTTER ...

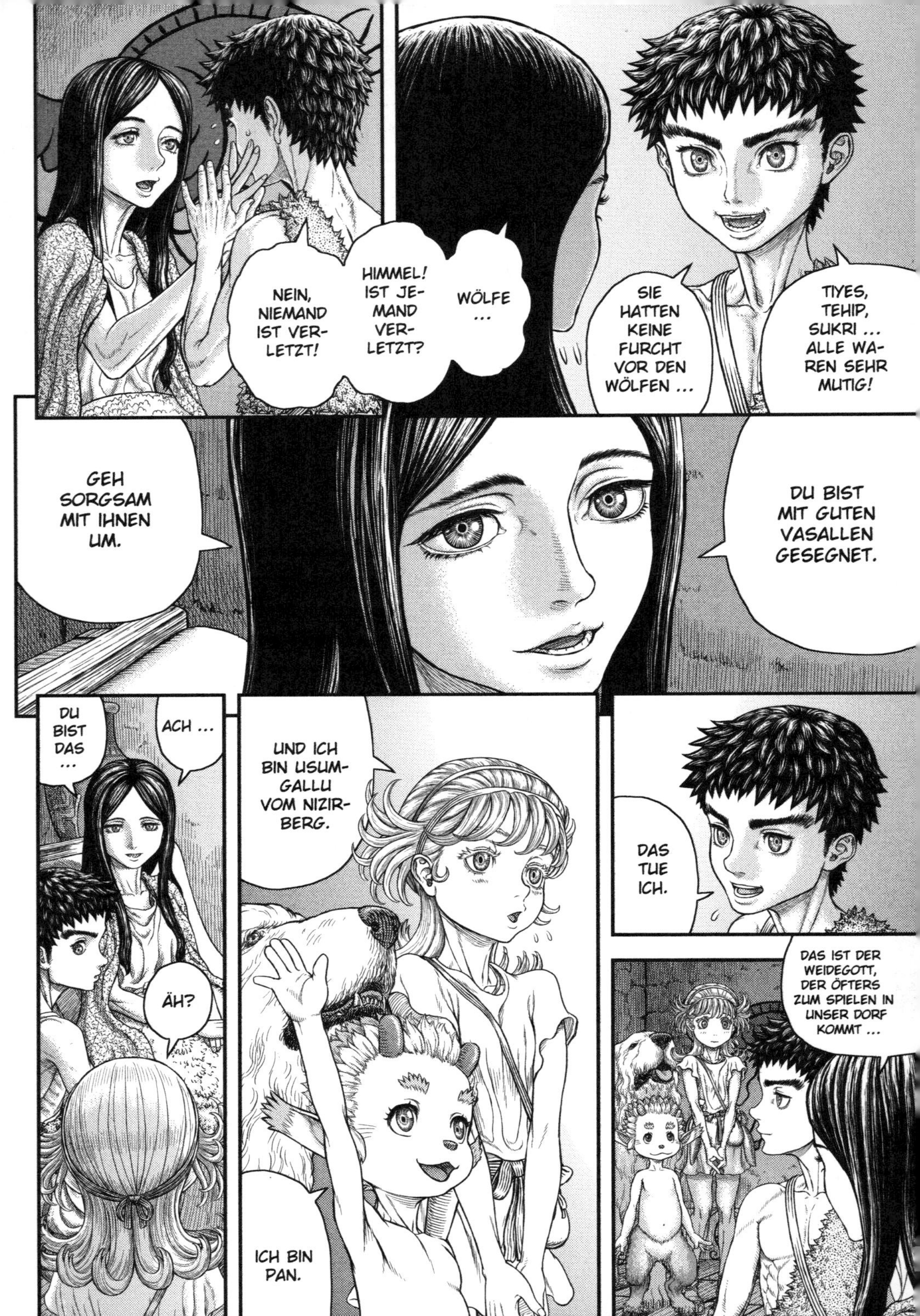
TIYES, TEHIP, SUKRI ... ALLE WAREN SEHR MUTIG!
SIE HATTEN KEINE FURCHT VOR DEN WÖLFEN ...
WÖLFE ...
HIMMEL! IST JEMAND VERLETZT?
NEIN, NIEMAND IST VERLETZT!
DU BIST MIT GUTEN VASALLEN GESEGNET.
GEH SORGSAM MIT IHNEN UM.
DAS TUE ICH.
DAS IST DER WEIDEGOTT, DER ÖFTERS ZUM SPIELEN IN UNSER DORF KOMMT ...
UND ICH BIN USUMGALLU VOM NIZIRBERG.
ICH BIN PAN.
ACH ...
DU BIST DAS ...
ÄH?

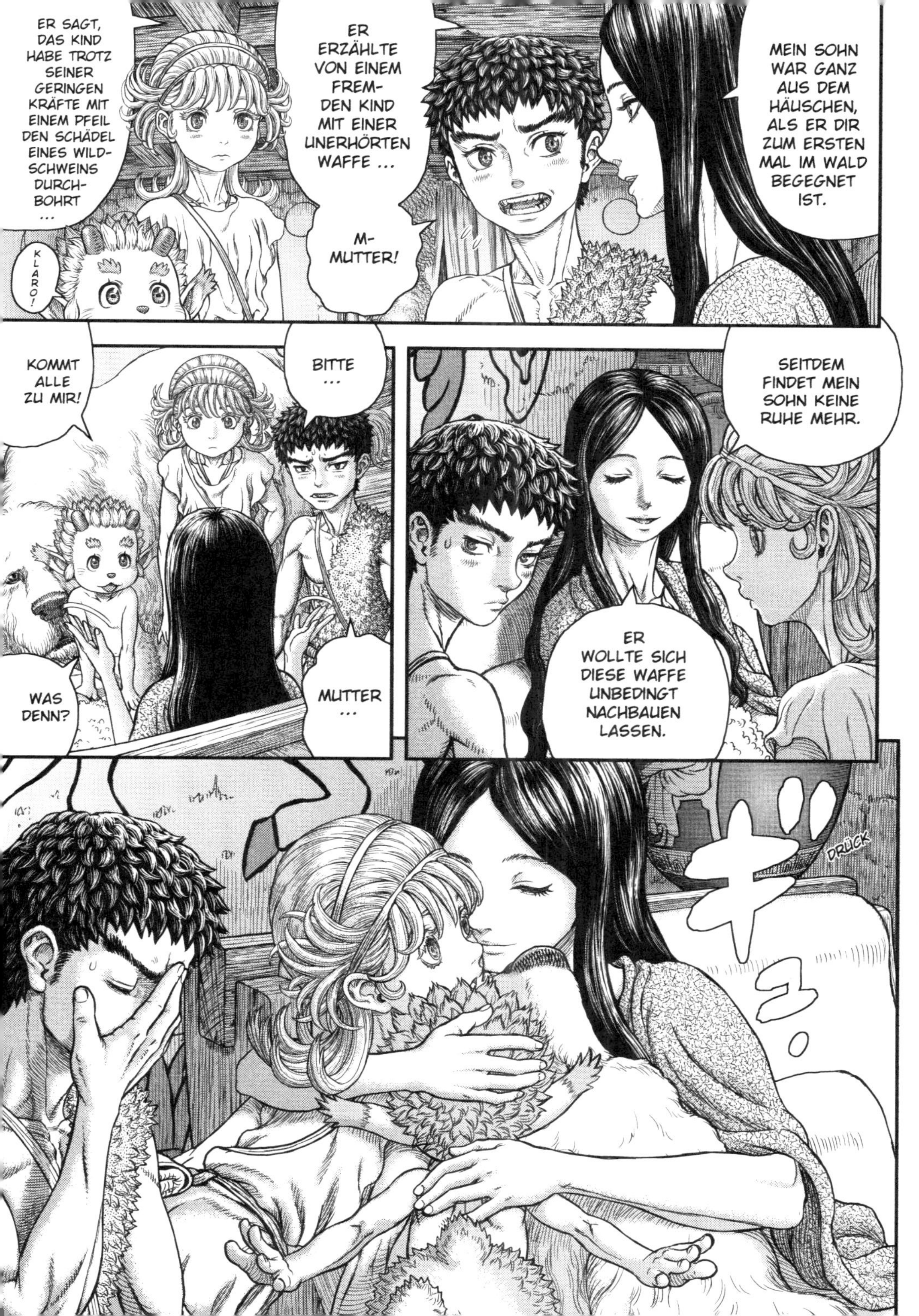
MEIN SOHN WAR GANZ AUS DEM HÄUSCHEN, ALS ER DIR ZUM ERSTEN MAL IM WALD BEGEGNET IST.
M-MUTTER!
ER ERZÄHLTE VON EINEM FREM-DEN KIND MIT EINER UNERHÖRTEN WAFFE …
ER SAGT, DAS KIND HABE TROTZ SEINER GERINGEN KRÄFTE MIT EINEM PFEIL DEN SCHÄDEL EINES WILD-SCHWEINS DURCH-BOHRT …
KLARO!
SEITDEM FINDET MEIN SOHN KEINE RUHE MEHR.
ER WOLLTE SICH DIESE WAFFE UNBEDINGT NACHBAUEN LASSEN.
BITTE …
MUTTER …
KOMMT ALLE ZU MIR!
WAS DENN?
DRÜCK

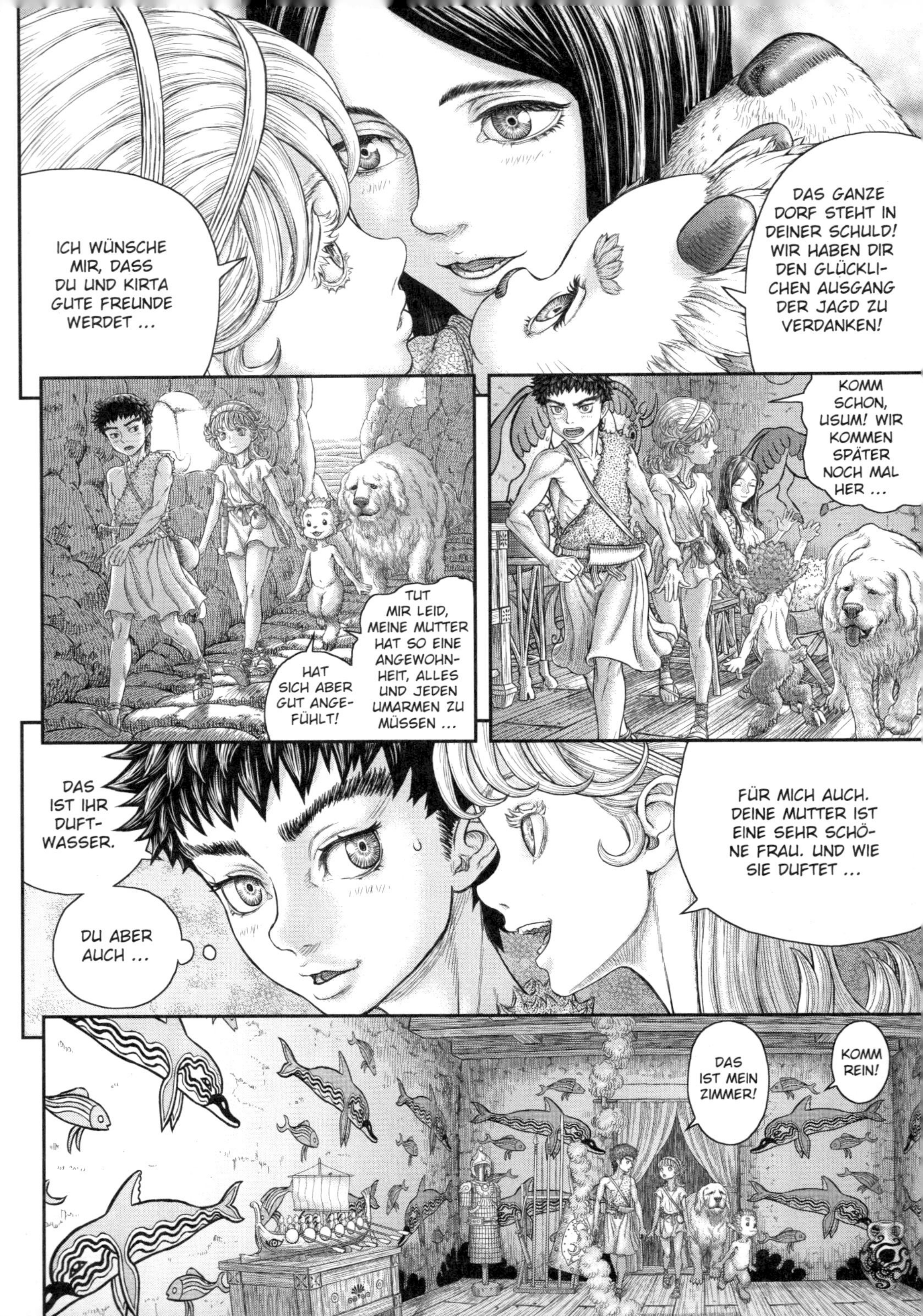
DAS GANZE DORF STEHT IN DEINER SCHULD! WIR HABEN DIR DEN GLÜCKLICHEN AUSGANG DER JAGD ZU VERDANKEN!
ICH WÜNSCHE MIR, DASS DU UND KIRTA GUTE FREUNDE WERDET …
KOMM SCHON, USUM! WIR KOMMEN SPÄTER NOCH MAL HER …
TUT MIR LEID, MEINE MUTTER HAT SO EINE ANGEWOHNHEIT, ALLES UND JEDEN UMARMEN ZU MÜSSEN …
HAT SICH ABER GUT ANGEFÜHLT!
FÜR MICH AUCH. DEINE MUTTER IST EINE SEHR SCHÖNE FRAU. UND WIE SIE DUFTET …
DAS IST IHR DUFTWASSER.
DU ABER AUCH …
KOMM REIN!
DAS IST MEIN ZIMMER!

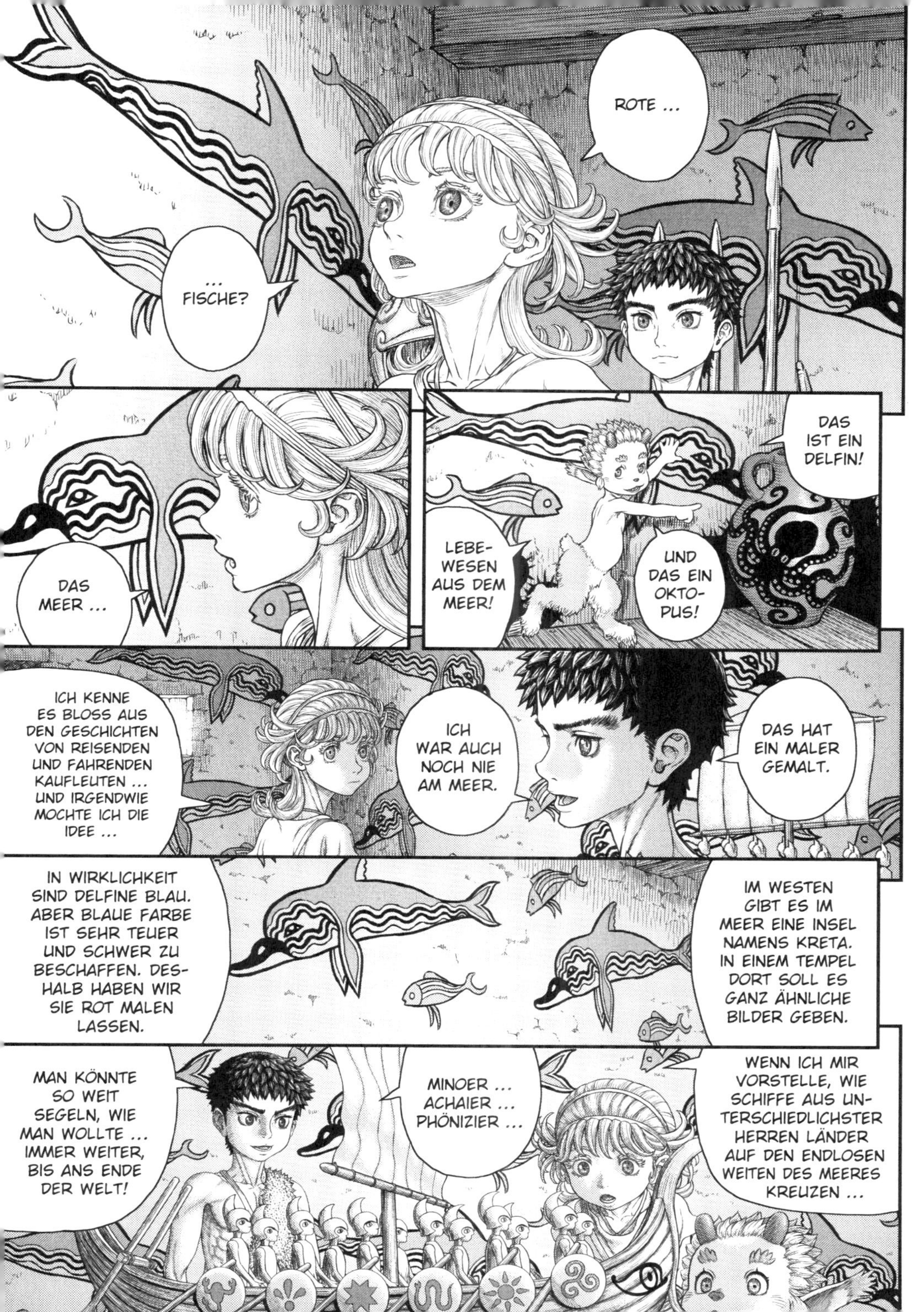
ROTE …
… FISCHE?
DAS MEER …
DAS IST EIN DELFIN!
LEBEWESEN AUS DEM MEER!
UND DAS EIN OKTOPUS!
ICH KENNE ES BLOSS AUS DEN GESCHICHTEN VON REISENDEN UND FAHRENDEN KAUFLEUTEN … UND IRGENDWIE MOCHTE ICH DIE IDEE …
ICH WAR AUCH NOCH NIE AM MEER.
DAS HAT EIN MALER GEMALT.
IN WIRKLICHKEIT SIND DELFINE BLAU. ABER BLAUE FARBE IST SEHR TEUER UND SCHWER ZU BESCHAFFEN. DESHALB HABEN WIR SIE ROT MALEN LASSEN.
IM WESTEN GIBT ES IM MEER EINE INSEL NAMENS KRETA. IN EINEM TEMPEL DORT SOLL ES GANZ ÄHNLICHE BILDER GEBEN.
MAN KÖNNTE SO WEIT SEGELN, WIE MAN WOLLTE … IMMER WEITER, BIS ANS ENDE DER WELT!
MINOER … ACHAIER … PHÖNIZIER …
WENN ICH MIR VORSTELLE, WIE SCHIFFE AUS UNTERSCHIEDLICHSTER HERREN LÄNDER AUF DEN ENDLOSEN WEITEN DES MEERES KREUZEN …

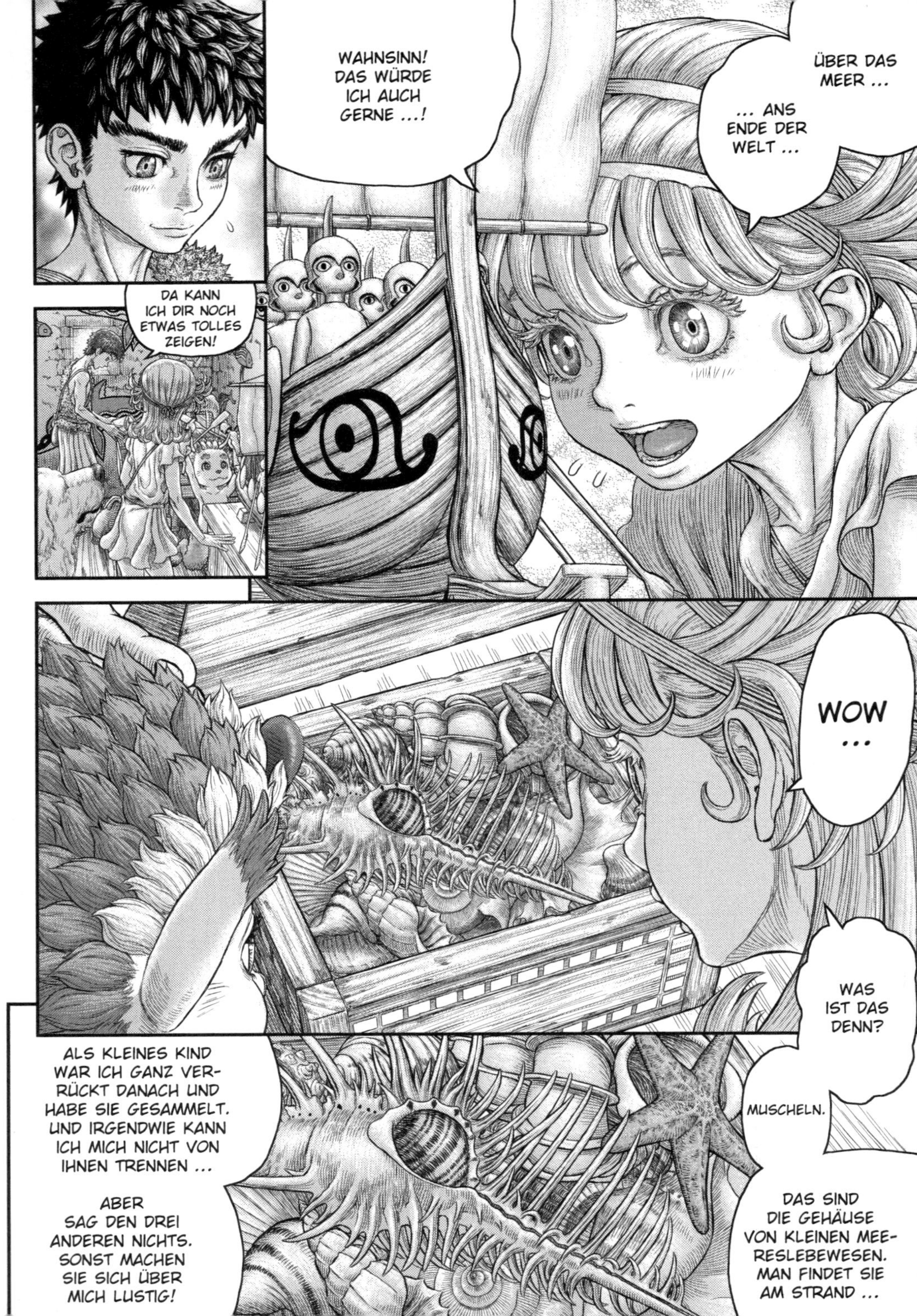
ÜBER DAS MEER ...
... ANS ENDE DER WELT ...
WAHNSINN! DAS WÜRDE ICH AUCH GERNE ...!
DA KANN ICH DIR NOCH ETWAS TOLLES ZEIGEN!
WOW ...
WAS IST DAS DENN?
MUSCHELN.
DAS SIND DIE GEHÄUSE VON KLEINEN MEERESLEBEWESEN. MAN FINDET SIE AM STRAND ...
ALS KLEINES KIND WAR ICH GANZ VERRÜCKT DANACH UND HABE SIE GESAMMELT. UND IRGENDWIE KANN ICH MICH NICHT VON IHNEN TRENNEN ...
ABER SAG DEN DREI ANDEREN NICHTS. SONST MACHEN SIE SICH ÜBER MICH LUSTIG!

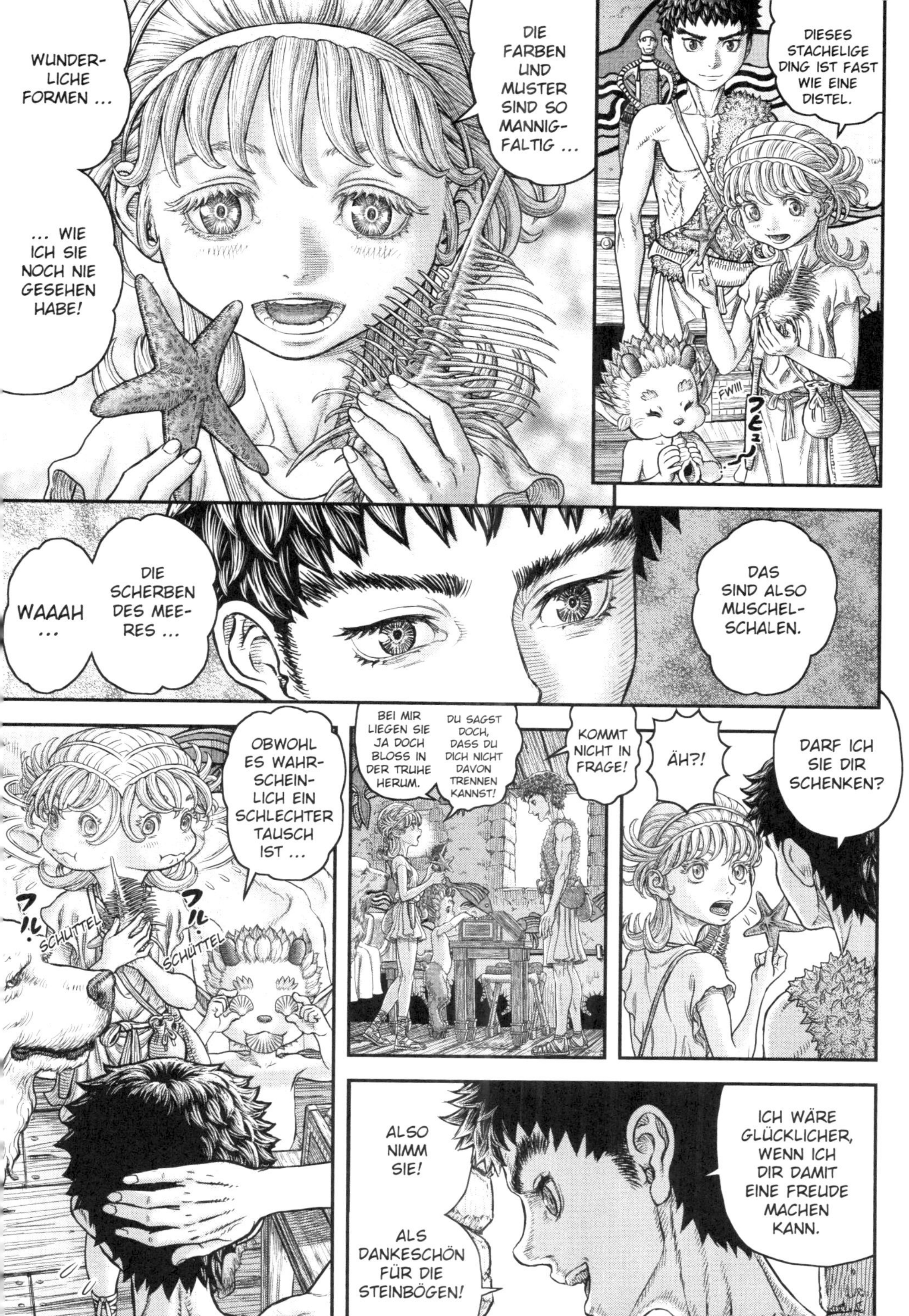
DIESES STACHELIGE DING IST FAST WIE EINE DISTEL.
FWIII
DIE FARBEN UND MUSTER SIND SO MANNIGFALTIG …
WUNDERLICHE FORMEN …
… WIE ICH SIE NOCH NIE GESEHEN HABE!
DAS SIND ALSO MUSCHELSCHALEN.
DIE SCHERBEN DES MEERES …
WAAAH …
DARF ICH SIE DIR SCHENKEN?
ÄH?!
KOMMT NICHT IN FRAGE!
DU SAGST DOCH, DASS DU DICH NICHT DAVON TRENNEN KANNST!
BEI MIR LIEGEN SIE JA DOCH BLOSS IN DER TRUHE HERUM.
OBWOHL ES WAHRSCHEINLICH EIN SCHLECHTER TAUSCH IST …
SCHÜTTEL
SCHÜTTEL
ICH WÄRE GLÜCKLICHER, WENN ICH DIR DAMIT EINE FREUDE MACHEN KANN.
ALSO NIMM SIE!
ALS DANKESCHÖN FÜR DIE STEINBÖGEN!

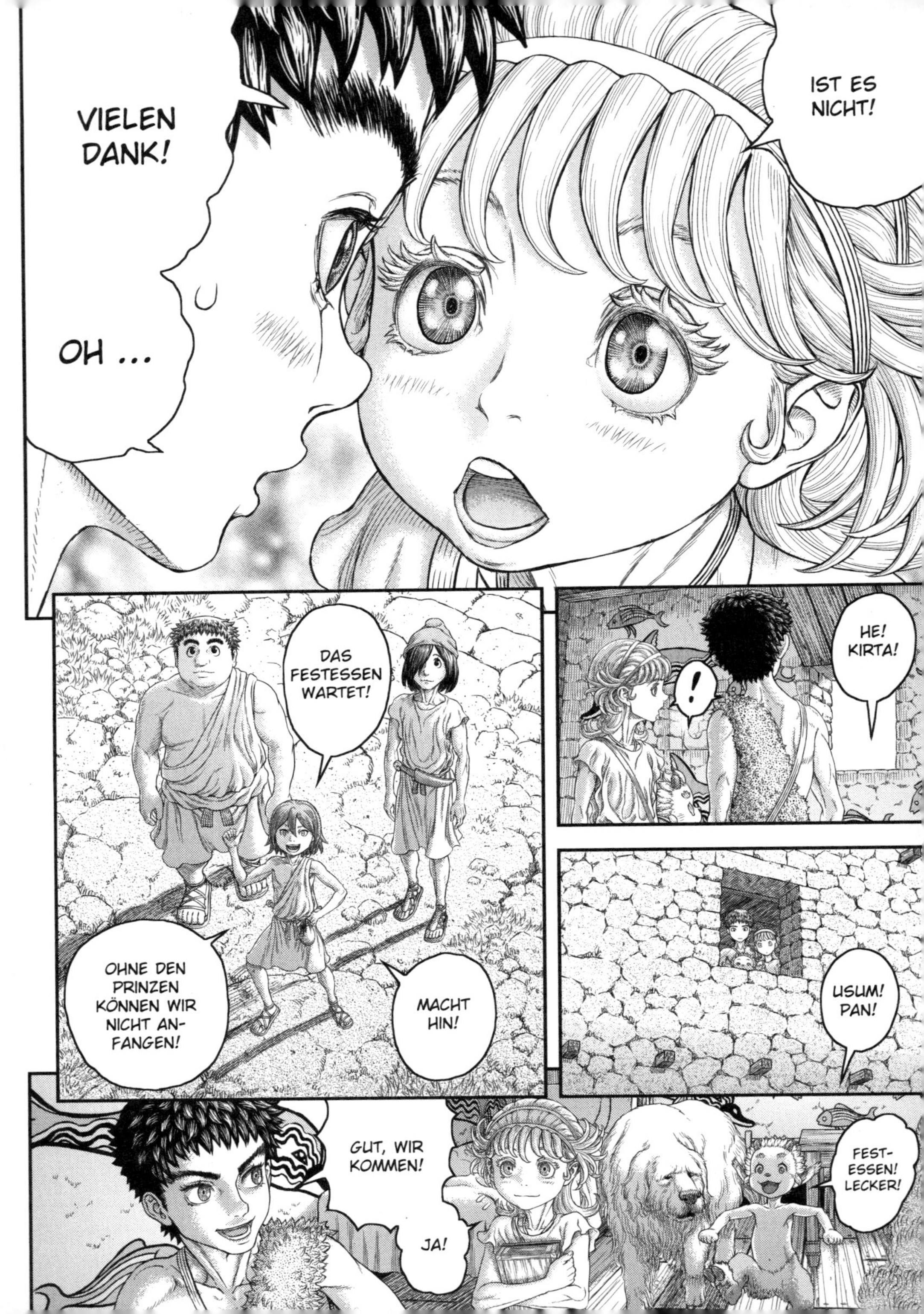
IST ES NICHT!
VIELEN DANK!
OH ...
HE! KIRTA!
!
USUM! PAN!
DAS FESTESSEN WARTET!
MACHT HIN!
OHNE DEN PRINZEN KÖNNEN WIR NICHT AN-FANGEN!
FEST-ESSEN! LECKER!
GUT, WIR KOMMEN!
JA!

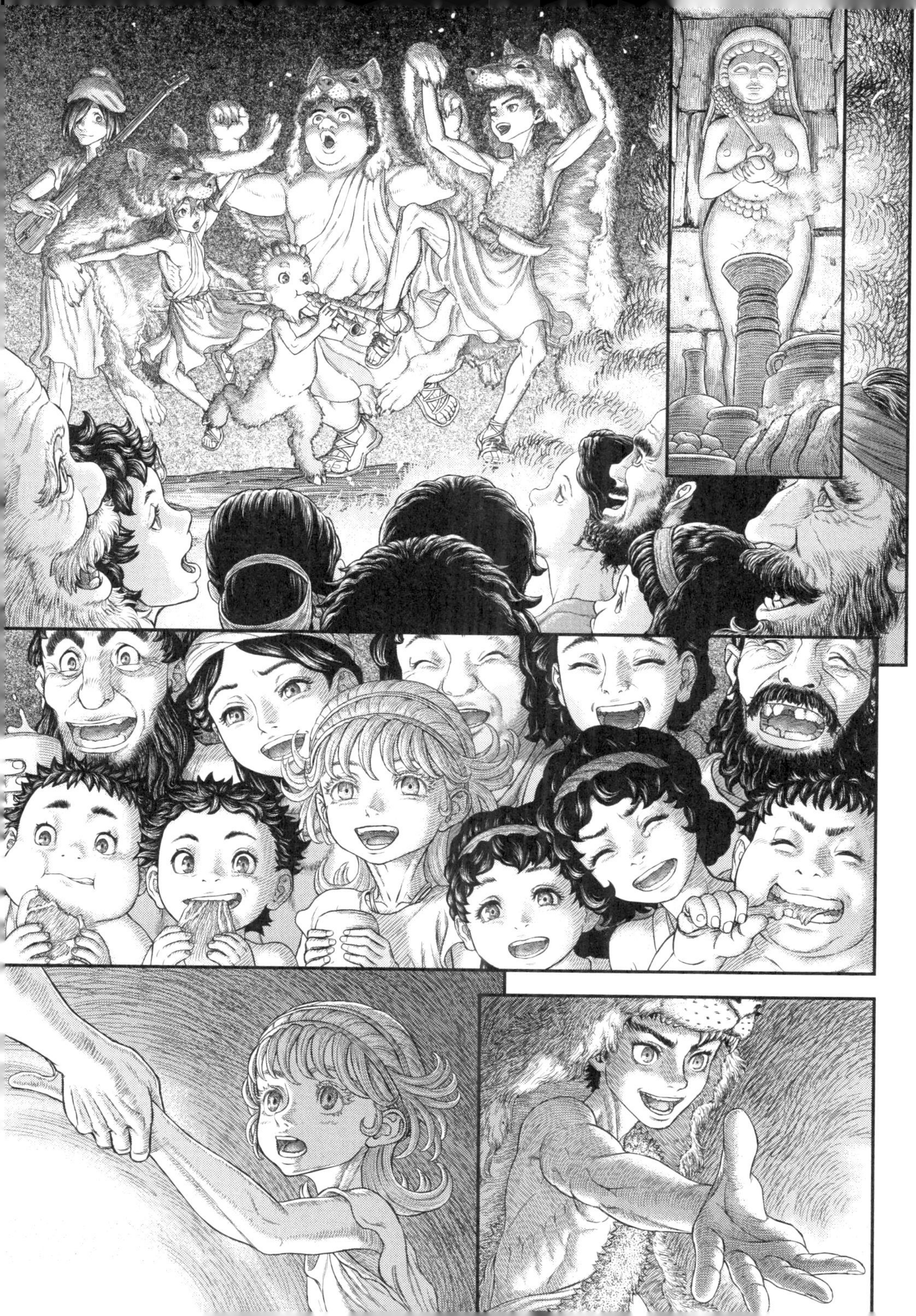

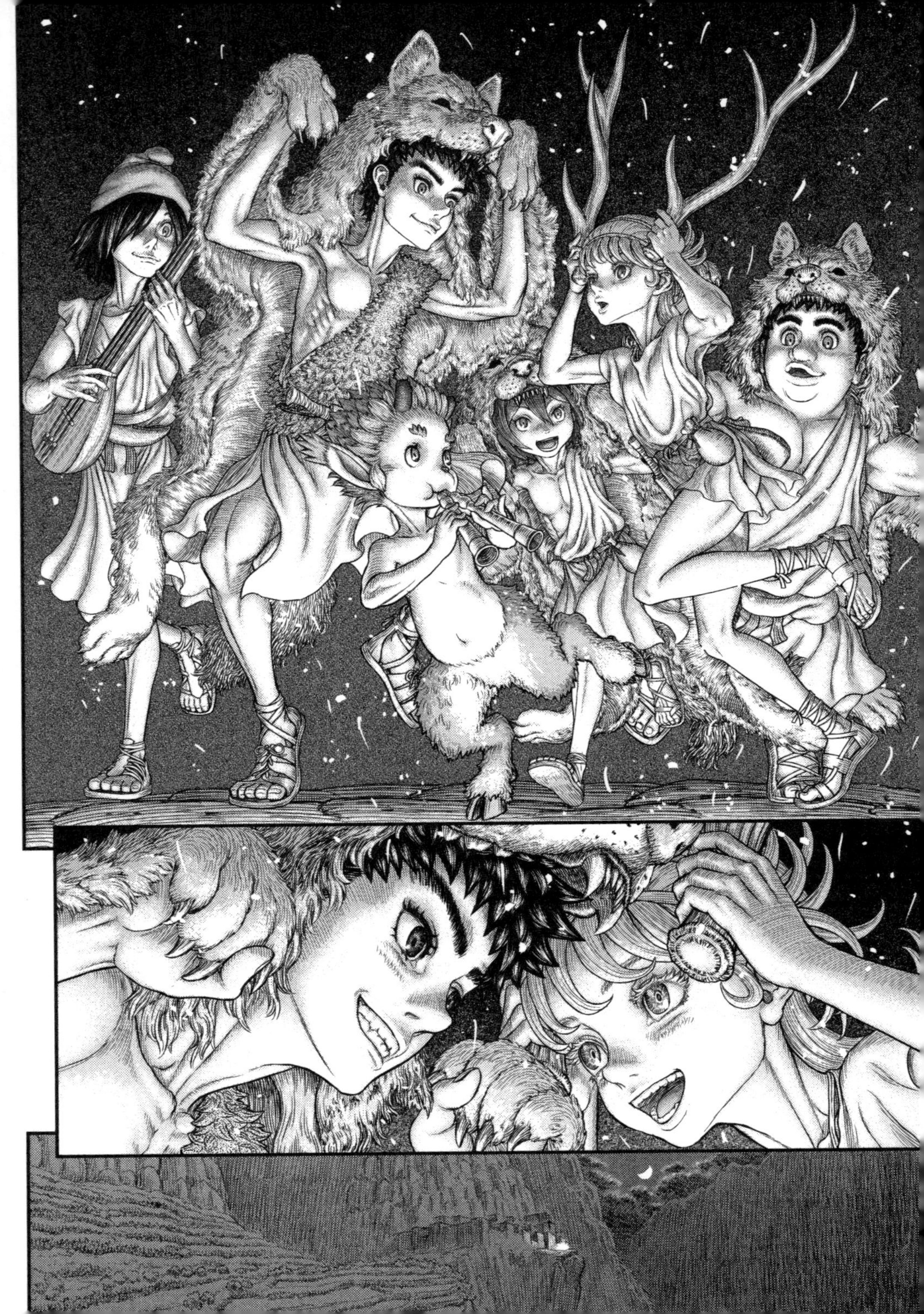

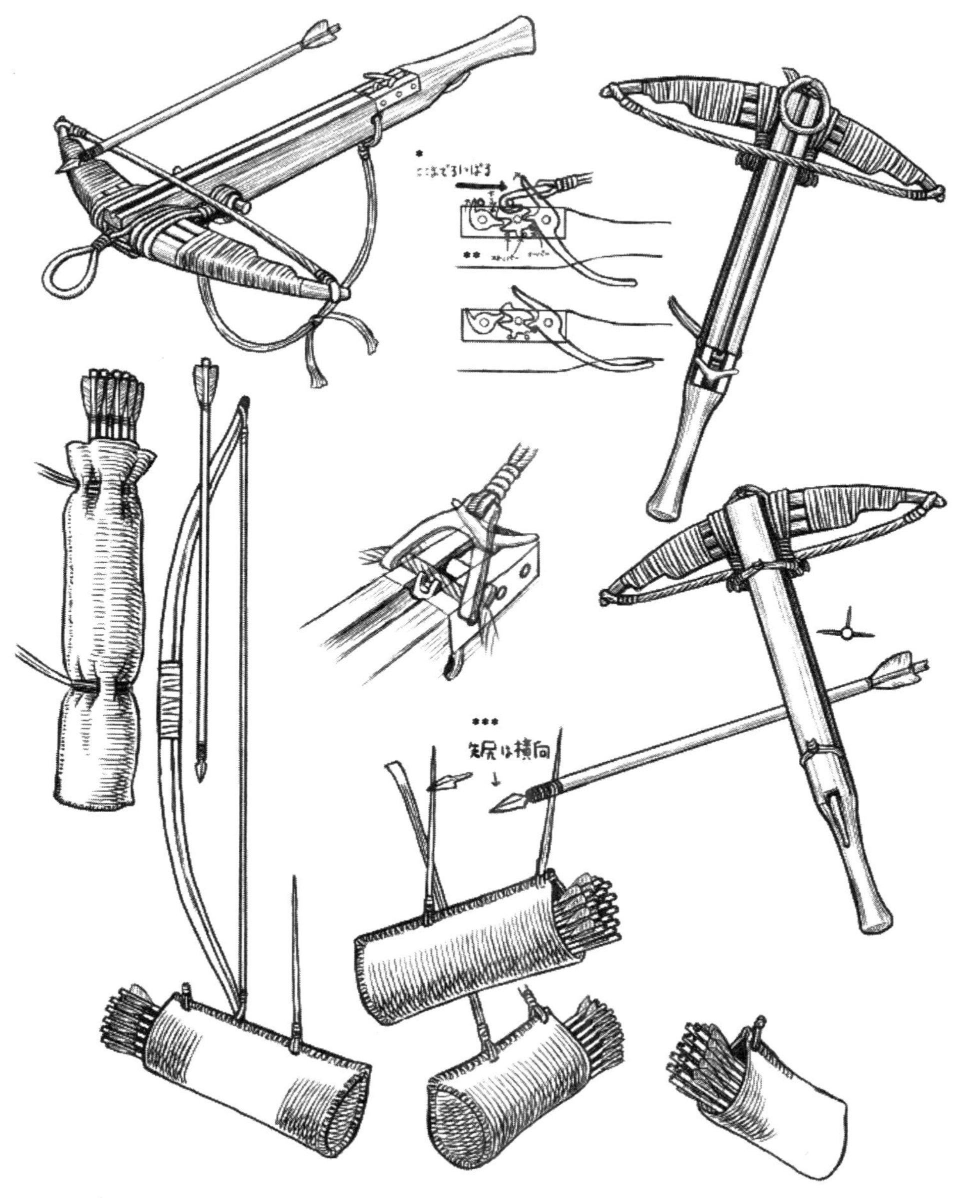

* BIS HIERHIN SPANNEN ** SENKEN, SICHERUNG, VERSCHLUSS *** DIE PFEILSPITZEN ZEIGEN ZUR SEITE

DUR-AN-KI

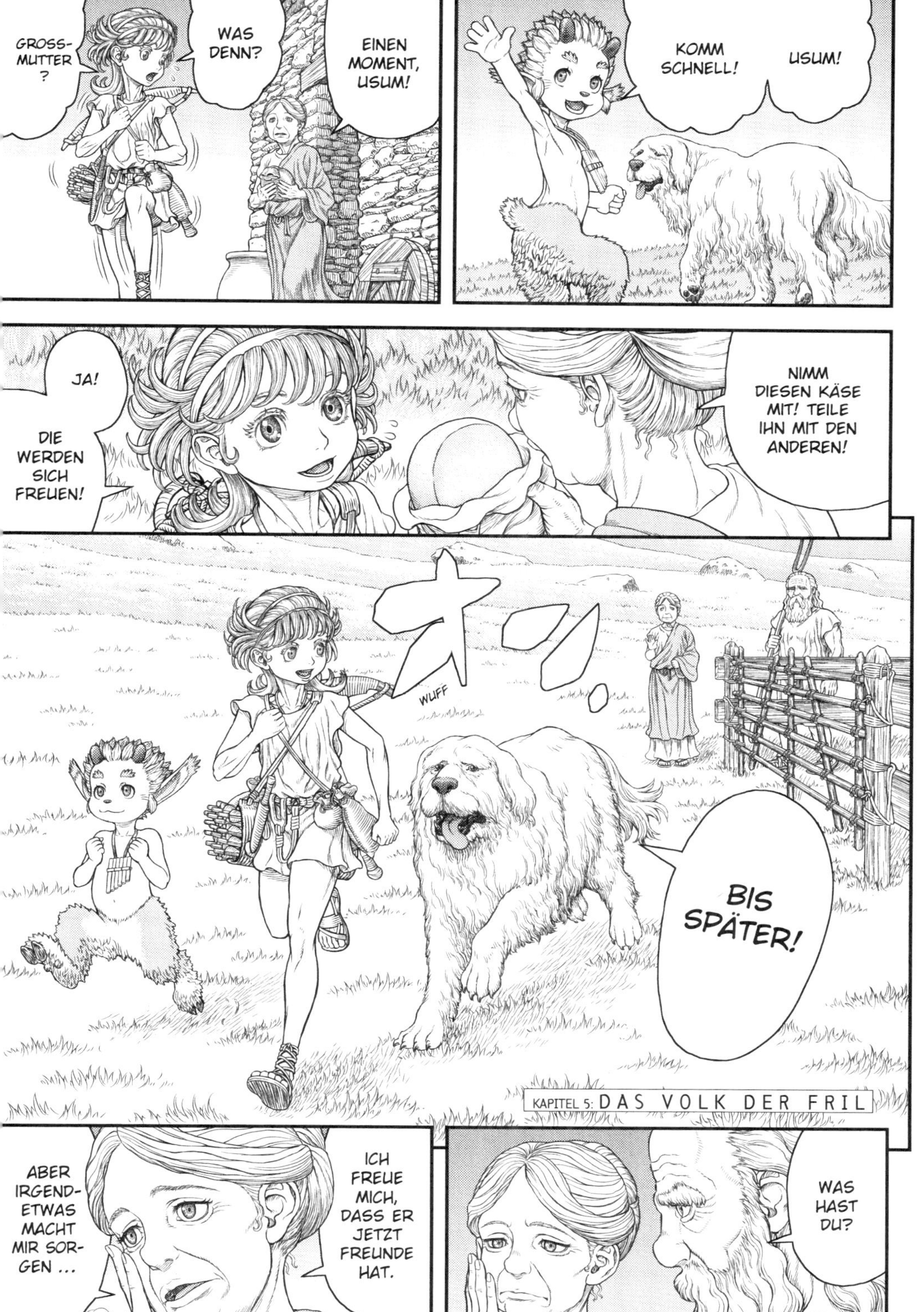

GROSS-MUTTER?
WAS DENN?
EINEN MOMENT, USUM!
KOMM SCHNELL!
USUM!
JA!
DIE WERDEN SICH FREUEN!
NIMM DIESEN KÄSE MIT! TEILE IHN MIT DEN ANDEREN!
WUFF
BIS SPÄTER!
KAPITEL 5: DAS VOLK DER FRIL
ABER IRGEND-ETWAS MACHT MIR SOR-GEN ...
ICH FREUE MICH, DASS ER JETZT FREUNDE HAT.
WAS HAST DU?

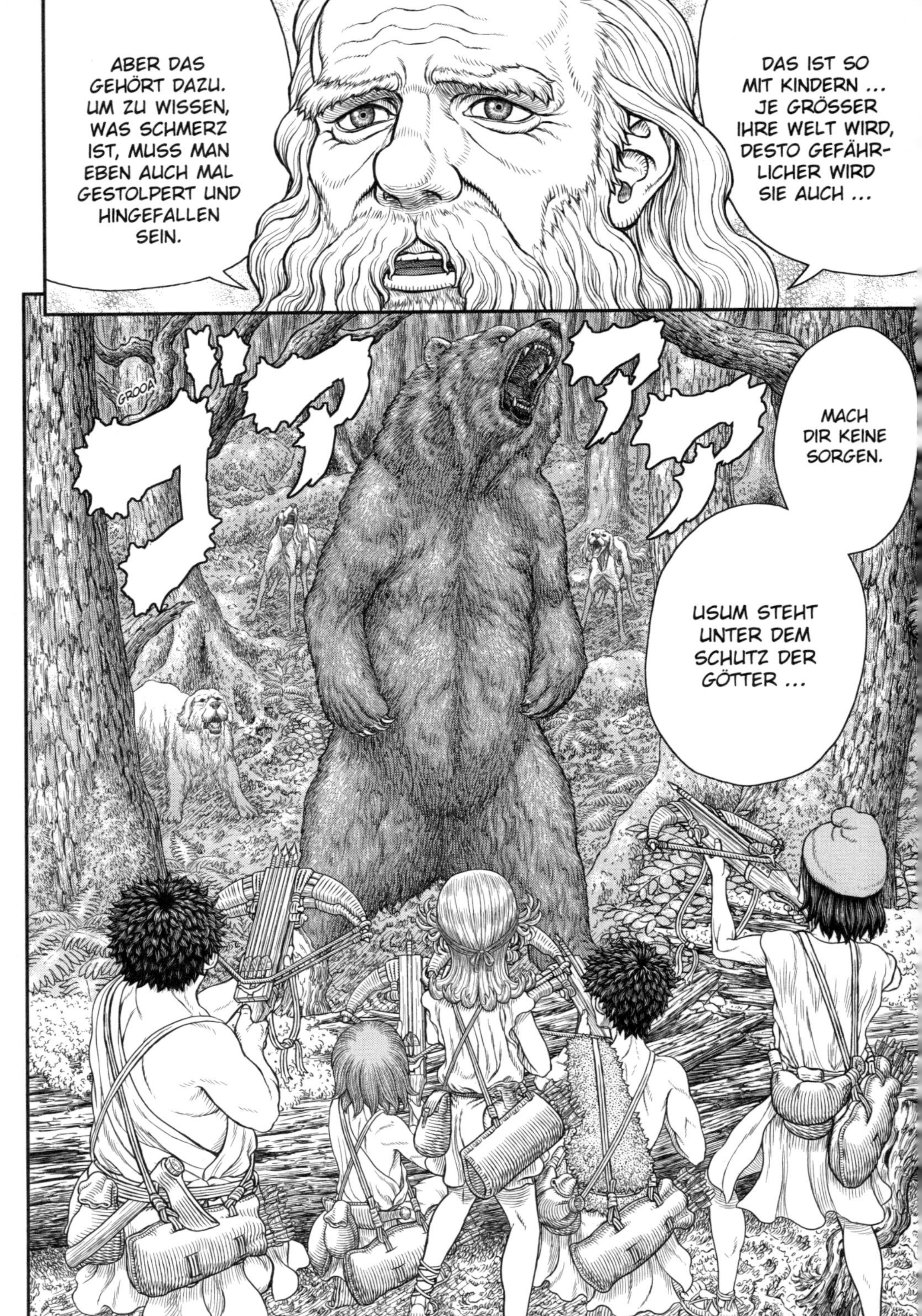
ABER DAS GEHÖRT DAZU. UM ZU WISSEN, WAS SCHMERZ IST, MUSS MAN EBEN AUCH MAL GESTOLPERT UND HINGEFALLEN SEIN.
DAS IST SO MIT KINDERN ... JE GRÖSSER IHRE WELT WIRD, DESTO GEFÄHRLICHER WIRD SIE AUCH ...
GROOA
MACH DIR KEINE SORGEN.
USUM STEHT UNTER DEM SCHUTZ DER GÖTTER ...

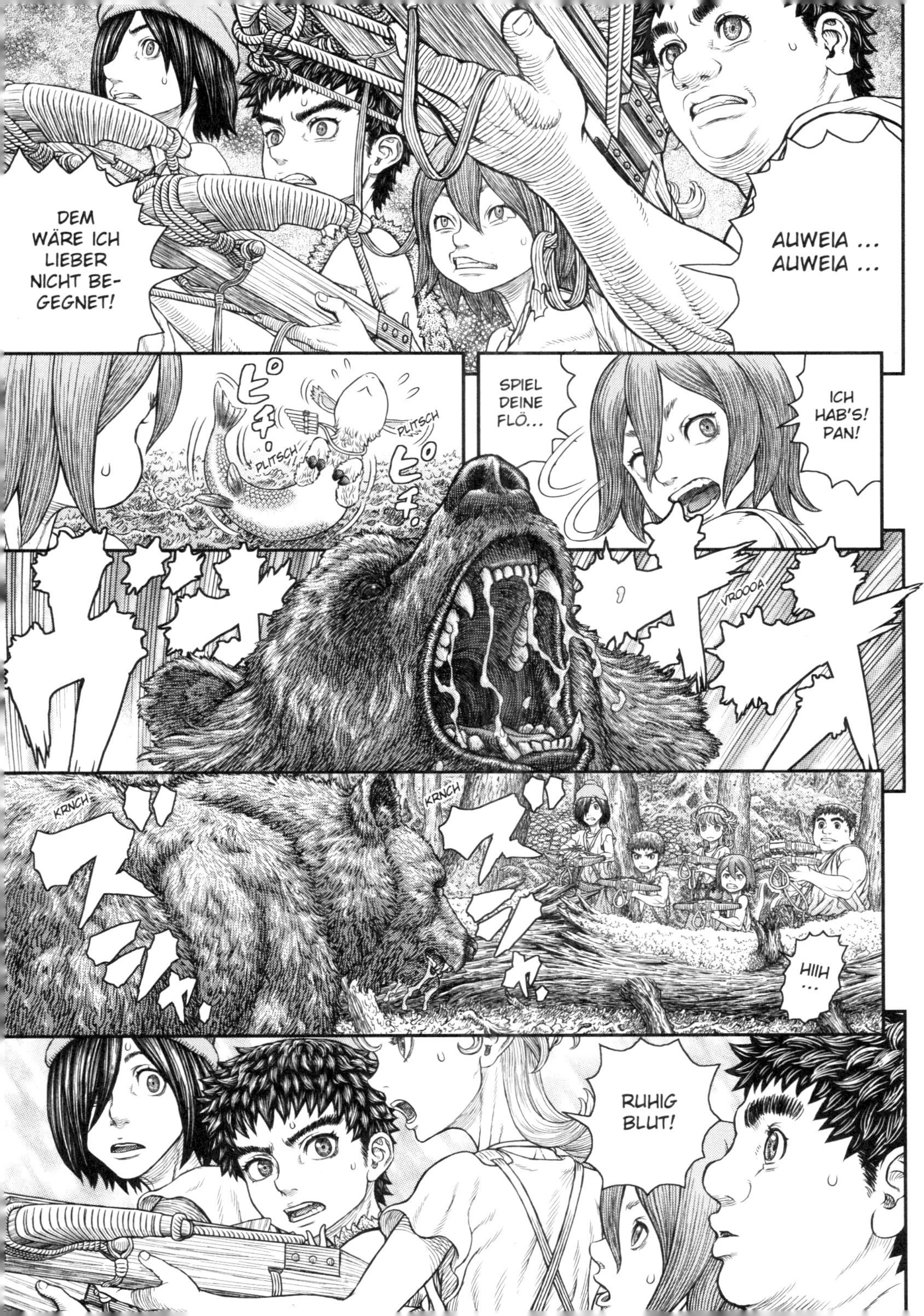
AUWEIA … AUWEIA …
DEM WÄRE ICH LIEBER NICHT BE-GEGNET!
ICH HAB'S! PAN!
SPIEL DEINE FLÖ…
ピチ
PLITSCH
ピチ
PLITSCH
VROOOA
HIIH …
KRNCH
KRNCH
RUHIG BLUT!

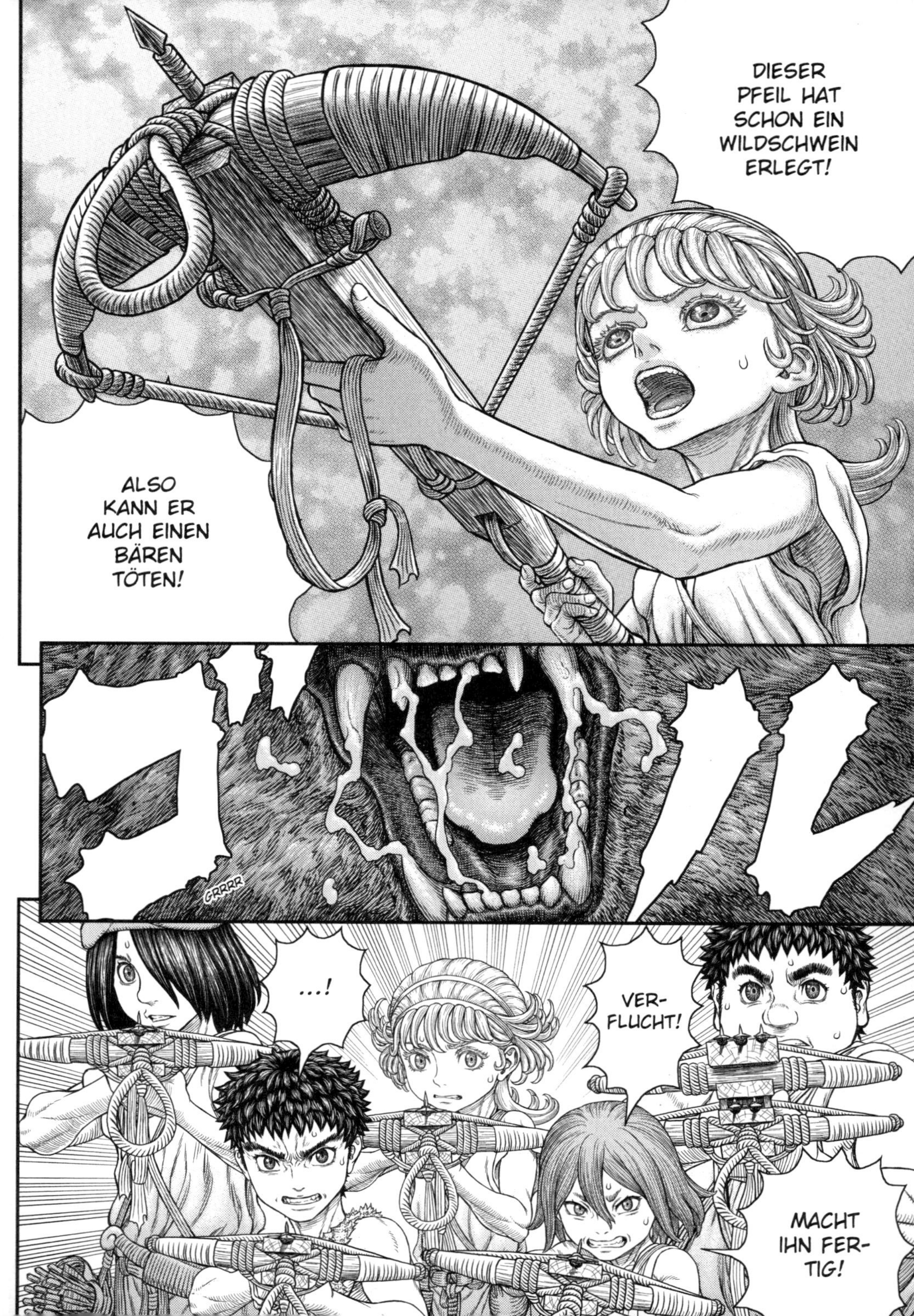
DIESER PFEIL HAT SCHON EIN WILDSCHWEIN ERLEGT!
ALSO KANN ER AUCH EINEN BÄREN TÖTEN!
GRRRR
VER-FLUCHT!
...!
MACHT IHN FER-TIG!

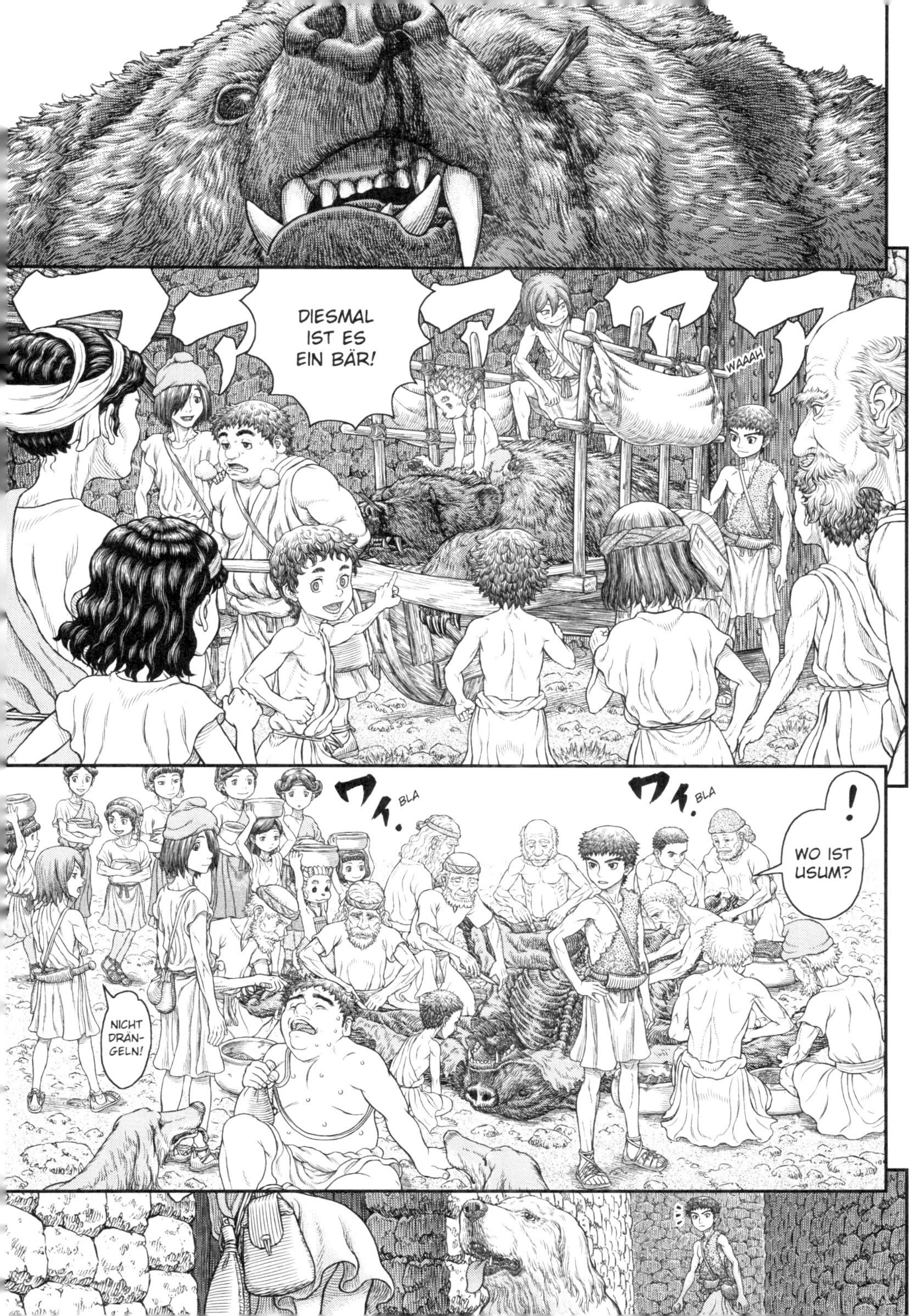
WAAAH
DIESMAL IST ES EIN BÄR!
!
WO IST USUM?
BLA
BLA
NICHT DRÄN-GELN!

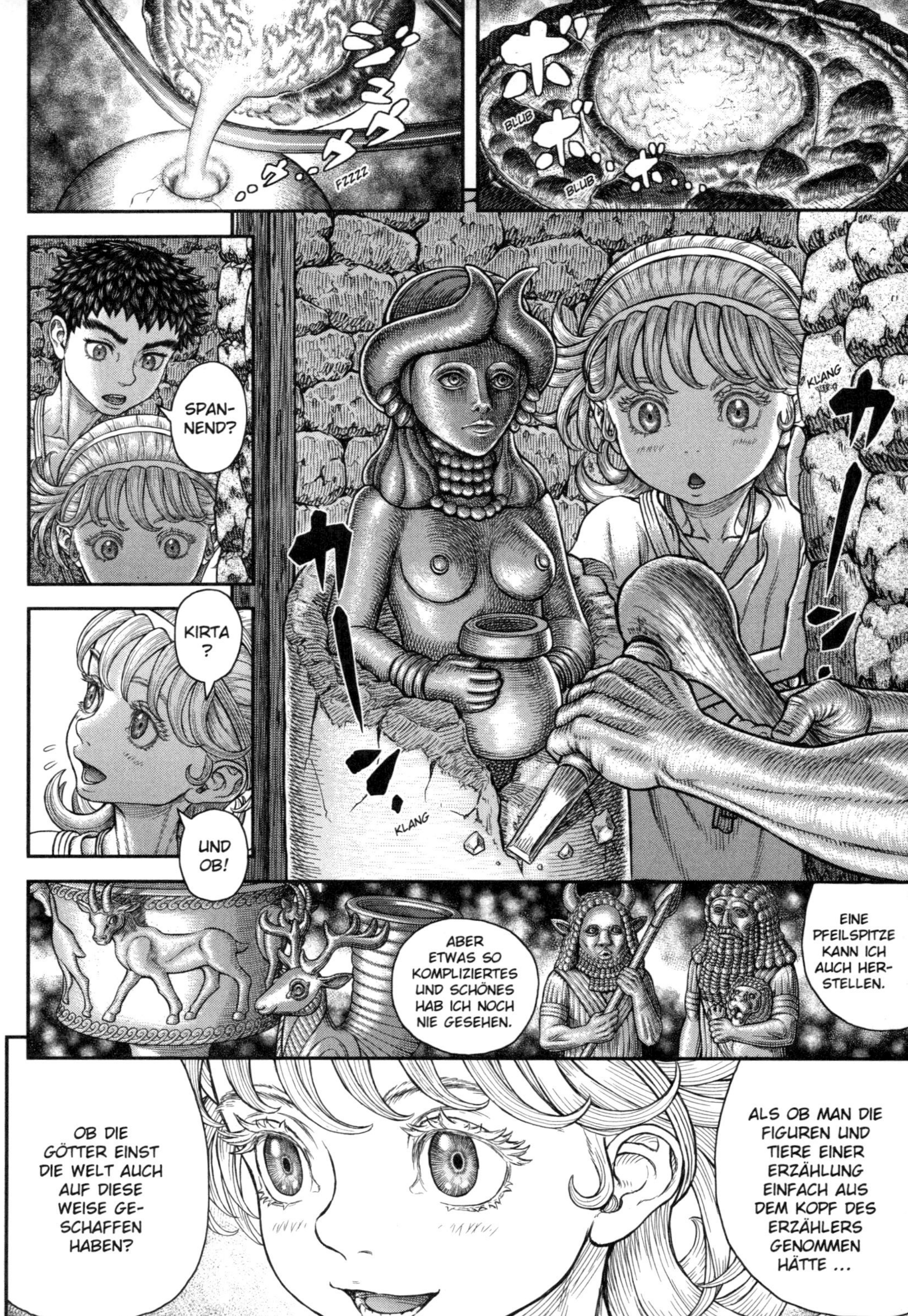
FZZZZ
BLUB
BLUB
SPAN-NEND?
KLANG
KLANG
KIRTA?
UND OB!
EINE PFEILSPITZE KANN ICH AUCH HER-STELLEN.
ABER ETWAS SO KOMPLIZIERTES UND SCHÖNES HAB ICH NOCH NIE GESEHEN.
ALS OB MAN DIE FIGUREN UND TIERE EINER ERZÄHLUNG EINFACH AUS DEM KOPF DES ERZÄHLERS GENOMMEN HÄTTE ...
OB DIE GÖTTER EINST DIE WELT AUCH AUF DIESE WEISE GE-SCHAFFEN HABEN?

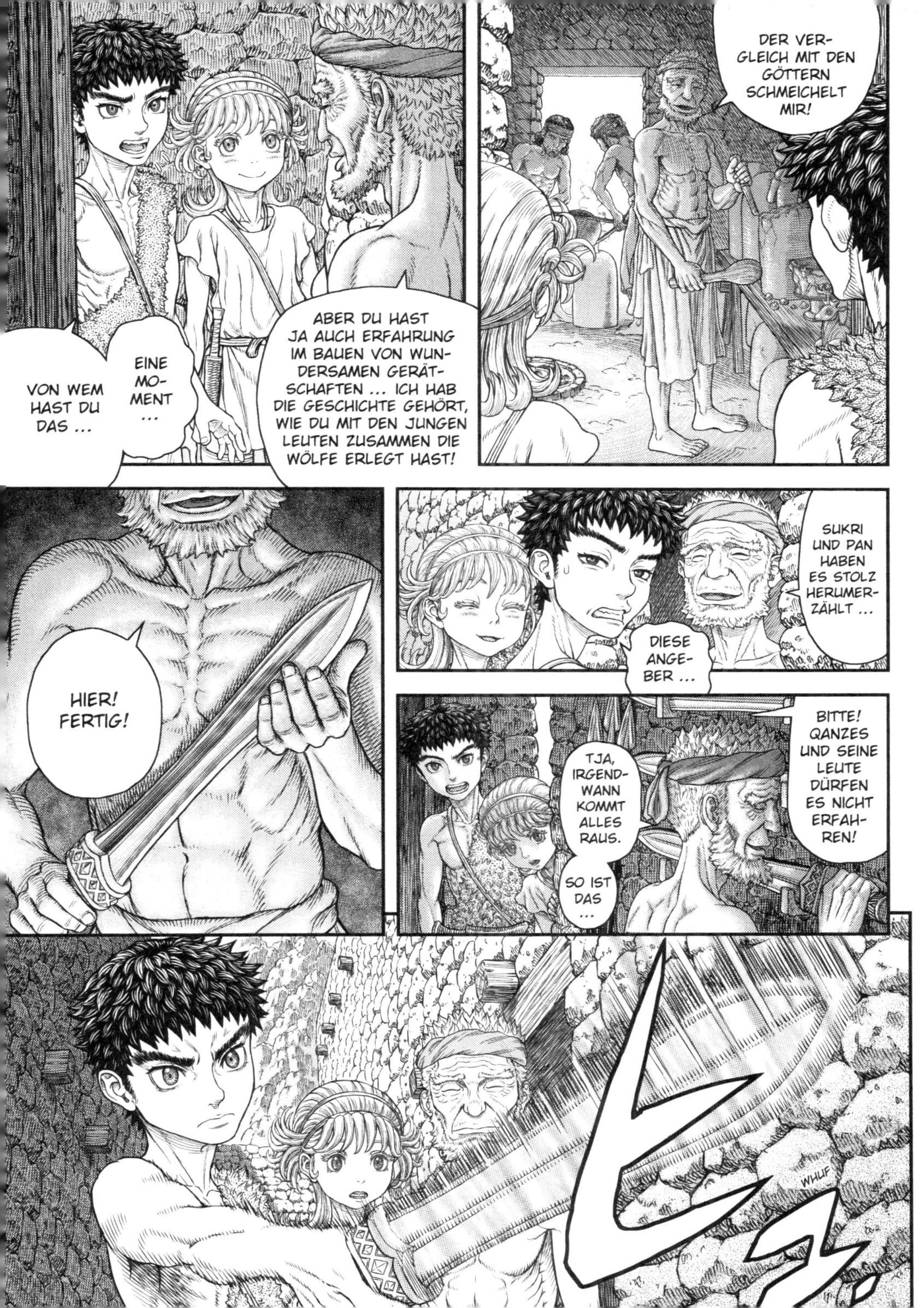

DER VERGLEICH MIT DEN GÖTTERN SCHMEICHELT MIR!
ABER DU HAST JA AUCH ERFAHRUNG IM BAUEN VON WUNDERSAMEN GERÄTSCHAFTEN … ICH HAB DIE GESCHICHTE GEHÖRT, WIE DU MIT DEN JUNGEN LEUTEN ZUSAMMEN DIE WÖLFE ERLEGT HAST!
EINE MOMENT …
VON WEM HAST DU DAS …
SUKRI UND PAN HABEN ES STOLZ HERUMERZÄHLT …
DIESE ANGEBER …
BITTE! QANZES UND SEINE LEUTE DÜRFEN ES NICHT ERFAHREN!
TJA, IRGENDWANN KOMMT ALLES RAUS.
SO IST DAS …
HIER! FERTIG!
WHUF

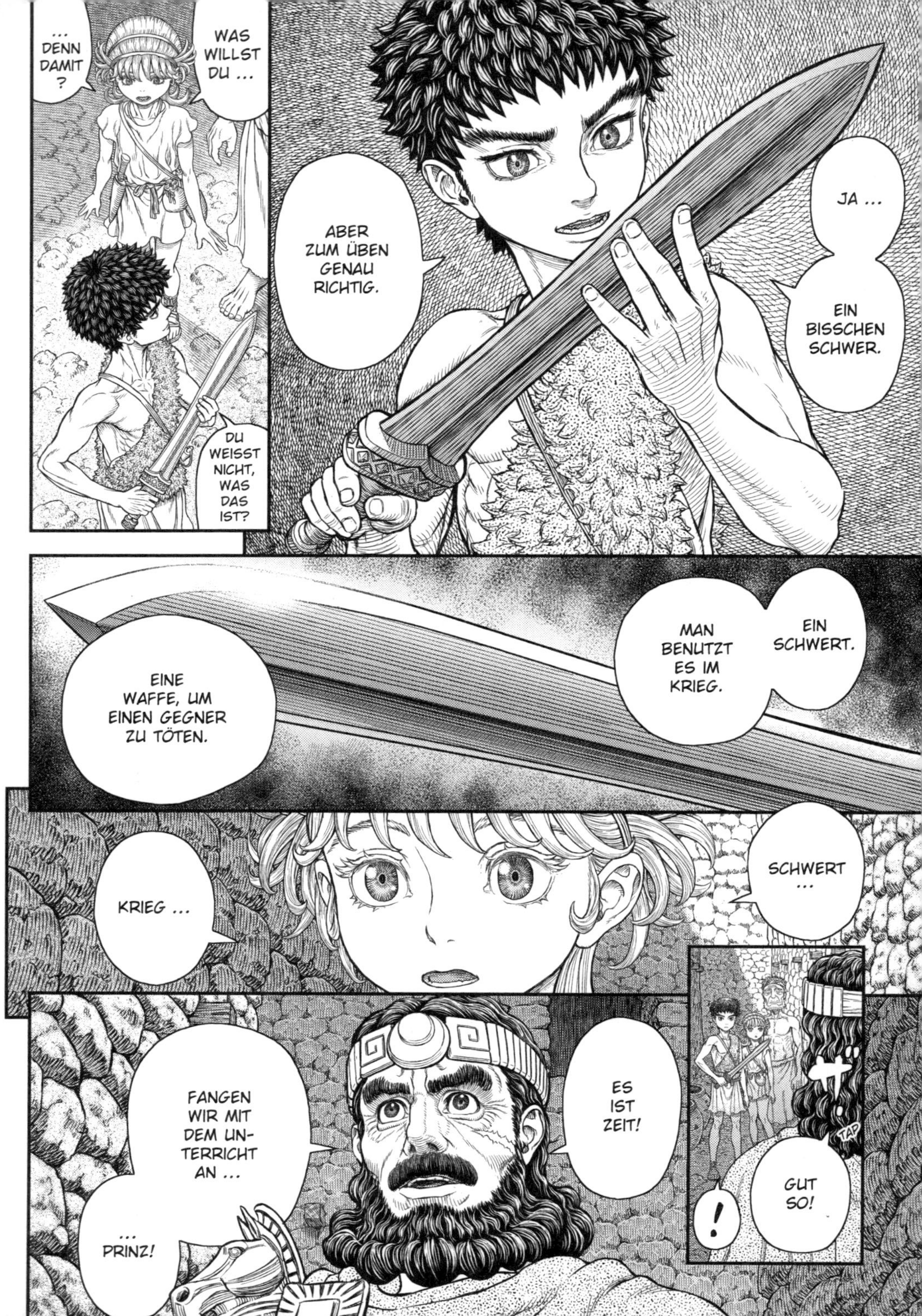
JA …
EIN BISSCHEN SCHWER.
ABER ZUM ÜBEN GENAU RICHTIG.
WAS WILLST DU …
… DENN DAMIT ?
DU WEISST NICHT, WAS DAS IST?
EIN SCHWERT.
MAN BENUTZT ES IM KRIEG.
EINE WAFFE, UM EINEN GEGNER ZU TÖTEN.
SCHWERT …
KRIEG …
TAP
GUT SO!
!
ES IST ZEIT!
FANGEN WIR MIT DEM UN-TERRICHT AN …
… PRINZ!

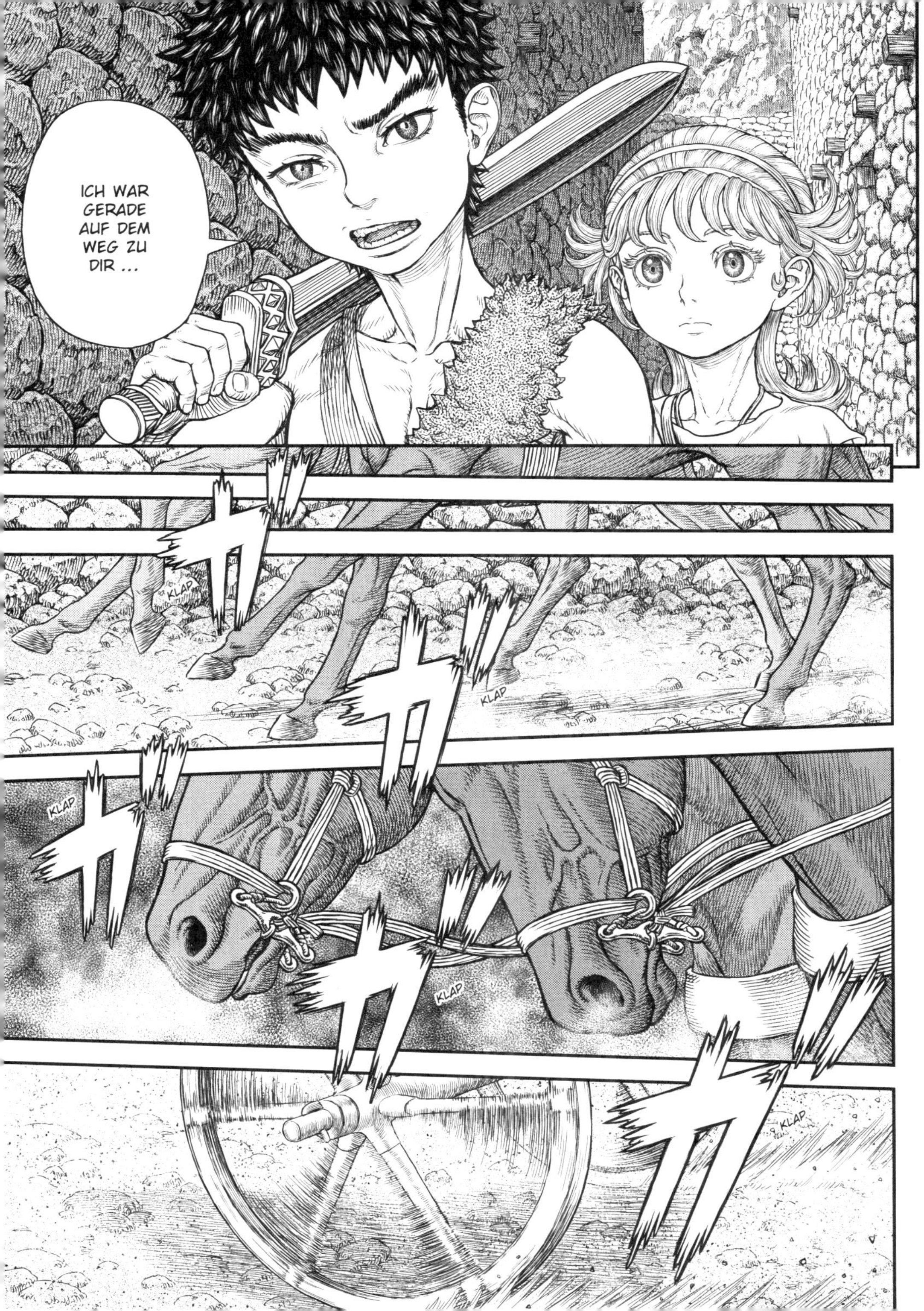
ICH WAR GERADE AUF DEM WEG ZU DIR ...
KLAP
KLAP
KLAP
KLAP
KLAP

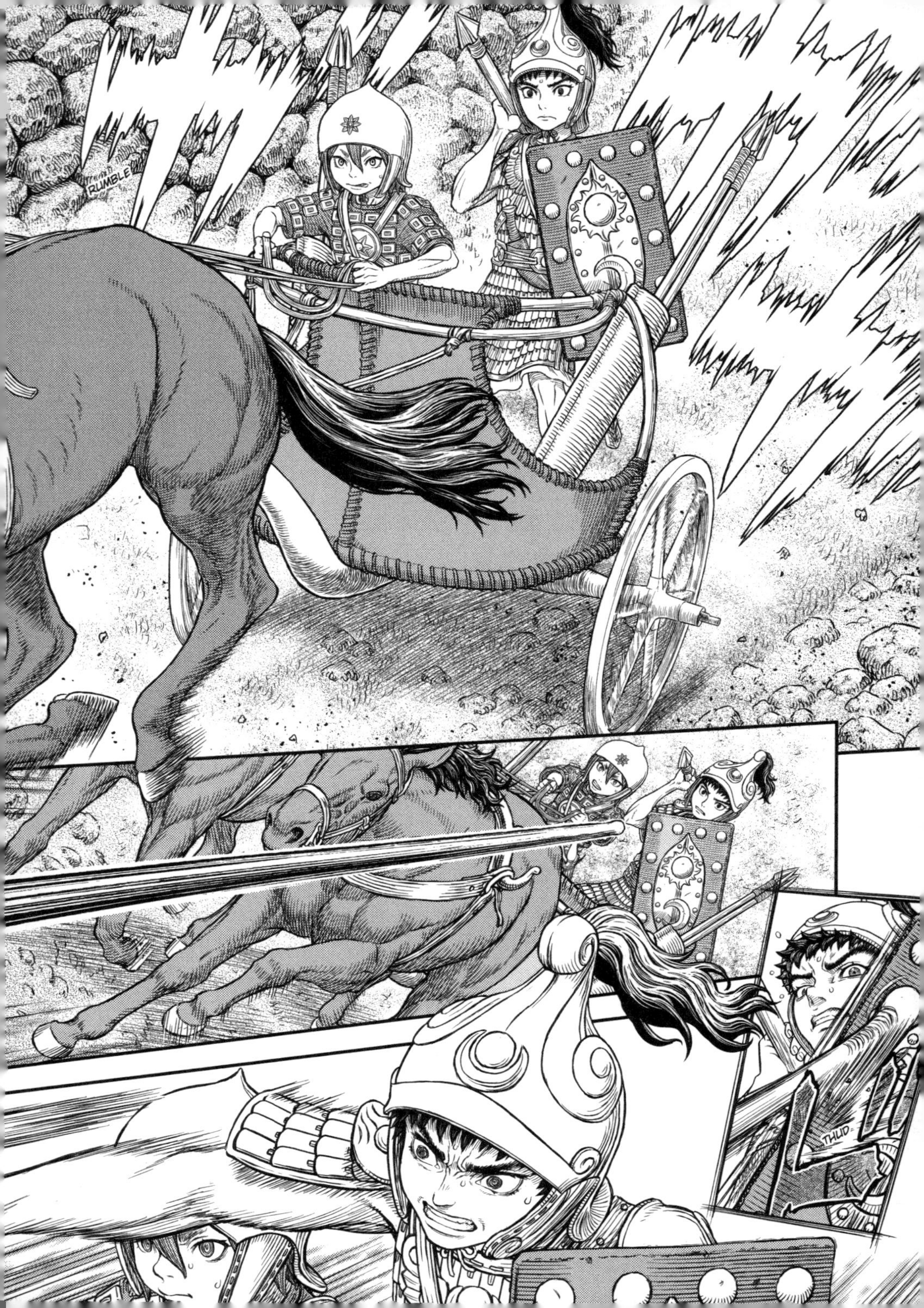
RUMBLE
THUD

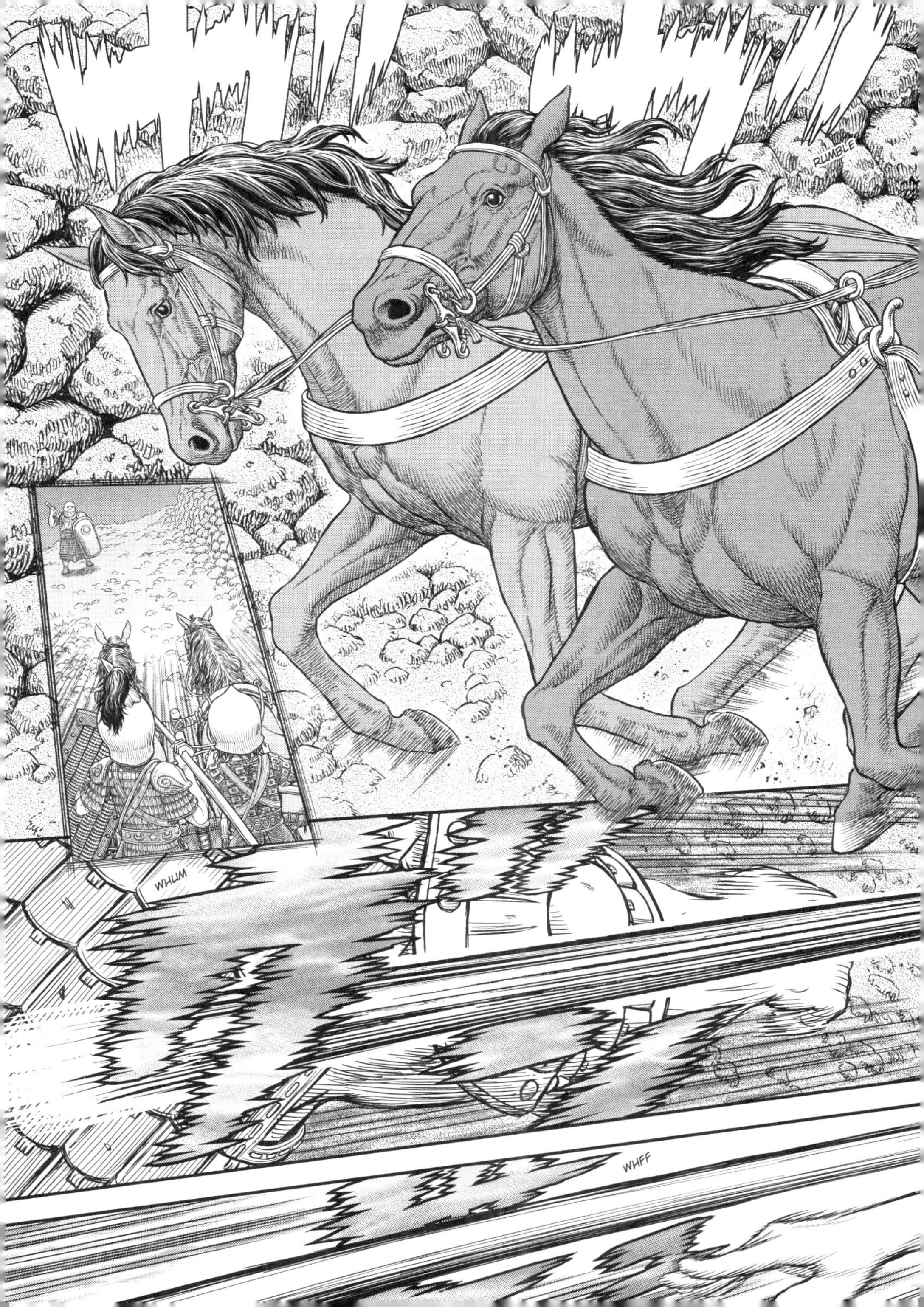
RUMBLE
WHUM
WHFF

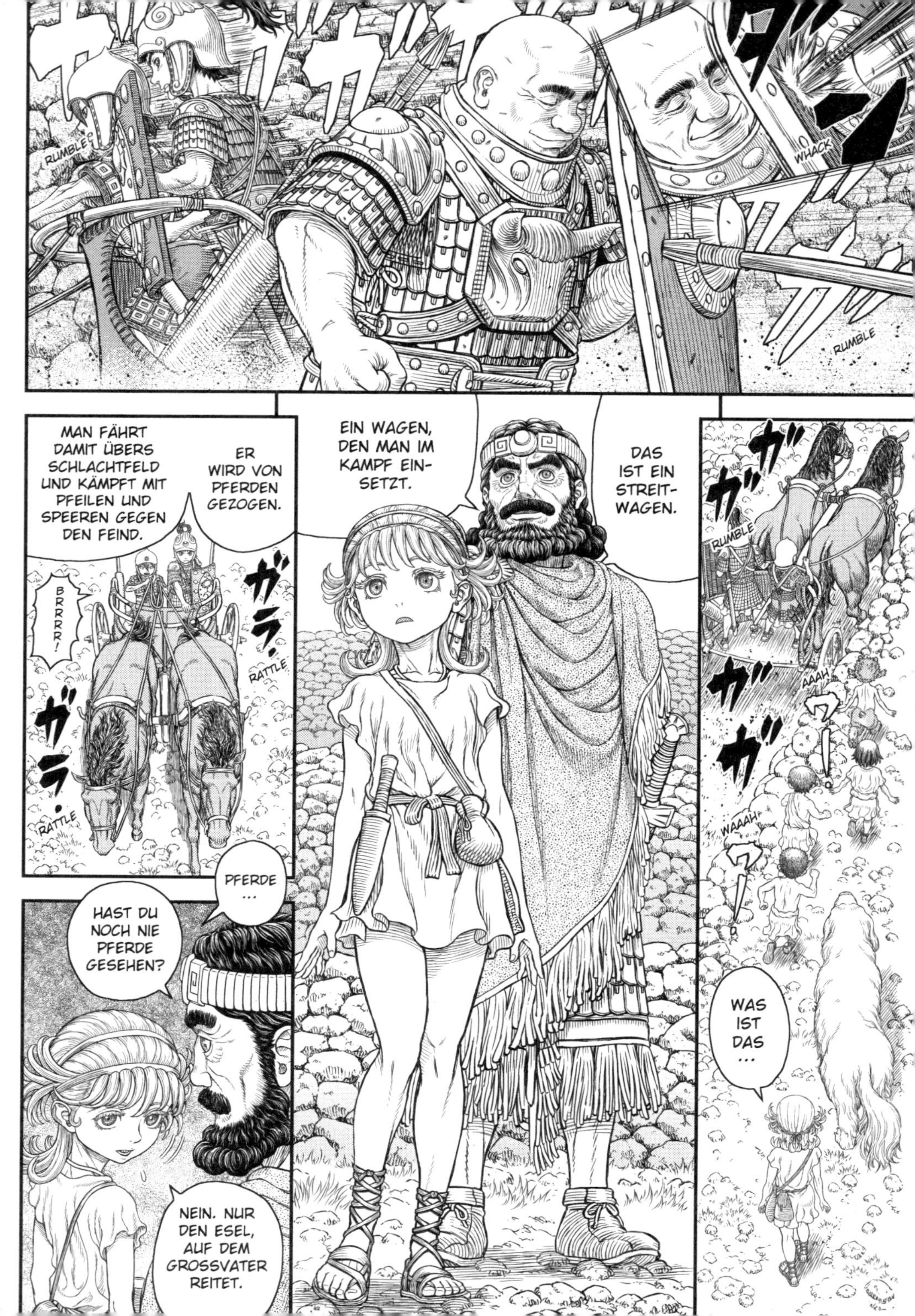
RUMBLE
WHACK
RUMBLE
DAS IST EIN STREITWAGEN.
EIN WAGEN, DEN MAN IM KAMPF EINSETZT.
ER WIRD VON PFERDEN GEZOGEN.
MAN FÄHRT DAMIT ÜBERS SCHLACHTFELD UND KÄMPFT MIT PFEILEN UND SPEEREN GEGEN DEN FEIND.
RUMBLE
AAAH
WAAAH
BRRRR!
RATTLE
RATTLE
PFERDE …
HAST DU NOCH NIE PFERDE GESEHEN?
NEIN. NUR DEN ESEL, AUF DEM GROSSVATER REITET.
WAS IST DAS …

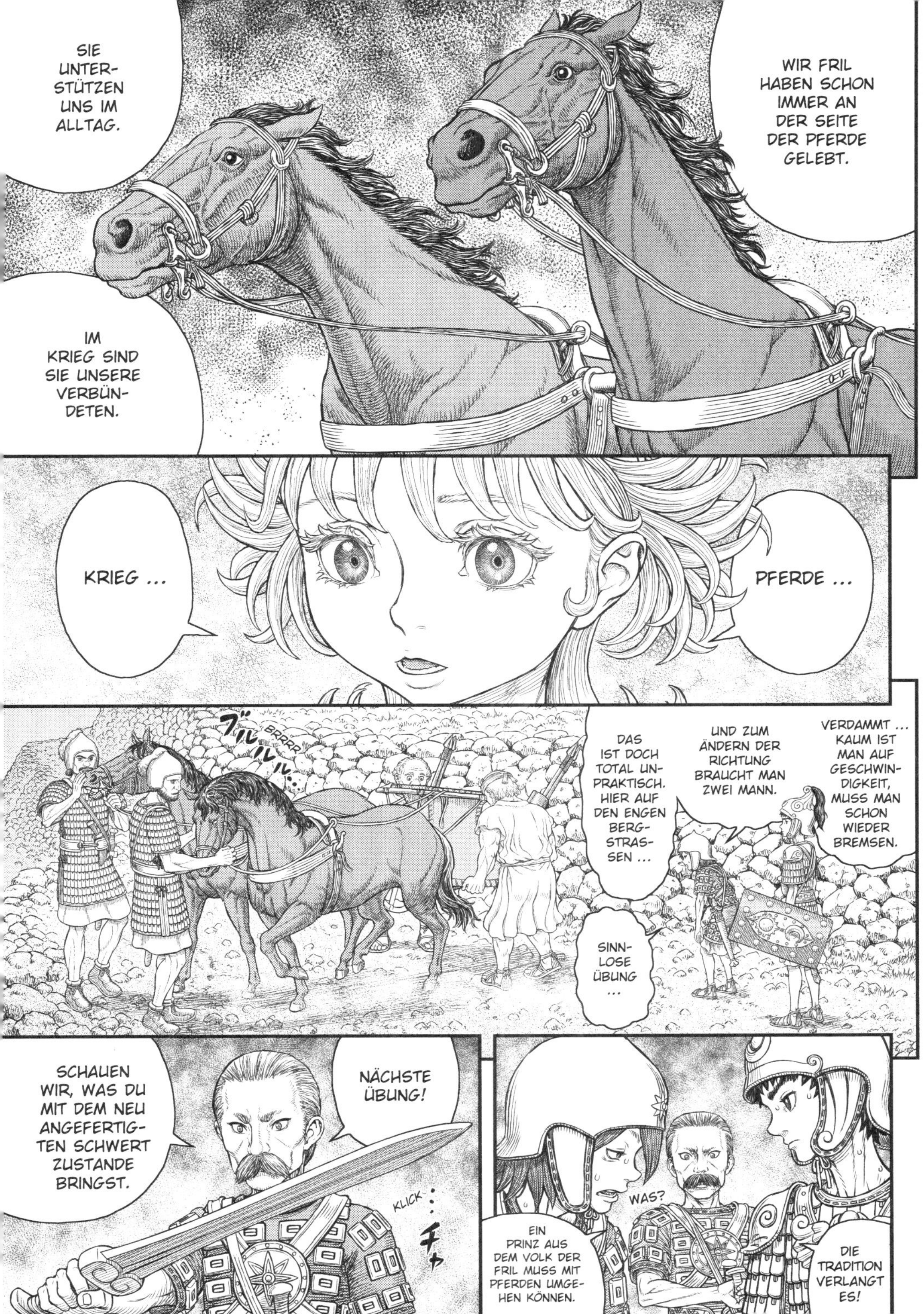
WIR FRIL HABEN SCHON IMMER AN DER SEITE DER PFERDE GELEBT.
SIE UNTER-STÜTZEN UNS IM ALLTAG.
IM KRIEG SIND SIE UNSERE VERBÜN-DETEN.
PFERDE ...
KRIEG ...
BRRRR
VERDAMMT ... KAUM IST MAN AUF GESCHWIN-DIGKEIT, MUSS MAN SCHON WIEDER BREMSEN.
UND ZUM ÄNDERN DER RICHTUNG BRAUCHT MAN ZWEI MANN.
DAS IST DOCH TOTAL UN-PRAKTISCH. HIER AUF DEN ENGEN BERG-STRAS-SEN ...
SINN-LOSE ÜBUNG ...
DIE TRADITION VERLANGT ES!
WAS?
EIN PRINZ AUS DEM VOLK DER FRIL MUSS MIT PFERDEN UMGE-HEN KÖNNEN.
NÄCHSTE ÜBUNG!
SCHAUEN WIR, WAS DU MIT DEM NEU ANGEFERTIG-TEN SCHWERT ZUSTANDE BRINGST.
KLICK ...

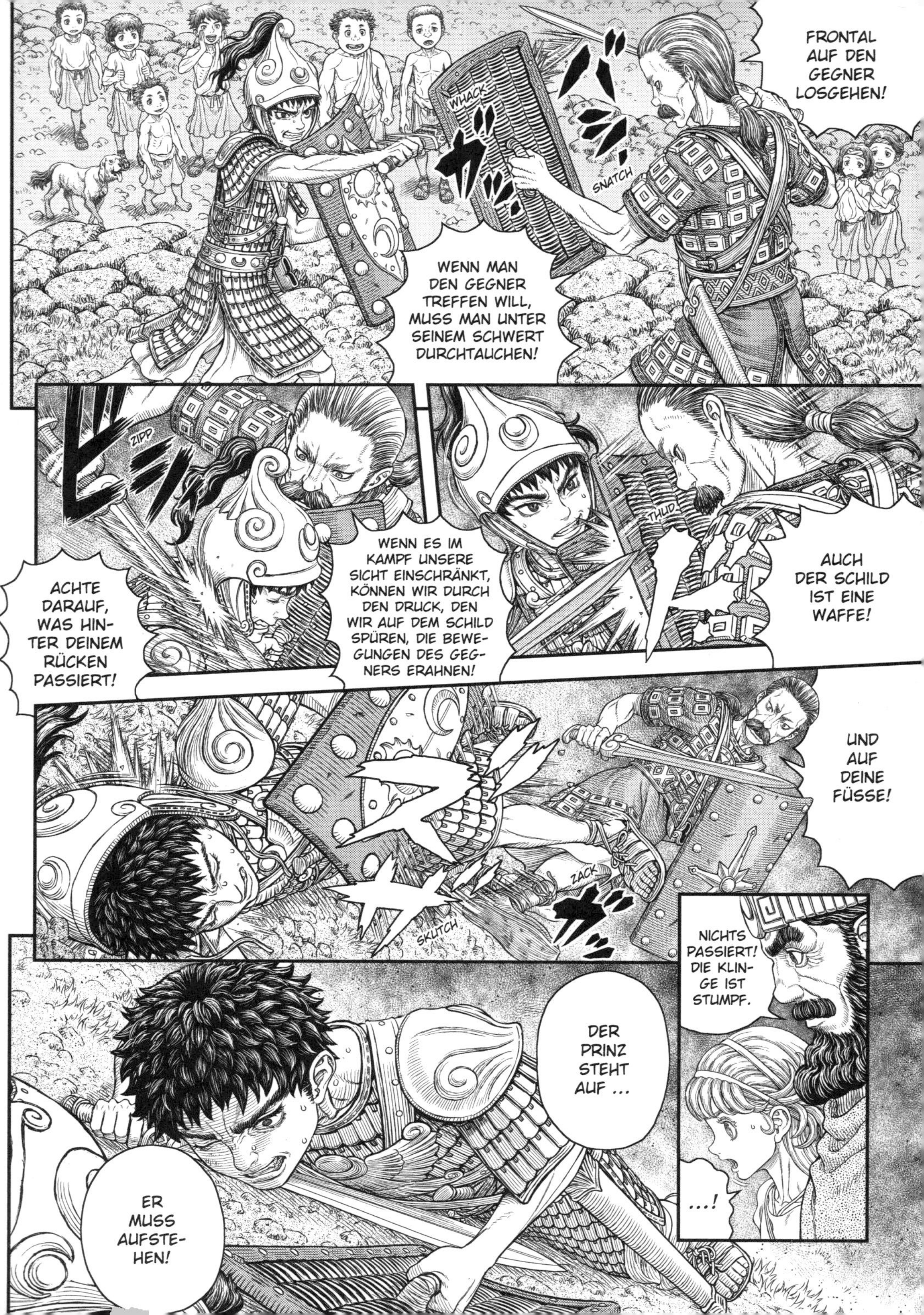
FRONTAL AUF DEN GEGNER LOSGEHEN!
SNATCH
WHACK
WENN MAN DEN GEGNER TREFFEN WILL, MUSS MAN UNTER SEINEM SCHWERT DURCHTAUCHEN!
AUCH DER SCHILD IST EINE WAFFE!
THUD
WENN ES IM KAMPF UNSERE SICHT EINSCHRÄNKT, KÖNNEN WIR DURCH DEN DRUCK, DEN WIR AUF DEM SCHILD SPÜREN, DIE BEWEGUNGEN DES GEGNERS ERAHNEN!
ZIPP
ACHTE DARAUF, WAS HINTER DEINEM RÜCKEN PASSIERT!
UND AUF DEINE FÜSSE!
ZACK
SKUTCH
NICHTS PASSIERT! DIE KLINGE IST STUMPF.
...!
DER PRINZ STEHT AUF ...
ER MUSS AUFSTEHEN!

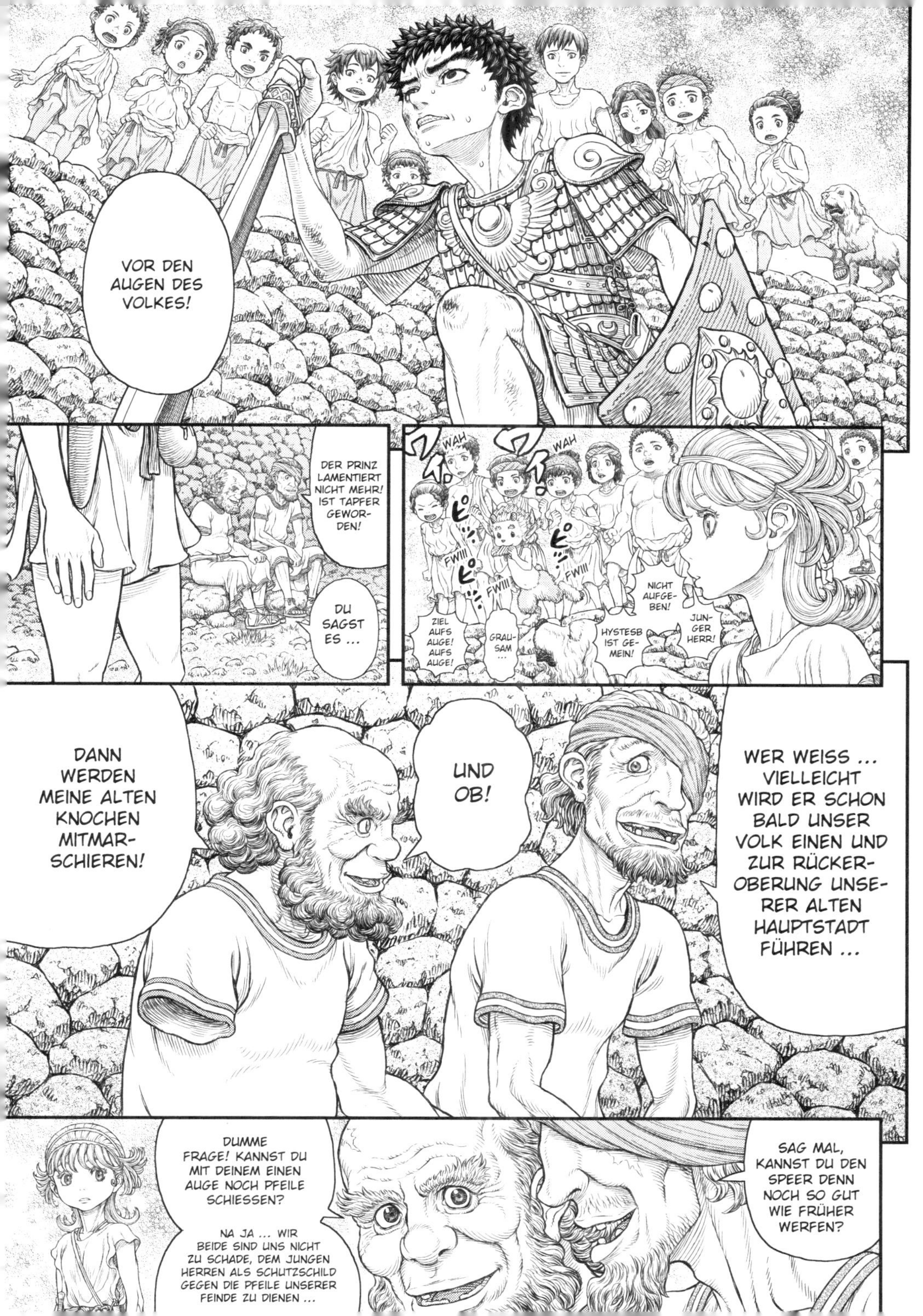

VOR DEN AUGEN DES VOLKES!
WAH
WAH
JUNGER HERR!
NICHT AUFGEBEN!
HYSTESB IST GEMEIN!
GRAUSAM …
ZIEL AUFS AUGE! AUFS AUGE!
FWIII
FWIII
FWIII
DER PRINZ LAMENTIERT NICHT MEHR! IST TAPFER GEWORDEN!
DU SAGST ES …
WER WEISS … VIELLEICHT WIRD ER SCHON BALD UNSER VOLK EINEN UND ZUR RÜCKEROBERUNG UNSERER ALTEN HAUPTSTADT FÜHREN …
UND OB!
DANN WERDEN MEINE ALTEN KNOCHEN MITMARSCHIEREN!
SAG MAL, KANNST DU DEN SPEER DENN NOCH SO GUT WIE FRÜHER WERFEN?
DUMME FRAGE! KANNST DU MIT DEINEM EINEN AUGE NOCH PFEILE SCHIESSEN?
NA JA … WIR BEIDE SIND UNS NICHT ZU SCHADE, DEM JUNGEN HERREN ALS SCHUTZSCHILD GEGEN DIE PFEILE UNSERER FEINDE ZU DIENEN …

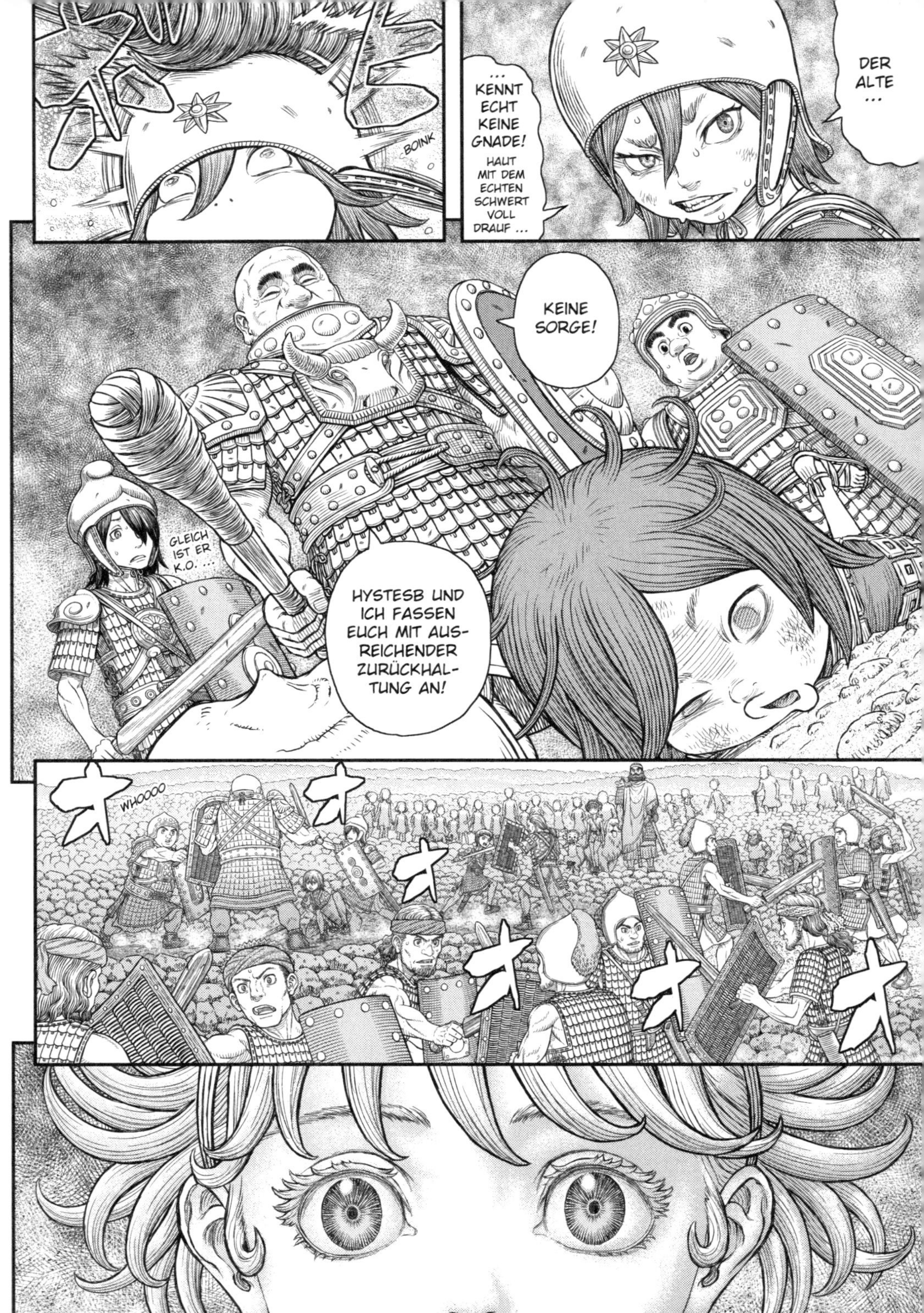
BOINK
... KENNT ECHT KEINE GNADE!
HAUT MIT DEM ECHTEN SCHWERT VOLL DRAUF ...
DER ALTE ...
KEINE SORGE!
GLEICH IST ER K.O. ...
HYSTESB UND ICH FASSEN EUCH MIT AUSREICHENDER ZURÜCKHALTUNG AN!
WHOOOO

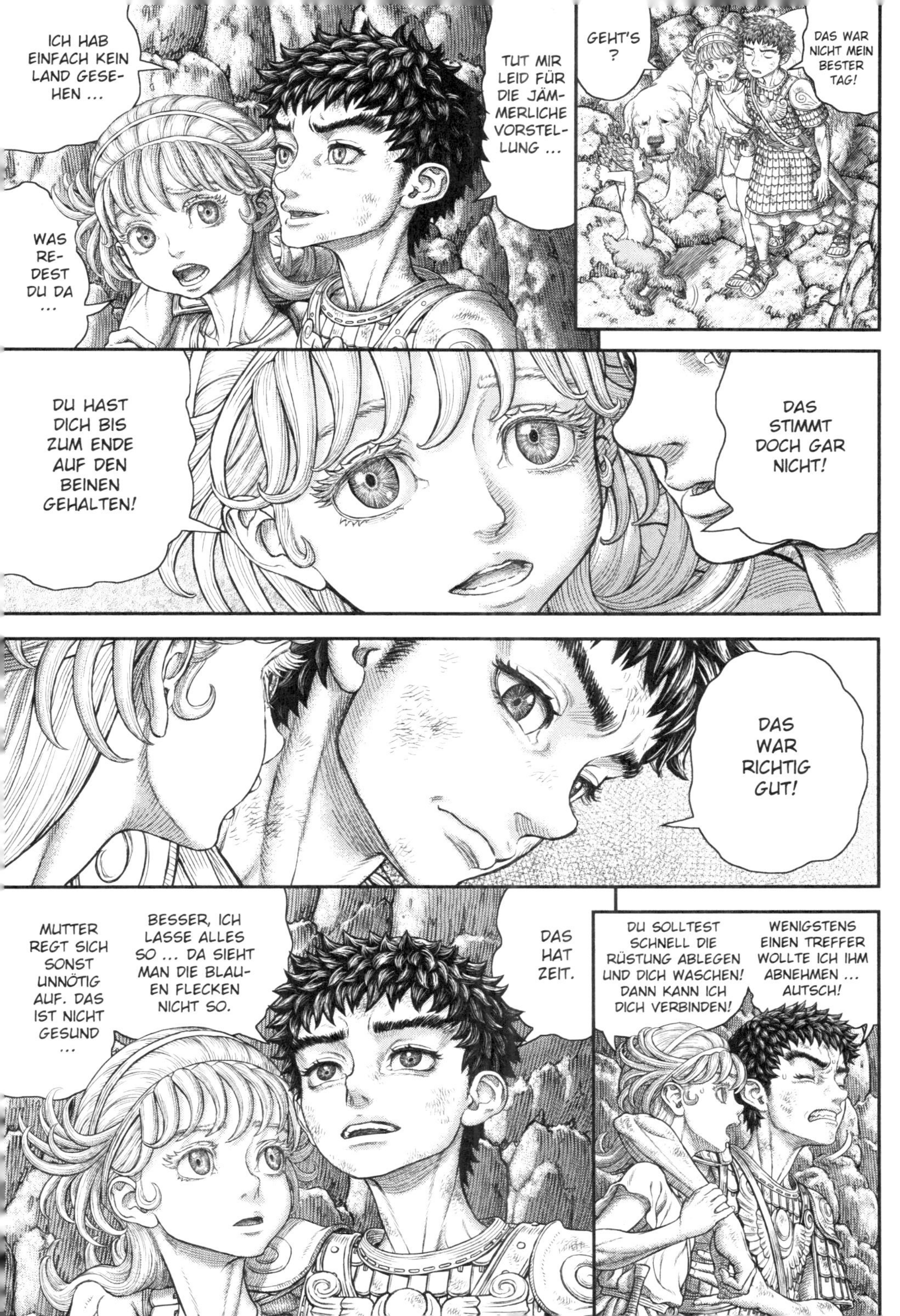
GEHT'S?
DAS WAR NICHT MEIN BESTER TAG!
TUT MIR LEID FÜR DIE JÄMMERLICHE VORSTELLUNG …
ICH HAB EINFACH KEIN LAND GESEHEN …
WAS REDEST DU DA …
DAS STIMMT DOCH GAR NICHT!
DU HAST DICH BIS ZUM ENDE AUF DEN BEINEN GEHALTEN!
DAS WAR RICHTIG GUT!
WENIGSTENS EINEN TREFFER WOLLTE ICH IHM ABNEHMEN … AUTSCH!
DU SOLLTEST SCHNELL DIE RÜSTUNG ABLEGEN UND DICH WASCHEN! DANN KANN ICH DICH VERBINDEN!
DAS HAT ZEIT.
BESSER, ICH LASSE ALLES SO … DA SIEHT MAN DIE BLAUEN FLECKEN NICHT SO.
MUTTER REGT SICH SONST UNNÖTIG AUF. DAS IST NICHT GESUND …

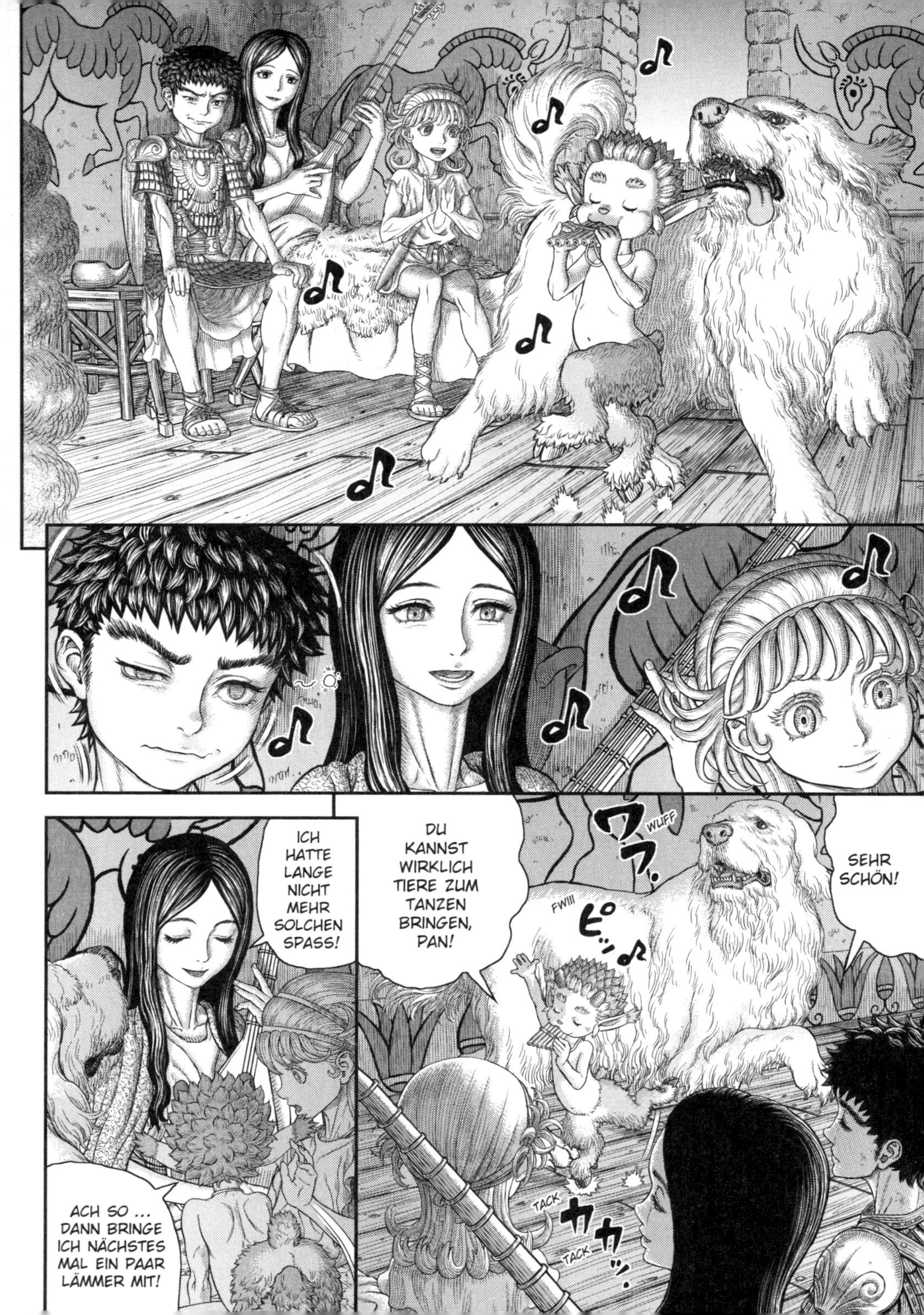

SEHR SCHÖN!
WUFF
FWIII
DU KANNST WIRKLICH TIERE ZUM TANZEN BRINGEN, PAN!
ICH HATTE LANGE NICHT MEHR SOLCHEN SPASS!
TACK
TACK
ACH SO ... DANN BRINGE ICH NÄCHSTES MAL EIN PAAR LÄMMER MIT!

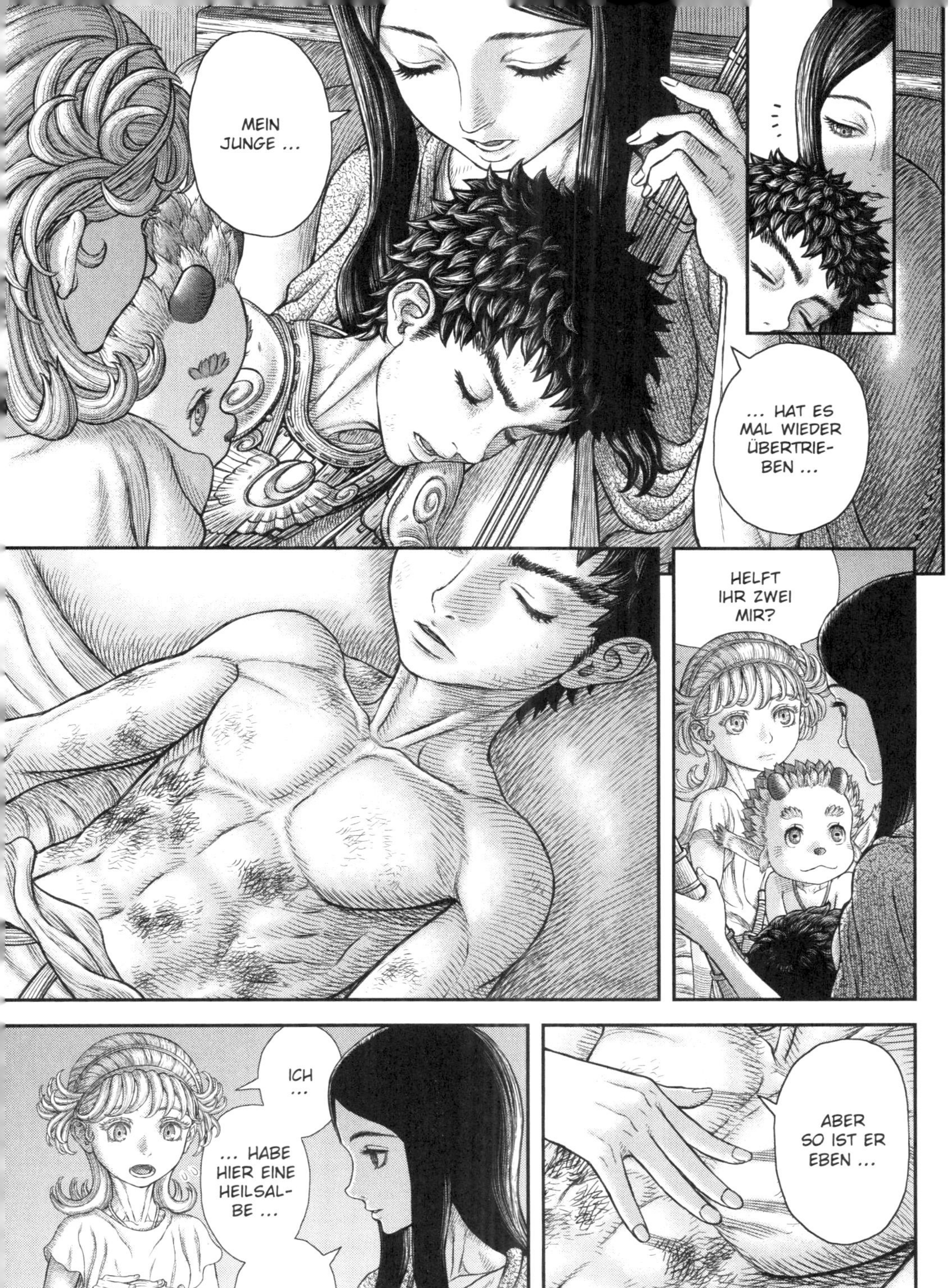
MEIN JUNGE ...
... HAT ES MAL WIEDER ÜBERTRIE-BEN ...
HELFT IHR ZWEI MIR?
ICH ...
... HABE HIER EINE HEILSAL-BE ...
DANKE.
ABER SO IST ER EBEN ...

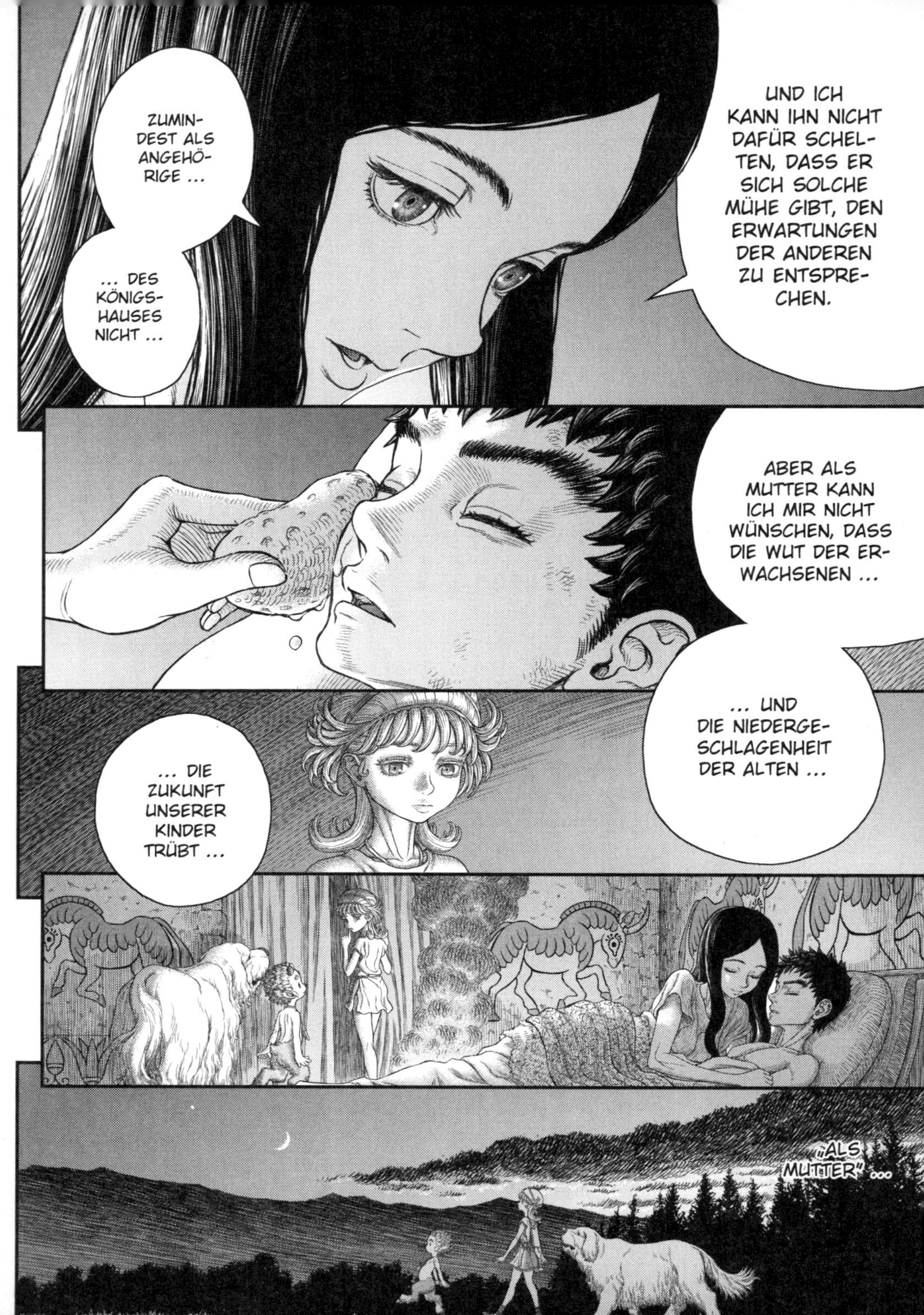
UND ICH KANN IHN NICHT DAFÜR SCHELTEN, DASS ER SICH SOLCHE MÜHE GIBT, DEN ERWARTUNGEN DER ANDEREN ZU ENTSPRECHEN.
ZUMINDEST ALS ANGEHÖRIGE …
… DES KÖNIGSHAUSES NICHT …
ABER ALS MUTTER KANN ICH MIR NICHT WÜNSCHEN, DASS DIE WUT DER ERWACHSENEN …
… UND DIE NIEDERGESCHLAGENHEIT DER ALTEN …
… DIE ZUKUNFT UNSERER KINDER TRÜBT …
„ALS MUTTER“ …

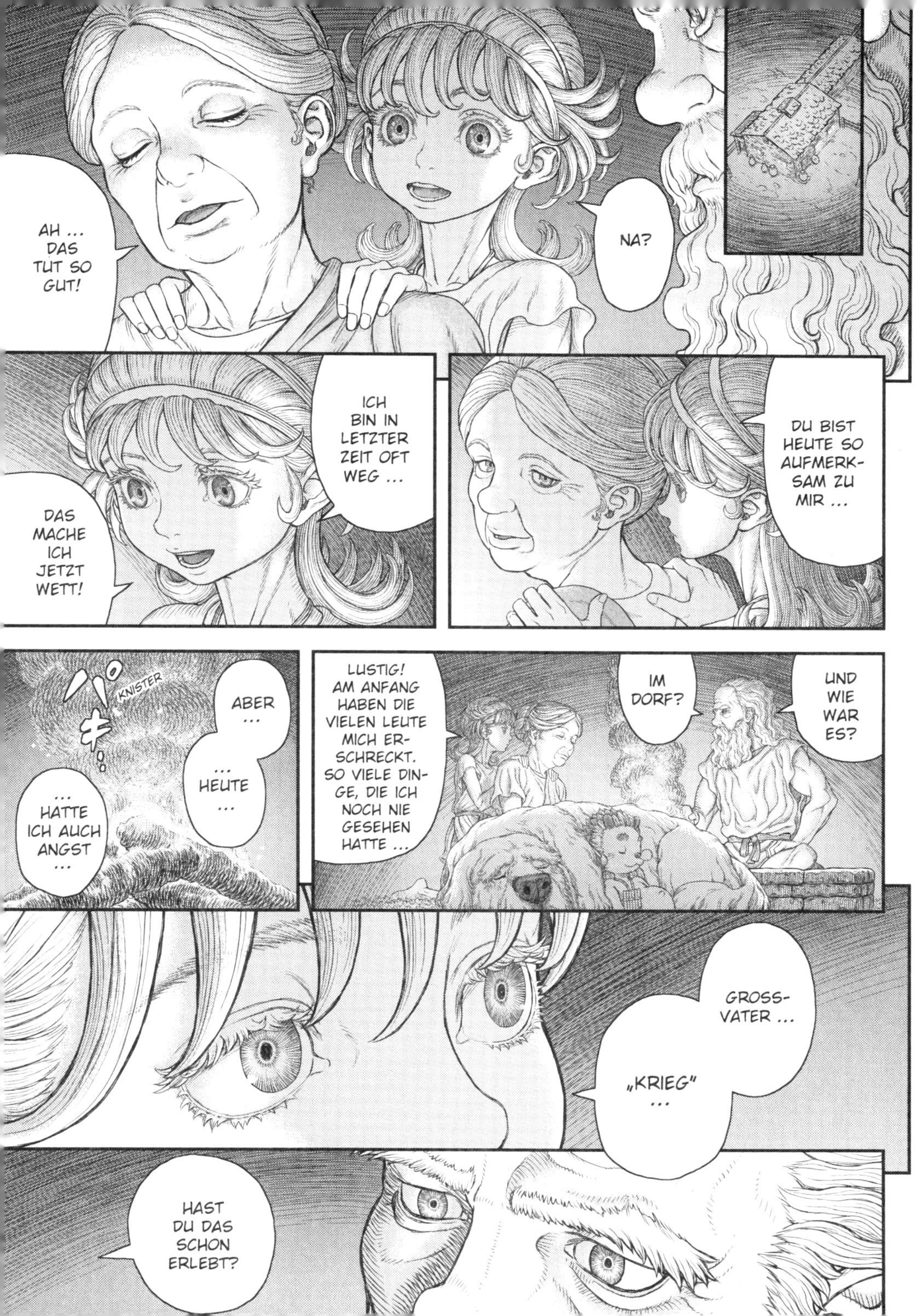

NA?
AH … DAS TUT SO GUT!
DU BIST HEUTE SO AUFMERK-SAM ZU MIR …
ICH BIN IN LETZTER ZEIT OFT WEG …
DAS MACHE ICH JETZT WETT!
UND WIE WAR ES?
IM DORF?
LUSTIG! AM ANFANG HABEN DIE VIELEN LEUTE MICH ER-SCHRECKT. SO VIELE DIN-GE, DIE ICH NOCH NIE GESEHEN HATTE …
KNISTER
ABER …
… HEUTE …
… HATTE ICH AUCH ANGST …
GROSS-VATER …
„KRIEG" …
HAST DU DAS SCHON ERLEBT?

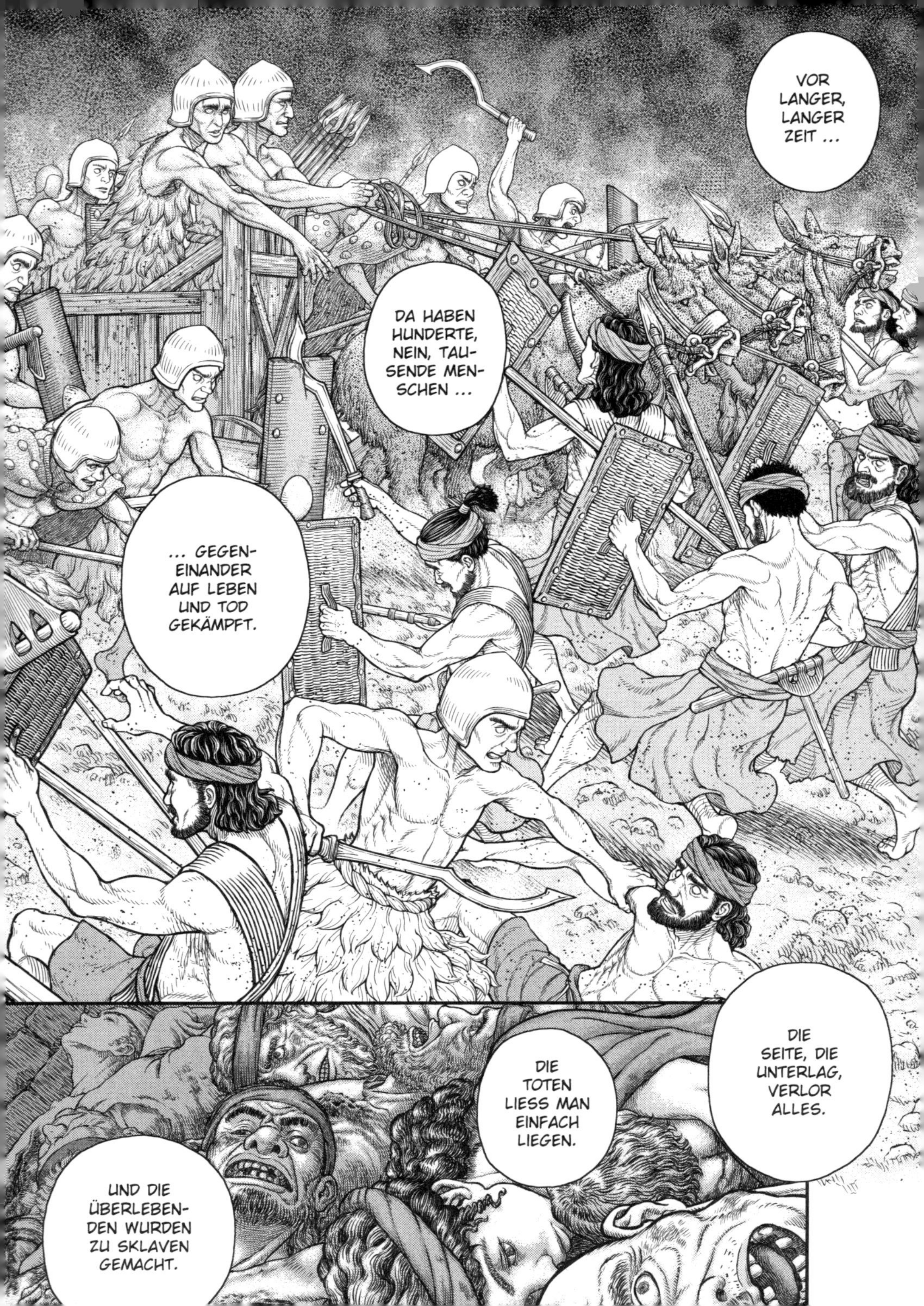
VOR LANGER, LANGER ZEIT …
DA HABEN HUNDERTE, NEIN, TAUSENDE MENSCHEN …
… GEGENEINANDER AUF LEBEN UND TOD GEKÄMPFT.
DIE SEITE, DIE UNTERLAG, VERLOR ALLES.
DIE TOTEN LIESS MAN EINFACH LIEGEN.
UND DIE ÜBERLEBENDEN WURDEN ZU SKLAVEN GEMACHT.

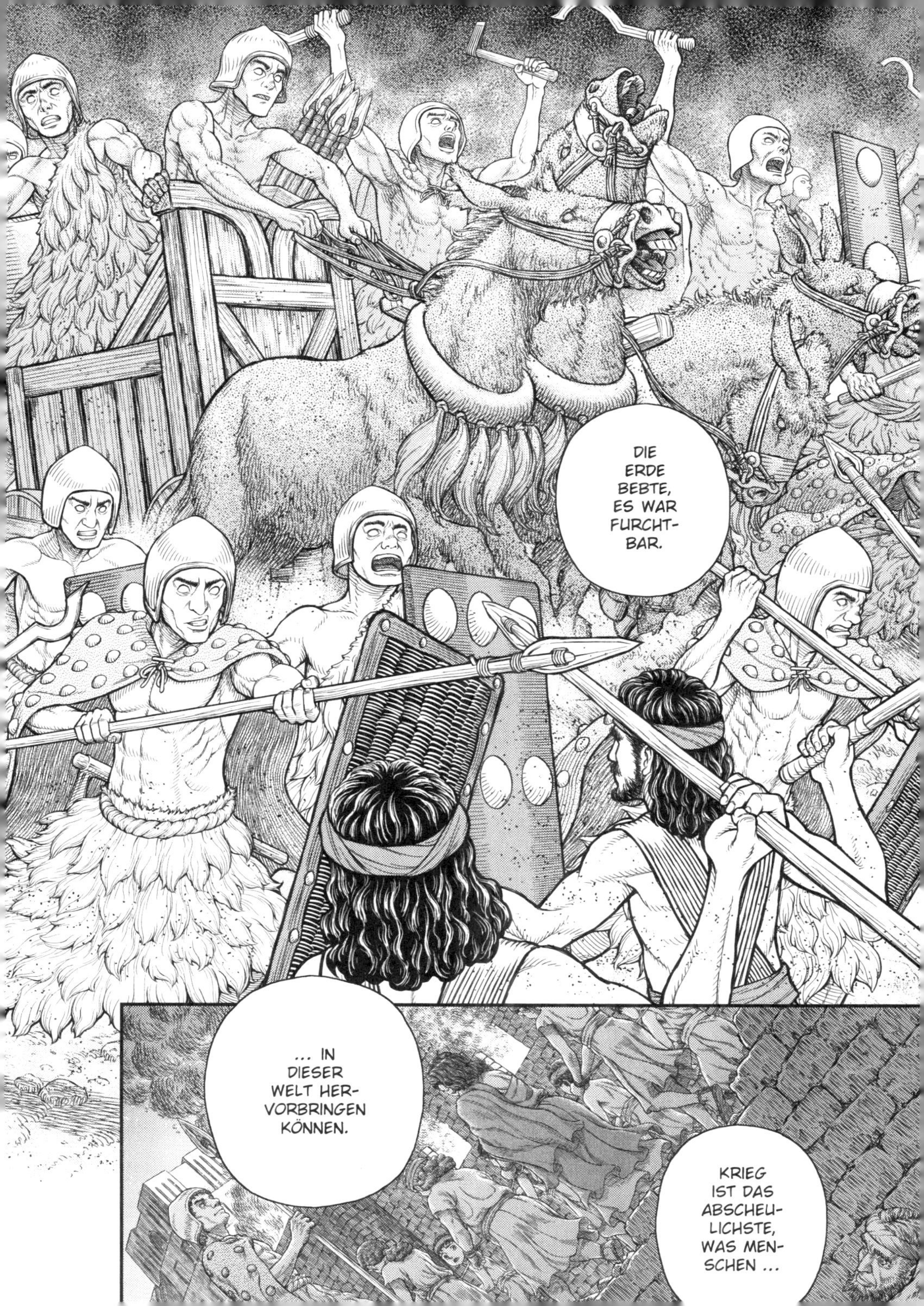
DIE ERDE BEBTE, ES WAR FURCHTBAR.
KRIEG IST DAS ABSCHEULICHSTE, WAS MENSCHEN ...
... IN DIESER WELT HERVORBRINGEN KÖNNEN.

DUR-AN-KI

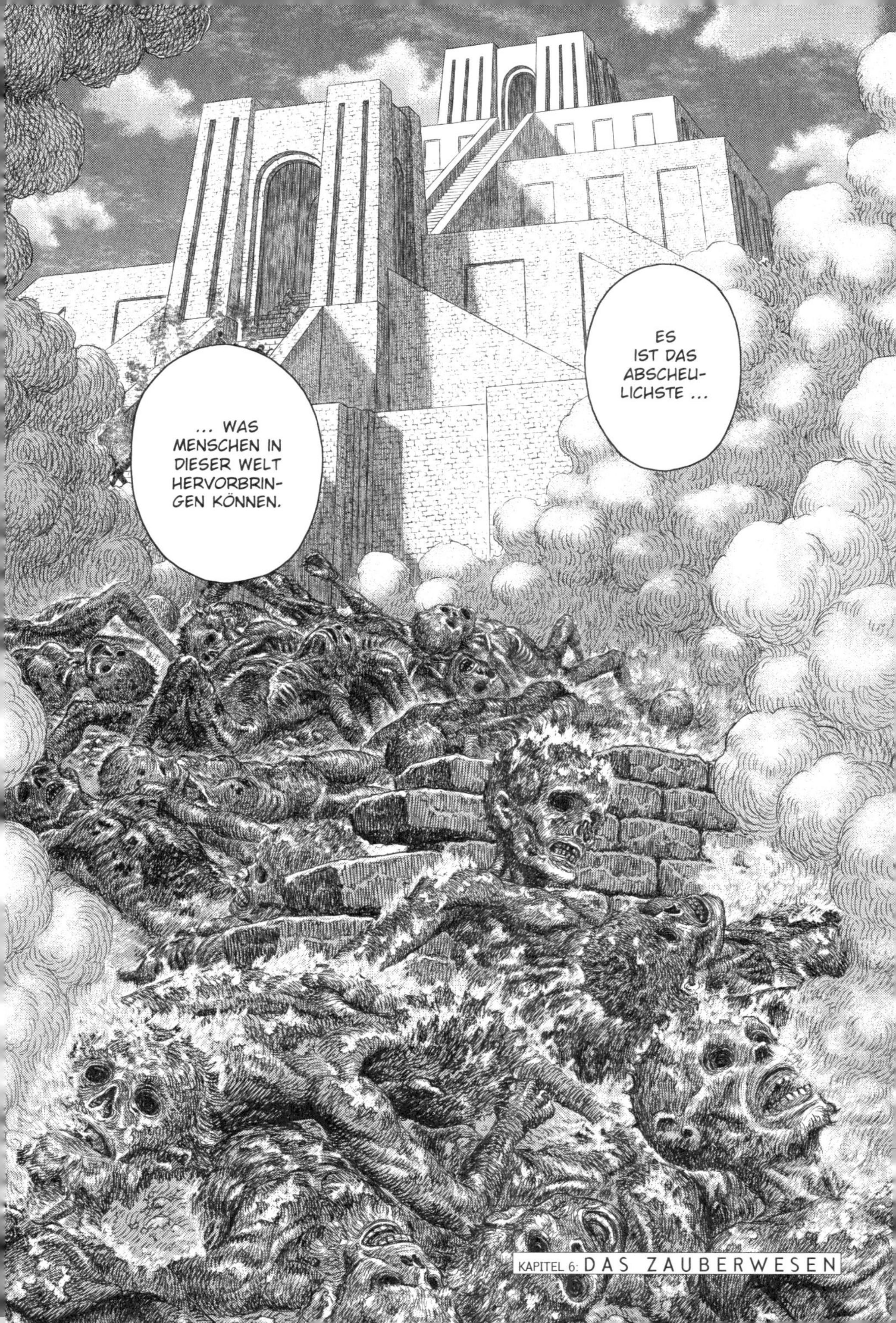
ES IST DAS ABSCHEU-LICHSTE …
… WAS MENSCHEN IN DIESER WELT HERVORBRIN-GEN KÖNNEN.
KAPITEL 6: DAS ZAUBERWESEN

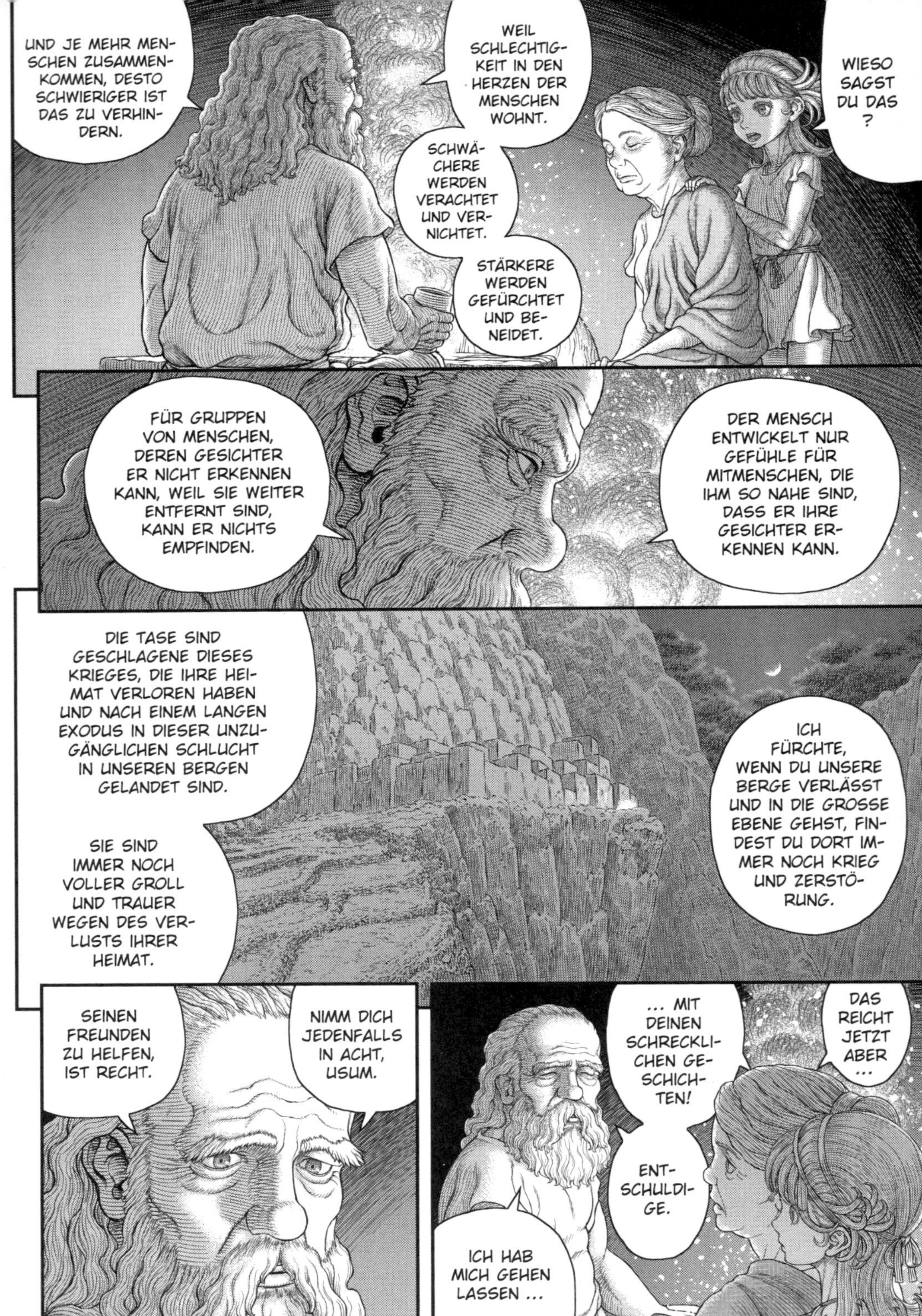
UND JE MEHR MENSCHEN ZUSAMMENKOMMEN, DESTO SCHWIERIGER IST DAS ZU VERHINDERN.
WEIL SCHLECHTIGKEIT IN DEN HERZEN DER MENSCHEN WOHNT.
WIESO SAGST DU DAS?
SCHWÄCHERE WERDEN VERACHTET UND VERNICHTET.
STÄRKERE WERDEN GEFÜRCHTET UND BENEIDET.
DER MENSCH ENTWICKELT NUR GEFÜHLE FÜR MITMENSCHEN, DIE IHM SO NAHE SIND, DASS ER IHRE GESICHTER ERKENNEN KANN.
FÜR GRUPPEN VON MENSCHEN, DEREN GESICHTER ER NICHT ERKENNEN KANN, WEIL SIE WEITER ENTFERNT SIND, KANN ER NICHTS EMPFINDEN.
ICH FÜRCHTE, WENN DU UNSERE BERGE VERLÄSST UND IN DIE GROSSE EBENE GEHST, FINDEST DU DORT IMMER NOCH KRIEG UND ZERSTÖRUNG.
DIE TASE SIND GESCHLAGENE DIESES KRIEGES, DIE IHRE HEIMAT VERLOREN HABEN UND NACH EINEM LANGEN EXODUS IN DIESER UNZUGÄNGLICHEN SCHLUCHT IN UNSEREN BERGEN GELANDET SIND.
SIE SIND IMMER NOCH VOLLER GROLL UND TRAUER WEGEN DES VERLUSTS IHRER HEIMAT.
NIMM DICH JEDENFALLS IN ACHT, USUM.
SEINEN FREUNDEN ZU HELFEN, IST RECHT.
DAS REICHT JETZT ABER ...
... MIT DEINEN SCHRECKLICHEN GESCHICHTEN!
ENTSCHULDIGE.
ICH HAB MICH GEHEN LASSEN ...

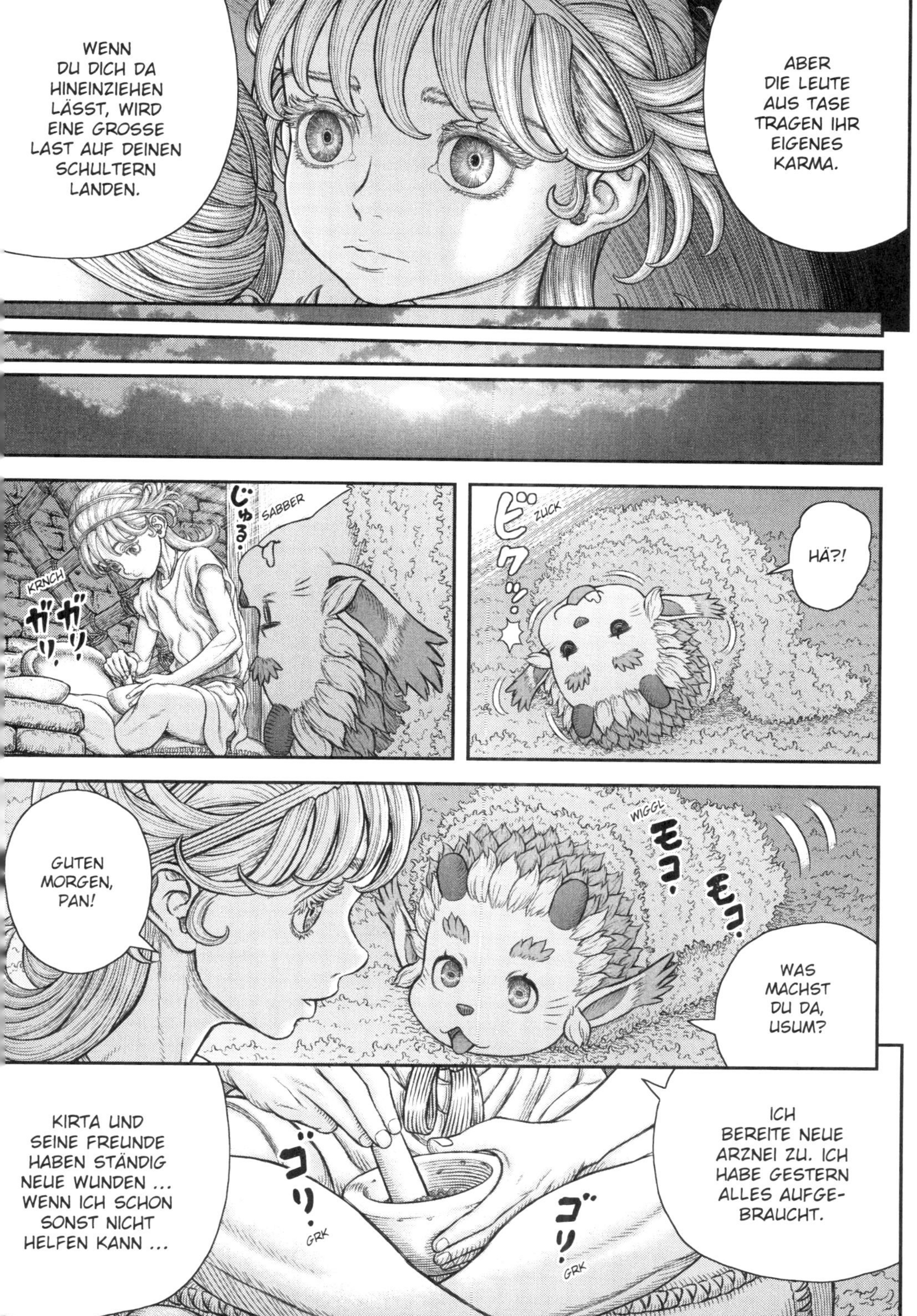
ABER DIE LEUTE AUS TASE TRAGEN IHR EIGENES KARMA.
WENN DU DICH DA HINEINZIEHEN LÄSST, WIRD EINE GROSSE LAST AUF DEINEN SCHULTERN LANDEN.
SABBER
KRNCH
ZUCK
HÄ?!
WIGGL
WAS MACHST DU DA, USUM?
GUTEN MORGEN, PAN!
ICH BEREITE NEUE ARZNEI ZU. ICH HABE GESTERN ALLES AUFGE-BRAUCHT.
GRK
GRK
KIRTA UND SEINE FREUNDE HABEN STÄNDIG NEUE WUNDEN ... WENN ICH SCHON SONST NICHT HELFEN KANN ...

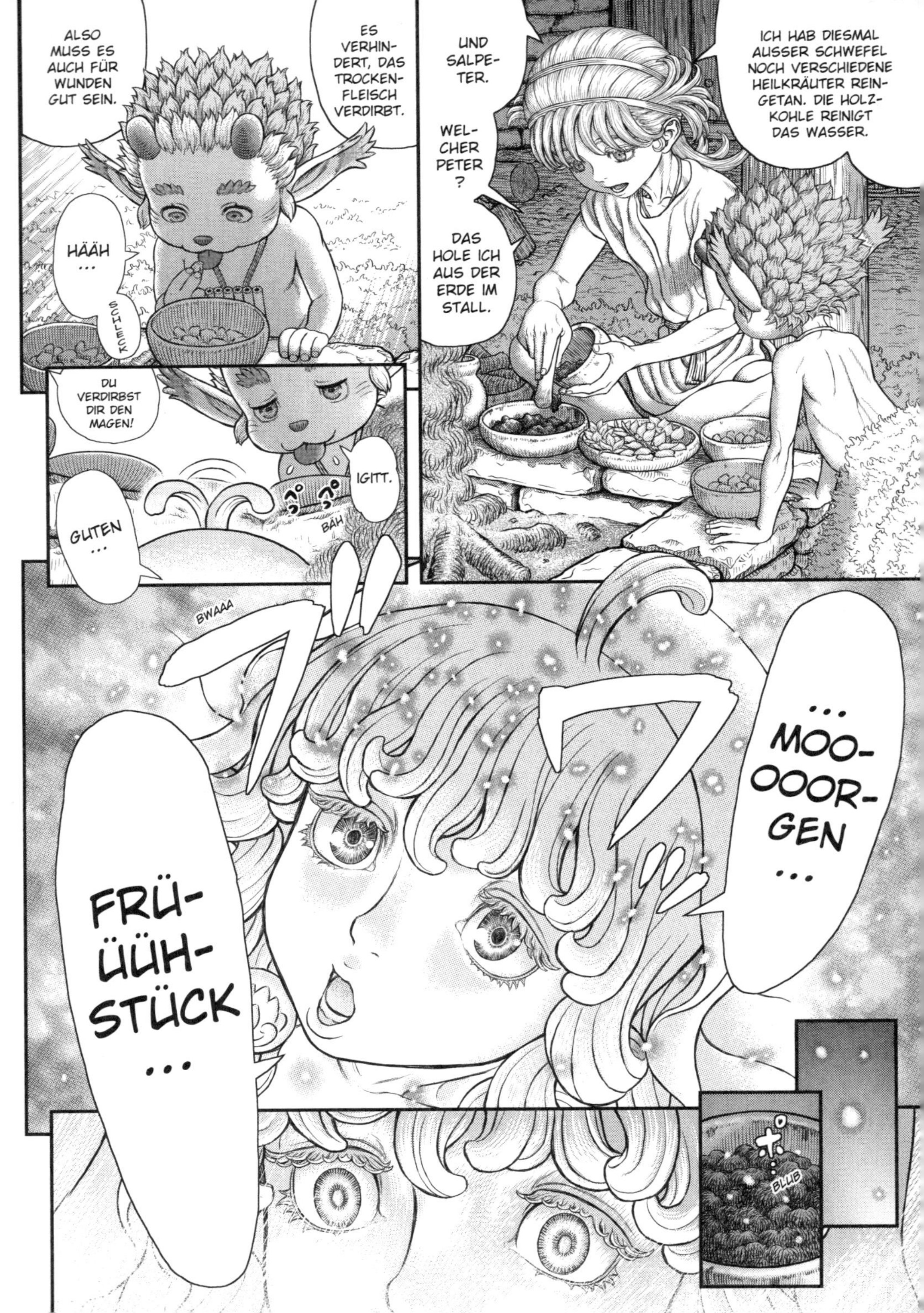
ICH HAB DIESMAL AUSSER SCHWEFEL NOCH VERSCHIEDENE HEILKRÄUTER REINGETAN. DIE HOLZKOHLE REINIGT DAS WASSER.
UND SALPETER.
WELCHER PETER?
DAS HOLE ICH AUS DER ERDE IM STALL.
ES VERHINDERT, DAS TROCKENFLEISCH VERDIRBT.
ALSO MUSS ES AUCH FÜR WUNDEN GUT SEIN.
HÄÄH ...
SCHLECK
IGITT.
DU VERDIRBST DIR DEN MAGEN!
BÄH
GUTEN ...
BWAAA
... MOO-OOOR-GEN ...
FRÜ-ÜÜH-STÜCK ...
BLUB

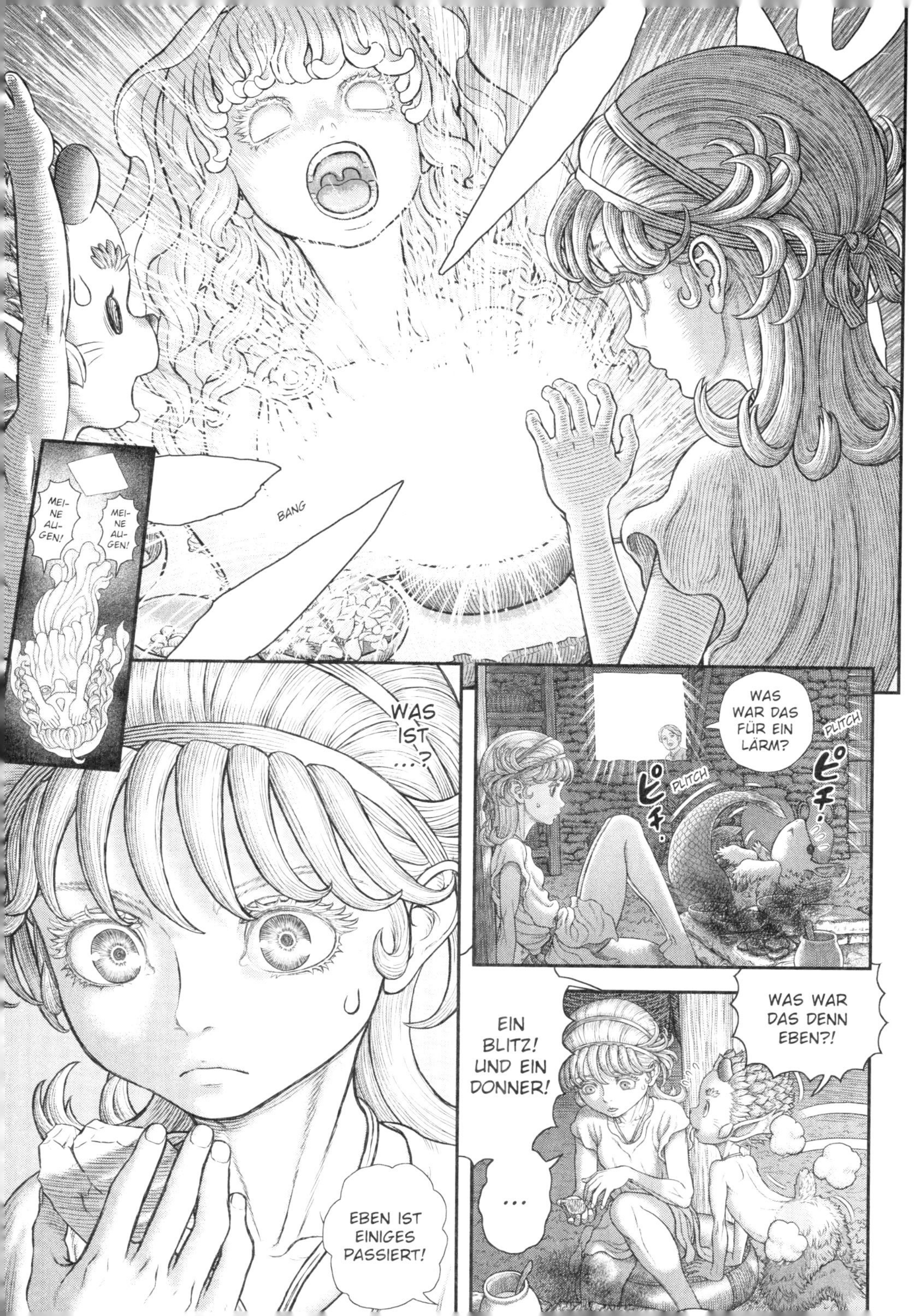
BANG
MEI-
NE
AU-
GEN!
MEI-
NE
AU-
GEN!
WAS WAR DAS FÜR EIN LÄRM?
PLITCH
PLITCH
WAS IST ...?
WAS WAR DAS DENN EBEN?!
EIN BLITZ! UND EIN DONNER!
...
EBEN IST EINIGES PASSIERT!

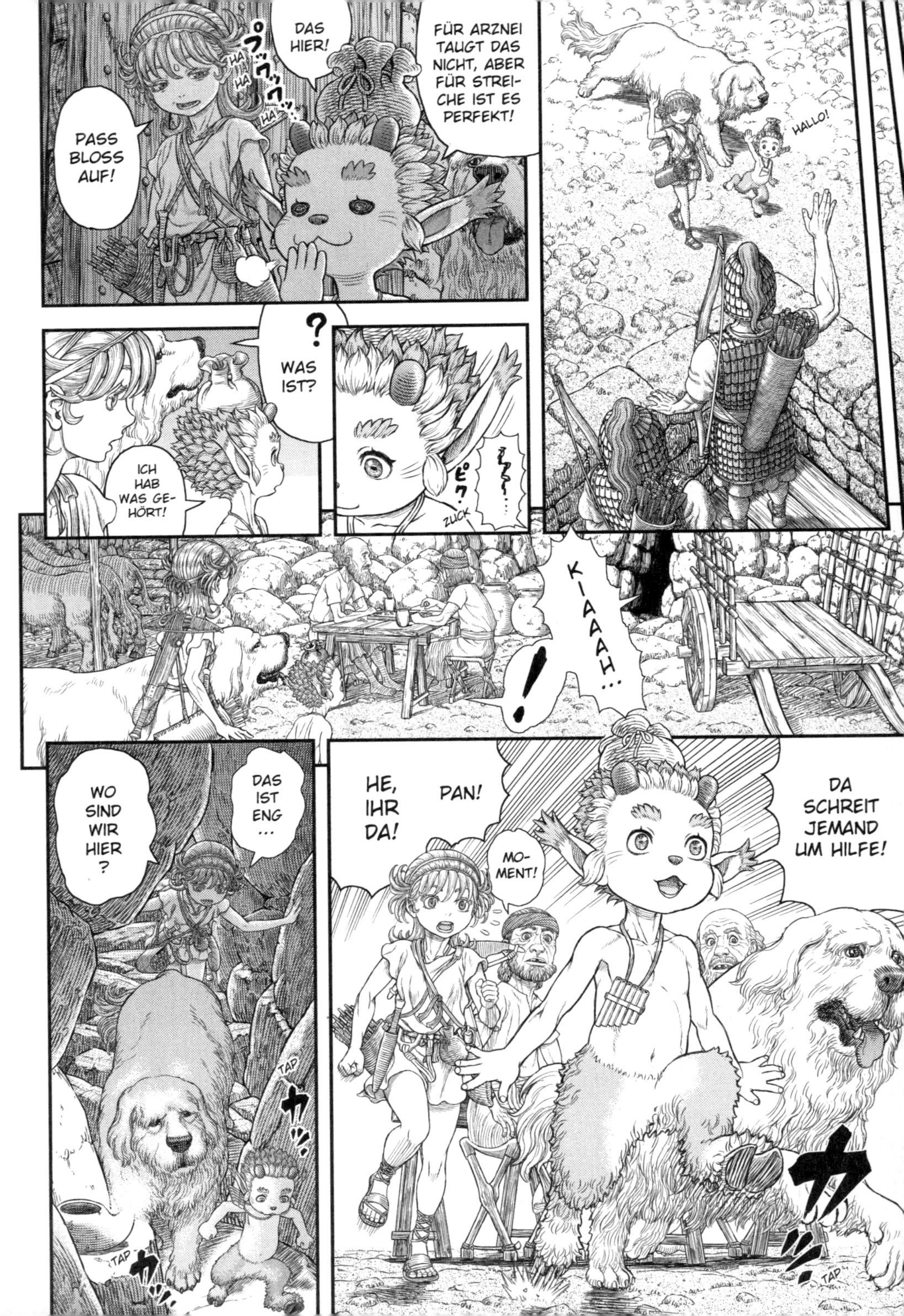

HALLO!
FÜR ARZNEI TAUGT DAS NICHT, ABER FÜR STREI-CHE IST ES PERFEKT!
DAS HIER!
HA HA HA HA
PASS BLOSS AUF!
?
ZUCK
WAS IST?
ICH HAB WAS GE-HÖRT!
KIAAAH...
!
DA SCHREIT JEMAND UM HILFE!
MO-MENT!
PAN!
HE, IHR DA!
TAP
DAS IST ENG ...
WO SIND WIR HIER ?
TAP
TAP

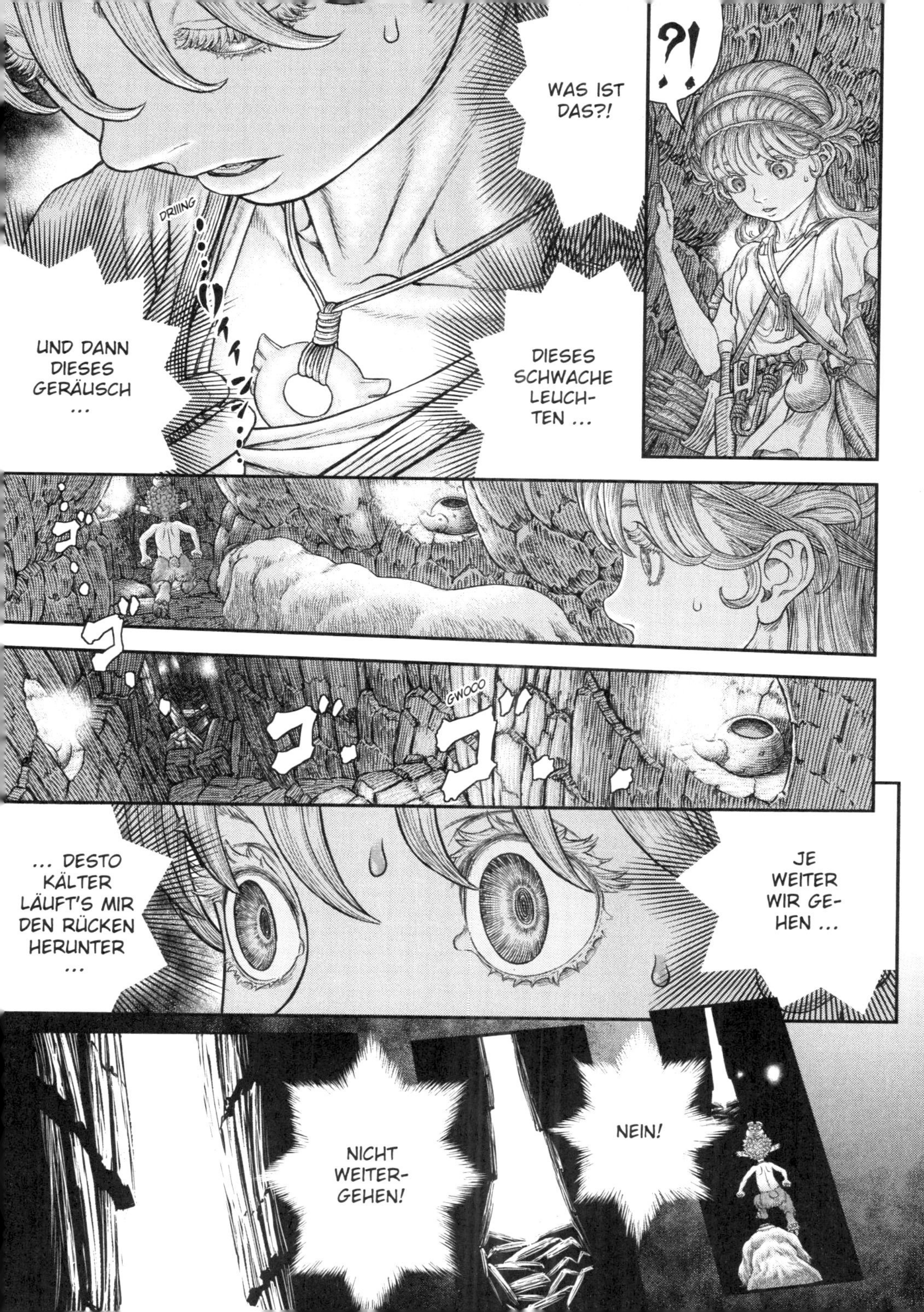
?!
WAS IST DAS?!
DIESES SCHWACHE LEUCH-TEN …
UND DANN DIESES GERÄUSCH …
DRIIING
GWOOO
JE WEITER WIR GE-HEN …
… DESTO KÄLTER LÄUFT'S MIR DEN RÜCKEN HERUNTER …
NEIN!
NICHT WEITER-GEHEN!

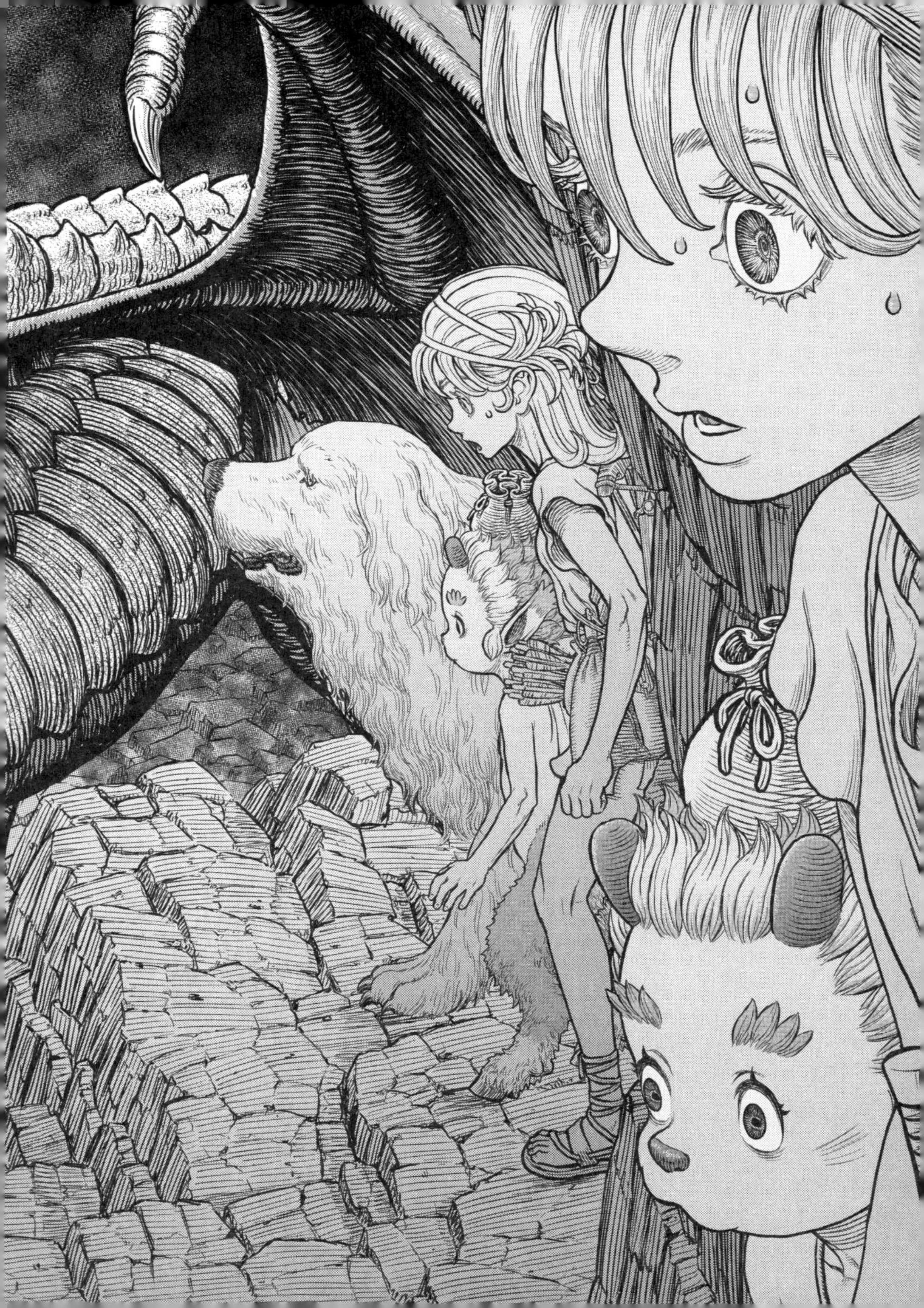

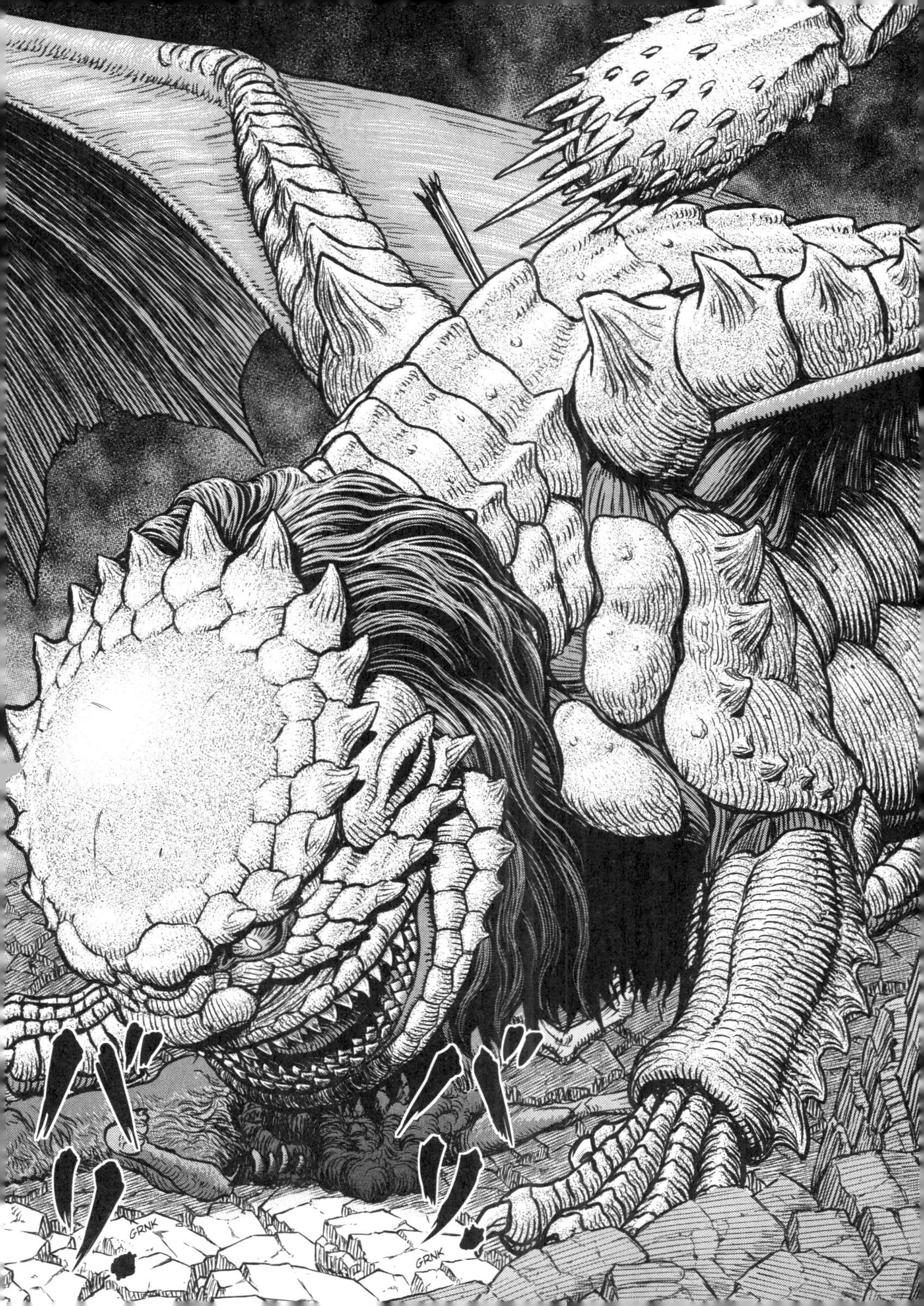
GRNK
GRNK

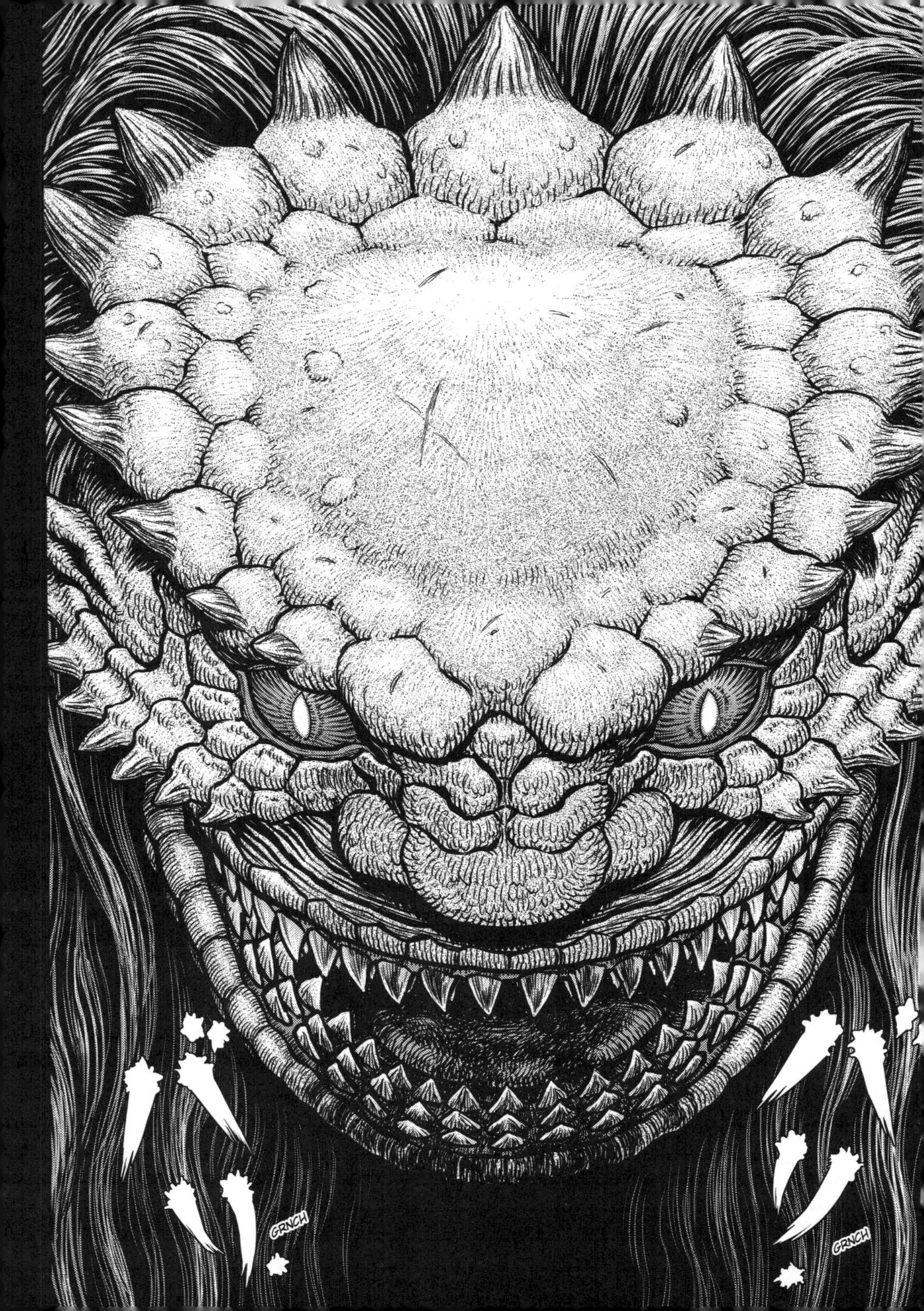
GRNCH
GRNCH

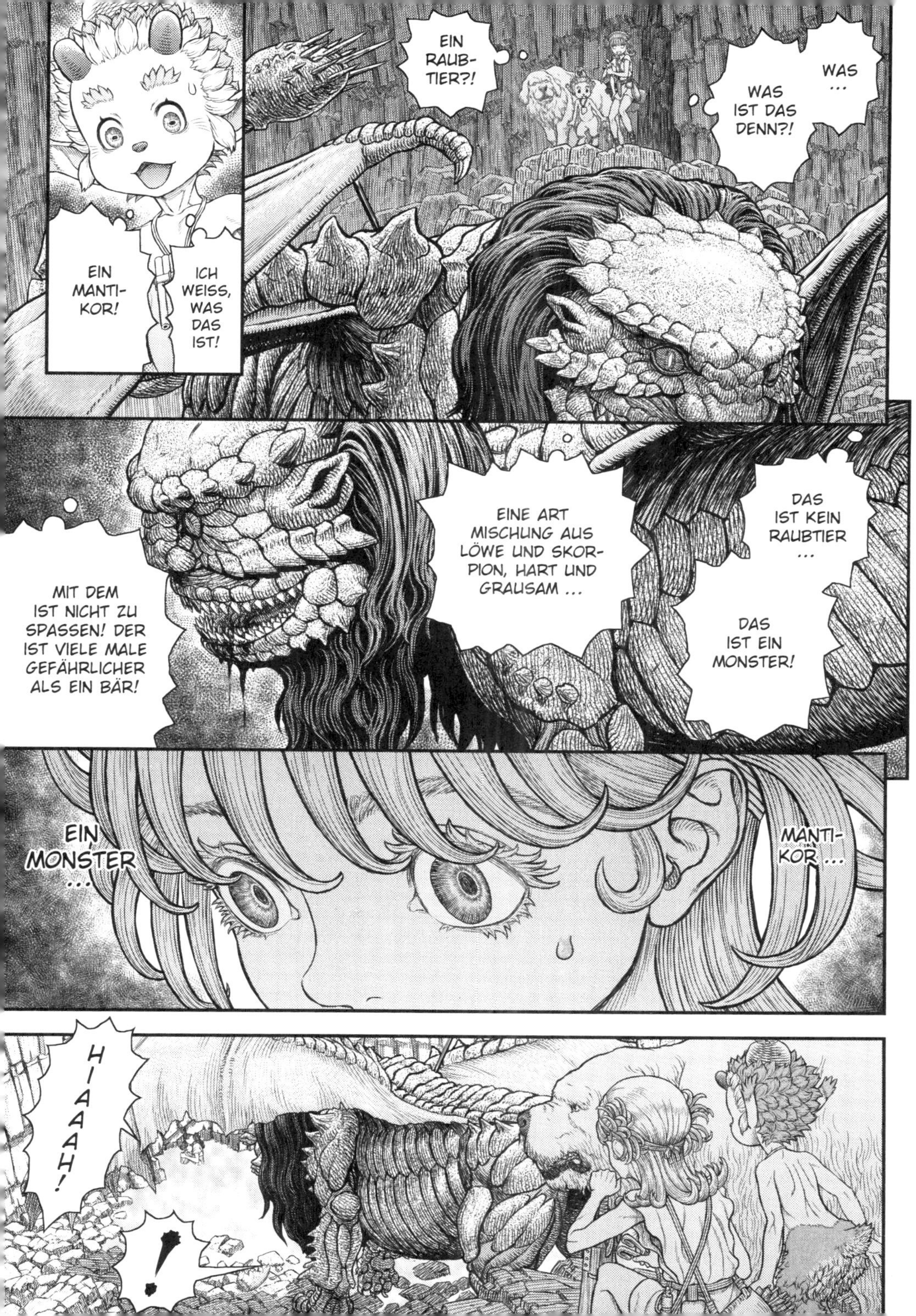
WAS ...
WAS IST DAS DENN?!
EIN RAUBTIER?!
ICH WEISS, WAS DAS IST!
EIN MANTIKOR!
DAS IST KEIN RAUBTIER ...
DAS IST EIN MONSTER!
EINE ART MISCHUNG AUS LÖWE UND SKORPION, HART UND GRAUSAM ...
MIT DEM IST NICHT ZU SPASSEN! DER IST VIELE MALE GEFÄHRLICHER ALS EIN BÄR!
MANTIKOR ...
EIN MONSTER ...
HIAAAAH!
!

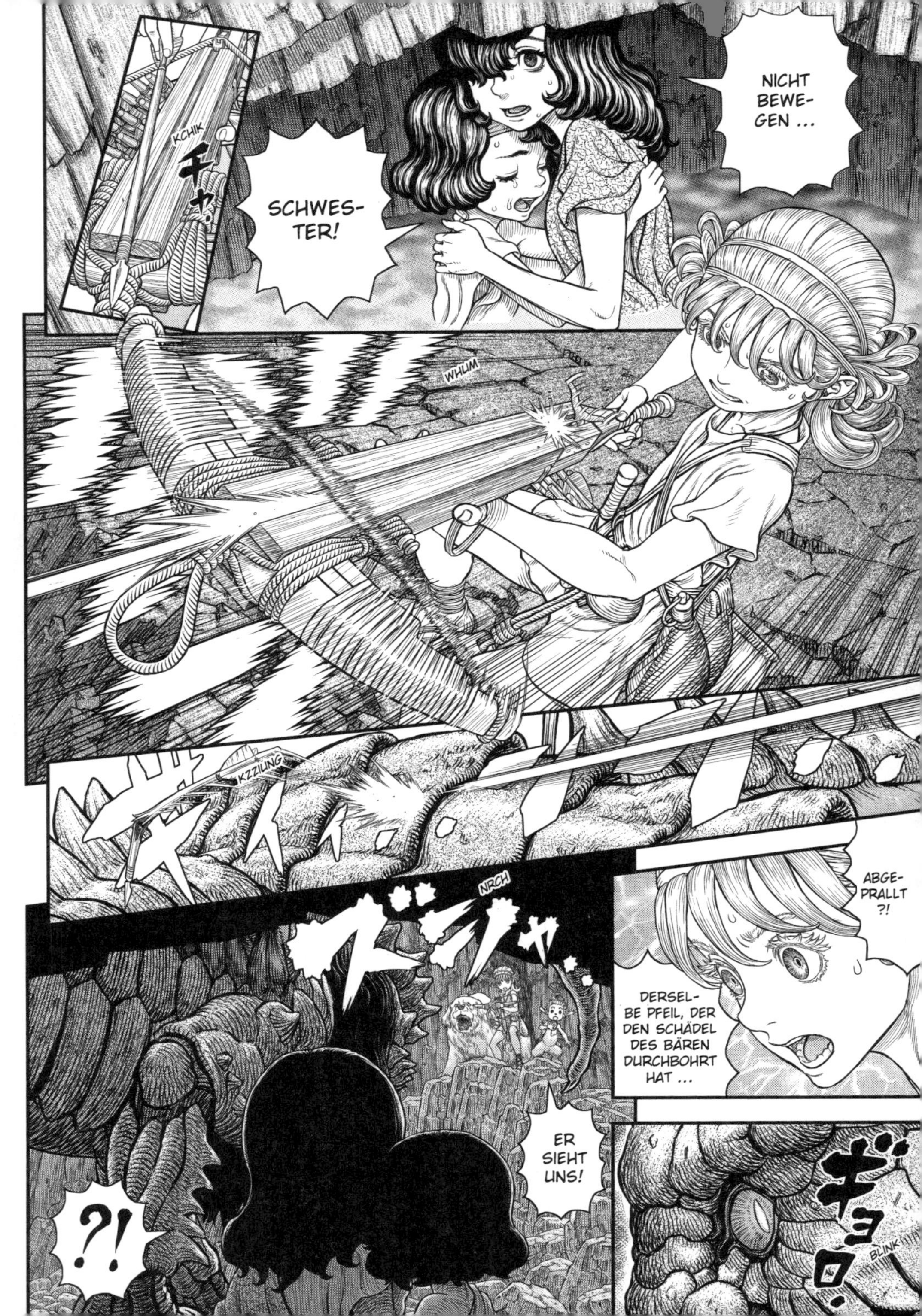

NICHT BEWEGEN …
SCHWESTER!
KCHIK
チャ
WHUM
KZZILING
ABGEPRALLT?!
DERSELBE PFEIL, DER DEN SCHÄDEL DES BÄREN DURCHBOHRT HAT …
NRCH
ER SIEHT UNS!
?!
ギョロ
BLINK

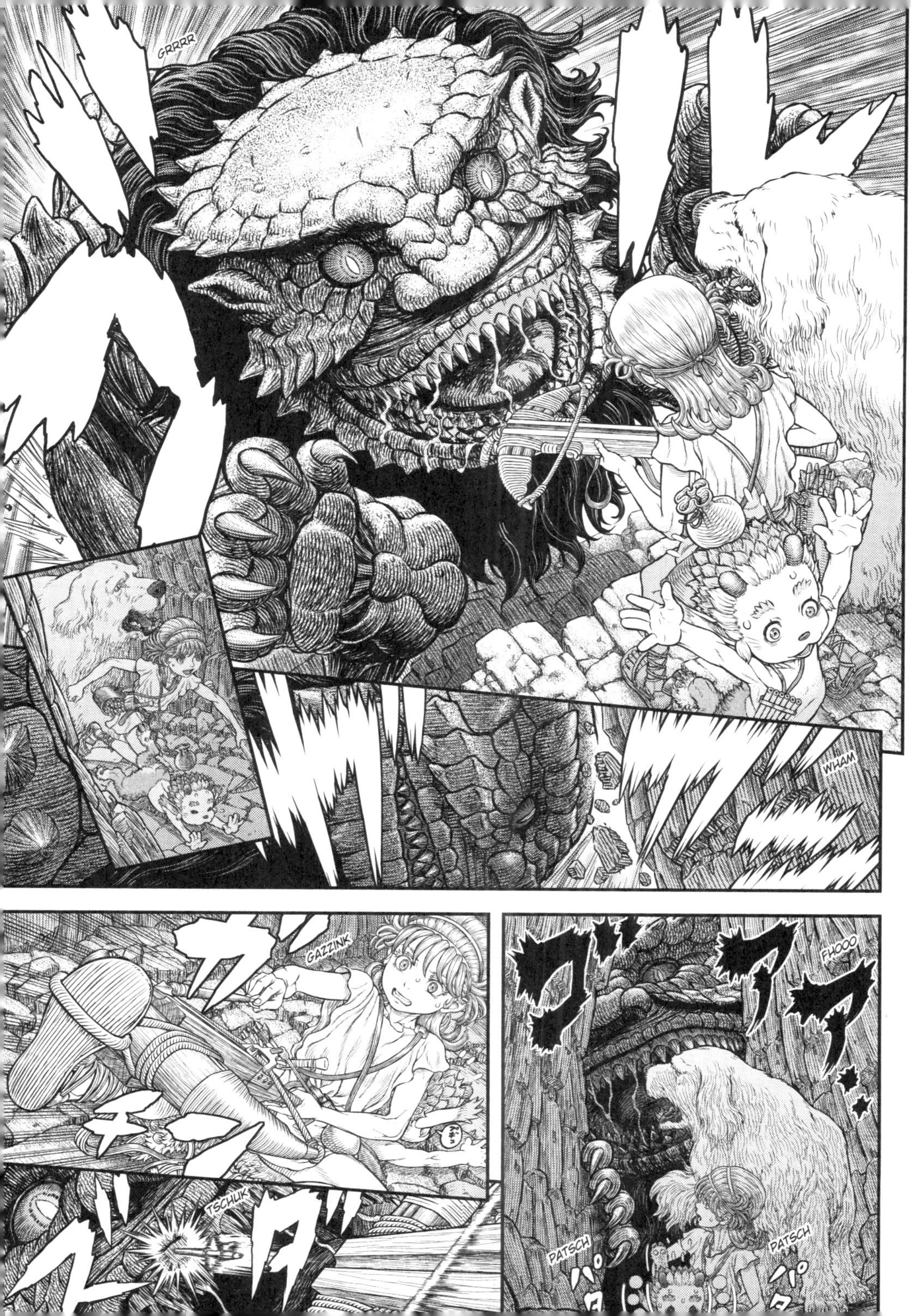

GRRRR
WHAM

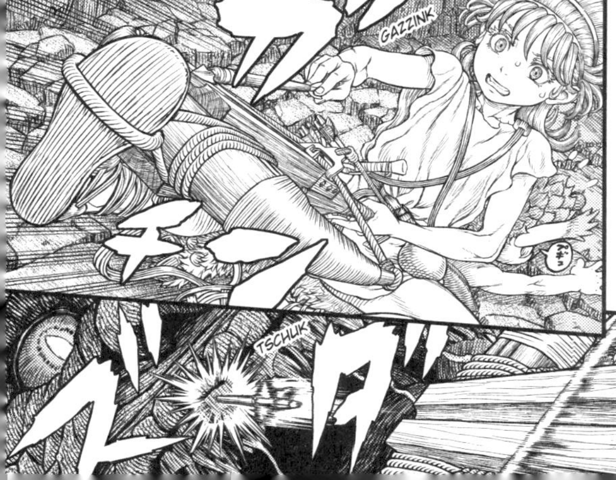
GAZZINK
TSCHUK

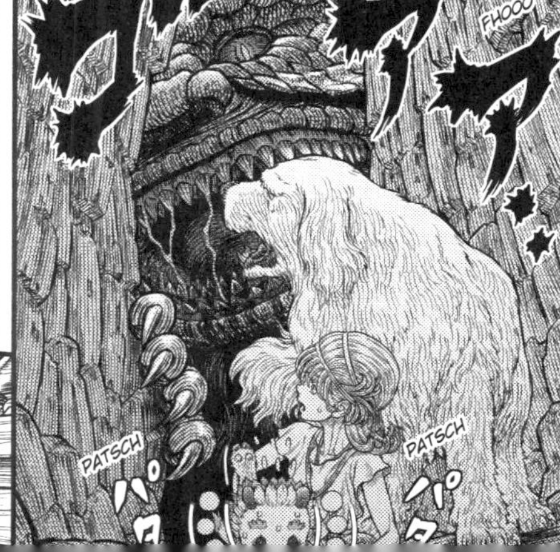
FHOOO
PATSCH
PATSCH

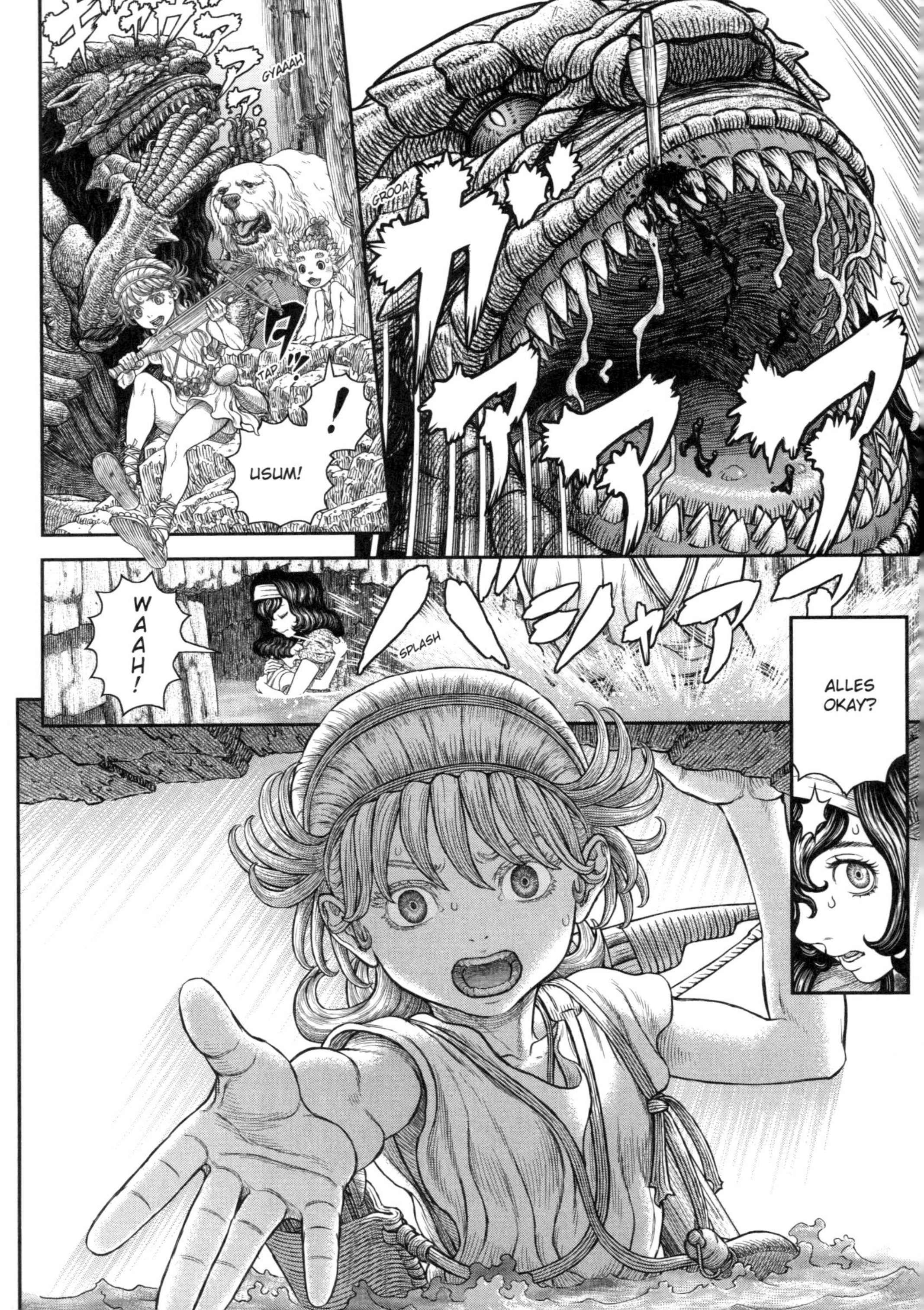
GYAAAH
GROOA
TAP
!
USUM!
SPLASH
WAAAH!
ALLES OKAY?

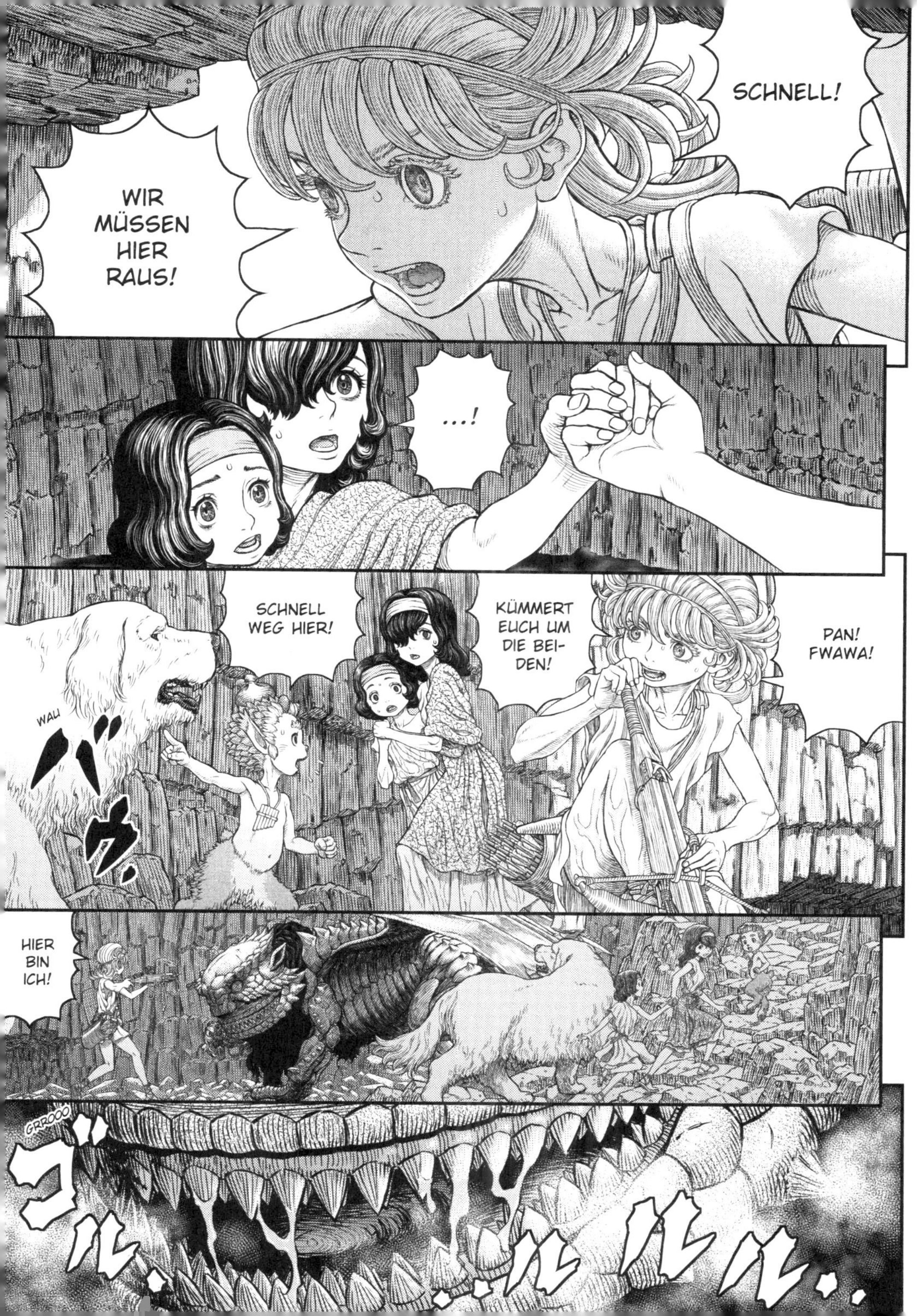
SCHNELL!
WIR MÜSSEN HIER RAUS!
...!
PAN! FWAWA!
KÜMMERT EUCH UM DIE BEI-DEN!
SCHNELL WEG HIER!
WAU
HIER BIN ICH!
GRROOO

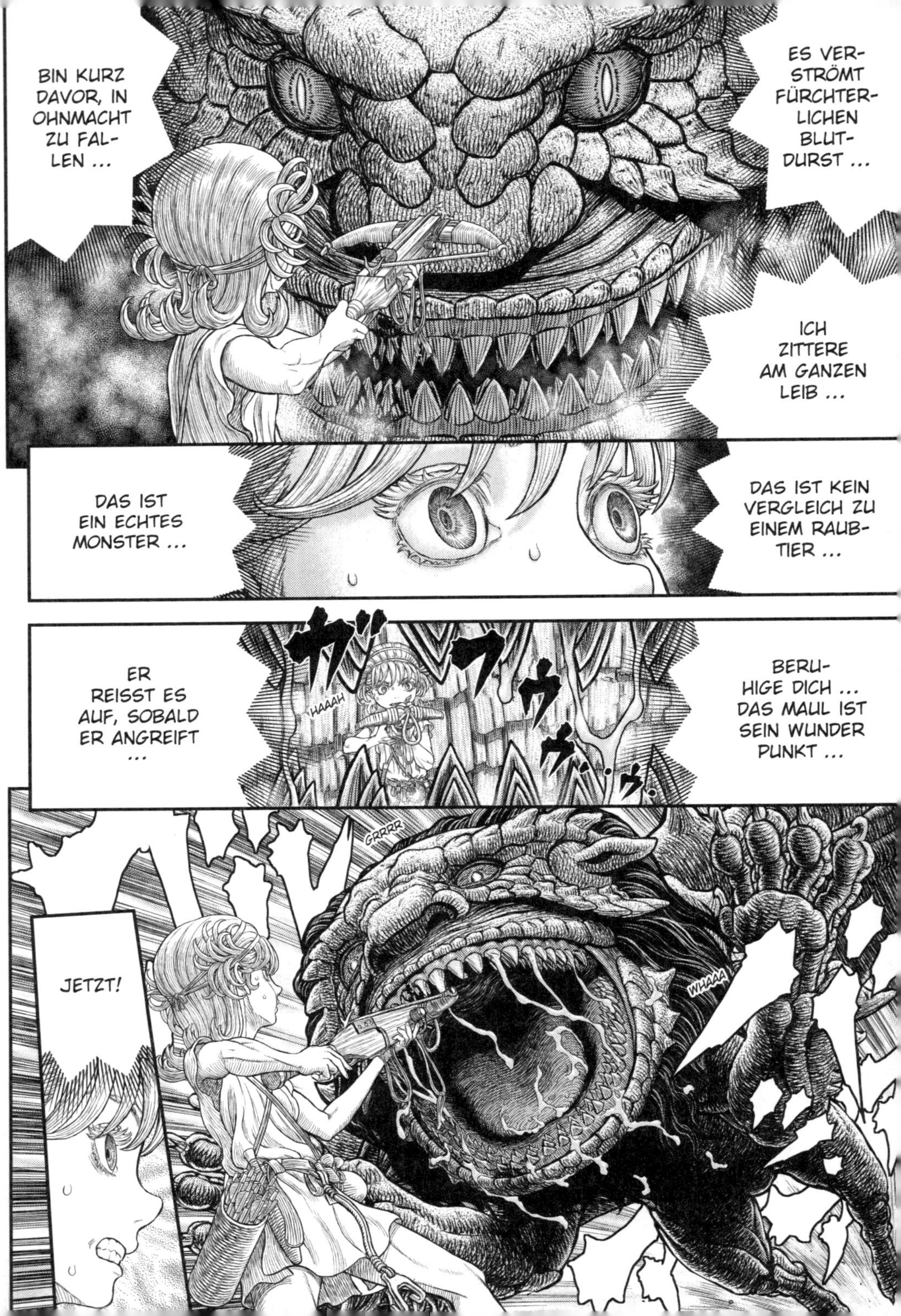

ES VERSTRÖMT FÜRCHTERLICHEN BLUTDURST …

BIN KURZ DAVOR, IN OHNMACHT ZU FALLEN …

ICH ZITTERE AM GANZEN LEIB …

DAS IST KEIN VERGLEICH ZU EINEM RAUBTIER …

DAS IST EIN ECHTES MONSTER …

BERUHIGE DICH … DAS MAUL IST SEIN WUNDER PUNKT …

HAAAH

ER REISST ES AUF, SOBALD ER ANGREIFT …

GRRRR

WHAAA

JETZT!

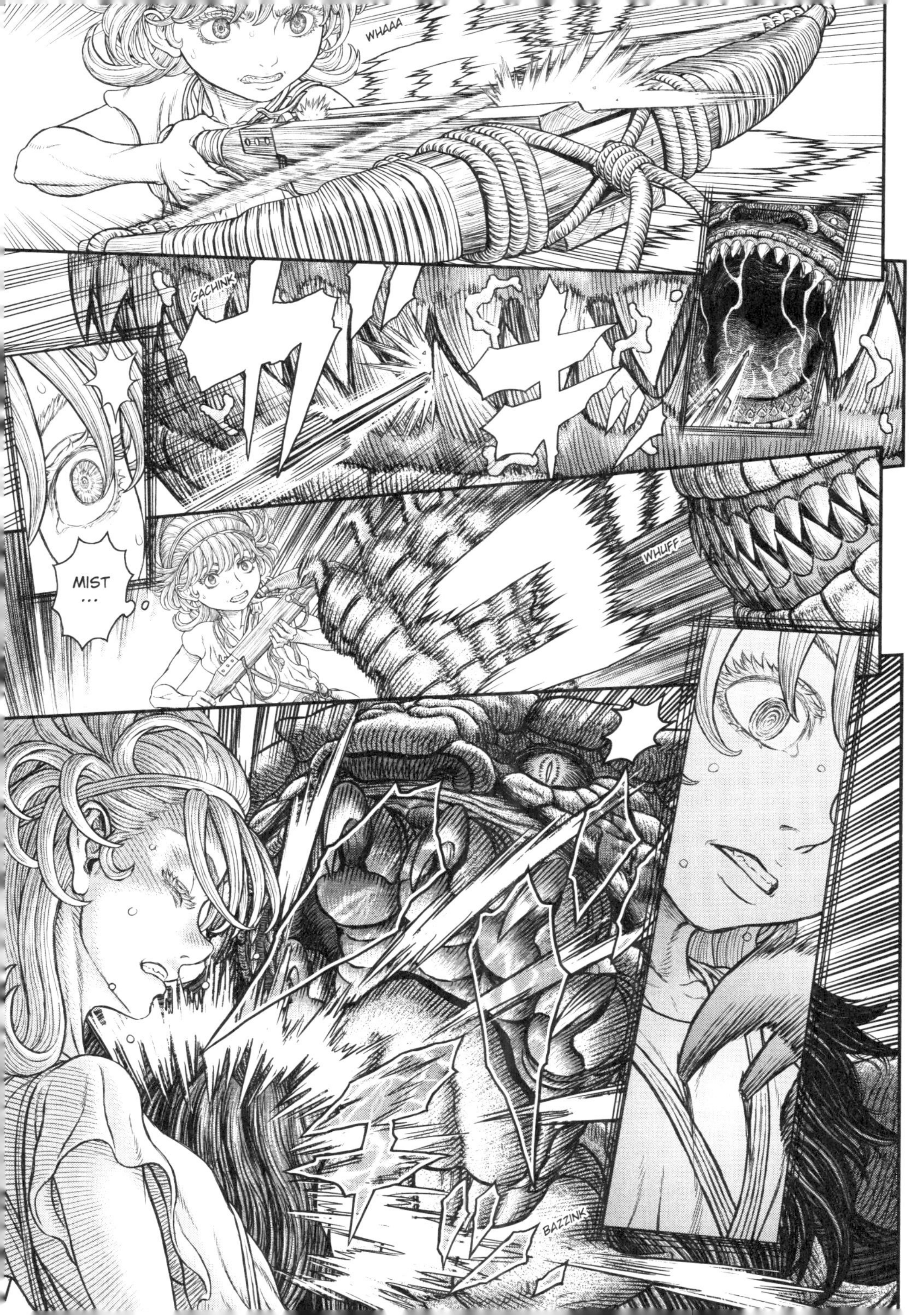
WHAAA
GACHINK
MIST
...
WHUFF
BAZZINK

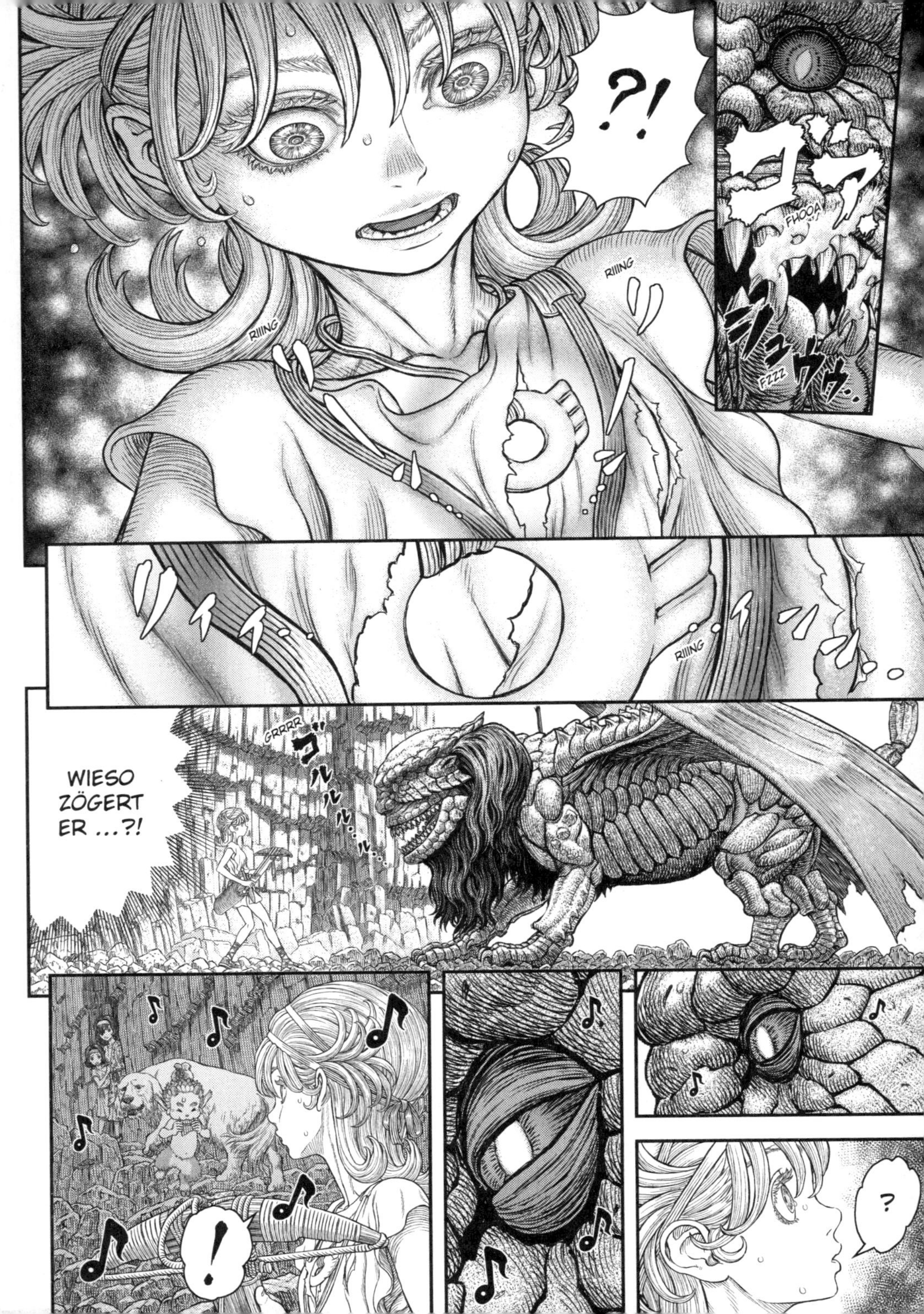

FHOOA
FZZZ
?!
RIIING
RIIING
RIIING
GRRRR
WIESO ZÖGERT ER ...?!
?
!

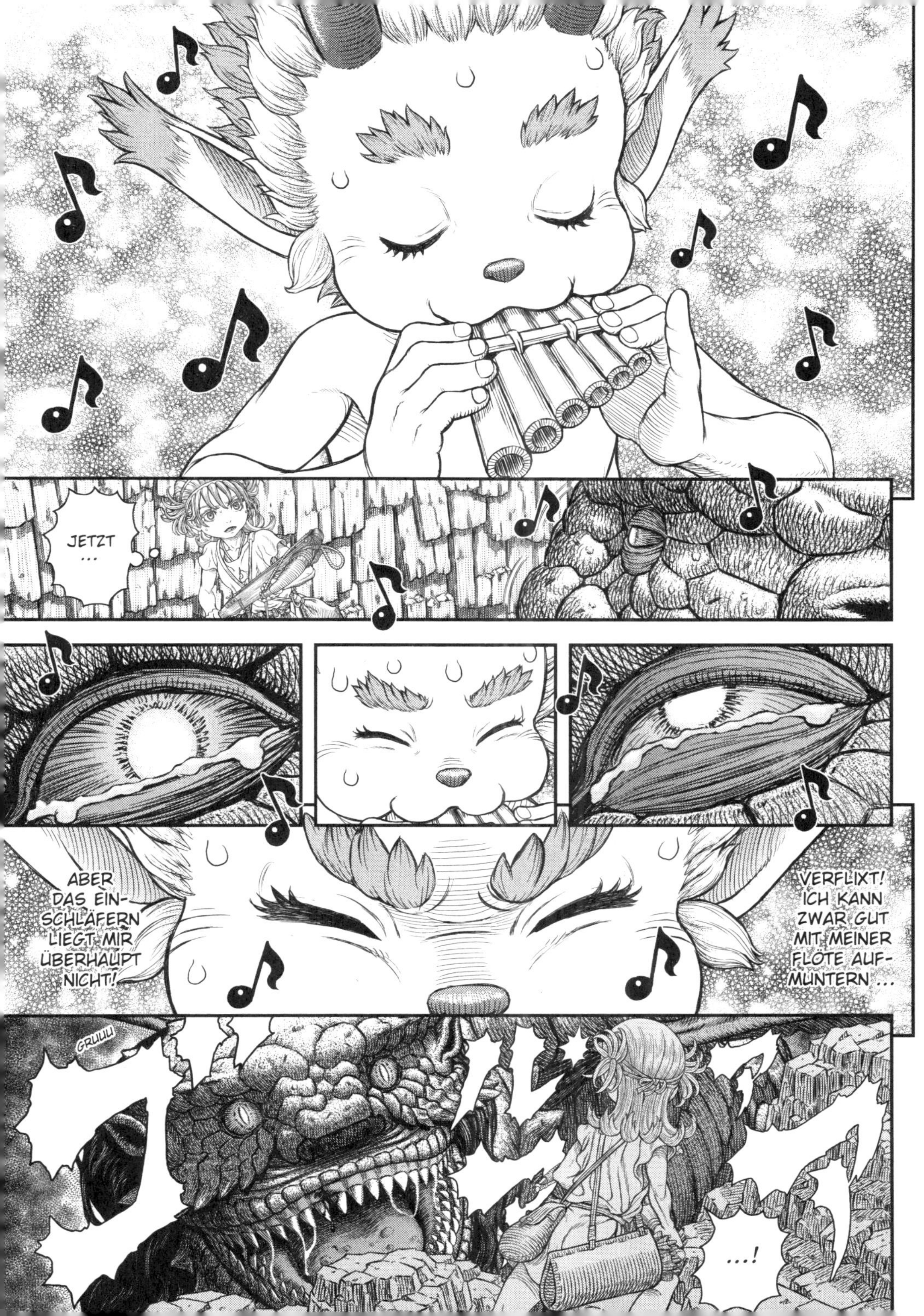
JETZT …
VERFLIXT! ICH KANN ZWAR GUT MIT MEINER FLÖTE AUF-MUNTERN …
ABER DAS EIN-SCHLÄFERN LIEGT MIR ÜBERHAUPT NICHT!
GRUUU
…!

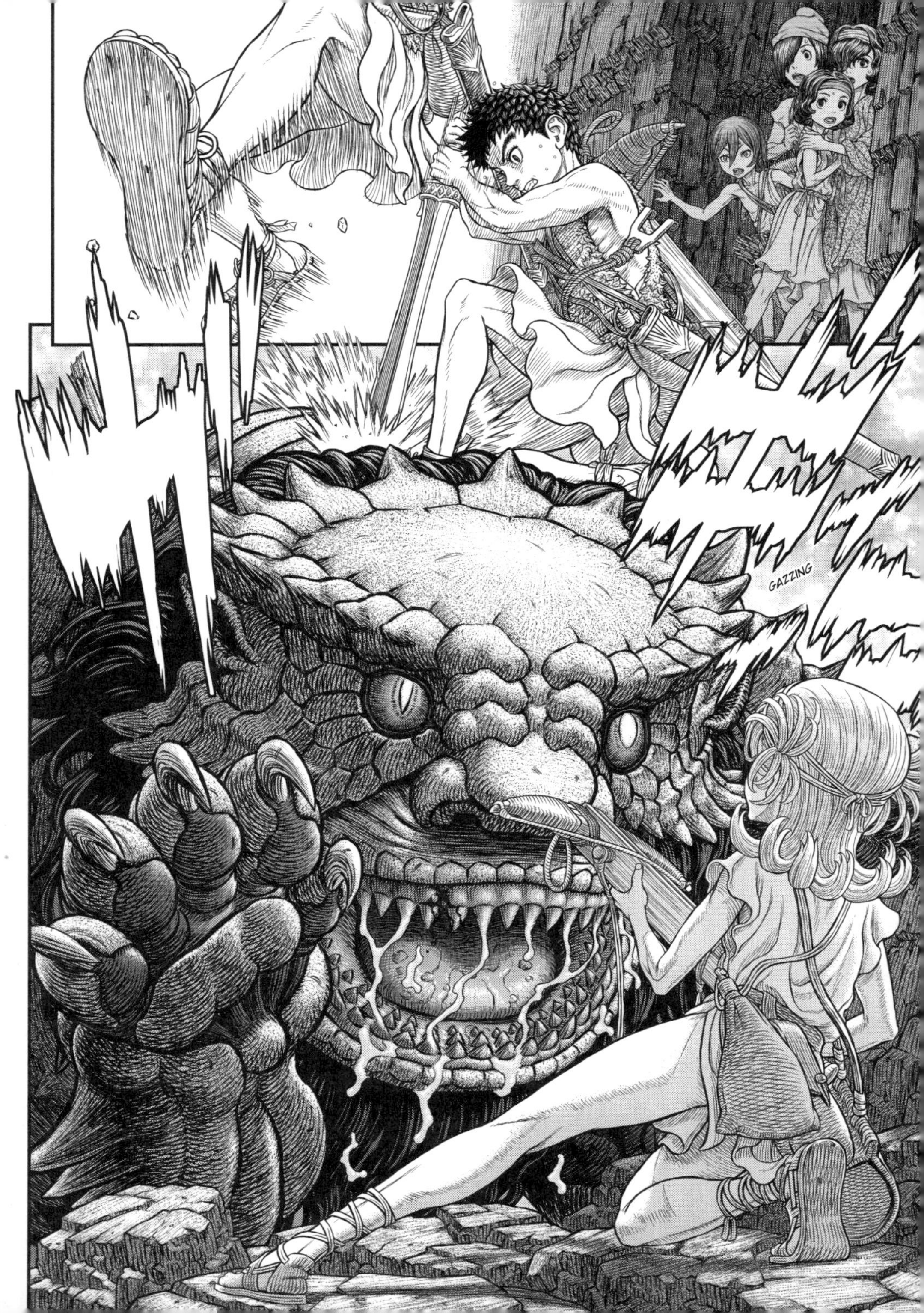
GAZZING

DUR-AN-KI

STUDIO GAGA

KUROSAKI

AKIO MIYAJI

NOBUHIRO HIRAI

NAOHIDE NAGASHIMA

SHIGERU KINOSHITA

HIDEAKI SUGIMOTO

PRODUZIERT VON

KENTARO MIURA

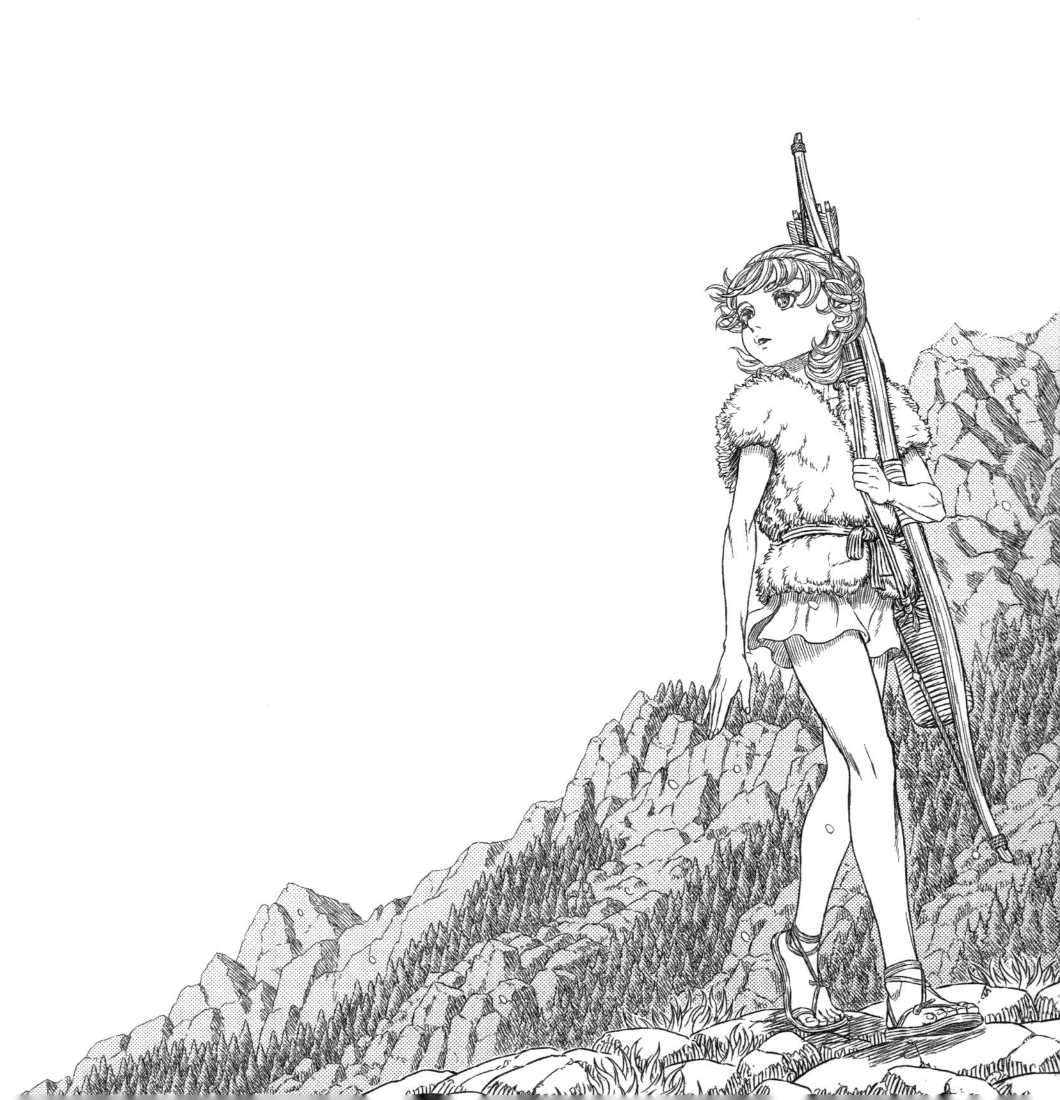

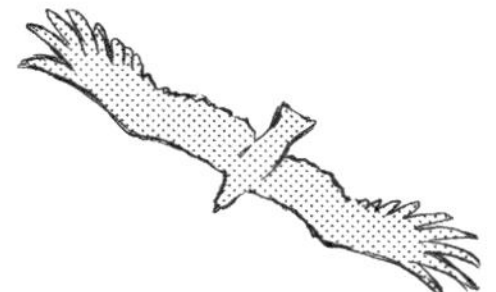

Liebe Leserinnen und Leser!

Vielen Dank, dass ihr „Dur-an-ki" gelesen habt. Dieser Manga wurde von Kentaro Miura produziert und ist zuerst in *Zero*, dem Sonderheft von *Young Animal*, serialisiert worden.
Als Ergebnis wiederholter Beratungen zwischen der Redaktion und Studio Gaga wurde entschieden, die Veröffentlichung des noch unvollendeten Werks einzustellen.
Miura-Sensei liebte es, neue Ideen zu entwickeln.
In diesem Sinne ist „Dur-an-ki" aus einer dieser Ideen hervorgegangen.
Auf den folgenden Seiten veröffentlichen wir ein von Miura-Sensei geschaffenes Szenario aus der Anfangszeit. Das Werk mit dem Arbeitstitel „Amazonen" (Amazonesu) wurde von Studio Gaga gezeichnet und nach größeren Abänderungen schließlich veröffentlicht. „Amazonen" spielt in der Welt der klassischen Sagen und ist als grandioses Epos angelegt. Miura-Sensei hatte wirklich eine unglaubliche Anzahl von Manga-Ideen in seinem Kopf. Vielleicht kann das Szenario ja als Anregung dazu dienen, sich einmal in die reichhaltige Gedankenwelt und den „Kopf" von Miura-Sensei hineinzuversetzen.
Liebe Fans im In- und Ausland … Wir haben uns sehr über eure zahlreichen Zuschriften gefreut. Und wir danken von Herzen für die unveränderte Liebe und Zuneigung, die darin zum Ausdruck kommt.

Redaktion Young Animal

Szenario des Prototyps von „DUR-AN-KI"

„Amazonen"

Idee: Kentaro MIURA

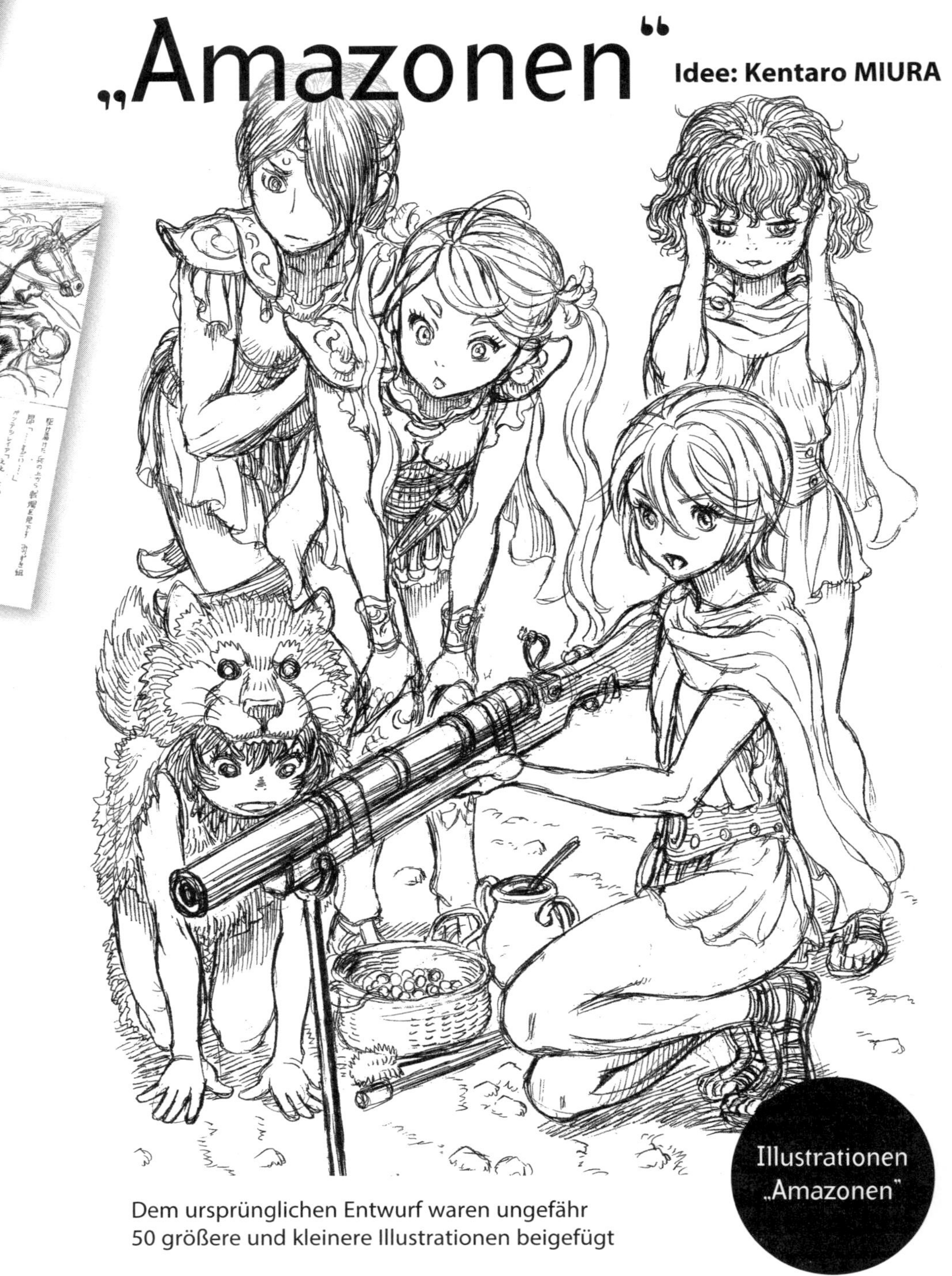

Illustrationen „Amazonen"

Dem ursprünglichen Entwurf waren ungefähr 50 größere und kleinere Illustrationen beigefügt

Der handschriftliche Entwurf von Kentaro Miura

Das Szenario umfasst ungefähr 80 handschriftliche Seiten. Eingefügt sind Illustrationen, Erläuterungen und Vorschauen auf die weitere Handlung.
Das auf den folgenden Seiten wiedergegebene Szenario basiert in seiner Gänze auf dem handschriftlichen Text.

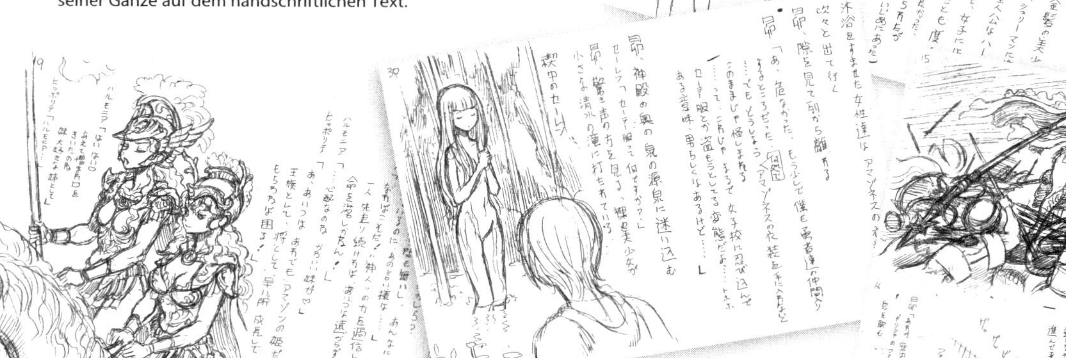

Schon vor der Veröffentlichung von „Dur-an-ki" zirkulierte im Jahr 2015 in der Redaktion das Szenario eines Geschichtsepos mit dem Titel Amazonen. Anhand der noch existierenden Materialien soll der Inhalt dieses Vorhabens inklusive sämtlicher Texte und Zeichnungen hier vorgestellt werden.

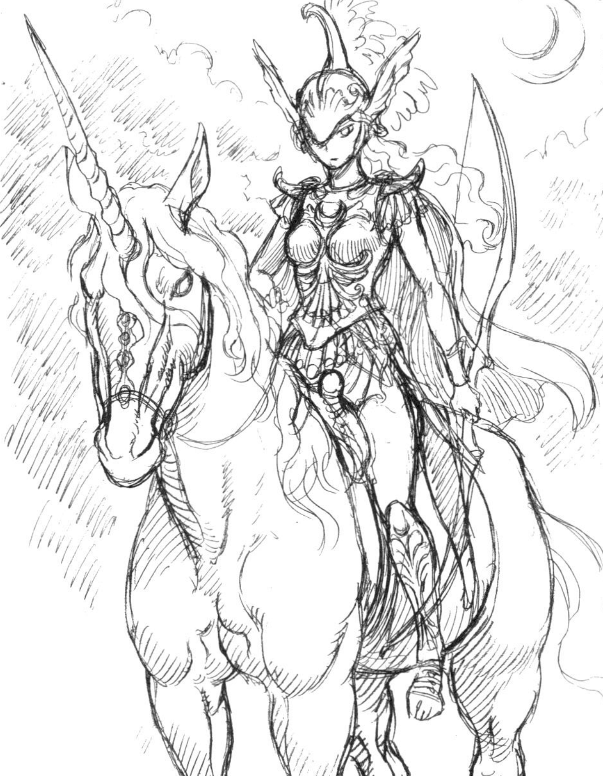

Was ist „Amazonen"?

„Amazonen" war ein von Miura-Sensei während der Arbeit an „Berserk" konzipiertes Projekt für einen Fortsetzungs-Manga. Er sollte davon handeln, wie ein normaler Oberschüler eine Zeitreise in die Vergangenheit unternimmt und sich unvermittelt in der Welt der griechischen Mythen wiederfindet. Dort versucht er, mithilfe seines „modernen" Wissens im reißenden Strom der Geschichte zu bestehen. Anfangs sollte Miura-Sensei als Autor dieses Werks fungieren, aber nach einigen Verwicklungen wurde Studio GAGA mit den Arbeiten betraut.

Das Verhältnis zu Dur-an-ki

Zur Zeit seiner Konzipierung war die Idee hinter „Amazonen" neuartig, aber im Laufe der Zeit wurden Werke, in denen der Protagonist in ein anderes Zeitalter reist, zu einem etablierten Genre. Deshalb wurde der Fokus des Projekts nun stärker auf die Bereiche „antike Sagen" und „geschichtliche Ereignisse" gelegt. Es ergaben sich dadurch größere Veränderungen sowohl an den Figuren als auch an der Story. Einige Kernmotive von Amazonen, wie etwa „technologische Errungenschaften als Gamechanger" oder „Held mit androgynen Eigenschaften",, sind jedoch in Dur-an-ki erhalten geblieben.

Abriss der Story
Szenario: Kentaro Miura

Ein hübscher junger Mann, der passionierter Geschichts- und Kriegs-Nerd ist, landet aufgrund eines Zeitsprungs in der Welt des Trojanischen Krieges. Als Amazonen sein Leben retten, verheimlicht er sein männliches Geschlecht und kämpft fortan an ihrer Seite gegen griechische Soldaten, Monster und Helden.
Die eigentliche Waffe des Protagonisten ist dabei sein aus der Gegenwart mitgebrachtes Wissen über Geschichte, Taktik und Waffen.
NB: Wäre seine Identität als Mann aufgeflogen, wäre er nach den Gesetzen der Amazonen geköpft worden.
Bald kämpft die Hauptfigur um viel mehr als nur um das eigene Überleben. Der Kampf des jungen Mannes wird zu einem Kampf gegen den Fluss der Geschichte der gesamten Menschheit. Genauer gesagt, gegen das Prinzip, dass der „Mächtige sich alles nimmt". Dieses Prinzip hat sich in Form von Eroberungskriegen, Sklaverei und Frauenverachtung seit dem Altertum über die ganze Welt ausgebreitet und besteht bis in unsere heutigen Zeiten fort.

Erster Teil
1
Die Hauptfigur ist ein hübscher sechzehnjähriger Oberschüler. Sein Vater ist Archäologe, der Schliemann bewundert und die ganze Welt bereist. Seine Frau (die Mutter des Helden) ist seine Assistentin. Er hat sie auf einer seiner Auslandsreisen kennengelernt.
Wegen seines Aussehens ist der Protagonist auf den ersten Blick leicht mit einem blonden Mädchen zu verwechseln. Deshalb wird er von Mädchen oft dazu gedrängt, Mädchenkleidung zu tragen. Und mehr als einmal bekommt er von einem Jungen einen Antrag gemacht. In ganz jungen Jahren wird er von seinen Eltern auf lange Auslandsreisen mitgenommen.

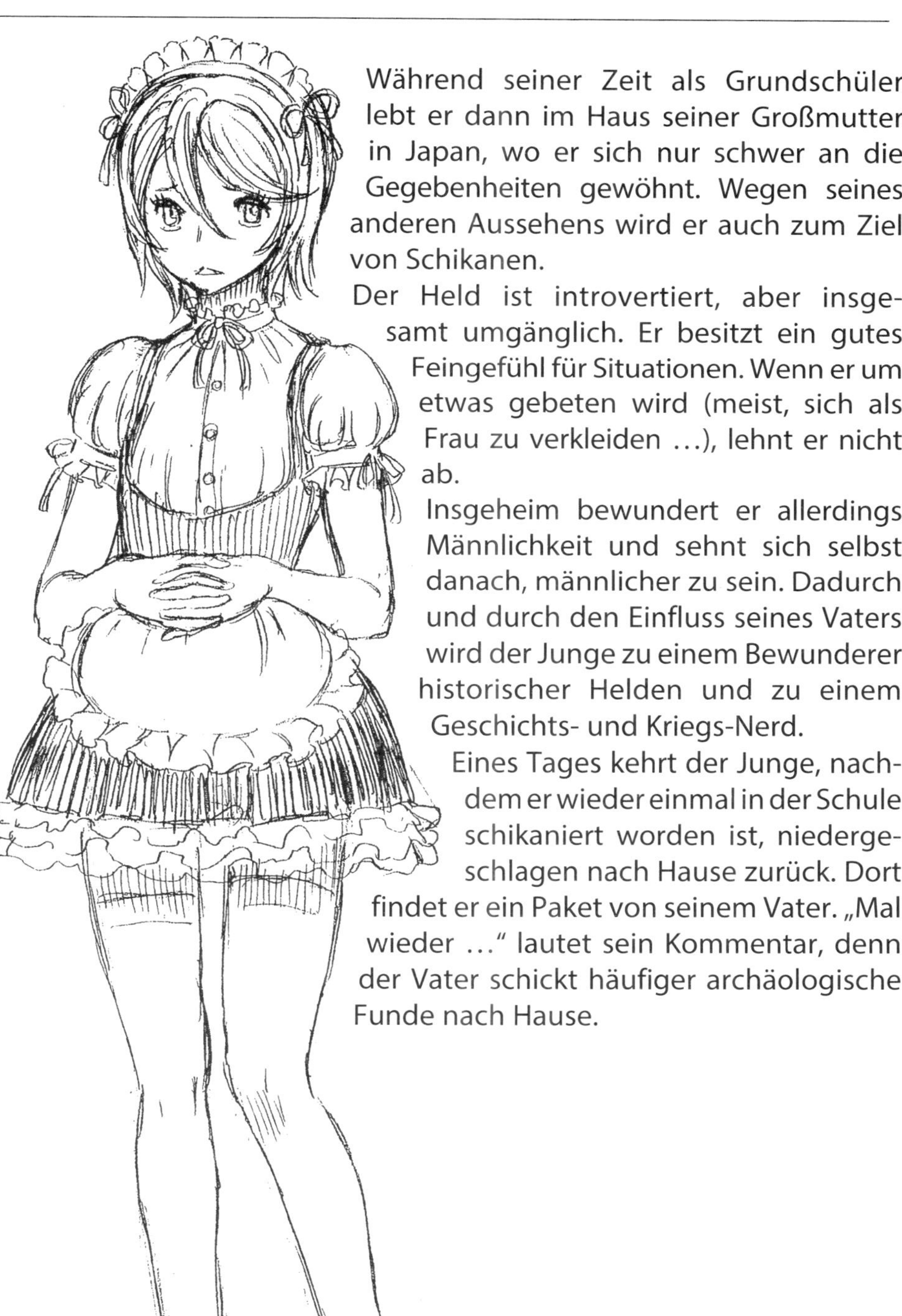

Während seiner Zeit als Grundschüler lebt er dann im Haus seiner Großmutter in Japan, wo er sich nur schwer an die Gegebenheiten gewöhnt. Wegen seines anderen Aussehens wird er auch zum Ziel von Schikanen.

Der Held ist introvertiert, aber insgesamt umgänglich. Er besitzt ein gutes Feingefühl für Situationen. Wenn er um etwas gebeten wird (meist, sich als Frau zu verkleiden …), lehnt er nicht ab.

Insgeheim bewundert er allerdings Männlichkeit und sehnt sich selbst danach, männlicher zu sein. Dadurch und durch den Einfluss seines Vaters wird der Junge zu einem Bewunderer historischer Helden und zu einem Geschichts- und Kriegs-Nerd.

Eines Tages kehrt der Junge, nachdem er wieder einmal in der Schule schikaniert worden ist, niedergeschlagen nach Hause zurück. Dort findet er ein Paket von seinem Vater. „Mal wieder …" lautet sein Kommentar, denn der Vater schickt häufiger archäologische Funde nach Hause.

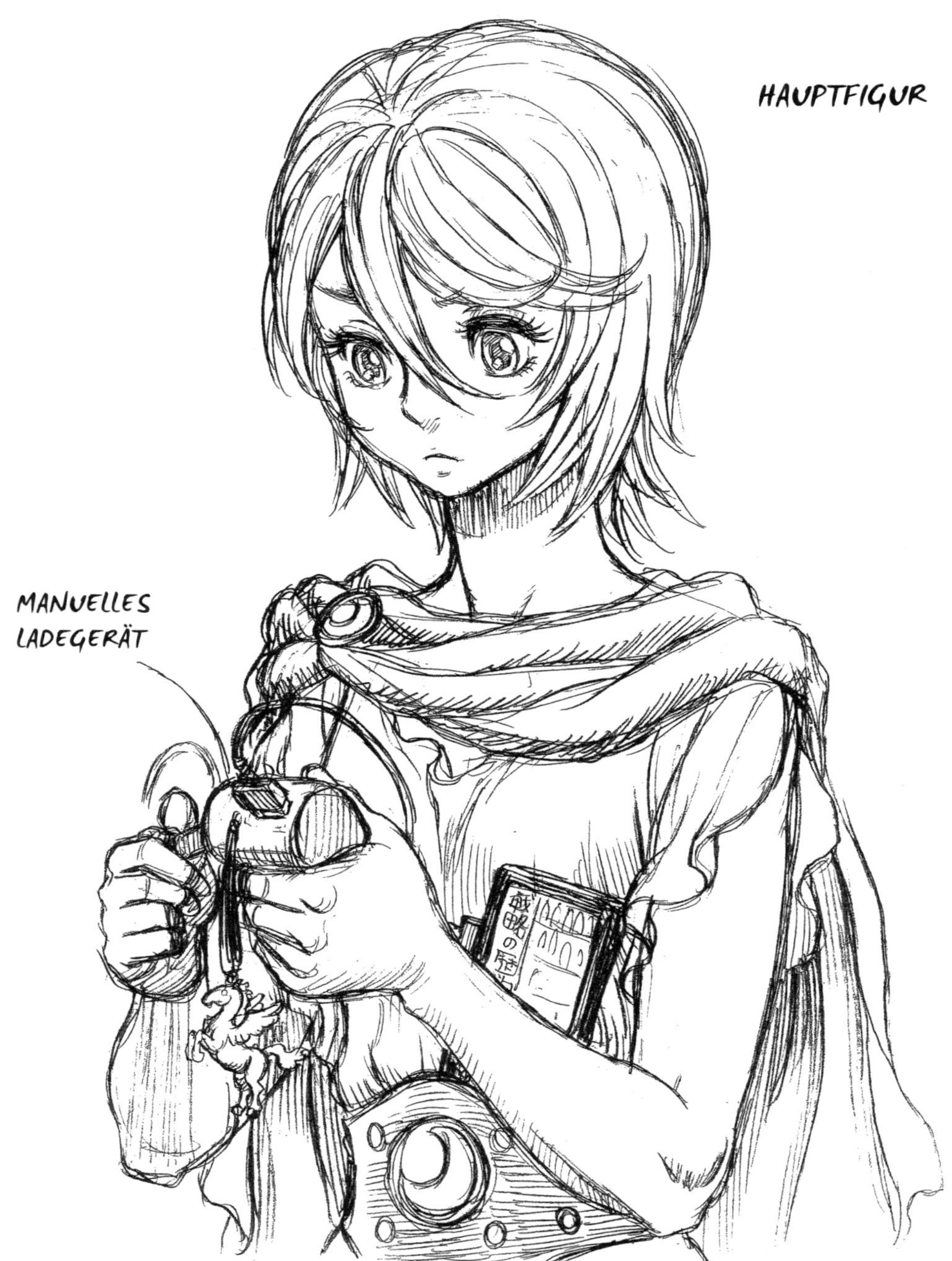
HAUPTFIGUR
MANUELLES LADEGERÄT

Diesmal handelt es sich um die „Tafel des Kronos", ein Relikt aus dem Trojanischen Krieg, das irgendwie in die Hände seines Vaters gelangt sein muss.
Hauptfigur: „Die Ilias … das berühmteste aller griechischen Epen, eine Verquickung von historischen Berichten und Göttersagen, in der zahlreiche Helden wie Hektor und Odysseus ihren Auftritt haben. Aber der Held, den ich persönlich am meisten bewundere, das ist Achill! Ein starker Krieger, furchtlos und stolz, der schöne Frauen und Schätze raubt, wie es ihm gefällt. Aber mehr als alles andere ist er auf Ruhm als Krieger aus. Gegenüber seinen Feinden tritt er unbarmherzig auf, aber für seine Gefährten und Untergebenen ist er voller Mitgefühl. Das Idealbild eines Mannes! Eigentlich ist einer wie ich nicht mal würdig, ihn zu bewundern …"
Noch während der Junge so in Gedanken schwelgt, bleibt sein Auge an einer Zeichnung hängen, die in einen Teil der Tafel graviert ist.
Hauptfigur: „Das sind die Mondgöttin Artemis und die unter ihrem Schutz kämpfenden weiblichen Kriegerinnen … die Amazonen! Die griechischen Sagen berichten von diesem Volk, das von einer Königin geführt wird … aber haben sie nicht auch in die Kämpfe um Troja eingegriffen?"
Hauptfigur: „Die Verwendung in Games und Manga hat dafür gesorgt, dass sich in Japan ein stark klischeehafte Bild von diesen ‚Amazonen' in den Köpfen der Menschen festgesetzt hat. Und zwar als wilde Kämpferinnen, die im Dschungel leben und Bikinis aus Leder tragen. Aber in letzter Zeit gibt es auch Theorien, wonach das ein nur aus Frauen bestehendes Reitervolk war, das im Umkreis des Schwarzen Meers gelebt hat. Das wäre dann eventuell gar nicht mehr so weit vom Bild der Walküren aus den nordischen Sagen entfernt. War es nicht so, dass in der Ilias die Königin der Amazonen im Kampf gegen Achill stirbt? Wie hieß sie noch gleich … äh … Penthesilea?"
Die Hauptfigur starrt auf die Tafel: „Diese junge Frau hat also gegen Achill gekämpft … Wie mutig von ihr … Was für eine Frau war diese Penthesilea?"
Die Hauptfigur legt ihre Hand auf die steinerne Tafel.
In diesem Augenblick verformt sich die Tafel und eine schwarze Kugel erscheint.
Hauptfigur: „?!!"

Der junge Mann wird von der Kugel verschlungen.
Im Niemandsland von Zeit und Raum ist ihm, als ob er Götter vorbeiziehen sieht. Als er aufwacht, befindet er sich an einem unbekannten Ort auf einem brachliegenden Feld. Er ist völlig durcheinander. Verzweifelt versucht er zu begreifen, was ihm gerade widerfahren ist. Erst ein Hilfeschrei reißt ihn aus seinen Gedanken. Er entdeckt zwei Schwestern, die auf der Erde sitzen und sich nicht bewegen können.
„Alles in Ordnung?", ruft die Hauptfigur und läuft zögerlich auf die beiden zu. Sie sind einfach gekleidet und haben viel Gepäck bei sich. Sie wirken wie Flüchtlinge. Die Gesichter sind nicht die von Japanerinnen.
Hauptfigur: Was hat das zu bedeuten, bin ich hier nicht in Japan?!
Es erscheint ein Hüne, der wie ein antiker Krieger gekleidet ist. Er führt eine Gruppe von Soldaten an. Sie sind nach griechischer Art mit Lanzen und großen, runden Schilden ausgerüstet.
Hüne: „Ihr entkommt uns nicht! In diesem armseligen Dorf gab es nichts zu plündern! Wir sollten wenigstens die beiden schönsten Mädchen zu Sklaven machen, sonst hat sich das Ganze nicht gelohnt!"
Soldat: „Kommandant … Da drüben ist noch eine!"
Hüne: „Hn? Sieh mal an, das … "
Hüne: „Du schaust aber edel und anmutig aus! Aus welcher Familie stammst du, Prinzessin? Und woher stammt diese merkwürdige Tracht, die du trägst? Hehehe … Das ist gar kein Vergleich zu diesen stinkenden Bäuerinnen …Da ist uns ja ein echtes Juwel in die Hände gefallen!"
Der Hüne packt die Hauptfigur am Kragen und zieht sie zu sich heran.
Hüne „Deine Brust ist etwas mickrig … Aber der Rest … diese Gesichtszüge … Wenn ich dich dem unersättlichen König Agamemnon als Geschenk darbringe, wird er mich in den Rang eines Generals erheben!"
Hauptfigur: Agamemnon? Doch nicht etwa … der Agamemnon?!
Hüne „Das Vorrecht dessen, der dich zuerst in Besitz genommen hat, ist es, dich auszuprobieren … Wir müssen schließlich wissen, ob du für den König gut genug bist."
Die Kleider der Hauptfigur werden zerrissen und sie wird auf den Boden gedrückt.
Soldat: „Lasst uns auch noch was übrig, Kommandant!"
Hüne: „Macht nur! Habt euren Spaß!"
Die Soldaten greifen sich die Schwestern.

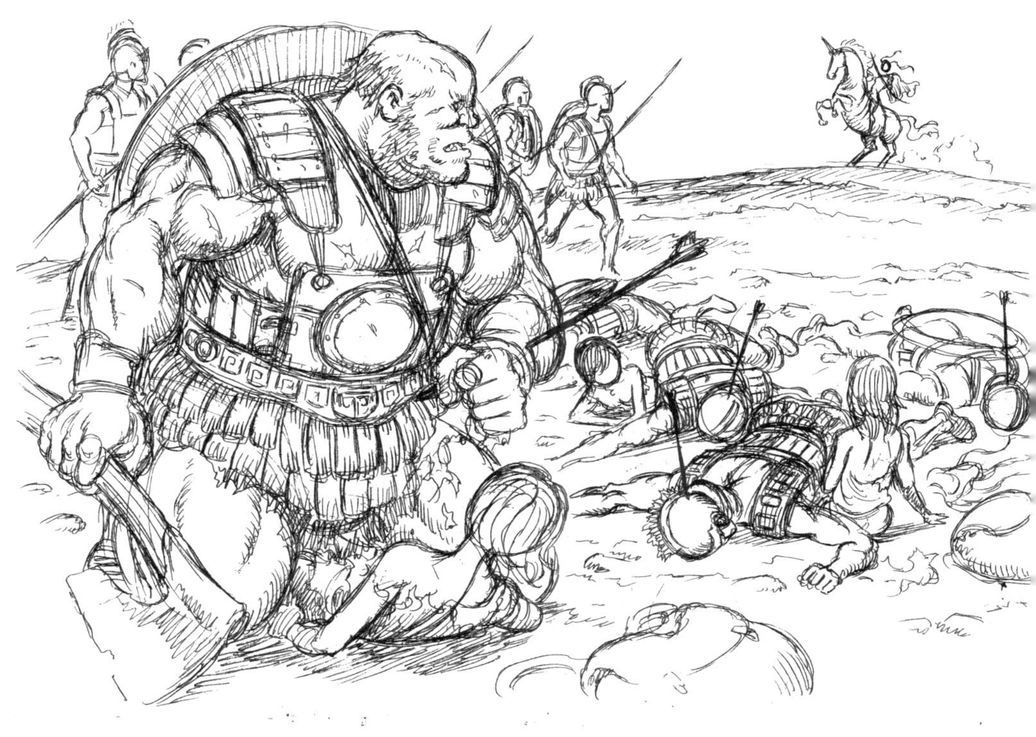

Hauptfigur: Ich bin so hilflos und schwach … obwohl ich ein Mann bin … Ich kann diesen Frauen nicht helfen … nicht einmal mir selbst!
In diesem Augenblick durchschlägt ein Pfeil den Arm des Hünen. Auch die Soldaten, die sich über die Frauen hergemacht haben, werden einer nach dem anderen von Pfeilen getroffen.
Alle: „?!!"
Auf einem Hügel etwas abseits kommt eine junge Frau auf einem Einhorn angeritten. Sie hält einen Bogen in den Händen.
Soldat A: „Ist das … eine Amazone?!"
Soldat B: „Sie reitet ein Einhorn … Das muss eine Adlige sein!"
Junge Frau: „Ich bin Penthesilea, Tochter des Kriegsgottes Ares! Nehmt sofort eure schmutzigen Hände von diesen Frauen, ihr widerlichen griechischen Bestien!"
Hauptfigur: Penthesilea?!
Hüne: „Penthesilea … Das ist die jüngste Königstochter der Amazonen! Hehehe … Heute ist echt mein Glückstag! Selbst wenn in ihren Adern das Blut des Kriegsgottes fließt … Am Ende ist sie bloß eine kleine Göre!"

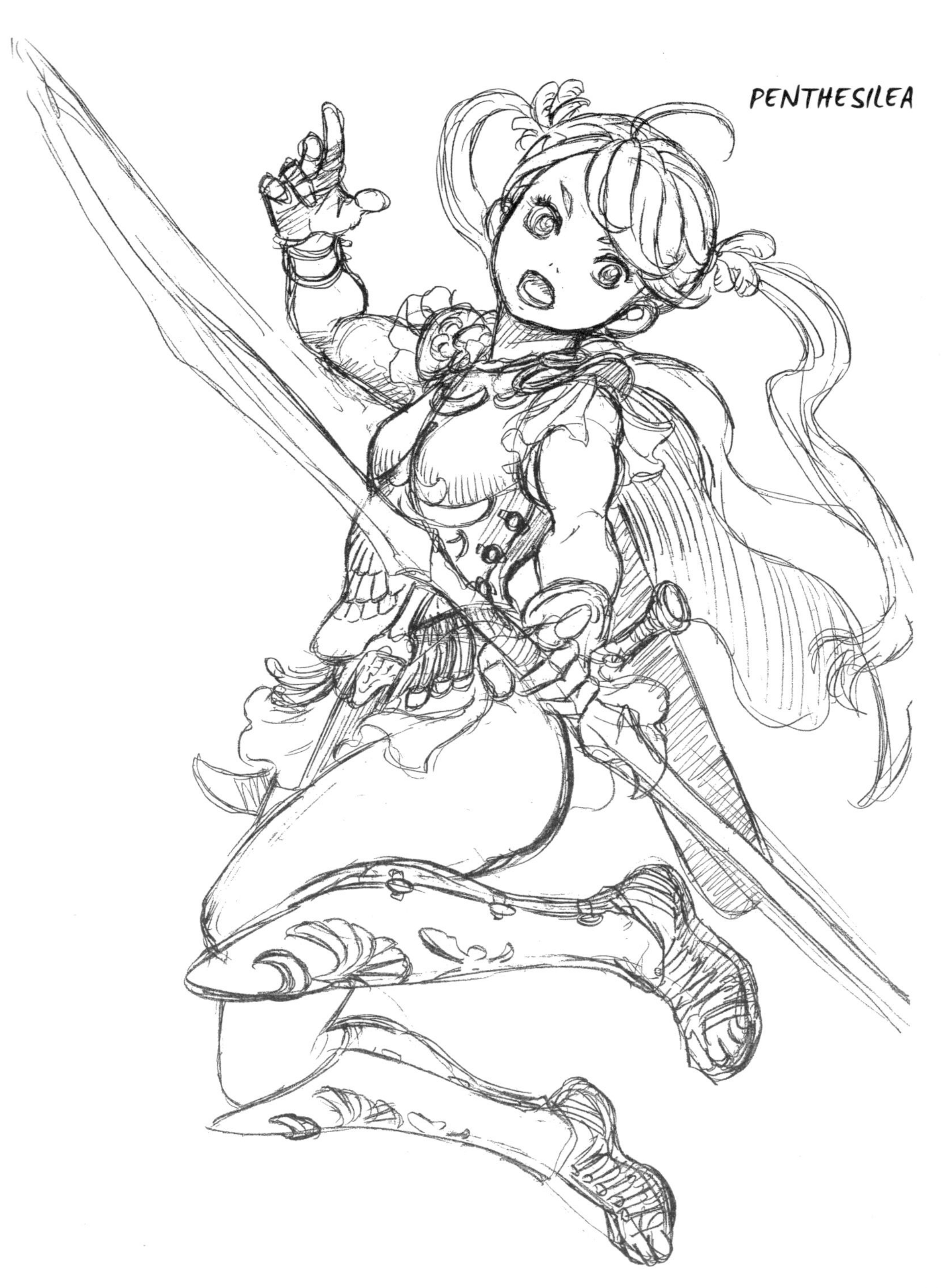
PENTHESILEA

„Alle Mann auf sie! Wenn wir diese Halbgöttin erledigen, erwartet uns eine reiche Belohnung! Hinterlassen wir unsere Namen für immer und ewig in der Geschichte!"
Soldaten: „Hurra!"
Die Soldaten mit ihren großen runden Schilden stürmen los. Penthesilea legt den Bogen an und feuert einen Pfeil nach dem anderen auf sie.
Soldat: „Mit ihren Pfeilen richtet sie nichts gegen unsere Schilde aus!"
Ein Pfeil beschreibt einen großen Bogen um den Schild und bohrt sich in die Schläfe des Soldaten.
Hüne: „Das muss der Bogen der Artemis sein, von dem die Gerüchte erzählen!"
Penthesilea legt drei Pfeile auf einmal an.
Penthesilea feuert die drei Pfeile ab: „Gegen Pfeile aus diesem Bogen ist jeder Schild nutzlos!"
Hüne: „Uooooah!"
Verzweifelt wirbelt er seinen Schild hin und her, aber alle drei Pfeile treffen ihr Ziel. Einer durchbohrt den Schädel des Hünen und tötet ihn.
Die Hauptfigur ist völlig fassungslos über das Geschehen.
Der Anblick der toten Soldaten und des vergossenen Blutes ringsum lässt das Herz des Jungen vor Aufregung rasen. Er kann nur noch mit Mühe atmen.
Hauptfigur: Menschen sind gestorben … Und das ist kein Traum!
Soldat A: „Den Kommandanten hat's erwischt!"
Soldat B: „Nicht einschüchtern lassen! Der Gegner ist alleine! Irgendwann gehen ihm schon die Pfeile aus!"
Penthesilea: „Alleine? Wie kommt ihr darauf?"
Im diesem Moment erscheinen weitere Amazonen zu Pferd auf dem Hügel. Mit wildem Geschrei galoppieren sie auf den Feind zu. Ein Soldat nach dem anderen wird von Pfeilen niedergestreckt. Schließlich sind alle Feinde vernichtet. Gelähmt vor Entsetzen beobachtet die Hauptfigur das Geschehen.
Hauptfigur: „Die Mädchen …"
Die Hauptfigur ist wieder zu sich gekommen. Sie krabbelt in Richtung der beiden Schwestern.
Hauptfigur: „Alles in Ordnung bei euch?"
Sie zittern, bestätigen aber, dass ihnen nichts geschehen ist. Erleichtert sinkt die Hauptfigur zu Boden.
Penthesilea: „He, ihr da! Alles okay?"

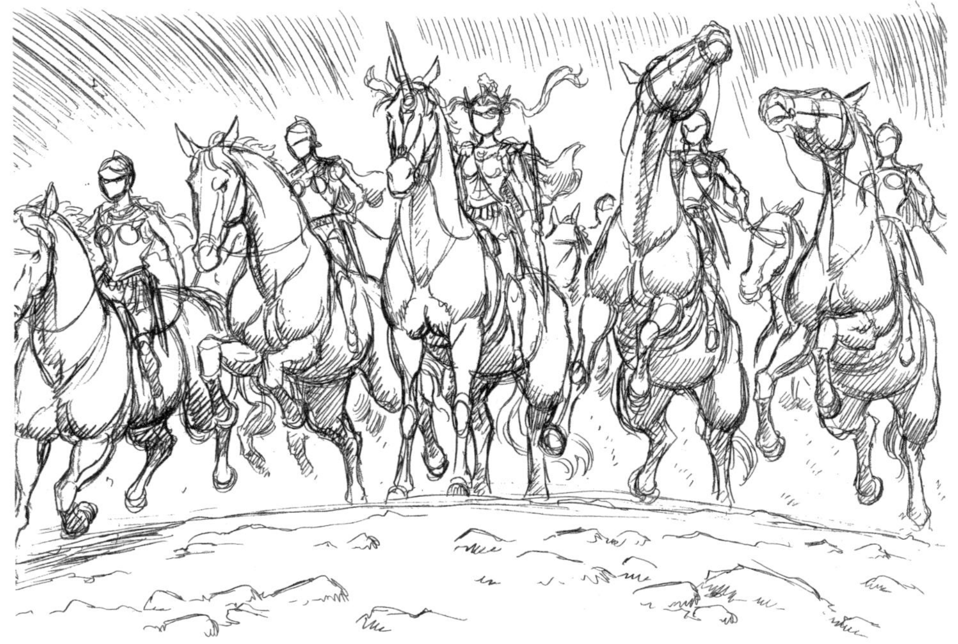

Die Hauptfigur blickt in die Richtung, aus der die Stimme kommt. Der erhabene Anblick, der sich dem Jungen bietet, lässt ihm den Atem stocken.
Hauptfigur: „Penthesilea … Die sagenhafte Amazone …"

2

Melanipe: „Penthesilea!"
Eine Kriegerin, anscheinend die Adjutantin von Penthesilea, kommt herangeprescht.
Penthesilea: „Melanipe!"
Melanipe: „Penthesilea! Immer du und deine Alleingänge! Falls dir irgendetwas zugestoßen wäre …!"
Penthesilea: „Tut mir leid! Als ich die Hilfeschreie gehört habe, da konnte ich einfach nicht anders …"
Melanipe: „Für unsere Mondsichel-Schwadron ist das der erste Einsatz im Krieg! Uns fehlt es noch an Kampferfahrung! Ich verstehe ja, dass du dich auszeichnen möchtest, aber als Kommandantin … als Tochter der Königin … musst du verantwortungsbewusster handeln!"

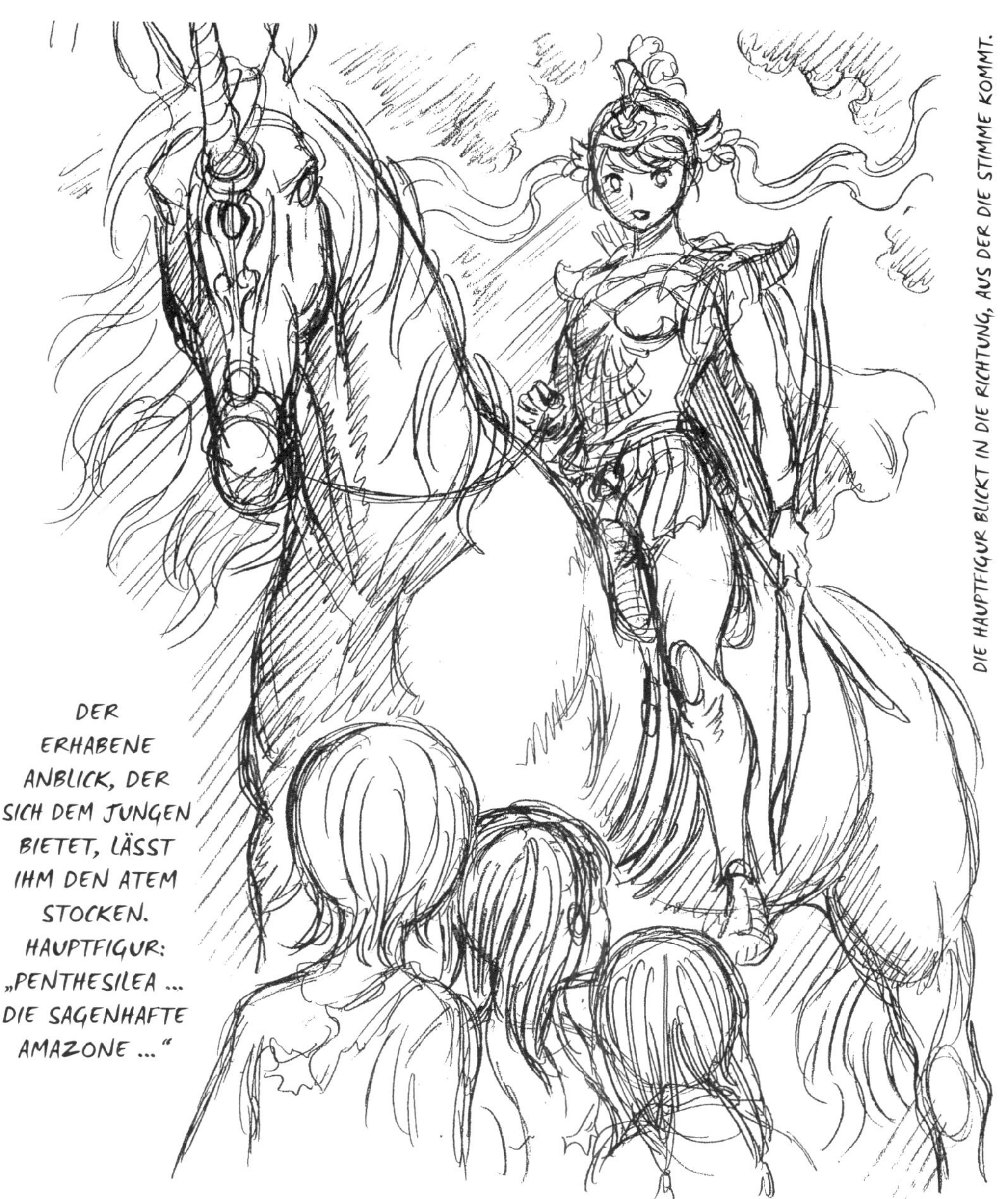
DER ERHABENE ANBLICK, DER SICH DEM JUNGEN BIETET, LÄSST IHM DEN ATEM STOCKEN. HAUPTFIGUR: „PENTHESILEA … DIE SAGENHAFTE AMAZONE …“
DIE HAUPTFIGUR BLICKT IN DIE RICHTUNG, AUS DER DIE STIMME KOMMT.

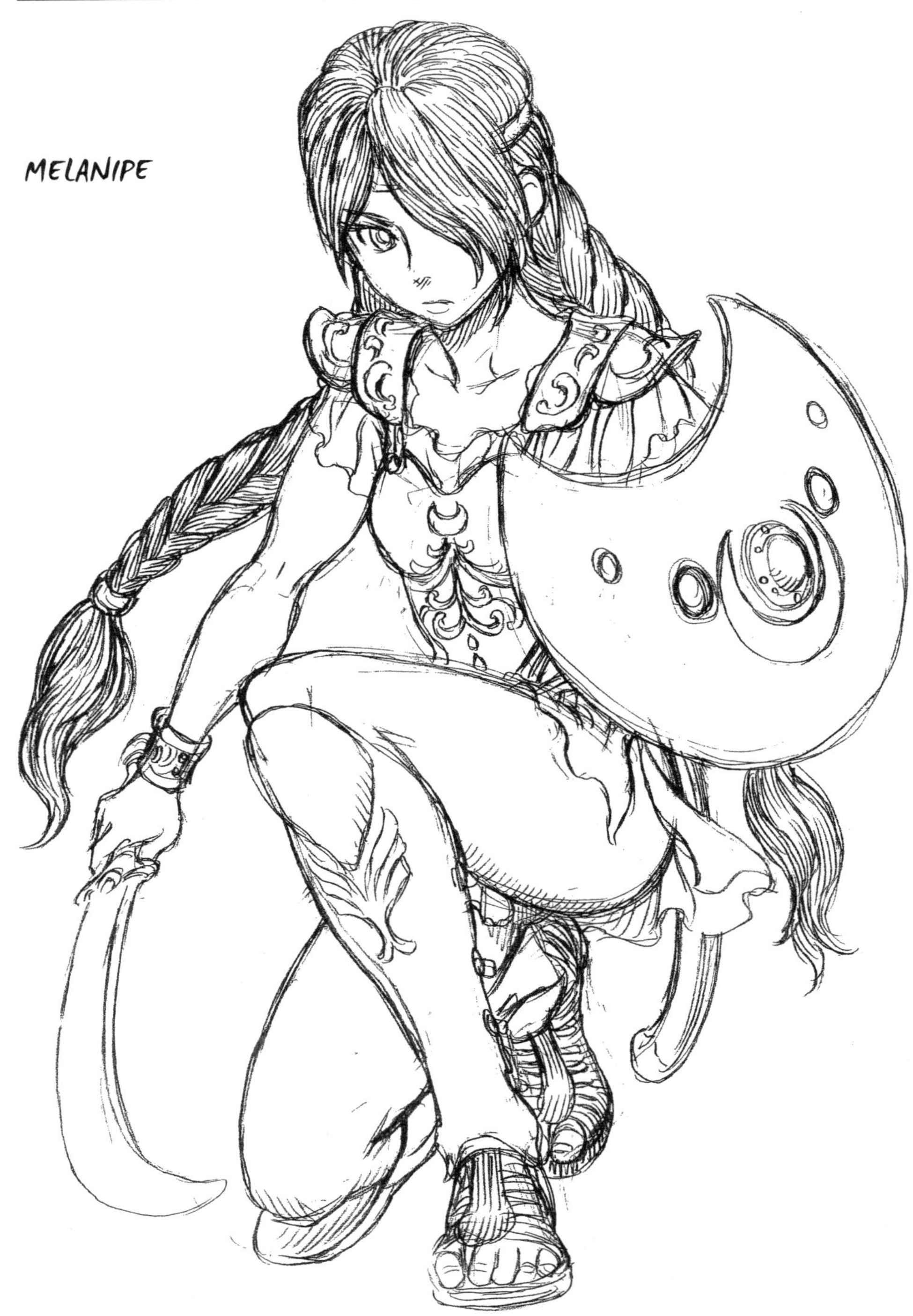
MELANIPE

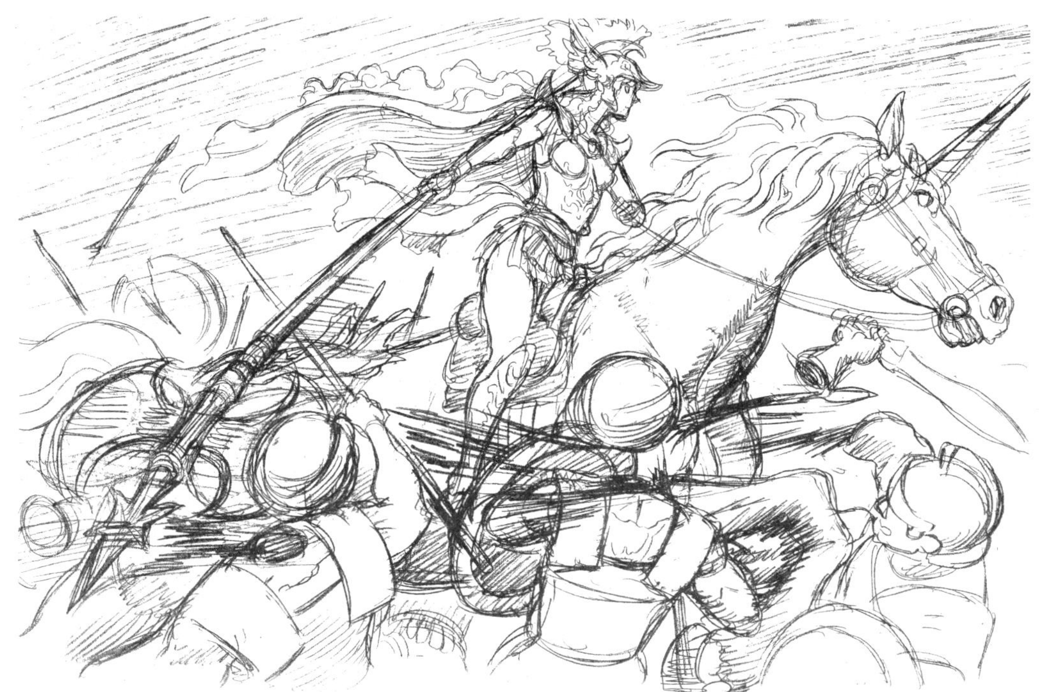

Penthesilea: „Aber Schwester Hippolyte zieht doch auch ständig alleine in den Kampf!"
Melanipe starrt sie an: „Wie bitte?!"
Penthesilea: „Schon gut …"
Penthesilea wendet sich der Hauptfigur und den beiden Schwestern zu.
Penthesilea: „Seid ihr verletzt? Könnt ihr aufstehen?"
Hauptfigur, sich langsam erhebend: „Es geht schon."
Penthesilea: „Das hier ist ein Schlachtfeld! Der Feind kann jederzeit wiederauftauchen. Kommt ihr mit uns?"
Die Hauptfigur wechselt ängstliche Blicke mit den beiden Schwestern, dann wendet sie sich wieder der Kriegerin zu und nickt.
Penthesilea: „Melanipe! Die Schwestern sollen hinter mir reiten!"
Hauptfigur: „Aber … Das ist ein Einhorn …" War es nicht so, dass Einhörner Männer hassen und sie deshalb aufspießen?
Penthesilea: „Keine Angst. Dieser Hengst hat zwar ein feuriges Naturell, aber er käme nie auf die Idee, ein Mädchen zu beißen. Und erst recht nicht ein so hübsches Mädchen wie dich!"
Hauptfigur: Hübsches Mädchen? Meint sie damit etwa …?
Für einen Moment fixiert der Hengst die Hauptfigur.
Hauptfigur: „Hih!"

Hengst: „Brrr!“ Dann drückt er seine Schnauze gegen die Hauptfigur.
Hauptfigur: „Äh?“
Penthesilea: „Was für eine Überraschung! Der Hengst scheint dich zu mögen … Das macht er normalerweise nur bei mir. Gleich werde ich eifersüchtig!“
Hengst: „Hihihi ❤“
Hauptfigur: Ich …
Aus dem Sattel streckt Penthesilea der Hauptfigur die Hand entgegen.
Penthesilea: „Ich bin Penthesilea, die jüngste Prinzessin der Amazonen. Und wie heißt du?“
Hauptfigur: „Subaru … Subaru Saotome.“
Penthesilea: „Subarusaotome?“
Subaru: „Nenn mich einfach Subaru.“
Penthesilea: „Subaru … Das klingt merkwürdig.“
Penthesilea: „Und deine Gesichtszüge sind so … fremd … so etwas habe ich hier noch nie gesehen …“
Penthesilea greift den Arm von Subaru und zieht ihn zu sich heran, um ihn fasziniert zu betrachten.
Subaru: „…“
Auch Subaru fällt es schwer, seinen Blick von Penthesilea abzuwenden. Beide starren sich eine Weile an.
Melanipe hustet. „Kff!“
Die beiden zucken zusammen.
Subaru sitzt hinter Penthesilea auf.
Melanipe: „Los geht's!“

Schlachtfeld
Ein einmaliger Anblick. Kein Kampfschrei entfährt ihrem Mund und auch ihre Gesichtszüge bleiben völlig ausdruckslos. Sie wirkt wie ein kalter, grimmiger Gott. Hippolyte zersprengt die Schlachtreihen des Gegners, die Reiterinnen in ihrem Gefolge machen mit ihren Schwertern aus vollem Galopp einen Soldaten nach dem anderen nieder. Heilloses Durcheinander herrscht in den Reihen der Griechen, schließlich feuert die leichte Reiterei noch einen Regen von Pfeilen in das Gedränge. Die vollständige Niederlage des Feindes ist damit besiegelt. Von einem nahegelegenen Hügel aus beobachtet Subaru das Geschehen.
Subaru: „Stark …“

Penthesilea: „Ja, meine Schwester Hippolyte ist die stärkste von uns Amazonen. Sie trägt den Beinamen 'Flammende Jungfrau'."
Fasziniert beobachten Subaru und Penthesilea die Aktionen von Hippolyte im Kampf. Ein Horn verkündet den Anmarsch neuer Soldaten. Eine große griechische Streitmacht rückt aus der Richtung heran, in die die geschlagenen Feinde fliehen. Tausende von Soldaten nähern sich in einer absolut perfekt geordneten Schlachtformation. Diese Armee ist den Amazonen zahlenmäßig haushoch überlegen.
Subaru: „Das muss die berühmte Phalanx der Griechen sein ..."
Subaru stockt der Atem.

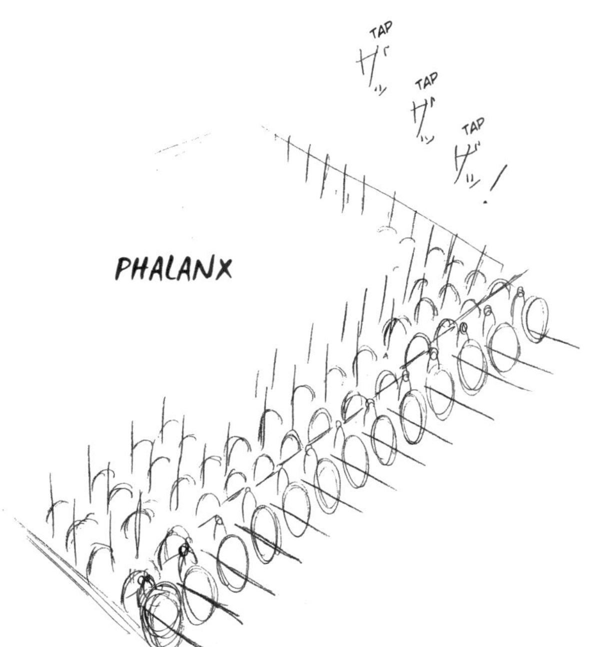

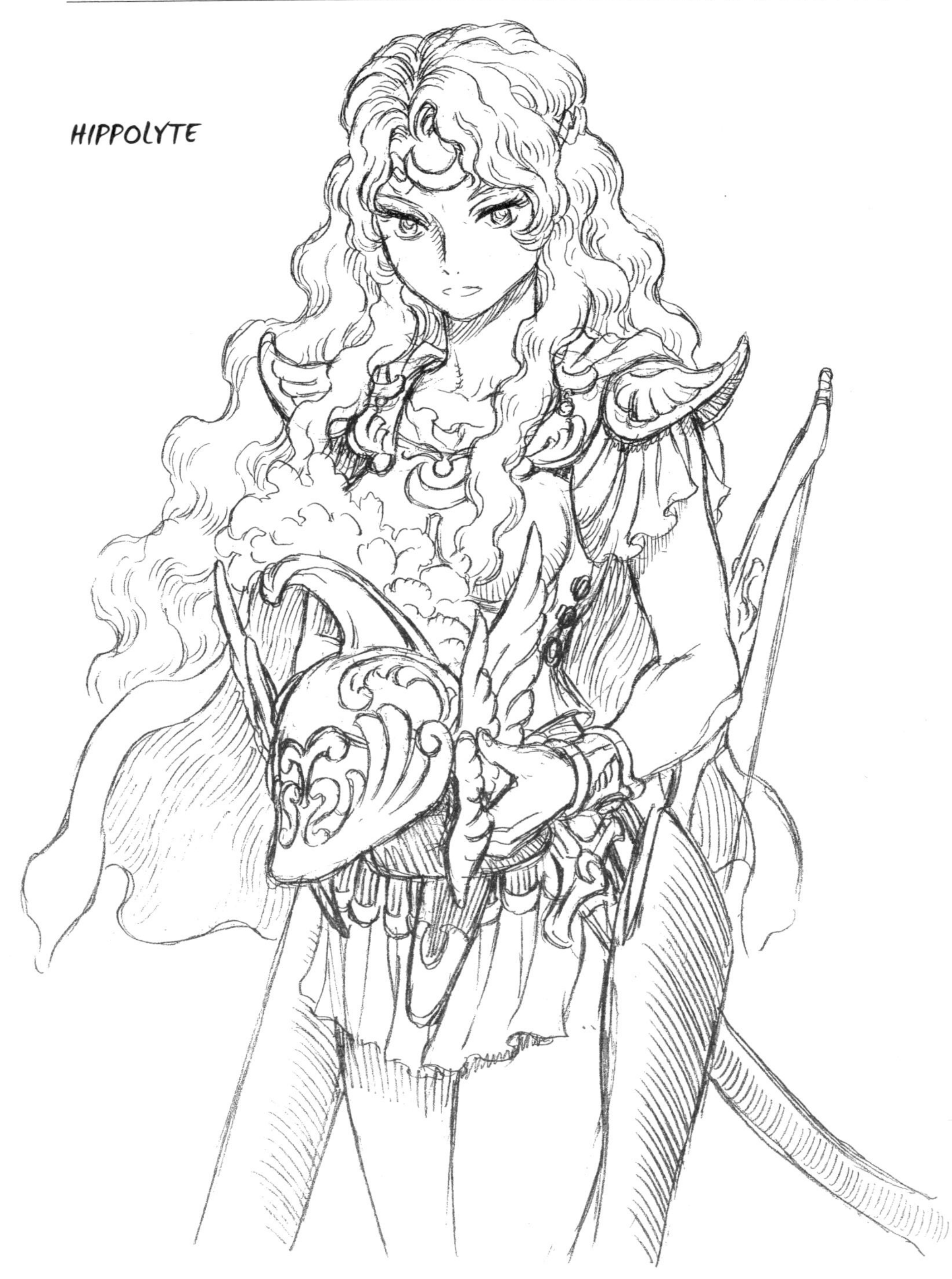
HIPPOLYTE

Im Angesicht der überwältigenden Übermacht vermeiden die Amazonen das Gefecht und ziehen sich zurück. Sie verlassen das Schlachtfeld auch, um die Flüchtlinge, die aus den niedergebrannten Dörfern der Umgebung vertrieben wurden, in ihre Obhut nehmen zu können. Penthesilea (mit Subaru) und Hippolyte reiten Seite an Seite.
Penthesilea: „Du hast einfach wunderbar gekämpft, Schwester!"
Das klingt glücklich und zugleich auch ein wenig bewundernd.
Hippolyte: „Was war daran wunderbar? Wir konnten den Feind wieder nicht vernichtend schlagen. Als die Hauptstreitmacht eintraf, mussten wir uns zurückziehen."
Penthesilea: „Mit der Streitaxt des Ares lässt du dem Gegner keine Chance!"
Hippolyte: „Auch wenn meine Kräfte als Halbgöttin die eines gewöhnlichen Menschen übersteigen ... Um den Kriegsverlauf zu ändern, reicht es offenbar nicht."
Penthesilea: „Aber ..."
Hippolyte: „Wir müssen über etwas anderes reden. Du hast dich im Alleingang auf den Feind gestürzt. Melanipe hat es mir berichtet."
Penthesilea: „Was das betrifft ..."
Penthesilea wirft Melanipe einen scharfen Blick zu, aber diese wendet sich ab.
Hippolyte: „Du Närrin hast in deiner Gier nach Ruhm wieder einmal überstürzt gehandelt! Dein leichtsinniges Tun hätte diejenigen, die du anführst, leicht in Gefahr bringen können! Du solltest einmal kritisch mit dir selbst ins Gericht gehen!"
Penthesilea: „Es tut mir leid ... Aber ... Schwester ... Es ist immer dasselbe ..."
Hippolyte: „Wolltest du etwa vor den anderen deine besonderen Kräfte als Halbgöttin zur Schau stellen? Wolltest du dir Ruhm als Kriegerin erwerben? Für eine, die zum ersten Mal im Kampf steht, wäre das ganz schön anmaßend!"
Penthesilea: „Aber ..."
Hippolyte: „Ruhm und Heldentum ... das sind Werte, wie sie diese niederträchtigen Mannsbilder hochhalten ... Wie albern!"
Penthesilea: „..."

Auch Subaru versetzen diese Worte einen Tiefschlag. Er erträgt es kaum, die völlig in sich zusammengesunkene Penthesilea anzuschauen.
Subaru: „Wenn Penthesilea nicht so schnell herangestürmt wäre, würde ich jetzt nicht hier sein! Ich habe ihr mein Leben zu verdanken."
Penthesilea: „Subaru ..."
Hippolyte: „Hu ..." Sie schenkt Subaru ein freundliches Lächeln. „Höre, Mädchen! Dass meine Schwester verhindert hat, dass diese Männer eine reizende Blume wie dich einfach zertrampeln, ist auch schon das Einzige, was an ihrem Verhalten lobenswert war."
Hippolyte wendet sich von beiden ab und reitet davon.

Hippolytes Adjutantin Harmonia [eine ruhige Frau].
Harmonia: „Bist du nicht ein wenig zu streng mit ihr ins Gericht gegangen? Sie hat erst sehr wenig Erfahrung in der Schlacht. Und sie ist voller Bewunderung für dich. Ich fand deine Worte etwas ..."
Hippolyte: „Eben deshalb! Wenn sie weiter die eigenen Kräfte so überschätzt und blindlings drauflosstürmt, ist es nur eine Frage der Zeit, bis sie einmal in Teufels Küche gerät und ihr Leben lässt."
Harmonia: „Deine schwesterliche Sorge um sie ist rührend."
Hippolyte: „Sie ist eine Prinzessin der Amazonen. Nicht mehr und nicht weniger. Als ein Mitglied der Königsfamilie ... aber auch als Generalin ... muss ich von ihr verlangen, dass sie so schnell wie möglich reift, sonst haben wir ein Problem!"
Harmonia: „Ich weiß doch, wie sehr du sie liebst, und du würdest niemals ein schlechtes Wort über sie verlieren, ja ja ..."
Hippolyte: „Harmonia ..."
Während des Rückzugs sieht Subaru viele furchtbare Dinge: die Leichen von Soldaten und Bürgern; niedergebrannte Dörfer; Kinder, die vor den toten Körpern ihrer Eltern weinen, alte Menschen, die völlig abwesend dastehen und vor sich hinstarren.
Subaru: Das ist kein Traum, ich bin wirklich in einem Krieg ...
Penthesilea: „Danke, dass du mich vorhin in Schutz genommen hast."
Subaru: „Das habe ich nicht. Ich wollte einfach nur sagen, wie es wirklich war. Prinzessin Hippolyte ist wirklich beeindruckend, beinahe überwältigend. So majestätisch ... Fast wie eine Gestalt aus einer Legende!"

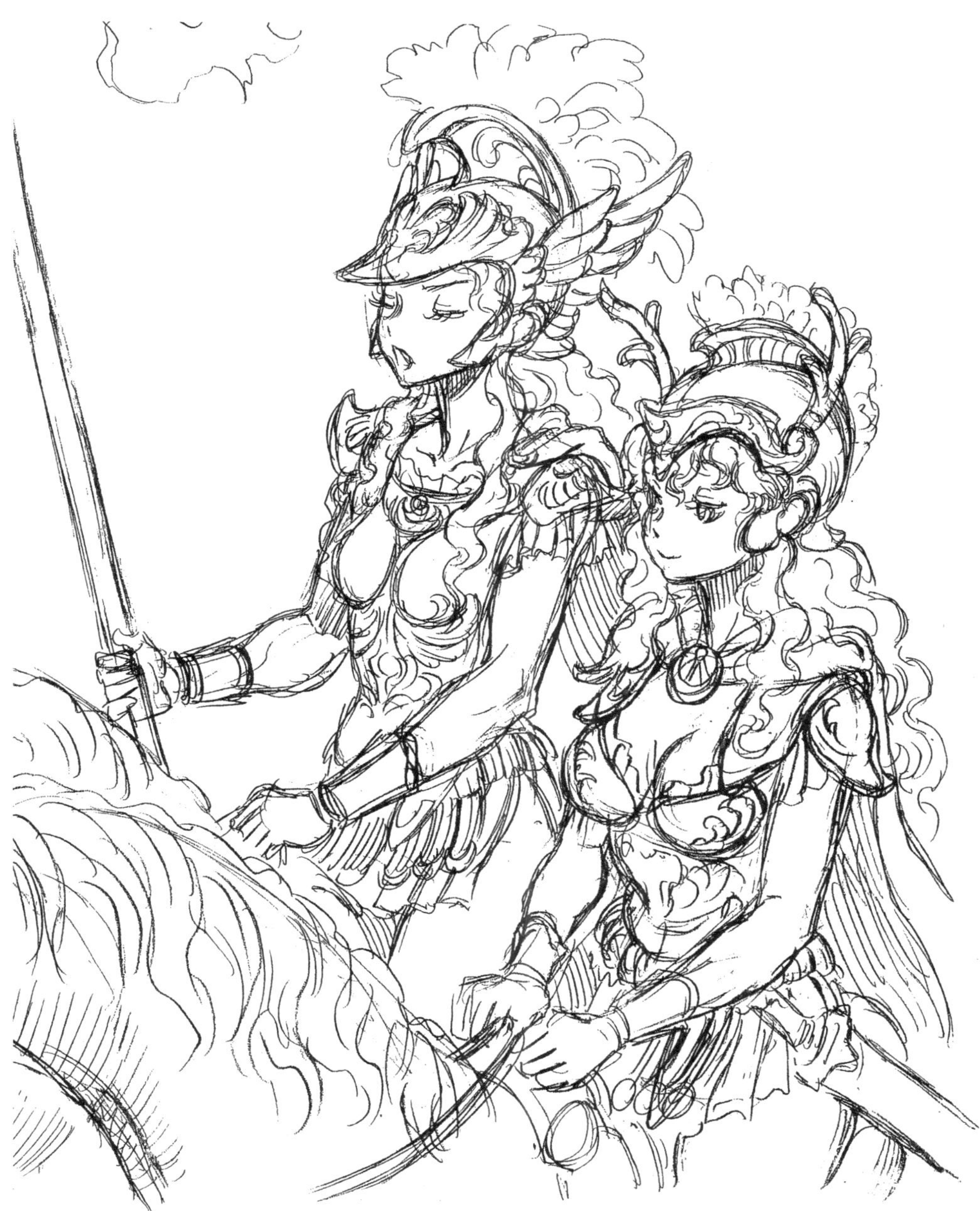

Penthesilea: „Meine Schwester Hippolyte ist unser ganzer Stolz, sie ist eine Amazone unter den Amazonen." Nicht so wie ich …
Ein Schatten huscht über das Gesicht von Penthesilea.
Melanipe: „Penthesilea …"
Subaru: „Auf mich hast du nicht weniger Eindruck gemacht als sie."
Penthesilea: „Wie …?"
Subaru: „Dieser Anblick, als du oben auf dem Hügel erschienen bist … Das war schon überwältigend! Und als du mir deine Hand hingestreckt hast und ich sie gegriffen habe, da hat mein Herz vor Aufregung Purzelbäume geschlagen. Es war, als ob ich eine lebende Legende berühren würde."
Penthesileas Gesicht errötet langsam.
Penthesilea: „Ach, komm schon …"
Melanipe: „Penthesilea …"
Penthesilea: „Subaru … Woher kommst du eigentlich? Deinem Aussehen nach bist du weder Anatolierin noch Griechin. Und wie eine Ägypterin siehst du auch nicht gerade aus."
Subaru: „Also … ich … komme von sehr weit weg … Aus einem Land im fernen Osten."
Penthesilea: „Im Osten? Du meinst Persien? Oder … sag bloß … du kommst aus Shakya (Indien)?"
Subaru: „Nein! Von einem Ort noch viel weiter im Osten! Aus einem kleinen Inselreich, kurz vor dem Ende der Welt!"
Melanipe: „Was redest du … Du willst doch nicht ernsthaft behaupten, die Welt würde östlich von Shakya noch weitergehen?"
Penthesilea: „Wer weiß! Es war schließlich noch keiner da, um sich mit eigenen Augen zu überzeugen …"
Melanipe: „Es ist schlicht unmöglich. Mit gesundem Menschenverstand betrachtet …"
Penthesilea: „Sei doch nicht immer so dickköpfig, Melanipe! Und du … Wie kam es, dass du dich auf dieses Schlachtfeld verirrt hast?"

Subaru: „Wie soll ich das erklären … Ich … Ich weiß es ja selbst nicht so genau … Ich bin ohnmächtig geworden … und als ich wieder zu mir kam, war ich auf diesem Schlachtfeld."
Melanipe: „Vermutlich ist ein persisches Sklavenschiff irgendwo hier in der Gegend gestrandet … Vielleicht hast du einen Schlag gegen den Kopf bekommen, als die Wellen dich auf den Strand geworfen haben?"
Subaru: Klingt plausibel …
Penthesilea: „Ich glaube dir, Subaru. Du sagst, du hattest das Gefühl, eine lebende Legende zu berühren, als ich dir die Hand gereicht habe. Auch ich hatte ein sehr sonderbares Gefühl, als ich deine Hand ergriff. Ich habe so etwas wie göttliche Führung gespürt."
Melanipe: „Du meinst, dass Artemis oder Ares sie zu uns geführt haben?"
Penthesilea: „So genau weiß ich das nicht. Ich bin schließlich keine Schamanin. Aber …" Penthesilea sieht Subaru eindringlich an.
Penthesilea: „Ich bin mir sicher, dass diese Begegnung etwas zu bedeuten hat!"
Subaru: „…"

An einem Ort abseits des Schlachtfeldes macht die Schwadron Halt.
Hippolyte: „Wir gehören zum Geschlecht der Amazonen. Unsere Regeln schreiben vor, dass Männer bei uns keinen Zutritt haben."
Unruhe kommt unter den umstehenden Menschen auf.
Subaru: Dann ist also wahr, was die Legende sagt …
Hippolyte: „Frauen, die ihre Angehörigen verloren haben oder die Rache nehmen wollen, werden von uns aufgenommen. Bedingung ist, dass sie unserem Gelübde Folge leisten. Wer noch männliche lebende Verwandte hat oder unentschlossen ist, kann von uns zumindest Wasser und Nahrung erhalten. Es ist eure Entscheidung! Entweder, ihr sucht Schutz bei den Trojanern oder den Mysiern … oder ihr müsst von hier weggehen. Troas … diese Gegend hier … ist zu einem Schlachtfeld geworden."
Zögerlich entscheidet sich einer nach dem anderen, wohin er geht.
Subaru: Was … ich weiß nicht … was soll ich tun? Ich kenne niemanden in dieser Welt, ich kann nirgendwohin …

Und zu den Amazonen kann ich auch nicht gehen! Obwohl es bisher noch niemandem aufgefallen ist, dass ich …
Subaru ringt um einen Entschluss.
Subaru: „Penthesilea … Es ist so … Ich …“
Penthesilea: „Sprich ohne Scheu …“
Subaru: „Also … Ich … >schwitz<“
Penthesilea: „Subaru. Du wirst mit mir kommen! Wie schon gesagt … Unser Aufeinandertreffen war eine Fügung der Götter.“
Penthesilea lächelt.
Subaru: „Äh … >schwitz<“

Gemeinsam erreichen sie Amazonien, eine von Feldern umgebene Kleinstadt. Die Bauern unterbrechen ihre Arbeit und winken zum Gruß. Als die Schwadron durch das Stadttor reitet, ruft die Menge den Namen von Hippolyte und heißt sie willkommen.
Subarus Blick fällt auf einige junge Soldaten in Ausbildung. Natürlich alle weiblich.
Subaru: Alles Frauen … Das ist echt überwältigend … So ähnlich muss sich das an einer reinen Mädchenschule anfühlen >schwitz<.
Unter Führung von Hippolyte und Penthesilea werden Subaru, die beiden geretteten Schwestern und alle anderen Frauen, die sich zum Mitkommen entschlossen haben, in einen Tempel geleitet. In diesem Tempel wird Ares, die Hauptgottheit der Amazonen, verehrt.
Vor einer Skulptur der Gottheit steht die Königin Antiope. Langsam geht Hippolyte auf sie zu, dann kniet sie nieder.
Hippolyte: „Als Erstes will ich Ares, unserem Vater, dem Schutzgott der Amazonen, danken! Dafür, dass wir wohlbehalten vom Schlachtfeld zurückgekehrt sind!“
Antiope: „Hört, ihr alle! Die Lage ist ernst! Durch ein Omen habe ich Kunde davon erhalten, dass in der Troas drei weitere Festungen gefallen sind. Die Streitmacht der Griechen zieht gegen unsere Stadt.“
Hippolyte: „Der Feind verfügt über eintausend Soldaten aus Sparta, geführt von dem für seine Habgier bekannten König Menelaos, dem Bruder des Oberbefehlshabers König Agamemnon.“

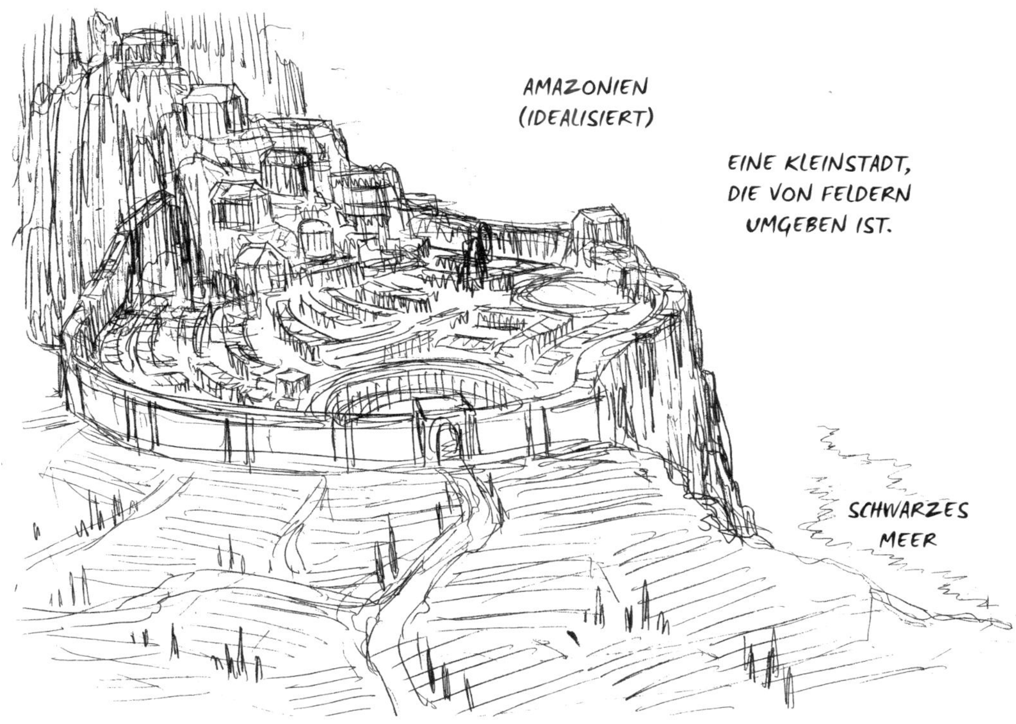

Unter den Priesterinnen kommt Unruhe auf.
Priesterin A: „Man sagt, in ganz Griechenland gäbe es keine stärkere Armee als die der Spartaner!"
Priesterin B: „Menelaos! Diese unersättliche Bestie …"
Subaru: Sparta, das sind … diese 300 … und davon eintausend?
Antiope: „Zehn Jahre dauert dieser Krieg nun schon. Begonnen hat alles damit, dass Prinz Paris sich erdreistete, Helena, die unglückliche Frau des Königs Menelaos, in seine Heimat Troja zu entführen. Sein Handeln war zweifellos leichtfertig. Aber persönlich find ich es löblich, dass er eine verletzte Frau retten wollte. Allerdings hat es den griechischen Männern als Vorwand dazu gedient, sich über ganz Westanatolien herzumachen. Gerade so, als ob es ihr angestammtes Jagdrevier sei. Einfach abscheulich!"

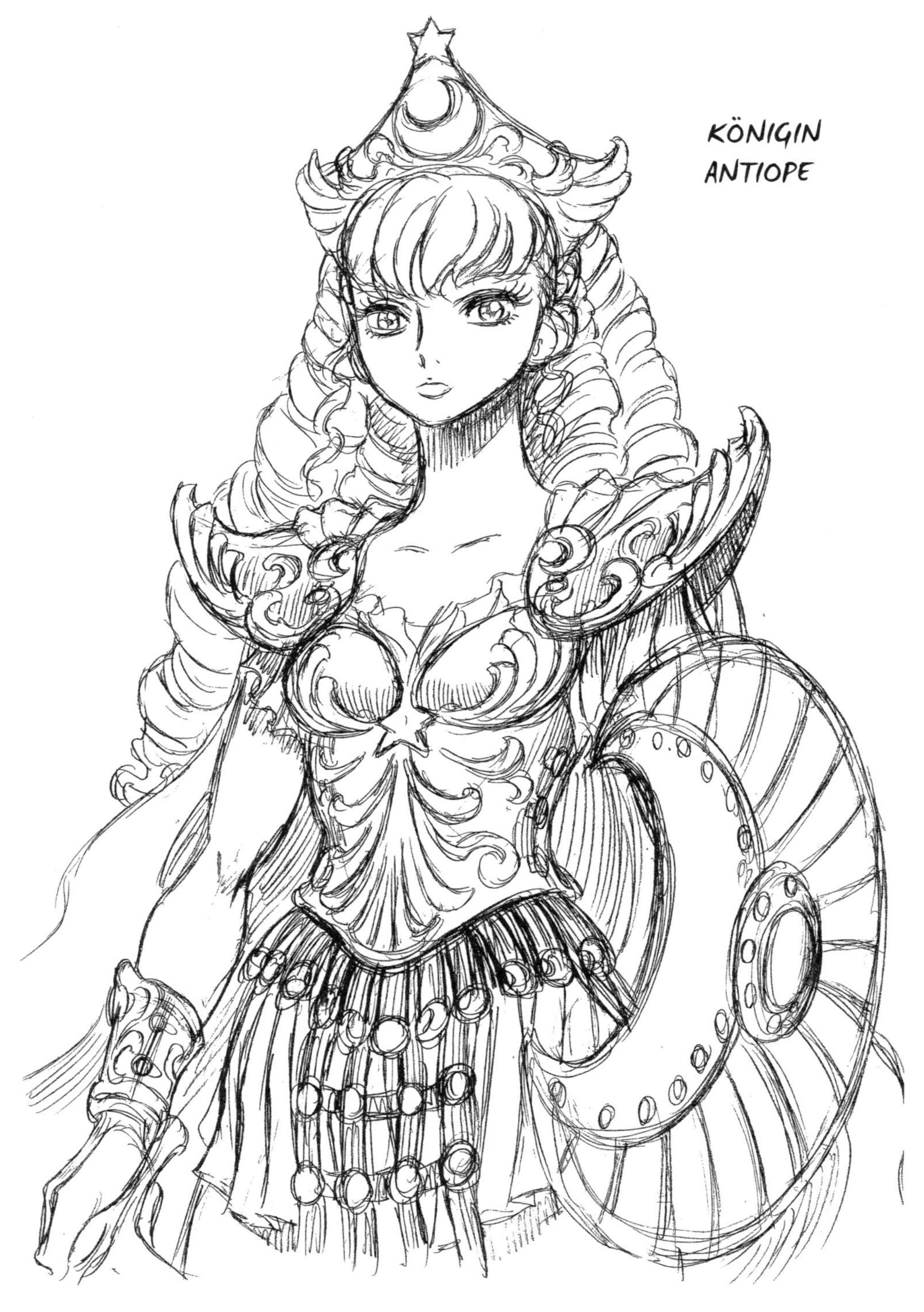
KÖNIGIN
ANTIOPE

Die Versammelten reagieren mit Zustimmung.
Subaru: Alles genau wie in der Sage …
Antiope: „Die Königin der Amazonen befiehlt. Prinzessin Hippolyte! Kampfbereitschaft herstellen und umgehend ausrücken! Tötet König Menelaos, den Urheber dieses Krieges!"
Hippolyte: „Zu Befehl!"
Antiope: „Es trifft immer wieder dich, Schwester …"
Hippolyte: „Und wenn schon. Es ist kein Vergleich zu der Verantwortung, die als Königin auf deinen Schultern lastet."
Hippolyte und ihre Kämpferinnen verlassen den Tempel, verfolgt von den traurigen Blicken der Penthesilea.
Subaru: …
Antiope wendet sich an Penthesilea.
Antiope: „Auch du hast Großes geleistet, Penthesilea."
Penthesilea: „Nein, ich konnte nicht viel ausrichten. Ich habe mir sogar einen Rüffel von Hippolyte eingehandelt, weil ich mal wieder zu eigensinnig war. Es ist erbärmlich. Ich bereue es so."
Sanft berührt Antiope die Hand der niedergeschlagenen Penthesilea.
Antiope: „Glücklicher als alles sonst macht mich, dass dir nichts zugestoßen ist, Schwester."
Antiope spricht so leise, dass nur Penthesilea es hören kann.
Penthesilea: „Antiope …" Große Tränen fließen aus ihren Augen.
Antiope: „Als Königin war ich gezwungen, meine einzigen beiden lebenden Verwandten in die Schlacht zu schicken und sie großer Gefahr auszusetzen. Und heute ist nicht das letzte Mal gewesen. Vielleicht muss ich euch eines Tages in den Tod schicken. Und trotzdem schenkst du mir bei deiner Rückkehr ein Lächeln."
Penthesilea: „Aber ja …"

Sie lächelt und wischt sich die Tränen ab.
Subaru betrachtet still das Geschehen.
Antiope wendet sich an Subaru und die Begleiterinnen.
Antiope: „Wir Amazonen begrüßen es sehr, wenn unsere Gemeinschaft Zuwachs erhält. Wir führen jetzt eine Zeremonie im Tempel der Göttin Artemis durch. Durch das Heilige Bad werdet ihr als Mitglieder unserer Gemeinschaft wiedergeboren."
Subaru: „Heiliges Bad?"
Penthesilea: „Ihr werdet in der heiligen Quelle im Tempel der Artemis baden und dadurch wiedergeboren."
Subaru: „Baden …?"
Penthesilea: „So ist es."
Subaru: „Nackt?"
Penthesilea: „Natürlich."
Subaru: Um Himmels willen!
Seren, die Dienerin der Mondgöttin, steht an der Quelle.
Seren: „Der Bogenschütze des Kronos … Er kommt …"

3

Die Frauen sind im Tempel der Artemis aufgereiht, nackt bis auf ein Handtuch. Am Ende der Schlange steht Subaru.
Subaru: Mist … Das ist ganz großer Mist …

Rückblick
Auf dem Weg zum Tempel hatte Subaru Penthesilea eine Frage gestellt.
Subaru: „Mal angenommen … rein theoretisch … es würde einem Mann gelingen, in diese Stadt einzudringen, was würdet ihr tun?"
Penthesilea: „Du wirst es nicht glauben, aber das kommt schon ab und zu vor."
Subaru: „Tatsächlich?"
Penthesilea: „Manchmal sind es Mutproben, manche sind einfach hungrig nach Frauen. Natürlich, aus Sicht der Männer ist das hier ein Garten voller duftender Blumen. Da kann ich schon verstehen, dass sie heimlich hier eindringen wollen."

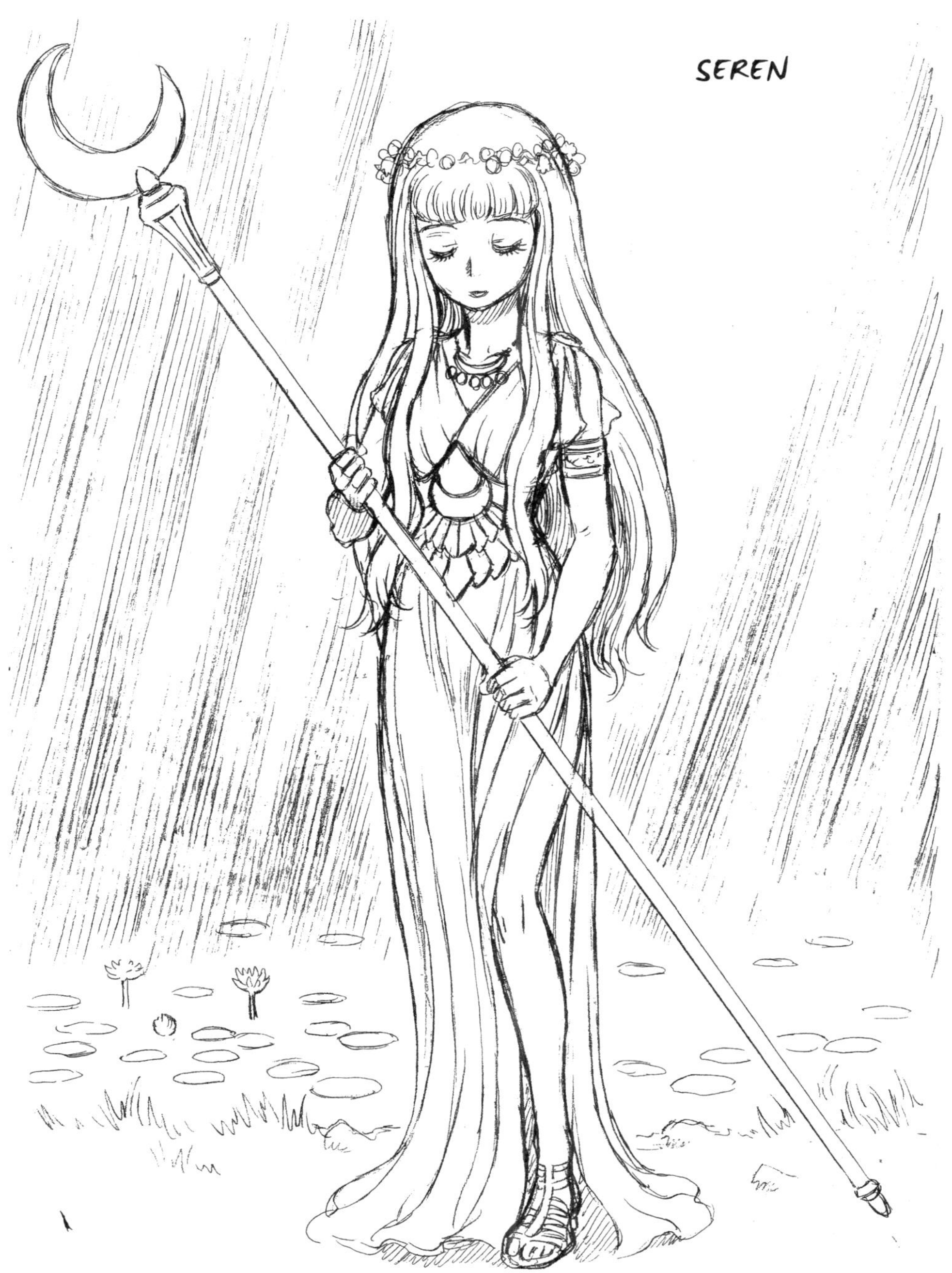
SEREN

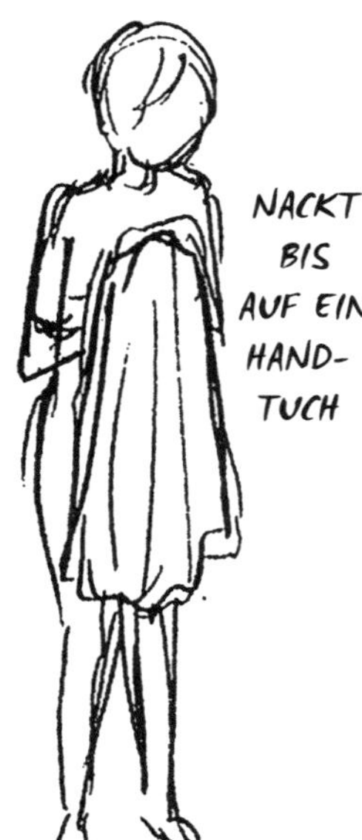

Subaru: „Stimmt. Das kann man verstehen! Und … Was ist aus diesen mutigen Männern geworden?"
Melanipe: „Sie wurden nach Recht und Gesetz geköpft."
Subaru: „Wa…!" Mit weit aufgerissenen Augen starrt er Melanipe an.
Melanipe: „Ja, sie wurden geköpft. Was ist schon dabei?"
Subaru: „Ach so …"
Penthesilea: „Na ja, das kommt so ein- oder zweimal im Jahr vor. Es ist beinahe eine Art Fest … Alles in Ordnung, Subaru? Du siehst so blass aus?"
Subaru: „Ein Garten mit fleischfressenden Pflanzen …" (Ganz schön todesmutig, diese Helden ...)

Nach dem Baden werden die Frauen in der Tracht der Amazonen eingekleidet. Eine nach der anderen kommt nach draußen. In einem unbemerkten Moment stiehlt Subaru sich davon.

Subaru: „Das war knapp. Beinahe wäre ich unter die Helden gegangen. Aber was mache ich jetzt? Ich muss mir irgendwoher Amazonen-Kleidung besorgen. In meinen jetzigen Sachen errege ich Verdacht. Ich komme mir vor, wie ein perverser Junge, der sich in eine Mädchenschule schleicht, um Schuluniformen zu klauen. In gewisser Weise ist es schon männlich, aber …"
Subaru hat sich in den hinteren Bereich des Tempels verirrt, wo die Quelle hervortritt.
Seren: „Schuluniform? Was ist das?"

Als Subaru erschrocken in Richtung der Stimme blickt, sieht er ein nacktes, wunderschönes Mädchen, das unter dem plätschernden Wasser eines kleinen Wasserfalls steht.

Subaru ist ganz hingerissen von der mystischen Schönheit, die Serens in Mondlicht gebadeter Körper ausstrahlt.
Subaru: „T-Tut mir leid! Ich hab mich verirrt. Ich dachte, hier wäre das Bad…“ Kopfüber stürzt Subaru in die Quelle und reißt Seren dabei mit sich.
Subaru: „Waaaah! Entschuldige!“
Seren: „Alles in Ordnung? Keine Panik! Das hier ist der Ursprung der Quelle. Also bist du nicht falsch.“
Seren tastet Subaru, der sich an ihr festgeklammert hält, ab. Als ihre Hand seine Brust berührt …
Seren: „Was ist das denn?“
Subaru weicht zurück: „!“
Seren: „Kann es sein, dass du …?“
Subaru: Jetzt ist raus, dass ich ein Mann bin!
Seren: „… eine ziemlich kleine Brust hast?“
Subaru: Oder doch nicht?
Subaru bemerkt, dass Serens Augen geschlossen sind.
Subaru: „D… deine Augen …“
Seren: „Mit meinen Augen kann ich dich nicht sehen. Deshalb muss ich dich mit meinen Händen …“

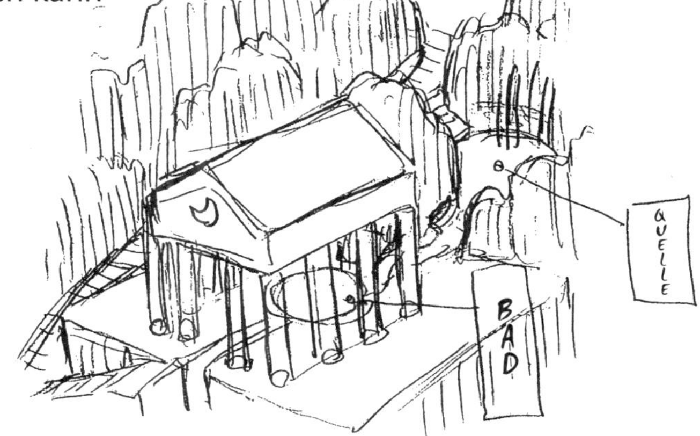

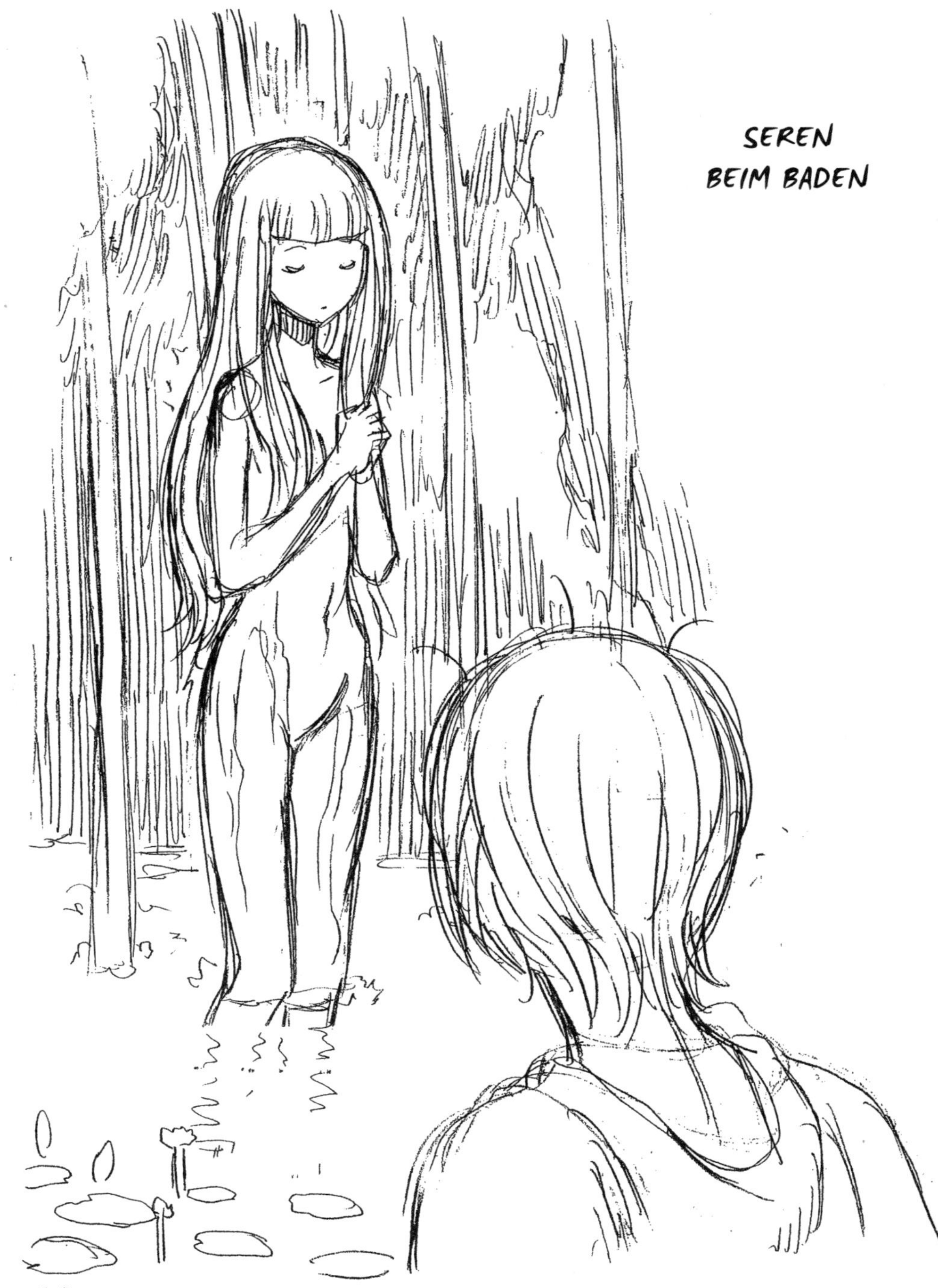
SEREN
BEIM BADEN

Sie streckt ihre Hände aus und betastet Subarus Kopf. Subaru wird rot.
Seren: „Du bist schön wie Aphrodite … aber seltsamerweise auch schön wie Apollon …"
Subaru: „…!"
Seren: „Ich bin Seren, Dienerin der Mondgöttin Artemis. Und wie heißt du?"
Subaru: „Subaru …"
Seren: „Subaru … ein ungewöhnlicher Name … er klingt so merkwürdig … als ob er nicht aus dieser Welt wäre …"

Vom Tempel her nähern sich die Stimmen der Priesterinnen.
Priesterin: „Seren, wir haben eben Geräusche von spritzendem Wasser gehört. Ist alles in Ordnung?"
Subaru: O weh, was soll ich …
Seren: „Keine Sorge. Knie vor mir nieder."
Die Priesterinnen erblicken Subaru, wie er vor Seren kniet und sie anbetet. Er ist nackt, aber sie können nur seinen Rücken sehen.
Seren: „Diese Person hat sich im Tempel verlaufen und zu mir verirrt. Ich führe mit ihr die Zeremonie der Wiedergeburt durch. Bitte stört uns nicht."
Die Priesterinnen nicken und ziehen sich wieder zurück.
Subaru: Uff … gerettet!
Seren: „Warte hier. Ich werde ein Amazonen-Gewand für dich holen."
Subaru: „Ich danke Euch, verehrte Seren."
Seren: „Du kannst mich ruhig duzen, Subaru."
Sie bleibt stehen und wendet sich noch einmal um.
Seren: „Gast, der du von weit, weit hergekommen bist …"
Ihre blinden Augen sind weit geöffnet. Sie redet wie in Trance.

Gebannt betrachtet Subaru Serens Gestalt. Seren schließt die Augen und kommt wieder zu sich.
Seren lächelt freundlich und sagt: „Es ist eine Eigenschaft des Mondlichts, Geheimnisse sichtbar zu machen. Ich heiße dich im unseren Kreis willkommen, Schwester. ❤"

Am nächsten Morgen: Tempel, im Inneren einer Festungsanlage.
Subaru steht dort alleine in der Tracht der Amazonen.
Subaru: „Ziemlich luftig, diese Kleidung. Obwohl sie aus einer fremden Epoche stammt, fühlt es sich gar nicht so unvertraut an. Das habe ich wohl meiner Cosplay-Erfahrung zu verdanken, ha ha …."
Penthesilea und Melanipe gesellen sich zu Subaru.
Penthesilea: „Hast du gut geschlafen?"
Subaru: „Guten Morgen!"
Penthesilea: „Man erkennt dich ja kaum wieder! Nicht wahr, Melanipe?"
Melanipe: „Ja, ein liebreizendes Mädchen, das zugleich auch irgendwie etwas Jungenhaftes an sich hat … Etwas, das über den Geschlechtern steht … Wie eine Nymphe … Was sind das für Gefühle, die da in mir auflodern?!"
Sie lacht.
Melanipe???
Penthesilea: „Melanipe, dein Blick macht mir Angst!"
Melanipe: „Nein! Was … Wieso … ich?!"
In diesem Moment verkündet eine Posaune vom Haupttor der Stadt, dass die Truppe von Hippolyte bereit zum Abmarsch ist. Penthesilea eilt in ihre Richtung.
Penthesilea: „Schwester! Willst du schon aufbrechen?!"
Hippolyte antwortet, ohne den Schritt ihres Pferdes zu verlangsamen: „Ich hab keine Wahl, der Feind wartet schließlich nicht."
Penthesilea schreitet mit schnellen Schritten neben ihr her. Sie senkt kurz den Blick, dann hebt sie den Kopf.
Penthesilea: „Schwester, bitte lass mich auch …"
Hippolyte: „Das geht nicht. Ich hab dir doch gestern gesagt, dass du in der Stadt bleiben musst. Die Entscheidung steht fest."

Penthesilea: „Aber ihr zieht diesmal gegen die Armee von Sparta ins Feld! Da könntet ihr jede einzelne Kämpferin gebrauchen!"
Hippolyte: „Die Sache ist entschieden."
Penthesilea bleibt stehen: „…"
Harmonia stoppt ihr Pferd.
Harmonia: „Bitte sei vernünftig, Penthesilea. In einem Krieg gibt es viele Ungewissheiten. Wir können es uns nicht erlauben, unsere Stadt ohne Verteidiger zurückzulassen."
Penthesilea: „Das weiß ich auch, aber …"

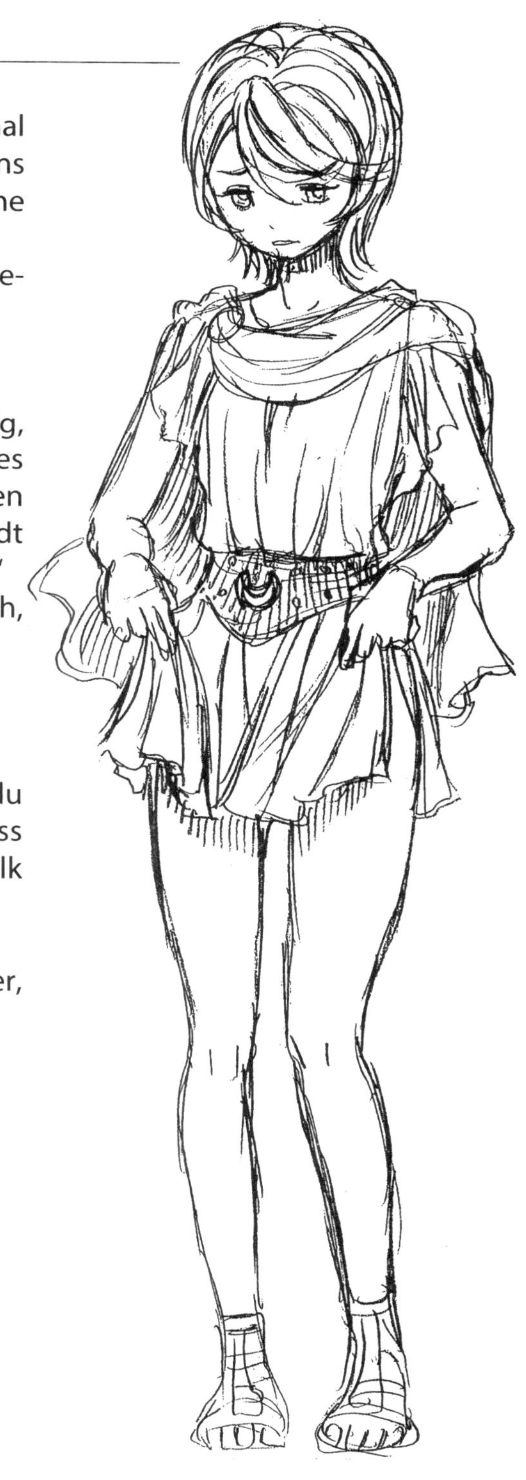

Harmonia: „Du musst uns … du musst Hippolyte vertrauen. Pass gut auf Antiope und unser Volk auf!"
Penthesilea: „Harmonia …"
Hippolyte: „Auf! Wir ziehen weiter, Harmonia!"
Harmonia folgt Hippolyte.

Melanipe, die das Trio beobachtet: „Penthesilea …"
Mit einer kurzen Verzögerung wendet Penthesilea sich zu ihr um.
Penthesilea: „Also dann! Ich werde einen kleinen Stadtrundgang für unsere neugewonnene Schwester veranstalten!"
Sie legt ihre Hand in den Rücken von Subaru und schiebt ihn vorwärts.
Die drei laufen durch die Straßen der Stadt und beobachten das lebendige und geschäftige Treiben der Einwohnerinnen.
Penthesilea: „Die Bevölkerung unserer Hauptstadt besteht zum einen aus Angehörigen des Volks der Amazonen, die schon immer hier an diesem Ort gelebt haben, und zum anderen aus Frauen, die später zu uns gestoßen sind. Wir Amazonen waren ursprünglich ein nur aus Frauen bestehendes Reitervolk, aber irgendwann haben wir uns hier am Meer niedergelassen. Die von außen Dazugekommenen sind meistens Griechinnen oder Perserinnen. Sie fliehen häufig vor der Gewalt und Unterdrückung, die in der von Männern dominierten Welt herrscht."
Subaru: In der Welt, aus der ich komme, war es genauso. Offenbar hat sich die Menschheit in den Tausenden von Jahren dazwischen nicht geändert.
Penthesilea: „Unser Amazonien ist eine Festung, der einzige Ort auf der Welt, an dem Frauen menschenwürdig leben können."
Penthesileas würdevolle Erscheinung beeindruckt Subaru zutiefst.
Penthesilea: „Wir gebürtige Amazonen wissen schon von klein auf, dass es uns vorbestimmt ist, später Kriegerinnen zu werden. Aber alle anderen werden bei uns entsprechend ihrer individuellen Fähigkeiten und Wünsche eingesetzt."
Subaru schaut sich interessiert in der Stadt um.
Subaru: „Eine Frage … Gibt es in dieser Stadt denn keine Sklaven?"
Melanipe: „Wir sind nicht auf sie angewiesen. Jede von uns hat am eigenen Leib erfahren, wie viel ihr unsere Stadt bedeutet. Und deshalb gibt jede von uns freiwillig all ihre Kraft für unser Fortbestehen."
Penthesilea: „Wir haben es nicht nötig, die Männer nachzuahmen!"
Subaru ist beeindruckt: „Tatsächlich?"
Penthesilea: „Und du, Subaru? Möchtest du etwas Bestimmtes tun oder hast du eine bestimmte Begabung? Dann solltest du es uns sagen. In Kriegszeiten wie diesen können wir jede helfende Hand gebrauchen. Wenn du talentiert bist, könntest du auch Kriegerin werden …"

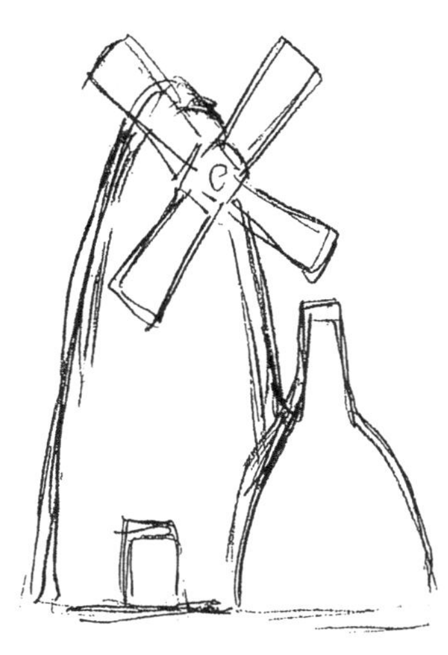

Die drei laufen weiter durch die Straßen der Stadt, als plötzlich ein metallisches Hämmern lauter wird. Als Subaru in die Richtung blickt, aus der das Geräusch kommt, entdeckt er ein Gebäude, das mit einem Windrad und einem Schornstein ausgestattet ist. Ziemlich überraschend für dieses Zeitalter.
Subaru: Nanu? Was sind das für O-Parts *?
Penthesilea, die Subarus Überraschung bemerkt hat: „Das ist unsere Schmiede! Dieses Ding, was sich die ganze Zeit im Wind dreht, hat Ismene konstruiert. Sie ist vor drei Jahren aus Griechenland zu uns gekommen. Ich verstehe nicht viel davon, aber ich denke, es ist eine Art Werkzeug, um die Kraft des Windes zu übertragen … Jedenfalls haben wir dadurch die Anzahl der Waffen, die wir anfertigen, beträchtlich steigern können. Interessiert dich das? Willst du einen Blick in die Schmiede werfen?"
Subaru: „Unbedingt!"
Die drei betreten die Schmiede. Drinnen werden O-Parts betrieben und junge Frauen produzieren Waffen in großer Zahl. Als Subaru die Schmiede-Maschinen erblickt, ist er bass erstaunt.
Subaru: So viele O-Parts … Das ist doch nie und nimmer eine antike Kultur!
Penthesilea: „Entschuldige, wenn wir euch bei der Arbeit stören."
Die Schmiedinnen unisono: „Herzlich willkommen, Penthesilea!"
Penthesilea: „Ich würde die Schmiede gerne einer neuen Schwester zeigen, wenn ihr nichts dagegen habt."
Die Schmiedinnen unisono: „Bitteschön, nur zu!"
Subaru: „Entschuldigt die Störung …"
Mit leuchtenden Augen betrachtet Subaru die Schmiedemaschinen.

* Out-of-Place-Artefakt

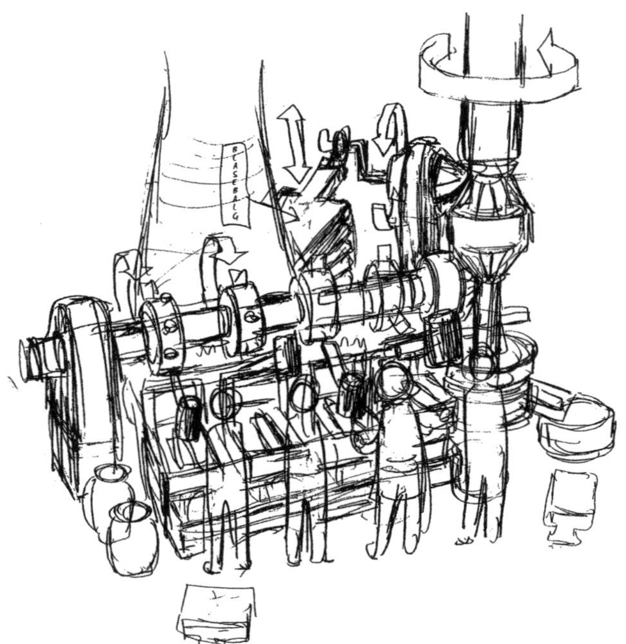

Schmiedin A: „Dank dieses Apparats können wir Frauen mit mehr Kraft arbeiten, als ein Mann."
Subaru: „Klasse … Der Konstrukteur dieses Apparats ist mindestens so genial wie Archimedes!"
Melanipe: „Ismene war anscheinend die Schülerin eines herausragenden Gelehrten in den Diensten von Athene. Sie kam zu uns, weil sie nirgendwo anders eine Gelegenheit fand, ihr Können praktisch anzuwenden. Sie sind alle … wie soll ich sagen … ziemlich schräge Vögel."
Penthesilea: „Wo ist Ismene?"
Schmiedin A: „Hinten, sie tüftelt wie immer an irgendeinem seltsamen Apparat."
Die drei gehen in den hinteren Teil des kleinen Gebäudes, wo Ismene an irgendetwas baut.
Penthesilea: „Hast du einen Moment für uns, Ismene?"
Ismene: „…"
Melanipe: „He, die Prinzessin spricht mit dir! Sei höflich und antworte ihr!"
Ismene: „Ich bin mitten in einem Versuch, ich werde hier gebraucht."
Penthesilea: „Das ist mir egal."
Die drei nähern sich Ismene, aber die lässt ihre Augen keine Sekunde von dem Apparat.
Penthesilea: „Was ist das denn? Diese merkwürdige Form … Sieht aus wie … ein Topf?"

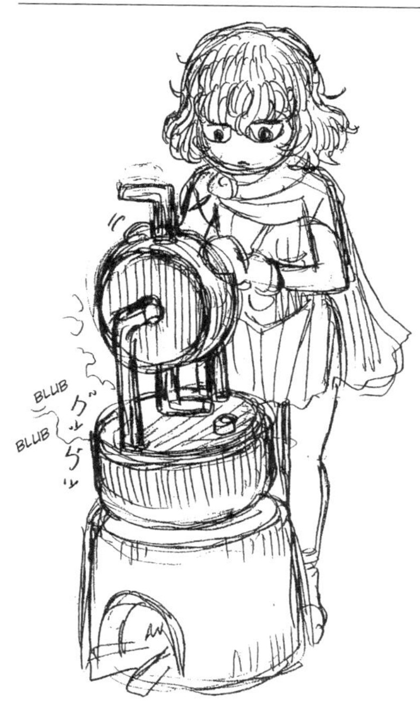

Melanipe: „Genau. Ist das ein neuer Apparat zum Kochen?“
Ismene: „Nein, ist es nicht. Eine Amazone mit Muskeln statt Gehirn kann das nicht verstehen.“
Melanipe: „Wie bitte?!“
Subaru: „Dampfkraft …“
Ismene blickt überrascht zu Subaru auf.
Subaru: Ich habe im Netz etwas darüber gelesen, dass es im antiken Griechenland einen Apparat mit einer Art Dampfantrieb gab … Aber ich dachte, das wäre erst viel später gewesen … Vielleicht ist das hier das Original?!
Melanipe: „Dampfkraft? Was soll das denn sein?“
Subaru: „Na ja, wenn man Wasser erhitzt, entsteht Dampf. Und dieser Dampf kann den Deckel eines Topfes anheben, richtig? Und dieselbe Kraft nutzt man, um das Ding in Bewegung zu versetzen. So wie mit einem Windrad. Nur dass die Dampfkraft viel stärker ist.“
Penthesilea und Melanipe: „Ach …“ Aus ihrem Gesichtsausdruck wird nicht klar, ob sie Subarus Erklärung verstanden haben oder nicht. Ismene rückt näher an Subaru heran und sieht ihm so tief in die Augen, dass er zurückschreckt.
Ismene: „Wer bist du denn?“
Subaru: „!“
Ismene: „Wie heißt du?“
Subaru: „Su… Subaru. Freut mich … >schwitz< …“
Ismene: „Mit dir würde ich gerne noch ein paar Wörtchen reden. Über alle möglichen Dinge aus einer Welt, von der die anderen hier keine Ahnung haben …“
Melanipe: „Seit wann interessierst du dich für andere Menschen, Ismene?“

ISMENE

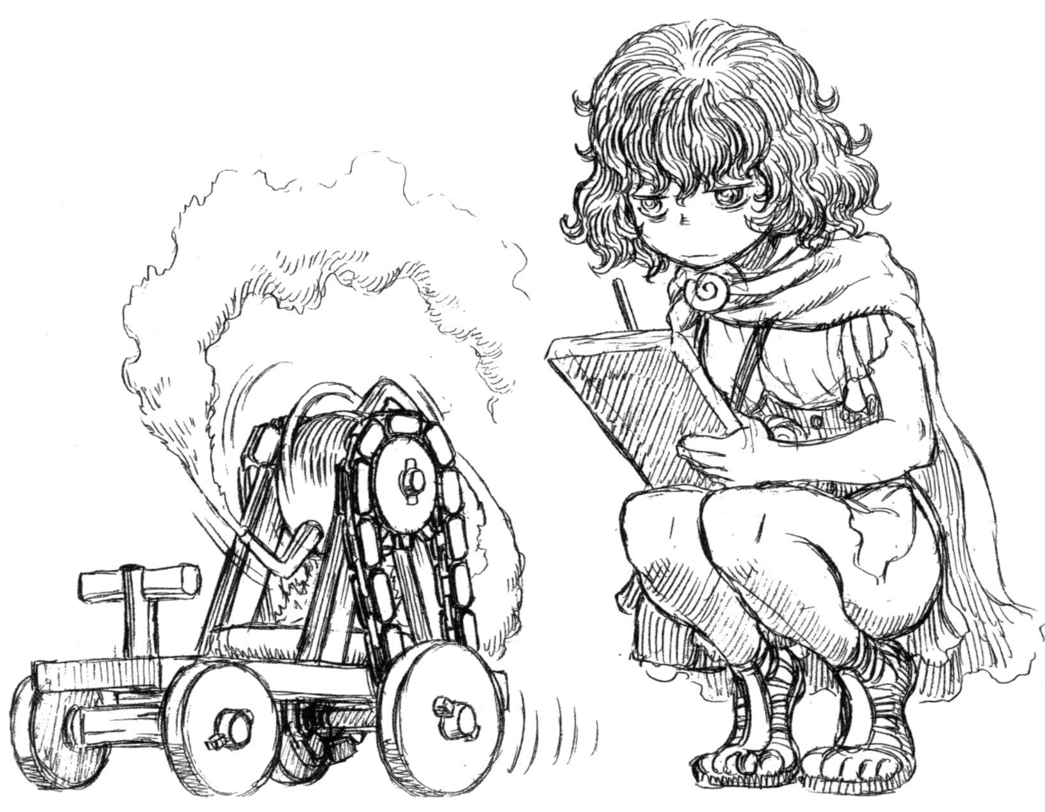

Subaru: „Ich würde auch gerne mehr hören von klugen Menschen wie dir … Ich fände es schade, wenn du Dinge verstehst, aber anderen nichts davon mitteilen kannst."
Ein Stich trifft Ismene mitten ins Herz. „…!"
Ismenes Gesicht läuft rot an, während der Apparat Dampf ausstößt. Mit einem Pfeifen beginnt die Maschinerie zu rotieren. Penthesilea und Melanipe sind sichtlich erschrocken.
Hektisch wendet Ismene sich nach dem Apparat um.
Penthesilea: „Wollen wir weitergehen?"
Die drei schicken sich an, das Gebäude zu verlassen.
Ismene: „Subaru!"
Subaru bleibt stehen.
Ismene: „Du musst unbedingt wiederkommen!"
Subaru: „Klar!"

Die drei erreichen den Truppenübungsplatz. Die Brigade „Mondsichel" übt gerade. Reguläre Soldatinnen üben den Umgang mit Pfeil und Bogen und dem Schwertkampf vom Pferd aus. Angehende Soldatinnen üben währenddessen das Reiten, den Schwertkampf zu Fuß und von hölzernen Pferden aus. Als die Anwesenden Penthesilea erblicken, halten sie bei ihren Übungen inne. Die Soldatinnen rufen Penthesileas Namen und versammeln sich um sie.
Penthesilea: „Ich danke euch. Beim letzten Feldzug wäre ich in meiner Unerfahrenheit ohne eure Unterstützung aufgeschmissen gewesen!"
Soldatin A: „Ach was, wir sind doch auch nicht viel erfahrener als Ihr es seid!"
Soldatin B: „Aber in Zukunft solltet Ihr nicht mehr so ganz alleine drauflos stürmen …"
Freundliches Gelächter ertönt. Subaru beobachtet das Geschehen aus der zweiten Reihe.
Subaru: Penthesilea hat zwar noch nicht ganz die Autorität und Würde ihrer Schwester Hippolyte, aber die Begabung, Menschen zu führen, hat sie durchaus.
Penthesilea: „Bitte legt euch alle tüchtig ins Zeug, damit wir beim nächsten Mal wieder ein paar große Taten vollbringen können."

Die Soldatinnen rufen unisono „Jawohl!“, und kehren zu ihren Positionen zurück.
Penthesilea: „Subaru, folge mir bitte.“
Die drei nehmen einen Übungsplatz nach dem anderen in Augenschein. Subaru ist tief beeindruckt vom Geschick der Soldatinnen beim Bogenschießen aus dem Sattel.
Subaru: „Klasse!“
Penthesilea: „Sie sind mit dem Reiten und Bogenschießen mehr oder weniger aufgewachsen. Aber auch die Soldatinnen, die von draußen zu uns gekommen sind, geben ihr Bestes. Und in letzter Zeit werden sie immer besser.“

Die Soldatinnen in Ausbildung kämpfen mit Holzschwertern zu Pferde gegen die Offizierinnen der Amazonen. Immer wieder stürzen einige aus dem Sattel in den Sand des Übungsplatzes.
Penthesilea: „Das Schießen aus dem Sattel will gelernt sein. Es ist nicht wie zu Fuß, wo man sich einfach breitbeinig hinstellen kann. Das zu meistern braucht viel Übung und dauert seine Zeit.“
Subaru macht sich seine Gedanken und hört schweigend zu.
Subaru: „Ich sehe überhaupt keine Fußsoldatinnen …“
Melanipe: „Wir Amazonen sind ein Reitervolk. Wir leben mit unseren Pferden und kämpfen mit unseren Pferden. Das ist Tradition!“
Penthesilea: „Auf dem Schlachtfeld zählt für uns vor allem Schnelligkeit. Fußsoldatinnen halten uns nur unnötig auf. Außerdem kämpfen Fußsoldaten dicht an dicht in zusammenhängenden Formationen. Wenn solche festen Schlachtformationen aufeinandertreffen würden, könnten die Männer ihre körperliche Überlegenheit viel leichter ausspielen.“
Subaru: „Das stimmt …“
Eine Soldatin kommt in Richtung des Trios gerannt.
Soldatin: „Penthesilea!“
Penthesilea: „Was gibt es? Was ist so eilig?“
Soldatin: „Es ist … Vor dem Tor zum Übungsplatz … am besten, Ihr kommt einfach mit!“
Die drei eilen auf das Tor zu. Dort hat sich bereits eine Menge versammelt.

4

Melanipe: „Weshalb der Aufruhr?"
Aus der Menge tritt ein Mädchen hervor. Sie ist die ältere der beiden Schwestern, die Subaru anfangs getroffen hat.
Eugenia (vorläufig): „Es ist …"
Subaru erkennt das Mädchen wieder: „Du …!"
Eugenia erkennt Subaru und grüßt mit einem Kopfnicken: „!"
Eugenia: „Prinzessin Penthesilea … Wir würden uns gerne … nützlich machen …"
Frau A: „Wir haben gehört, dass der Feind auf diese Stadt vorrückt!"
Frau B: „Wir wollen auch kämpfen!"
Frau C: „Bitte findet Verwendung für uns!"
Penthesilea: „Ihr wollt …"
Eugenia: „Wir haben unser Zuhause verloren, aber diese Stadt hat uns willkommen geheißen … Für uns alle ist sie ein letzter Zufluchtsort. Wir werden alles geben, um sie zu verteidigen."
Alle zusammen: „Bitte erhört uns!"
Penthesilea ist bewegt.
Penthesilea: „Ich freue mich, dass ihr so denkt … Aber ihr müsst verstehen: Reiten, Bogenschießen und Schwertkampf sind Künste, die man nicht einfach von heute auf morgen lernen kann. Es fordert viele Jahre harter Übungen, bis man es darin zu etwas gebracht hat. Es tut mir leid, aber für die Kämpfe, die uns bevorstehen, reicht die Zeit nicht."
Die Menge lässt enttäuscht die Schultern hängen.
Melanipe: „Keine Sorge! Hippolyte … die stärkster aller Amazonen … ist in diese Schlacht gezogen. Der Feind wird niemals die Mauern unserer Stadt erreichen!"
Die Menge wirkt nach wie vor ängstlich.
Subaru, der das alles mit ansieht, zögert einen Moment, aber gibt sich dann einen Ruck.

Subaru: „Niemand kann voraussehen, was auf dem Schlachtfeld passieren wird."
Alle Augen richten sich auf Subaru.
Penthesilea: „Subaru …?"
Subaru: „Wir müssen vorbereitet sein, für alle Fälle."
Penthesilea: „Für den Notfall ist ja die Mondsichel-Kompanie in der Stadt geblieben."
Subaru ringt sichtbar um die richtigen Worte.
Subaru: „Wenn ich das richtig gesehen habe, besteht die Mondsichel-Kompanie aus ungefähr zweihundert Reiterinnen. Alleine werden sie gegen die eintausend Mann starke Streitmacht der Spartaner nicht bestehen können."
Penthesilea: „…!"
Melanipe: „Das stimmt nicht! Wir werden den Feind vernichten! Dafür sind wir bereit, notfalls unsere Leben zu geben!"
Subaru: „Das wäre ein sehr großes Opfer für einen Sieg. Und diese Schlacht wird nicht das Ende des Krieges sein. Der Feind wird eine neue Streitmacht aufstellen und wieder gegen eure Stadt ziehen. Erst recht, wenn die Verteidiger große Verluste erlitten haben."
Melanipe: „Hng!"
Penthesilea: „…!"
Unisono: „…"
Die Anwesenden wirken verunsichert und hoffnungslos.
Dann meldet sich eine der Frauen zu Wort:
Frau A: „Wenn das so ist, bleibt uns nur die Flucht aus der Stadt …"
Penthesilea: „!"
Frau B: „Wenn wir hierbleiben, werden uns die Männer früher oder später von Neuem …"
Unter den Soldatinnen macht sich hörbar Unruhe breit.
Penthesilea hebt an: „Einen Moment, …"
Eugenia: „Und wohin wollt ihr fliehen?"
Alle: „!"
Eugenia: „Wie gesagt … Wir sind aus Griechenland … aus Persien … aus der ganzen Welt hierher an diesen Ort geflohen … Für uns ist Amazonien die letzte Festung!"

Die Menge: „…"
Die Stimmung hellt sich wieder etwas auf.
Subaru ist ganz in seine Gedanken versunken. Nach einer Weile beginnt er mit leiser Stimme zu sprechen.
Subaru: „Ich wüsste eine Möglichkeit …"
Die Menge: „!"
Penthesilea: „Subaru … Was hast du eben …?"
Subaru: „Penthesilea. Gestatte mir eine Bitte …"
Penthesilea: „Was ist es?"
Subaru: „Ich benötige einige Gegenstände … Und denkst du, Ismene könnte mir etwas helfen?"

In der Schmiede ist Ismene dabei, etwas herzustellen. Aus dem Hintergrund sehen Penthesilea und Subaru ihr zu.
Penthesilea: „Was ist das?"
Subaru: „Schneller als eine Erklärung in Worten ist vermutlich eine Demonstration, wie man es einsetzt."
Ismene: „Das hier ist … interessant … Sehr einfach, aber gleichzeitig bahnbrechend. So einen Gegenstand habe ich noch nie gesehen!"
Sichtlich aufgeregt setzt Ismene ihre Arbeit fort.
Penthesilea: „Du bist wirklich einmalig, Ismene."
Ismene: „Einmalig ist dieses Werkzeug! Das wird Geschichte machen!"
Zurück auf dem Übungsplatz, wo sich alle versammelt haben.
Subaru: „Da wären wir …"
Subaru, Penthesilea und Ismene kommen an.
Melanipe: „Hier drüben sind die Sachen, die du besorgt haben wolltest."
Es handelt sich um ein Bündel schmaler hölzerner Stangen von ungefähr sechs bis acht Metern Länge.
Melanipe: „Die verwenden wir normalerweise beim Hausbau für das Gerüst. Was hast du damit vor?"
Subaru: „Also … als Erstes …"
Subaru befestigt die Steigbügel am Sattel des Pferdes.
Melanipe: „Was ist das?"
Subaru: „Könnte eine der neuen Soldatinnen versuchen, auf dieses Pferd zu steigen?"

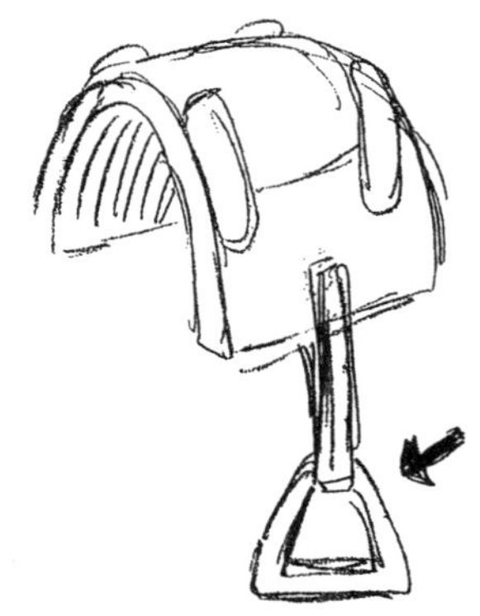

Die Soldatinnen in Ausbildung sehen sich gegenseitig an, aber es dauert nicht lange bis eine von ihnen vortritt.
Subaru: „Setzt deinen Fuß hier drauf."
Die Soldatin folgt Subarus Anweisung und erklimmt ohne Schwierigkeiten das Pferd.
Soldatin A: „He, das ist …!"
Subaru: „Und jetzt reite einfach drauflos."
Die Soldatin beschleunigt das Pferd.
Soldatin A: „Klasse! So sitze ich viel stabiler! Es reitet sich viel einfacher!"
Die übrigen Soldatinnen sind in heller Aufregung.
Soldatin A: „Darf ich Sie zum Übungskampf fordern, Ausbilderin?"
Ausbilderin: „Gerne!"
Die beiden Reiterinnen beginnen mit dem Übungskampf. Die Zuschauer sind völlig aus dem Häuschen, weil die Auszubildende, die eben noch völlig chancenlos war, plötzlich auf Augenhöhe mit der Ausbilderin kämpft.
Melanipe: „Das ist unglaublich! Wegen dieses einfachen Eisenrings kann eine Novizin auf dem Niveau einer Ausbilderin kämpfen!"
Penthesilea: „Beeindruckend! Damit könnten wir …"
Subaru: „Damit können auch die Anfängerinnen ihren Beitrag im Kampf leisten. Die Zahl der Kämpferinnen hat sich auf einen Schlag vervielfacht."
Melanipe: „Oh! Damit können wir die Spartaner …!"
Subaru: „Nein. Das allein wird nicht reichen."
Penthesilea/Melanipe: „…!"
Subaru: „Die größten Stärken der Spartaner sind ihre gestählten Körper, ihre Führungsstärke … und ihre großen Schilde, Hoplon genannt."
Subaru: „Mithilfe dieser Schilde können die Soldaten sich perfekt abschirmen. Unsere Hauptwaffe, die Pfeile, sind dagegen beinahe wirkungslos. Wir können sie vielleicht aufhalten, aber niemals besiegen."
Melanipe: „Hm … Wenn wir dann auf sie losstürmen und mit unseren Schwertern …"

Subaru: „Sie warten in ihrer kompakten, undurchdringlichen Schlachtformation nur darauf, dass der Gegner die Geduld verliert und sie attackiert. Im Nahkampf sind sie besonders geübt. Es ist Teil ihres Erfolgsrezeptes, dass sie den Gegner dazu bringen, sich auf einen Nahkampf mit ihnen einzulassen."
Melanipe: „Hngg …"
Penthesilea: „Damit tut man ihm also nur einen Gefallen …"
Subaru: „Dagegen werden wir diese Speere einsetzen."
Melanipe: „Wieso haben die so eine eigenartige Form?"
Subaru gibt Melanipe einen der Speere: „Würdest du bitte versuchen, den gegen eines der Schilde dort zu werfen?"
Melanipe wirft den Speer gegen einen der Schilde, den die lebensgroßen Holzfiguren auf dem Übungsplatz tragen. Subaru holt den Schild und den Speer, der ihn durchdrungen hat.
Subaru überreicht die beiden Sachen Melanipe: „Sieh es dir genau an."
Melanipe: „Man kann den Speer nicht herausziehen … er ist schwer … und er schleift am Boden …"
Ismene: „An der Speerspitze sind Widerhaken … Die verhindern, dass man den Speer einfach aus dem Schild ziehen kann. Schaft und Spitze sind durch zwei Zapfen verbunden. Beim Durchdringen des Schildes wird der hölzerne Befestigungszapfen herausgebrochen, während der aus Eisen intakt bleibt. Der Schaft des Speeres klappt nach unten um und behindert die Person, die den Schild trägt. Und selbst wenn es ihr gelingt, den Speer aus dem Schild zu ziehen, kann sie ihn nicht zurückwerfen."

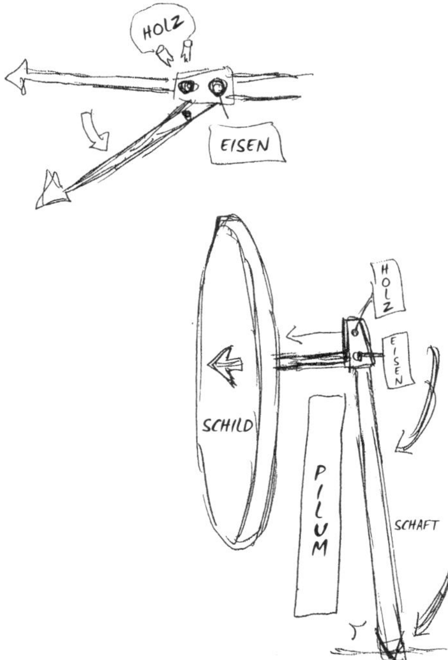

Die Umstehenden seufzen voller Bewunderung.
Subaru: „Man nennt diese Waffe Pilum. Sie dient dazu, einen Schild unbrauchbar zu machen."
Melanipe: „Einfach nur klasse! Das ist eine bahnbrechende Erfindung! Damit werden wir die Spartaner vorführen! Damit werden wir …"
Subaru: „Nicht so voreilig."
Melanipe: „Äh?"
Subaru: „Penthesilea … Wie viele Tage braucht eine Armee, um von Troja hierher nach Amazonien zu marschieren?"
Penthesilea: „Ich würde sagen … Zu Pferde zwei Tage … Aber die Spartaner sind Fußsoldaten. Vermutlich irgendetwas zwischen fünf bis sieben Tagen? Aber wenn sie erst einmal auf Hippolyte getroffen sind …"
Subaru: „Das hoffe ich natürlich auch, aber … Je nachdem, auf welcher Route sie marschieren, ist es nicht ausgeschlossen, dass die Armeen unbemerkt aneinander vorbeiziehen. Wir wollten uns doch auf den schlimmstmöglichen Fall vorbereiten, nicht wahr?"
Penthesilea: „Das stimmt …"
Subaru: „Ismene. Wie viele von diesen Pila kannst du innerhalb von fünf Tagen anfertigen?"
Ismene: „Wenn ich sie mit einer Gussform fertige, pro Tag ungefähr vierzig … nein … fünfzig Stück. In fünf Tagen ungefähr zweihundertfünfzig."
Laute der Enttäuschung sind aus der Menge zu hören.
Penthesilea: „Das reicht hinten und vorne nicht. Bei fünfhundert Gegnern können wir das nicht als Hauptwaffe verwenden."
Melanipe: „Mist! Dann bleibt uns doch nur der Frontalangriff …"
Subaru: „Nein. Das Pilum ist eine wirkungsvolle Waffe, aber man kann sich nicht alleine darauf verlassen."
Penthesilea: „?"
Subaru wendet sich an die übrigen Frauen: „Es wird vor allem auf euren Mut ankommen!"
Die Frauen: „?"
Subaru lässt Soldatinnen und die übrigen Frauen mit Schilden und Lanzen ohne Klingen ausrüsten und stellt sie in zwei Gruppen von fünfunddreißig gegeneinander auf.

Die Frauen sind sichtlich irritiert.

Melanipe: „Beim besten Willen, Subaru, das ist verrückt. Die Gegner sind im Kampf erprobte und gestählte Soldaten …"

Subaru: „Deshalb muss die Gruppe der Soldatinnen ihr Bestes geben und sich vorstellen, dass sie so stark wie die Spartaner sind …"

Melanipe: „Egal … Los geht's!"

Auf Melanipes Zuruf hin gehen die beiden gegnerischen Lager aufeinander los.

Die vorderste Reihe der Lanzen und Schwerter prallt aufeinander. Obwohl das Lager der kräftemäßig unterlegenen Frauen hartnäckig versucht, sich zu behaupten, werden sie von den Soldatinnen ohne Schwierigkeit überwältigt.

Melanipe: „Das reicht!"

Die Frauen kauern niedergeschlagen am Boden.

Melanipe: „Du siehst es ja selbst, Subaru! Sie sind zwar tapfer, aber als Soldatinnen sind sie nicht zu gebrauchen."

Subaru: „Zumindest nicht auf diese Art und Weise."

Penthesilea: „?"

Subaru: „Bitte nehmt Waffen und Schilde und stellt euch noch einmal einander gegenüber auf."

Subaru deutet auf das Stangenholz, das am Rande des Übungsplatzes aufgehäuft liegt. Zögerlich nehmen die Frauen die Stangen in die Hände und reihen sich wieder, doch die langen, schweren Stangenhölzer bringen sie ins Schwanken.

Subaru: „Jetzt nehmt die Lanzen in Anschlag, aber die Reihen eins bis fünf gleichzeitig!"

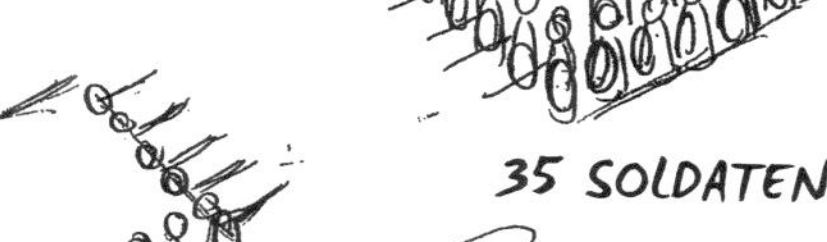

Die Formation der Frauen nimmt ihre Position ein.
Penthesilea/Melanipe/alle Soldatinnen: „!“
Penthesilea: „Das ist …“
Subaru: „Stellt euch vor, an der Spitze der hölzernen Stangen wären Klingen … Melanipe!“
Melanipe: „Hm … Los!“
Diesmal findet die erste Reihe der Soldatinnen kein Mittel gegen die dicht hintereinander angeordneten fünf Reihen von Lanzenspitzen. Schritt für Schritt werden sie zurückgedrängt.
Melanipe: „Das genügt!“
Die Anwesenden sind von dem gerade Erlebten völlig überrascht!
Subaru: „Wenn man auf diese Weise fünf Reihen von Klingen hintereinander positioniert, macht man es dem Feind unmöglich, sich anzunähern. Man verhindert, dass man in den Nahkampf gerät, wo Schild gegen Schild drückt und der Feind seine körperliche Überlegenheit ausspielen kann. So können auch nach Kräften und Erfahrung unterlegene Frauen gegen Männer im Kampf bestehen. Wichtig ist nur, dass sie beim Anblick des Feindes nicht den Mut sinken lassen!“
Freudenrufe ertönen. In den Herzen der Anwesenden ist ein Funken Hoffnung aufgeglommen.

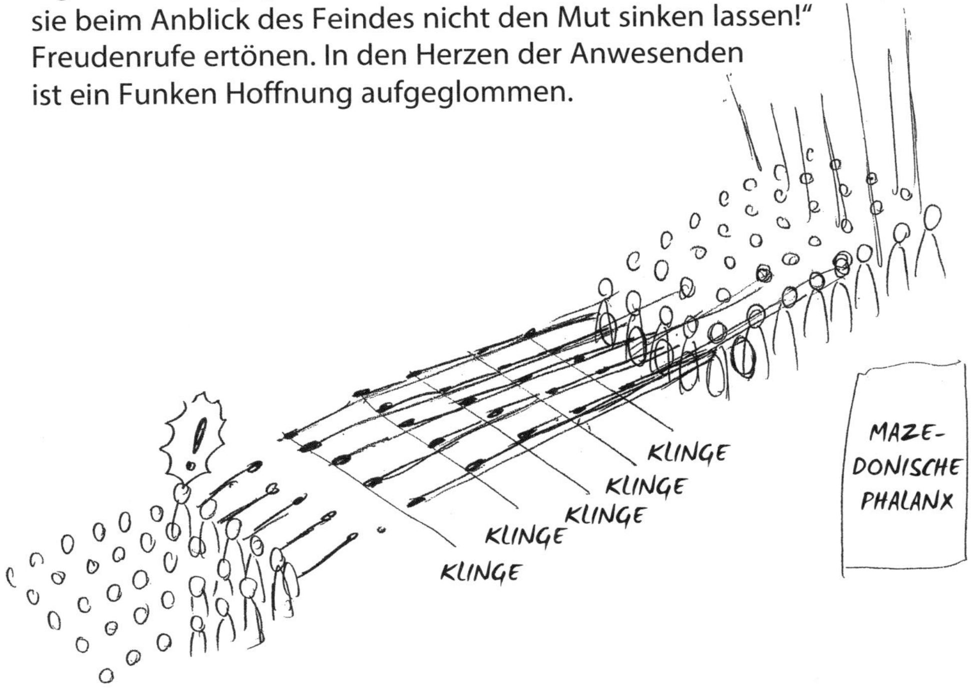

Melanipe: „Damit können wir im Kampf gegen die Spartaner bestehen! Oder?! Subaru?!"
Subaru: „Ja, das werden wir, alle zusammen."
Melanipe schlägt ihm anerkennend auf die Schulter: „Ah! Du bist echt klasse!"
Subaru: „Ismene, was die Vorbereitung der Lanzen betrifft …"
Ismene: „Das Holz ist schnell organisiert. Die Klingen können wir von vorhandenen Lanzen ummontieren. Das ist ganz einfach."
Penthesilea starrt Subaru währenddessen unverwandt an: Subaru … wer bist du … vielleicht eine Art Fingerzeig der Götter?
Sie schaut ihn erneut wie etwas Merkwürdiges an. Subaru wendet sich Penthesilea zu: „Penthesilea … Ich möchte mich nicht in den Vordergrund drängen, aber … ich habe eine Idee für eine Taktik … Wärst du bereit, mich anzuhören?"
Penthesilea wird aus ihren Gedanken gerissen und läuft rot an.
Penthesilea: „Natürlich! Du hast bisher alles vorbereitet!"
Von einer Ecke des Übungsplatzes aus beobachtet Königin Antiope in Begleitung von Seren und einigen Gardesoldaten das rege Treiben.
Antiope: „Ist das der junge Mensch, den das Orakel uns angekündigt hat?"
Seren: „Der Bogenschütze des Kronos … In der blutgetränkten Geschichte der Menschheit wird dieser Schütze einen hellen Blitz abfeuern …"
Antiope: „Der Wille der Götter ist für Menschen auch schon schwer genug zu erfassen. Beinahe unmöglich ist es allerdings bei jenen Göttern, die sich außerhalb des Olymps befinden. Dennoch …"
Antiope betrachtet Subaru eindringlich.
Antiope: „Es ist ein guter Mensch."
Seren: „Ja."
Antiope: „Beten wir, dass sein Erscheinen uns Amazonen Glück bringt."
Antiope und ihre Begleiterinnen verlassen das Übungsgelände.

5

Zusammenfassung
Die Tage vergehen mit Übungen und der Herstellung von Waffen. Weil die Wurfspeere für die Frauen etwas zu schwer sind, schlägt Subaru eine Schleuder vor.

Die Tage vergehen in Windeseile.

In einer Vollmondnacht wird im Tempel der Artemis das „Ritual der Darreichung" durchgeführt. Die Menschen versammeln sich. Opfergaben sind aufgereiht. Seren führt einen rituellen Tanz auf.

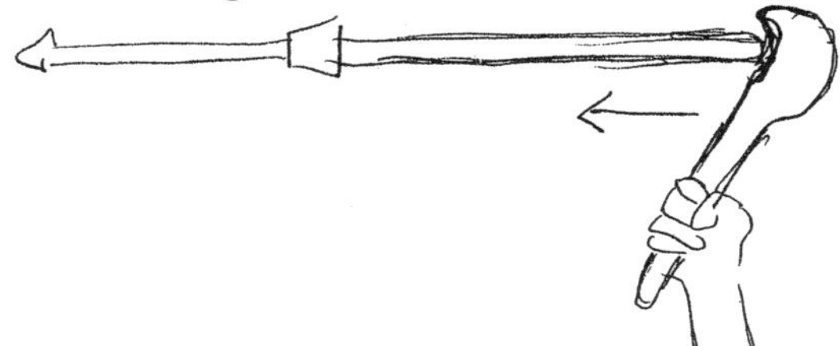

Sie trägt nur ein einfaches Gewand aus dünnem Stoff. Es ist ein mysteriöser, erotischer Tanz. Subaru beobachtet sie völlig hingerissen. Neben ihm sitzt Penthesilea.
Penthesilea: „Was für ein mysteriöser Tanz, der sogar Frauen wie uns in Verzückung versetzen kann. Das darf ein Mann auf gar keinen Fall zu sehen bekommen! Er würde vermutlich auf der Stelle über sie herfallen."
Subaru: „Ha ha ha … >schwitz<"
Seren, die sich gerade in einem Zustand der Trance befindet, wird eine göttliche Offenbarung zuteil.
Seren: „In drei Tagen werden gierige Bestien mit dunkelgrauen Scheiben auf uns einstürmen. Aber die Frauen, die unter dem Schutz des Mondes stehen, werden die Bestien gemeinsam mit dem Bogenschützen des Kronos in die Flucht schlagen. Dem Fluss der Zeit wird neuer Atem eingehaucht, und diese Welt wird von Neuem erblühen."
Ein Raunen geht durch die Menge der Anwesenden.
Subaru: „Ist diese Offenbarung … wahr?"
Melanipe: „Unverschämtheit! Die Offenbarungen von Seren treffen immer ein! Sie hat sich noch kein einziges Mal geirrt!"

Penthesilea: „In drei Tagen …"
Melanipe: „Endlich kommen die Griechen. Und wir werden dafür sorgen, dass es ihr Verderben ist."
Ismene: „Ich gehe zurück an die Arbeit."
Penthesilea: „Vielen Dank."
Jeder geht an seinen Platz zurück.
Subaru spricht die im Gehen befindliche Ismene an.
Subaru: „Ich weiß, dass du sehr beschäftigt bist. Ich möchte dich trotzdem bitten, etwas für mich anzufertigen. Es ist wichtig."
Ismene: „Was ist es denn? Benötigen wir noch eine neue Art von Waffe?"
Subaru: „Ich glaube, was die Spartaner betrifft, haben wir unser Möglichstes an Vorbereitungen getan. Aber es gibt immer noch einen Faktor, der mir Sorge bereitet. Diese Welt …"
Ismene: „Ein Sorgenfaktor? Welcher?"
Subaru: „Die Figuren aus der Mythologie … die Halbgötter."
Ismene: „Halbgötter? Du meinst, wie die Prinzessinnen?"
Subaru: „Ich habe Penthesilea und Hippolyte beim Kämpfen beobachtet. Sie haben Übermenschliches geleistet. Insbesondere Prinzessin Hippolyte hat mit ihrer Kraft eine ganze Armee aufgewogen. Ich weiß jetzt nicht, ob es in der Armee der Spartaner auch Halbgötter gibt, aber ich meine, wir müssen uns auf diesen Fall vorbereiten."
Ismene: „Also gut. Und was soll ich für dich vorbereiten?"
Subaru: „Weiß du was Schwefel und Salpeter sind?"

Auf einem Schlachtfeld fernab von Amazonien.
Die von Hippolyte geführte Streitkraft der Amazonen hat die Armee der Spartaner nach erbitterten Kämpfen bezwungen. Harmonia steht auf dem Schlachtfeld und betrachtet die Körper der getöteten Feinde.
Harmonia: „Die Spartaner haben ihren Ruf nicht umsonst … Das war ein hartes Stück Arbeit."
Hippolyte: „Seltsam, der Feind war weniger zahlreich als erwartet."
Harmonia: „Das stimmt … Vielleicht haben sich unsere Kundschafterinnen vertan, als sie die Zahl der gegnerischen Soldaten geschätzt haben?"

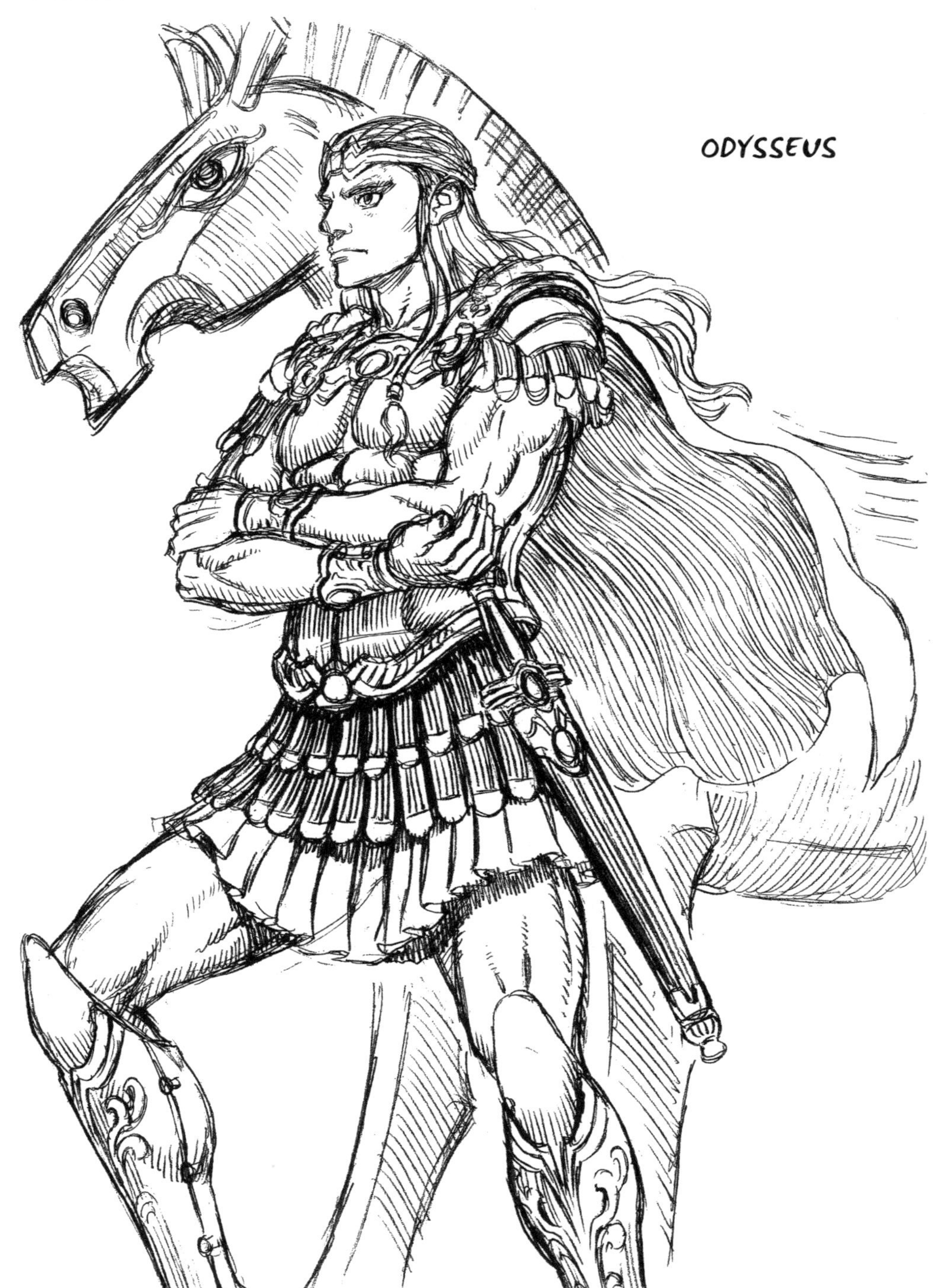
ODYSSEUS

Hippolyte: „Die Berichte sprachen von etwa eintausend Soldaten. Aber im Kampf hier waren es höchstens dreihundert. Schwer vorstellbar, dass unsere Kundschafterinnen mit ihren Schätzungen so weit danebenlagen."
Harmonia: „Du glaubst … es gibt eine zweite Einheit?"
Hippolyte: „Es ist möglich, dass wir die anderen verfehlt haben … Mich beschleicht ein ungutes Gefühl! Kehren wir nach Hause zurück! Schnell!"
Eine Soldatin kommt herangaloppiert.
Soldatin: „Melde gehorsamst!"
Hippolyte: „Sprich!"
Soldatin: „Feindliche Soldaten gesichtet. Im Rückraum unserer Truppen, ungefähr eintausendfünfhundert Mann. Es sind Ithaker, geführt von ihrem König, dem listigen Odysseus … !"
Hippolyte: „Ts!"
Jenseits der Stadtmauern von Amazonien dehnt sich eine weite Ebene aus. Dort haben die Amazonen ihre Stellungen bezogen. Sechshundert Soldatinnen sowie vierhundert Reiterinnen. Die Armee der Spartaner mit siebenhundert Fußsoldaten und dreihundert Reitern rückt näher. Die Erde bebt unter ihren Füßen und Hufen. Die Amazonen können ihre Anspannung nicht verbergen. Knie zittern und Tränen fließen.
Melanipe: „Der Feind verfügt auch über Reiter!"
Penthesilea: „Das war zu erwarten. Aber es sind nicht so viele, dass wir ihrer nicht Herr werden würden. Schließlich haben wir das hier …"
Sie hebt einen Fuß, der in einem Steigbügel steckt. An der Seite von Penthesilea sitzt der vor Anspannung kreidebleiche Subaru auf einem Wagen. Penthesilea wirft ihm einen Blick zu.
Penthesilea: „Du bist nicht an das Schlachtfeld gewöhnt?"
Subaru: „Nein … überhaupt nicht! Mir zittern die Knie … meine Kehle ist staubtrocken … >schwitz<"
Subaru beobachtet die Armee der Spartaner.
Subaru: „Ich habe ja vieles über die Spartaner gehört und mir manches vorgestellt … Aber in Wirklichkeit sind sie noch viel mächtiger und eindrucksvoller! In einem Kino mit Popcorn in der Hand wäre mir dieser Anblick lieber gewesen … >schwitz< …"

Penthesilea: „…? Wenn du dich so sehr vor ihnen fürchtest, kannst du deine Anweisungen auch von der Stadtmauer aus geben."
Subaru: „Es wäre schwer von dort schnell genug auf plötzliche Veränderungen zu reagieren. Außerdem waren es meine Ideen, die diese Frauen jetzt hier aufs Schlachtfeld geführt haben. Das Mindeste, was ich tun kann, ist hier an ihrer Seite zu bleiben."
Penthesilea: „Hm …"
Sie nähert sich Subaru, fasst ihn mit beiden Händen an den Wangen und zieht seinen Kopf ganz dicht zu sich heran.
Subaru: „…!"

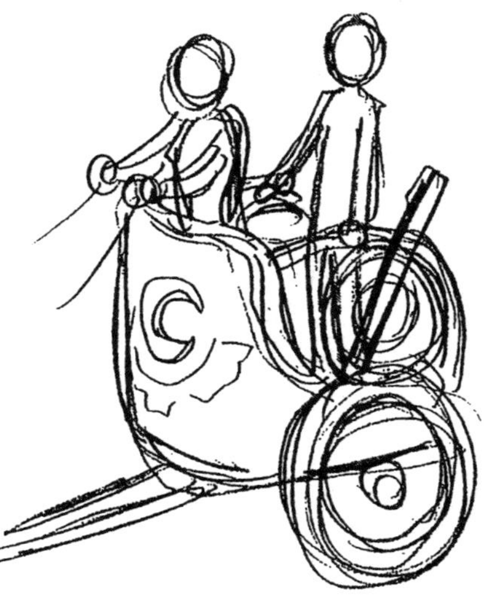

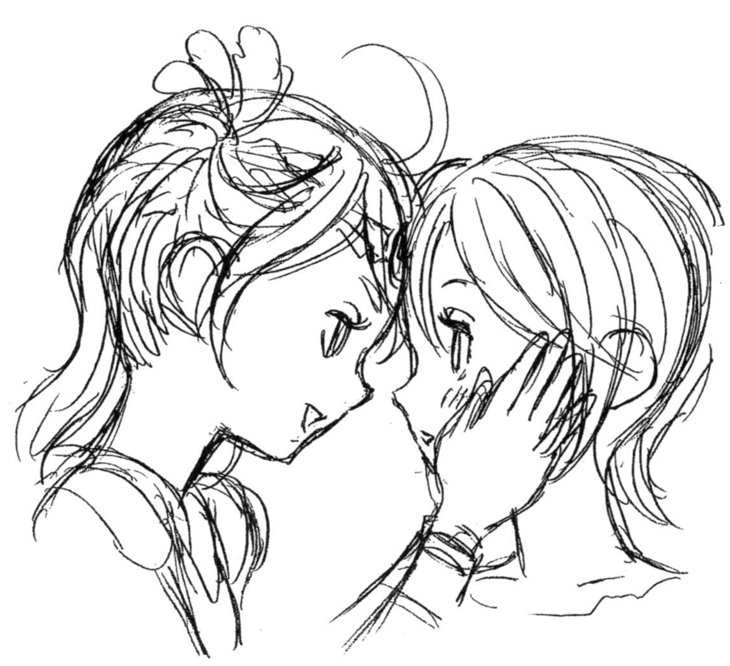

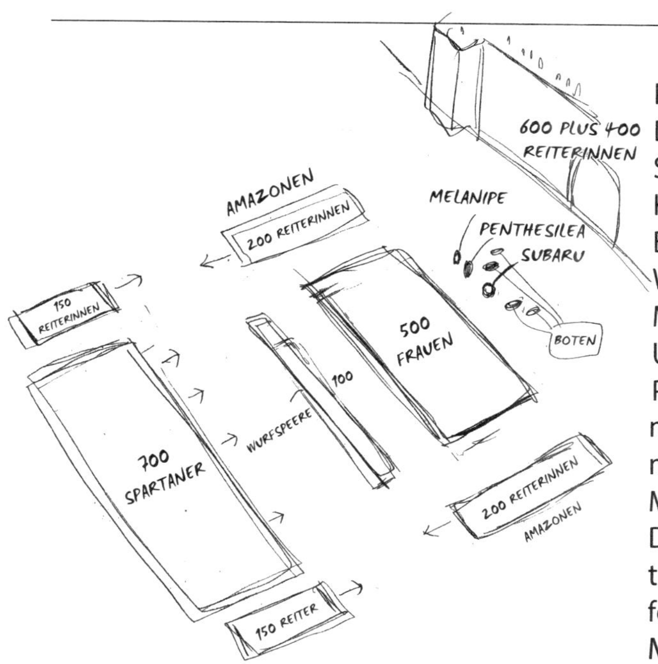

Penthesilea: „Keine Sorge. Du stehst unter dem Schutz unserer Mond- und Kriegsgöttin."

Beide blicken sich eine Weile gegenseitig an.

Melanipe: „Das ist gemein! Und was ist mit mir?"

Penthesilea: „Du hast es nicht nötig. Du bist ohnehin nicht kaputt zu kriegen."

Melanipe: „Äh?!"

Der Feldherr der Spartaner tritt aus der Schlachtformation nach vorne.

Menelaos: „Ich bin Menelaos! Sohn des Atreus und König des mächtigen Sparta! Frauen wie ihr haben auf dem Schlachtfeld nichts zu suchen! Ihr Amazonen wagt es, mit Schwertern in der Hand an diesem heiligen Ort der Männer aufzutauchen und ihn zu entweihen! Ergebt euch, öffnet die Tore eurer Stadt für uns und wir werden euch schonen! Falls ihr euch aber widersetzt, werden wir euch zeigen, was für eine Frau auf dem Schlachtfeld einzig angemessen ist. Dann sollt ihr unseren besten Kämpfern als Objekt des Vergnügens dienen."

Subaru: „Dieser König ist ja echt frauenfeindlich!"

Penthesilea nähert sich ihm zu Pferde.

Penthesilea: „Ich bin Penthesilea, Tochter des Ares und dritte Prinzessin der Amazonen! Ich habe eine Botschaft für Menelaos, den König der Spartaner!"

Penthesilea atmet tief durch.

Penthesilea: „So wie du dich hier gebärdest, ist es kein Wunder, dass deine Frau vor dir weggelaufen ist! Ein König, der sich Hörner aufsetzen lässt!"

Menelaos: „Was …?!"
Die Spartaner sind völlig verdutzt. Aus den Reihen der Amazonen dringt schallendes Hohngelächter.
Menelaos: „Du … du … wagst es …" Er ringt sichtlich um Worte und schnappt nach Luft.
Penthesilea: „Welch eine Zumutung für die bemitleidenswerten Könige Griechenlands, dass in ihren Reihen ein so primitiver, erbärmlicher, schmutziger, stinkender und unreifer alter Mann ist …"
Menelaos: „Du Elende … wagst es … gegenüber einem König … Das … das sollst du büßen!"
Penthesilea: „Ach, halt die Klappe! Du armseliger König! Ich werde einen Pfeil in deinen dicken Elefantenhintern jagen! Dann wirst du nicht nur mit der Schande leben müssen, dass dir die Frau weggelaufen ist … sondern auch noch mit der Schande, dass eine Frau dir den Hintern versohlt hat! Dann kannst du zu deinem großen Bruder laufen und dich bei ihm ausheulen!"
Menelaos versagt vor lauter Wut die Stimme: „…!"
Subaru: Der Mann kann einem fast Leid tun … Im Gefecht der Zungen sind Männer gegen Frauen chancenlos … Und das war offenbar schon vor Jahrtausenden das traurige Schicksal der Männer …
Menelaos wird von einigen seiner Soldaten umringt.
Soldat: „Gegen dieses Giftmaul kommt ihr nicht an, Herr. Lasst uns so schnell wie möglich mit dem Kampf beginnen!"
Menelaos: „Erbärmlich hat sie mich genannt … armselig …"
Soldat: Bitte nicht! Das geht nicht gut … Dieser Mann ist psychisch anfällig …
Die Anspannung fällt von den weiblichen Soldaten ab, nachdem sie Zeugen dieses Rededuells geworden sind. Penthesilea wendet sich an ihre Mitstreiterinnen.
Penthesilea: „Seht euch alle einmal um!"
Die Soldatinnen wenden sich um. Ihre Blicke sind auf die Stadt der Amazonen gerichtet.
Penthesilea: „Was ihr da seht, ist unser Zuhause!"
Sie wendet sich wieder den Spartanern zu.
Penthesilea: „Und was ihr dort seht, sind eine Bande gemeiner Einbrecher, die unsere Abwesenheit nutzen wollten, um bei uns einzubrechen!"

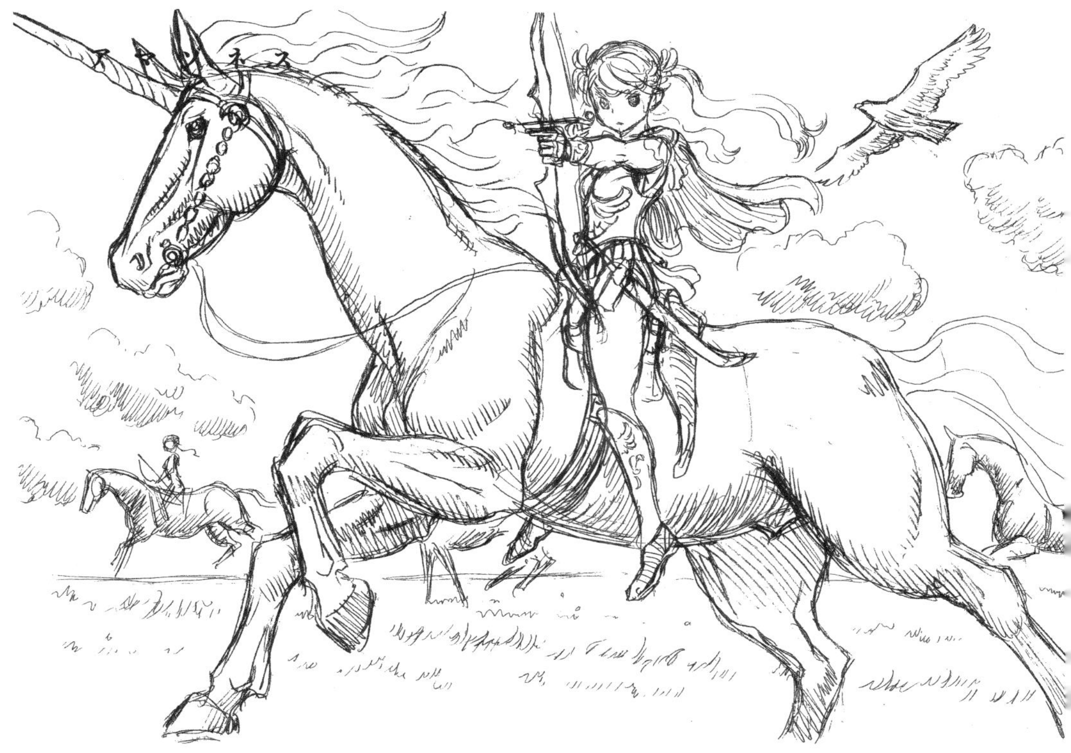

Aus den Reihen der weiblichen Kämpfer ist Kichern zu hören.
Penthesilea: „Ich glaube, diejenigen von euch, die aus der Fremde zu uns gekommen sind, haben sich wahrscheinlich mehr als einmal von den Männern anhören müssen, dass eine Frau zu schweigen und das Haus zu hüten hat."
Die Frauen: „…"
Penthesilea: „Ich glaube, diese Kerle haben eine Lektion verdient! Sie haben es verdient, am eigenen Leib zu erfahren, wie gefährlich Frauen sein können, die ihr Zuhause hüten!"
Alle Frauen: „Hurra!"
Penthesilea: „Also, Subaru, du hast jetzt das Kommando über die Fußtruppen!"
Daraufhin wendet sie sich den Reiterinnen am rechten Flügel zu, Melanipe kümmert sich um den linken Flügel.
Subaru fasst allen Mut zusammen und ruft: „Speerwerferinnen, bereitmachen!"
Die Spartaner marschieren mit erhobenen Schilden auf die Amazonen zu, die sie so nah wie nur irgend möglich kommen lassen.

Subaru: „Los!"
Die Speere der Amazonen fliegen los und bohren sich einer nach dem anderen in die Schilde der Spartaner.
Spartaner: „?!"
Soldat A: „Was … was sind das für Speere?!"
Soldat B: „Der ist schwer … Lässt sich nicht rausziehen!"
Soldat C: „Der Schaft schleift auf dem Boden … Ich kann nicht vorwärtsgehen!"
Ein Wurfspeer nach dem anderen regnet auf die Feinde herab. Die Spartaner beginnen, ihre blockierten und dadurch unbrauchbar gewordenen Schilde einfach fallen zu lassen.
Ismene, die von der Stadtmauer aus das Geschehen beobachtet: „Sehr gut!"
Die Speerwerferinnen haben alle Speere geworfen und ihre Aufgabe erledigt.
Subaru: „Speerwerferinnen, nach hinten zurückziehen! Pikeniere, haltet die Lanzen bereit!"
Die Lanzenträgerinnen, die sich bisher kniend in Bereitschaft gehalten haben, heben ihre Lanzen vom Boden auf.
Auf Seiten der Spartaner haben die Soldaten ohne Schilde den Rückzug nach hinten angetreten. Irgendwie schaffen die Spartaner es aber, die vorderste Reihe wieder mit Schildträger zu schließen.
Spartaner: „?!"
Fünf Reihen von Lanzen haben sich vor den Augen der Spartaner aufgebaut und blockieren jedes Weitermarschieren.
Die Menge oben auf der Stadtmauer beginnt zu johlen.
Ismene ballt die Faust: „Super!"
Unsicherheit macht sich unter den Spartanern breit.
Soldat A: „He, was sind das für ewig lange Lanzen?!"
Soldat B: „Wir müssen da irgendwie durchkommen …"
Die ersten versuchen, untern den Lanzen durchzukrabbeln.
Soldat B: „Argh!"
Eine Klinge aus der zweiten Reihe hat ihn in den Rücken getroffen und zu Boden gestreckt.
Soldat C: „Das wird so nichts! Wir kommen nicht weiter!"
Menelaos beobachtet das Geschehen aus den hinteren Reihen.
Menelaos: „Was soll das?! Es kann doch nicht sein, dass die stärkste Armee Griechenlands sich von einem Haufen Frauen den Weg versperren lässt?!"

Subaru: Es funktioniert ... Penthesilea!
Subaru wirft einen Blick in Richtung des rechten Flügels, wo Penthesilea sich befindet. Die Reiterinnen an der rechten Flanke beginnen ihre Pfeile abzufeuern. Mehr als ein Dutzend feindlicher Reiter stürzen getroffen zu Boden. Die Verunsicherung des Feindes ist offensichtlich.
Penthesilea: „Zieht die Schwerter! Attacke!"
Die Reiterinnen am rechten und linken Flügel preschen vor. Unter geschickter Ausnutzung ihrer Steigbügel weichen sie den feindlichen Klingen aus, um dann abrupt stehen zu bleiben und ihrerseits heftige Schwerthiebe auszuteilen. Nach und nach gewinnen die Reiterinnen der Amazonen die Oberhand über die feindlichen Reiter.
Die Pikeniere der Amazonen blockieren den Vormarsch des Feindes mit ihren Lanzen, werden ihrerseits aber von den großen Schilden der Spartaner daran gehindert, weiterzumarschieren, sodass sie ihnen keinen größeren Schaden zufügen können. Die Pattsituation hält eine Weile an, bis sich bei den Frauen die Anstrengung, die schweren Lanzen hochzuhalten, immer stärker bemerkbar macht.
Subaru: „Erste Reihe! Nach hinten!"
Die erste Reihe der Pikeniere rückt ins letzte Glied, die zweite Reihe rückt dafür auf und nimmt ihre Stelle ein.
Subaru: „Nicht lockerlassen! Wir müssen jetzt standhaft bleiben!"
Die Pikeniere beginnen nach und nach, vor dem anhaltenden gegnerischen Druck zu weichen.
Menelaos: „Sehr gut! Wir haben sie gleich so weit!"
Subaru: „Ihr könnt ruhig zurückweichen! Aber die Formation darf nicht aufgegeben werden!"
In der ersten Reihe sind die ersten Frauen am Ende ihrer Kräfte und lassen die Lanzen fallen.
Subaru: „Ts ..."
Menelaos: „Seht ihr! Wir haben es fast geschafft! Weiter so! Weiter!"
In diesem Moment haben die Reiterinnen an den Flügeln ihre Gegner endgültig besiegt. Die Truppen von Penthesilea und Melanipe wenden sich jetzt den hinteren Reihen der gegnerischen Fußsoldaten zu.
Menelaos: „Was geht da vor?!"
Die Amazonen schießen ihre Pfeile in die letzte Reihe des Feindes. Die Soldaten, die zuvor ihre Schilde durch die Wurfspeere verloren hatten, sind dem Pfeilregen ungeschützt ausgesetzt und sacken einer nach dem anderen zu Boden.

Die Spartaner weiter vorne merken, dass etwas im Gange ist und wenden sich nach hinten um. In diesem Moment tun sich zwischen den Reihen ihrer Schilde Lücken auf.
Subaru: „Jetzt! Rückt vor, Pikeniere!"
Ein Soldat nach dem anderen wird von den Lanzen getroffen. Die Spartaner begreifen, dass sie von zwei Seiten in die Zange genommen werden. Panik breitet sich aus.
Menelaos: „Das kann doch nicht wahr sein?!"
In diesem Augenblick legt Penthesilea ihren Bogen, während Menelaos auf sie zu stürmt.
Penthesilea: „Menelaos!"
Menelaos: „Du miese kleine Göre!"
Menelaos schwingt in der Rechten seine Lieblingswaffe, einen Flegel mit einer Eisenkugel, während seine Linke den schützenden Schild hält. Penthesilea weicht der heransausenden Eisenkugel mit einer plötzlichen Bewegung aus und schießt gleichzeitig ihren Pfeil ab. Menelaos streckt seinen Schild nach vorne, aber der Pfeil verfehlt ihn bei Weitem.
Menelaos: „Wie erbärmlich! Wo lernt man denn so schlecht Bogensch…?!"
Der Pfeil, der seine Richtung hinter Menelaos wie ein Bumerang gewendet hat, kommt zurückgeschossen und trifft den König der Spartaner zielgenau in den Hintern.
Menlaos. „Hngyaah!"
Die Reihen der Spartaner befinden sich jetzt in Auflösung, die ersten Soldaten ergreifen die Flucht.
Königin Antiope, die das Geschehen von der Krone der Stadtmauer aus beobachtet, ist sichtlich erleichtert.
In der Menge kommen Jubelschreie auf.
Fußsoldatin A: „Haben wir sie?!"
Fußsoldatin B: „Das war's!"
Fußsoldatin C: „Ist das wahr? Haben wir wirklich die berühmten Spartaner …?"
Von zweien seiner Soldaten gestützt flieht König Menelaos vom Schlachtfeld.
Menelaos: „Elende … Welch eine Schande!"
Penthesilea: „Reiterinnen! Versprengte Reste des Feindes attackieren!"
Subaru jagt im Streitwagen heran.
Penthesilea: „Subaru! Wir haben es geschafft! Wir leben! Das ist … einfach Wahnsinn … diese Steigbügel!"
Subaru: „Penthesilea … Du lässt die Spartaner weiterverfolgen?"

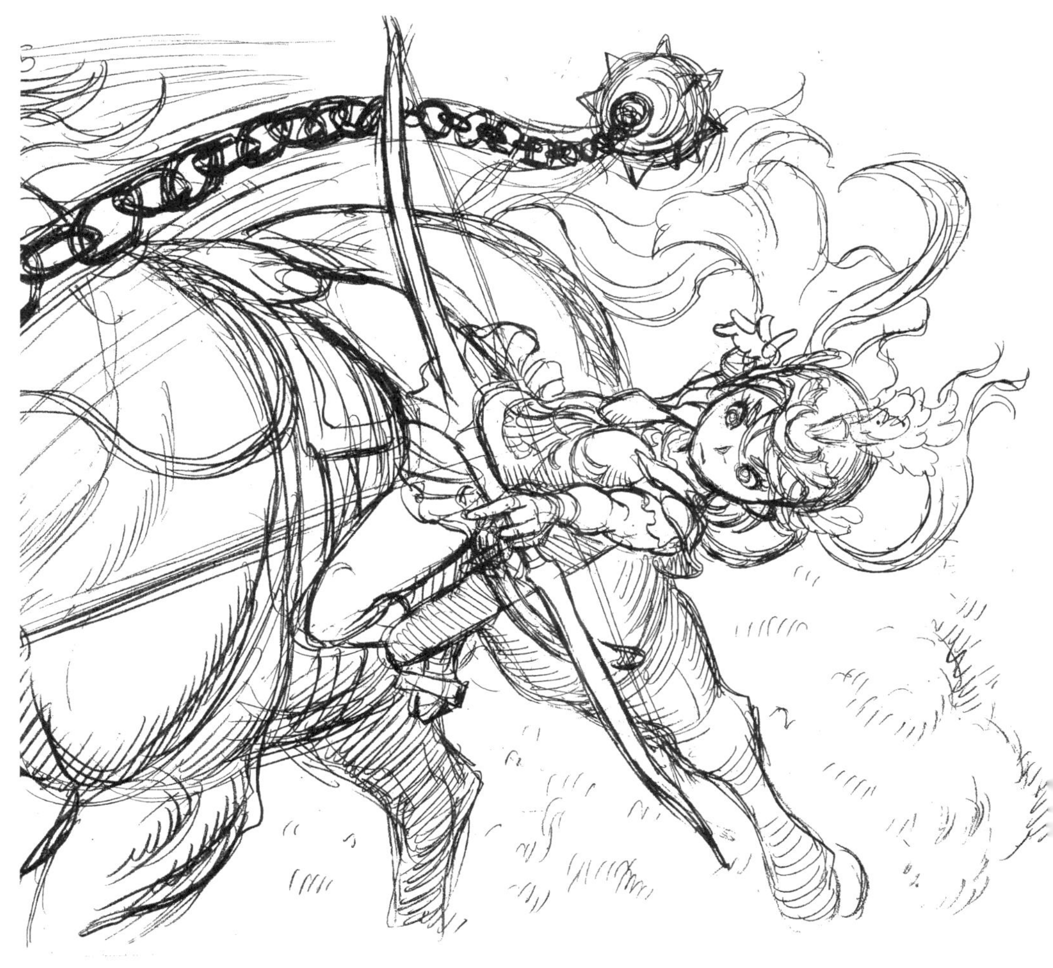

Penthesilea: „Wenn wir sie jetzt laufen lassen, werden sie früher oder später erneut angreifen. Es wäre besser, wir machen ihnen jetzt den Garaus."
Subaru: „Ja … das mag sein …"
Subaru: Das war wohl zu dieser Zeit … in dieser Welt … völlig normal … Und in den Kriegen in meiner Welt verhält es sich auch nicht viel besser …
Penthesilea beginnt sich zu entfernen. In diesem Moment schlägt eine schwarze Masse mitten in die Menge der fliehenden Spartaner ein. Eine große Staubwolke steigt auf. Die Spartaner werden durcheinander geschleudert.
Subaru/Penthesilea: „?!"
Aus der Staubwolke taucht eine menschliche Gestalt auf.
Königin Antiope hat das Geschehen von der Stadtmauer aus beobachtet.
Antiope: „Das ist doch … Nein! Bitte nicht!"
Penthesilea: Was ist das … für ein stechendes Gefühl … diese Machtlosigkeit …?!
Mann: „He! Was sagt man denn dazu?! Die weltberühmten Spartaner fliehen wie die Hasen! Und ihr wollt Männer sein? Oder haben euch die Frauen etwa die Eier abgeschnitten?"
Soldat A: „Du bist … Achill?"
Soldat B: „He! Das ist Achill … der von den Myrmidonen!"
Soldat C: „Der griechische Held!"
Subaru: „Achill … Das ist … Achill?"
Penthesilea: „Der Held Achill …"
Menelaos: „Oh! Achill! Sehr gut, du kommst genau zur rechten Zeit! Bringst du Verstärkung? Hat mein Bruder dich angewiesen?"
Achill: „Das ist nicht ganz falsch. Da macht sich jemand Sorgen um seinen Bruder, der in grobem Eigensinn unter Missachtung eines Abkommens Feldzüge bis ins hinterste Anatolien führt. Jedenfalls soll ich diesen missratenen kleinen Bruder nach Hause bringen."
Menelaos: „Uh! Das stimmt nicht! Achill … Was wir tun ist … Wir sind auf einer bewaffneten Erkundungsmission! Die lohnendsten Ortschaften um Troja herum sind alle leergeraubt. Wenn wir nicht bald neue ergiebige Jagdgründe finden, werden wir nämlich bald auf dem Trockenen sitzen."

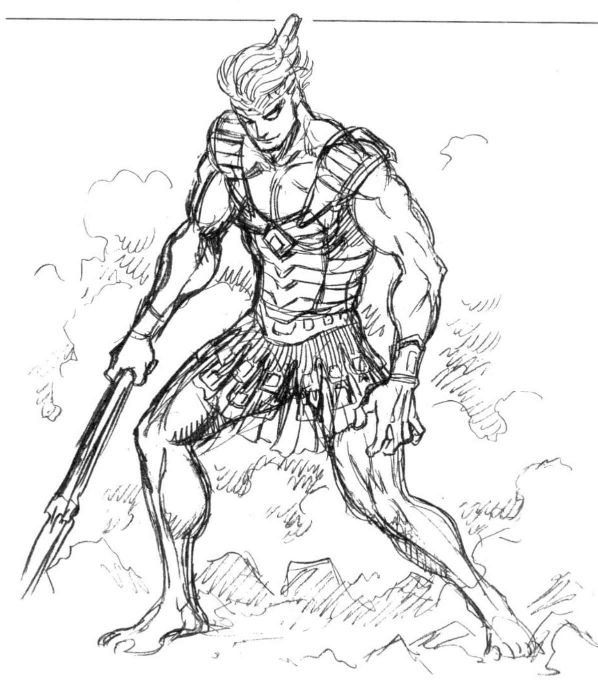

Achill: „Der Plan ist offenbar nach hinten losgegangen. Sieht aus, als ob du den Hintern ordentlich versohlt bekommen hast. Deine persönlichen Beweggründe interessieren mich einen feuchten Kehricht. Du wirst jetzt deine Sachen packen und nach Hause zurückkehren. Allerdings …"
Achill wendet sich zu Penthesilea um.
Achill: „Bist du das? Geht es von dir aus? Dieses heftige Gefühl der Feindseligkeit, das sich seit meiner Ankunft hier gegen mich richtet?"
Subarus Herz beginnt laut zu klopfen.
Penthesilea: „Ich bin Penthesilea, Tochter des Ares und dritte Prinzessin der Amazonen!"
Achill: „Ach … Du stellst dich vor? Das heißt also … du willst mich töten? Also gut … Ich bin Achill, Sohn des Peleus aus dem Volk der Myrmidonen! Es freut mich, deine Bekanntschaft zu machen, Prinzessin Penthesilea!"
Subaru: Die griechischen Sagen berichten von einem Kampf zwischen Achill und Penthesilea …
Melanipe: „Penthesilea! Dieser Mann ist gefährlich! Obwohl in meinen Adern kein göttliches Blut fließt, stellen sich mir bei seinem Anblick die Nackenhaare auf! Mein Instinkt rät mir, ihm nicht näherzukommen! Also bitte sei vernünftig und mache jetzt bloß keine Dummheiten!"

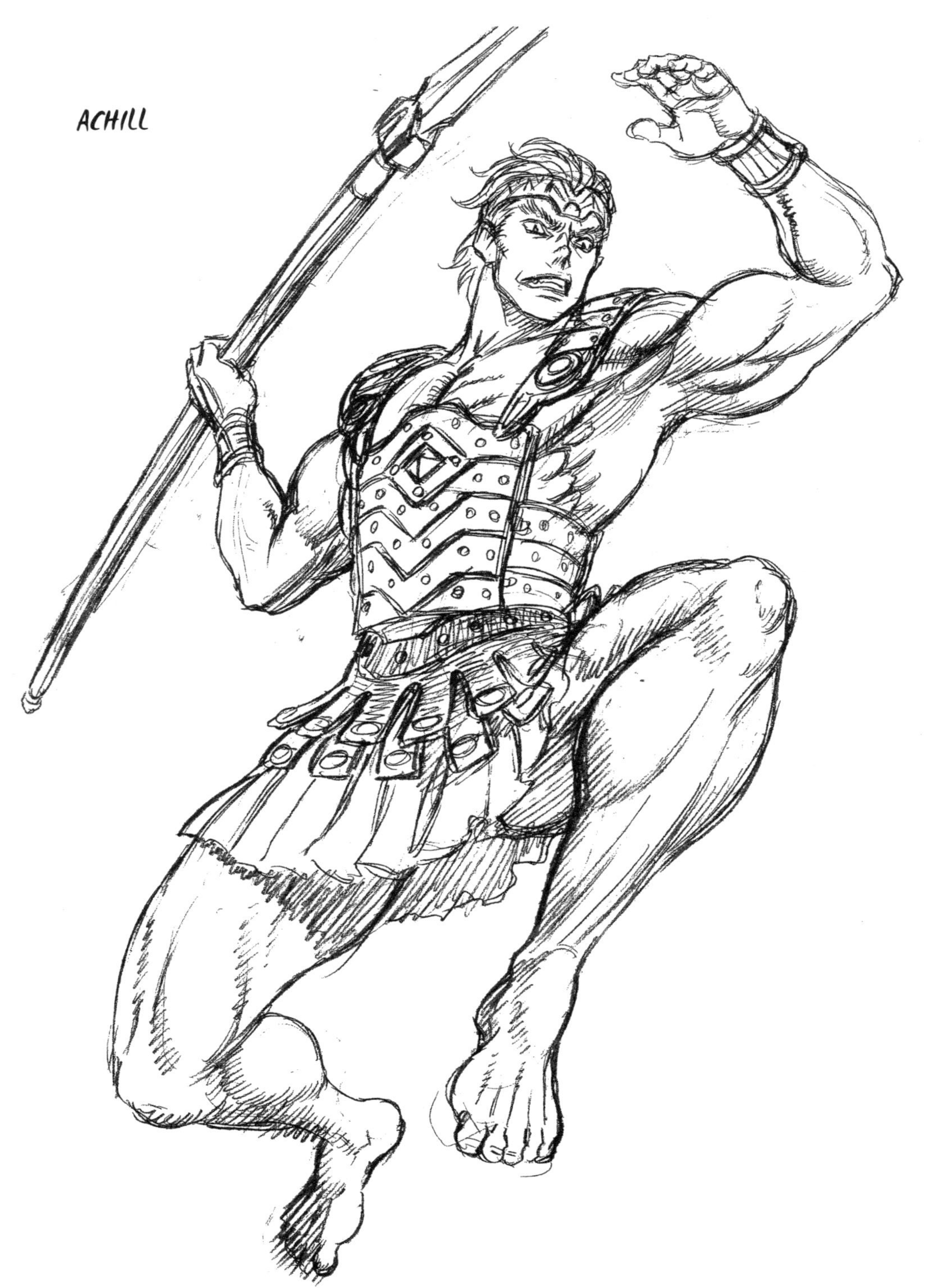
ACHILL

Penthesilea: „Das ist mir auch klar. Aber vor mir steht kein Geringerer als der Held Achill, der große, stützende Pfeiler in den Herzen aller griechischen Soldaten! Wenn ich ihn besiege, können wir die ganze griechische Armee aus Anatolien vertreiben!"
Penthesilea legt den Bogen der Artemis an.
Achill: „Da gebe ich dir Recht, Prinzessin."
Melanipe: „Penthesilea ...!"
Subaru: „Tu es nicht, Penthesilea ..."
Penthesilea schießt ihren Pfeil ab. Der Kampf ist eröffnet. Mit nichts weiter als einem kurzen Kopfschütteln weicht Achill dem Pfeil der Penthesilea aus. Penthesilea grinst. Ihr Pfeil beschreibt einen Bogen und hält auf Achilles' Hinterkopf zu. Aber kurz bevor der Pfeil ihn trifft, greift Achill ihn mit seiner Hand aus der Luft. Achill würdigt den Pfeil keines Blickes.
Penthesilea: „!"
Achill: „Ich bin geübt darin. Es ist derselbe Kniff, wie wenn man im Schlaf nach einer Mücke schnappt, die einem um die Ohren schwirrt."
Penthesilea: „Ts ...!"
Sie reitet los und bringt etwas Abstand zwischen sich und Achill. Dann schießt sie eine Folge von Pfeilen auf ihn ab. Achill weicht allen Pfeilen aus und greift sie aus der Luft.
Penthesilea ist schockiert.
Achill: „Diese Pfeile fliegen so wild und ungestüm ... Darin ähneln sie der Schützin, die sie abgefeuert hat!"
Achill macht einen Satz und rennt schneller als ein Pferd auf Penthesilea zu. Penthesilea flieht und schießt dabei weiter auf Achill, aber sämtliche Pfeil verfehlen ihr Ziel. Penthesilea wird sichtlich nervös.
Melanipe: „Penthesilea!"
Menelaos: „Oh! Das ist der legendäre Achill!"
Mit besorgten Gesichtern beobachten die Amazonen das Geschehen. Die Mienen der Spartaner sind jetzt wieder voller Hoffnung.
Subaru steigt von seinem Streitwagen ab und rennt in Richtung von Penthesilea.

In seinen Armen trägt er einen Gegenstand, der in ein Tuch gewickelt ist.
Nach kurzer Verfolgung wird Penthesilea von Achill eingeholt. Ein Tritt des griechischen Helden lässt die Prinzessin aus dem Sattel stürzen.
Penthesilea: „Uh …!" Auf dem Boden liegend legt sie ihren letzten Pfeil an.
Achill ist derweil gut zehn Meter weiter gelandet und wendet sich gemächlich um. Subaru hat in diesem Moment Penthesilea erreicht.
Penthesilea: „Subaru, du Dummkopf … Wieso tust du das?"
Subaru: „Du bist ein noch viel größerer Dummkopf!"
Achill: „Sieh an, eine Störenfriedin! Du musst Nerven haben, Mädchen! Dich in das Duell zweier Halbgötter einzumischen!"
Penthesilea: „Lauf weg, Subaru! Das ist mein Kampf …"
Subaru: „Penthesilea! Schieß deinen letzten Pfeil erst ab, wenn ich dir ein Zeichen gebe!"
Penthesilea: „Ja … Aber … Meine Pfeile wirken nicht gegen ihn …"
Subaru: „Keine Sorge. Diesmal wird es funktionieren!"
Subaru holt aus dem Tuch eine Art eisernes Rohr hervor. Die Menschen dieses Zeitalters haben einen solchen Apparat noch nie gesehen. Es ist ein Luntengewehr. Die Zündschnur brennt bereits. Subaru richtet die Mündung des Gewehrlaufs auf Achill.
Subaru: „Vertrau mir!"
Penthesilea: „Also gut!"
Auch Penthesilea legt ihre Waffe auf Achill an.
Achill: „Was ist das denn? Ein Bogen aus Eisen? Wie du meinst Mädchen, wenn du glaubst, dass es dir einen Vorteil verschafft, meinetwegen … Dann wird die Sache wenigstens etwas spannend!"
Subaru: Ich bin Sportschütze … Ich bin mir sicher, dass ich aus dieser Entfernung …
Achill: „Ich unterscheide in der Schlacht nicht zwischen Männer und Frauen. Wer vor mir mit einer Waffe in der Hand steht, ist mein Feind! Völlig egal, ob er Mann, Frau, Halbgott oder Gott ist! Also macht euch bereit!"

Subaru: „Jetzt!"
Penthesilea schießt ihren Pfeil ab, der einen großen Bogen beschreibt, um auf Achilles Rücken zu zielen. Genau in dem Augenblick, als Achilles Hand den Pfeil aus der Luft greifen will, kracht das Gewehr von Subaru und spuckt Feuer. Die Kugel fliegt so schnell, dass auch die Augen eines Halbgottes sie nicht verfolgen können.
Achill: „?!"
Die Kugel trifft den Oberschenkel von Achill und versetzt ihm einen Schlag. Dadurch verfehlt die Hand des Helden den Pfeil, der sich ungehindert in seine Schulter bohrt.
Achill: „Ugh …!"
Penthesilea: „Treffer!"
Amazone A: „Der Bogen …hat Feuer gespuckt!"
Spartaner A: „Was war das eben für ein Donner?!"
Spartaner B: „Achill ist … Achill, der Held ist …"
Achill ist in die Knie gesunken.

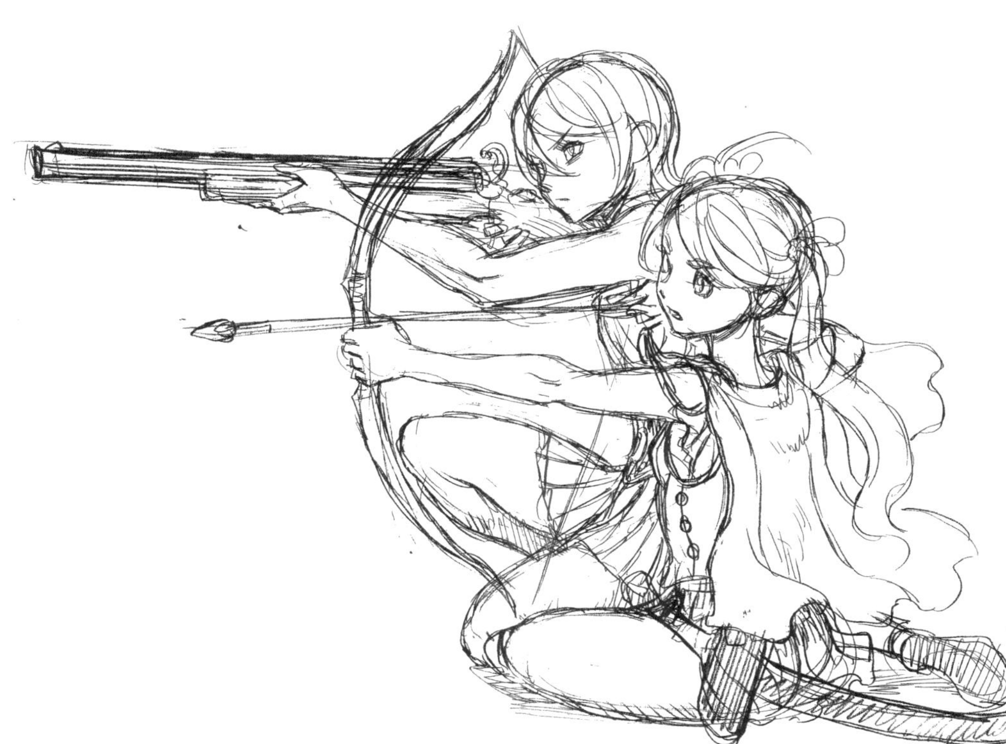

Menelaos: „Ich kann nicht glauben, was ich da sehe … Achilles geht im Kampf in die Knie …"
Achill: „Du Elende … Was ist das für eine Waffe?! Ich konnte sie beim besten Willen nicht verfolgen …"
Subaru: „Mit deiner Verletzung kannst du nicht weiterkämpfen! Du solltest dich jetzt ergeben!"
Penthesilea: „Nicht, Subaru! Dieser Mann ist zu gefährlich! Wir müssen ihm jetzt und hier töten!"
Achill: „Mädchen! Du machst dich nicht ungestraft über mich lustig …!"
Urplötzlich, mit einem Satz, den man einem Verletzten niemals zugetraut hätte, springt Achill auf seine Gegner zu.
Subaru/Penthesilea: „!"
In diesem Moment versetzt irgendjemand Achill von der Seite einen heftigen Tritt.
Achill überschlägt sich mehrfach, bevor er liegen bleibt.
Achill: „Agh?!"
Person: „Und du erhebst nicht ungestraft die Hand gegen meine kleine Schwester und ihre Freundin!"
Penthesilea: „Antiope!"
Melanipe: „Königin?!"
Amazone A: „Die Königin höchstpersönlich …"
Spartaner A: „Das ist die Königin der Amazonen …!"
Antiope: „Es reicht jetzt! Verschwindet! Macht euch sofort aus dem Staub, ihr Spartaner und griechischen Helden!"
Achill: „Niemals! Ich lasse mich doch hier nicht zum Narren halten!"
Antiope: „Du willst kämpfen? Mit deinen Wunden? Gegen mich und meine zwei Amazonen-Schwestern?"
Achill: „Zwei Schwestern?"
In diesem Moment erscheint Hippolyte mit ihrer Streitmacht auf dem Schlachtfeld.
Penthesilea: „Hippolyte!"
Aus den Reihen der Amazonen ertönen Jubelrufe. Unter den Spartanern macht sich Unruhe breit.
Antiope: „Du hast die Wahl, Held!"
Menelaos: „Verdammt! Achill! Lass uns von hier verschwinden …>schwitz<"

Achill: „Ts!"
Der Held erhebt sich, wobei sein Blick Subaru und Penthesilea streift.
Achill: „Wir haben eine Rechnung offen. Und die werdet ihr irgendwann auf dem Schlachtfeld begleichen!"
Der Held der Griechen hinkt davon.
Menelaos: „W… warte!"
Menelaos und die Spartaner verlassen gemeinsam mit Achill das Schlachtfeld.
Subaru: „Es ist vorbei …"
Die Menge jubelt. Schluchzend nimmt Melanipe Penthesilea in die Arme. Das Tor zur Stadt öffnet sich und eine fröhlich tanzende Menge strömt heraus. Ismene eilt zu Subaru und den anderen. Die Armee von Hippolyte ist inzwischen ebenfalls eingetroffen.
Zur gleichen Zeit wendet sich Selen ganz alleine im Artemis-Tempel der Statue der Mondgöttin zu. Die Jubelrufe vom Schlachtfeld sind nur ganz leise im Hintergrund zu hören.
Seren: „Jetzt wird ein neuer Lebenshauch die Welt zum Blühen bringen …"
Hippolyte erfährt von Antiope, was während ihrer Abwesenheit geschehen ist. Antiope wendet sich an Penthesilea.
Antiope: „Das war gute Arbeit. Hervorragend. Du hast deine Aufgabe als Prinzessin vorbildlich erfüllt, Schwester."
Penthesilea vergießt einige große Tränen.
Still beobachtet Subaru das Geschehen aus dem Hintergrund.

Ende erster Teil

Zwischenspiel zwischen Teil 1 und 2

Subaru hat sich auf Bitten von Penthesilea in einer Gruppe auf den Weg zu einer Thermalquelle gemacht, um dort Salpeter und Schwefel zu sammeln. Bei dieser Gelegenheit will die Gruppe auch in einer heißen Quelle baden. Subaru gelingt es gerade so, sich aus der Situation zu retten. Er entdeckt eine versteckt abseits gelegene Quelle. Als er dort alleine badet, nähert sich eine Gestalt. Es ist Achill, der gekommen ist, um seine Wunden zu heilen. Als Achill Subaru erkennt, gesteht er, dass er Subarus Verhalten auf dem Schlachtfeld bewundert hat und erklärt, dass er verliebt sei. Er bedrängt Subaru, mit ihm zu kommen. Da erscheinen Penthesilea und ihre Begleiterinnen. Sie bezichtigen Achill, ein Spanner zu sein und vertreiben ihn von dort. Es ist der Anfang der fehlgeleiteten Liebe des Achill. Auch Penthesilea empfindet zarte Gefühle für die vermeintliche Frau Subaru.

Zweiter Teil

Herakles greift die Amazonen an
NB: Herakles hatte im Wahn seine Familie getötet. Um diese Schuld zu büßen, legte er vor der Göttin Hera ein Gelübde ab, zwölf schwierige Prüfungen meistern. Bei der neunten Prüfung handelt es sich darum, dass er das „Lendentuch des Ares“, die königliche Insignie der Amazonen, rauben soll (Hera ist übrigens eine Schutzgöttin der Griechen).
Die Stadt befindet sich nach dem gewaltsamen Eindringen von Herakles in Aufruhr. Unglücklicherweise befindet sich Hippolyte gerade auf einem Feldzug. Auch mehrere Dutzend Frauen schaffen es nicht, dem Halbgott Herakles Einhalt zu gebieten. Penthesilea leistet erbitterte Gegenwehr, um Zeit für Subaru zu gewinnen. Der will eine neuartige Waffe herbeischaffen.

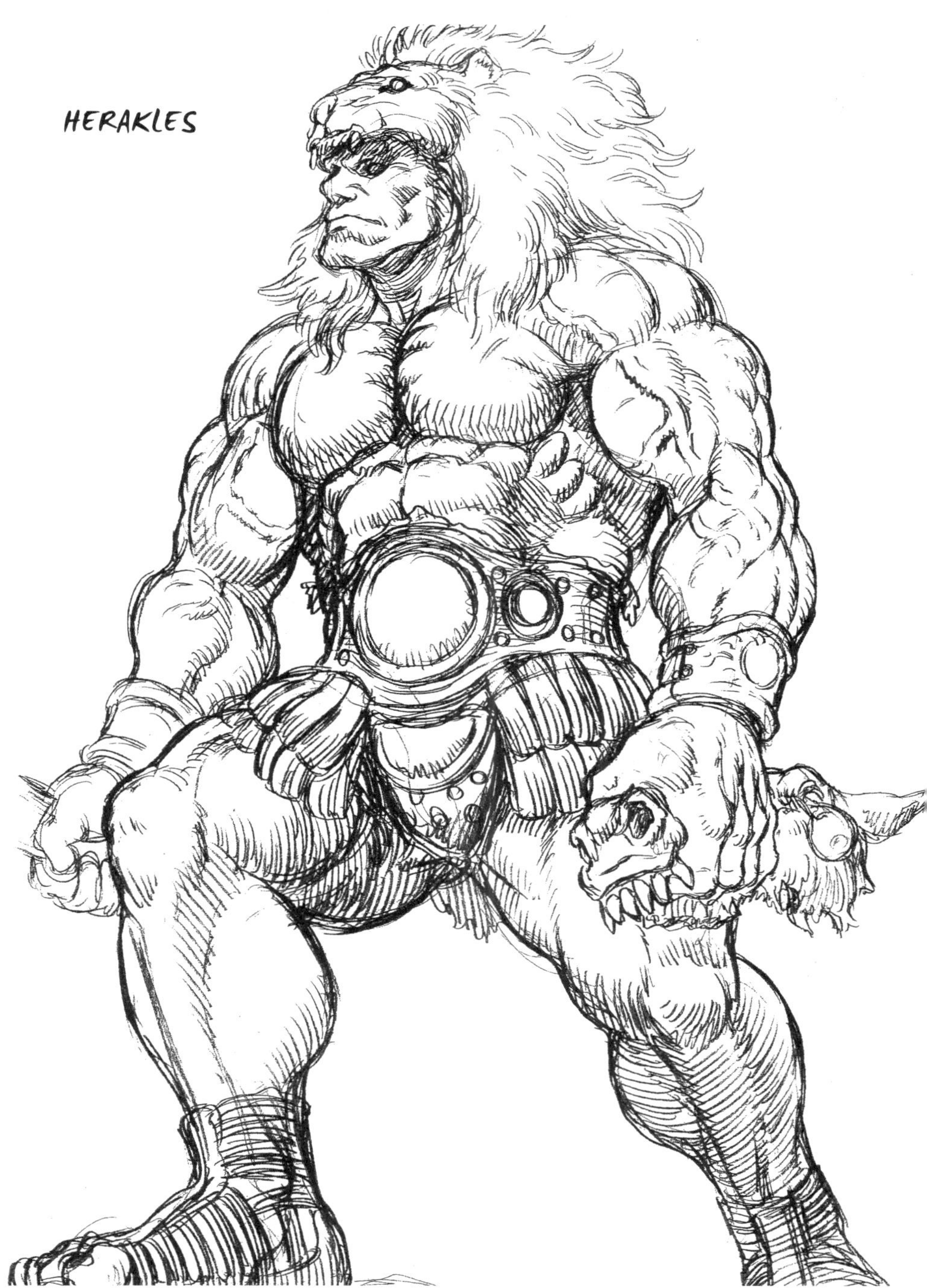
HERAKLES

Die Feuerwaffen-Einheit der Amazonen feuert gleichzeitig auf Herakles. Herakles stirbt zwar nicht, aber der Angriff kann vorerst abgewehrt werden. Aber zum Jubeln ist es zu früh. Während Subaru und seine Kameradinnen sich im Kampf mit Herakles befanden, ist dessen Begleiter Theseus, der König von Athen (und Poseidons Sohn, ein Halbgott) mit seinen Männern in die befestigte Stadt eingedrungen. Theseus verliebt sich in Antiope und entführt sie nach Athen.
NB: Einer von Theseus' Nachfahren ist Orpheus. Er kidnappt eine Königin, nachdem er sie mit seinem Harfenspiel schläfrig gemacht hat.
Penthesilea fühlt sich verantwortlich. Sie hört nicht auf den Rat der inzwischen zurückgekehrten Hippolyte, und führt die Mondsichel-Schwadron gegen das feindliche Athen, um die Königin Antiope aus der Gefangenschaft zu befreien.
Auch Subaru und Ismene begleiten sie.
Penthesilea und Subaru schleichen sich nach Athen ein. Dort werden sie mit den Schattenseiten der damaligen hellenischen Welt konfrontiert: Sklaverei, Misshandlung von Frauen und Sucht nach dekadenten Vergnügungen.

Sie spüren deutlich, was für ein besonderer und wertvoller Ort Amazonien in so einer Welt ist.
Die Gruppe dringt in die Burg ein.
Zur gleichen Zeit bedrängt Theseus Antiope.
NB: Zwar scheint in Theseus' Worten auch Zuneigung durch, aber sein Tonfall ist egoistisch und drohend und voller übersteigerter Männlichkeit.
Antiope empfindet Mitleid, als sie Theseus so sieht. In diesem Moment tritt Subaru auf den Plan. Mit dem Griff seines Gewehrs versetzt er Theseus, der sich gerade über Antiope hermachen will, einen Hieb auf den Hinterkopf. Aus dem anschließenden Handgemenge wird Subaru seinerseits von Antiope gerettet.

Subaru, der im Alleingang für Antiope gekämpft hat, freut sich darüber, dass er Antiope nicht als Königin, sondern als eine Frau beschützen konnte.
Antiope schmiegt sich an Subaru, was diesen verunsichert. Als Penthesilea dort eintrifft, reagiert sie eifersüchtig.
NB: Zu diesem Zeitpunkt könnte Antiope bereits mitbekommen haben, dass Subaru ein Mann ist.
Die drei flüchten sich in den höchsten Teil der Burg. Ismene und Melanipe retten sie von dort mithilfe einer neuartigen Waffe, dem „fliegenden Schiff" (ein Ballon, aus dem Haare wachsen). Gemeinsam gelingt ihnen die Flucht aus Athen.

Dritter Teil

Die Angriffe der Griechen auf Amazonien werden von Tag zu Tag schlimmer. Mithilfe neuartiger Waffen, die Subaru sich ausdenkt (Armbrust, Balliste, Flammenwerfer usw.) gelingt es den Amazonen mit Mühe, die Gegner in Schach zu halten, aber es herrscht Mangel an Soldatinnen, Eisenerz für die Herstellung von Feuerwaffen und ebenso an Zutaten für das Schießpulver.
NB: Zu dieser Zeit beginnt auch der Feind die anfangs von Subaru entwickelten Waffen wie das Pilum oder die Steigbügel zu verwenden. Weil Subaru das vorausgesehen hat, setzt er alles daran, das Verfahren zur Herstellung von Schießpulver strengstens geheim zu halten.
Durch eine Offenbarung von Seren wird bekannt, dass die gesuchten Ausgangsstoffe für das Schießpulver an einem von Amazonien gar nicht so weit entfernten Ort schlummern. Der Legende nach hausen in dieser „Fabelwelt" allerdings allerlei Monster und Fabeltiere.
In Begleitung macht sich Subaru auf den Weg dorthin.
Die Gruppe begegnet dort Eurydike, einem merkwürdigen Mädchen, das auf einem Wolf reitet.

Eurydike ist der einzige Mensch, der in dieser Fabelwelt lebt. Sie steht unter dem Schutz der Mondgöttin Artemis. Sie lebt gemeinsam mit den Gorgonen, Harpyien und Panen.
Eurydike führt die Gruppe zur Königin der Gorgonen, die zugleich die Herrscherin über die Fabelwelt ist.
Subaru bittet darum, die benötigten Stoffe sammeln zu dürfen. Als Gegenleistung dafür wird er damit beauftragt, das Monster Kyklops, das derzeit den Frieden in der Fabelwelt bedroht, unschädlich zu machen.
Der Gruppe gelingt es, Kyklops zu bezwingen und gemäß der Vereinbarung erhalten sie die Rohstoffe für das Schießpulver.
Weil die hellenische Welt zu dieser Zeit die Bewohner der Fabelwelt als Monster verabscheut und hasst, verkündet die Königin der Gorgonen den Entschluss, dass die Bewohner der Fabelwelt in Zukunft ihre Heimat gemeinsam mit den Amazonen gegen die Bedrohung durch die griechischen Soldaten verteidigen wollen.

Während der Abwesenheit von Subaru und seinen Gefährtinnen haben die griechischen Truppen zum Gegenschlag ausgeholt, die Streitkräfte der Amazonen befinden sich in einer bedrohlichen Lage. Die mit neuen Gewehren ausgestatteten Reiterinnen eilen mit den neuen Kameradinnen aus der Fabelwelt zu ihrer Verstärkung.
* Pane hüpfen sehr trickreich herum und werfen Speere
* Gorgonen schleichen sich durch das hohe Gras an und lähmen die Feinde mit einem einzigen Blick
* Harpyien werfen aus der Luft Töpfe mit Brandbomben auf die Feinde ab

Auch Eurydike kämpft im Stil von Prinzessin Mononoke sehr aktiv gegen die Griechen, die schließlich in die Flucht geschlagen werden.
NB: Die Auswahl des Anführers der Feinde wird einen gewissen Einfluss auf das dramatische Geschehen im Kampf haben.

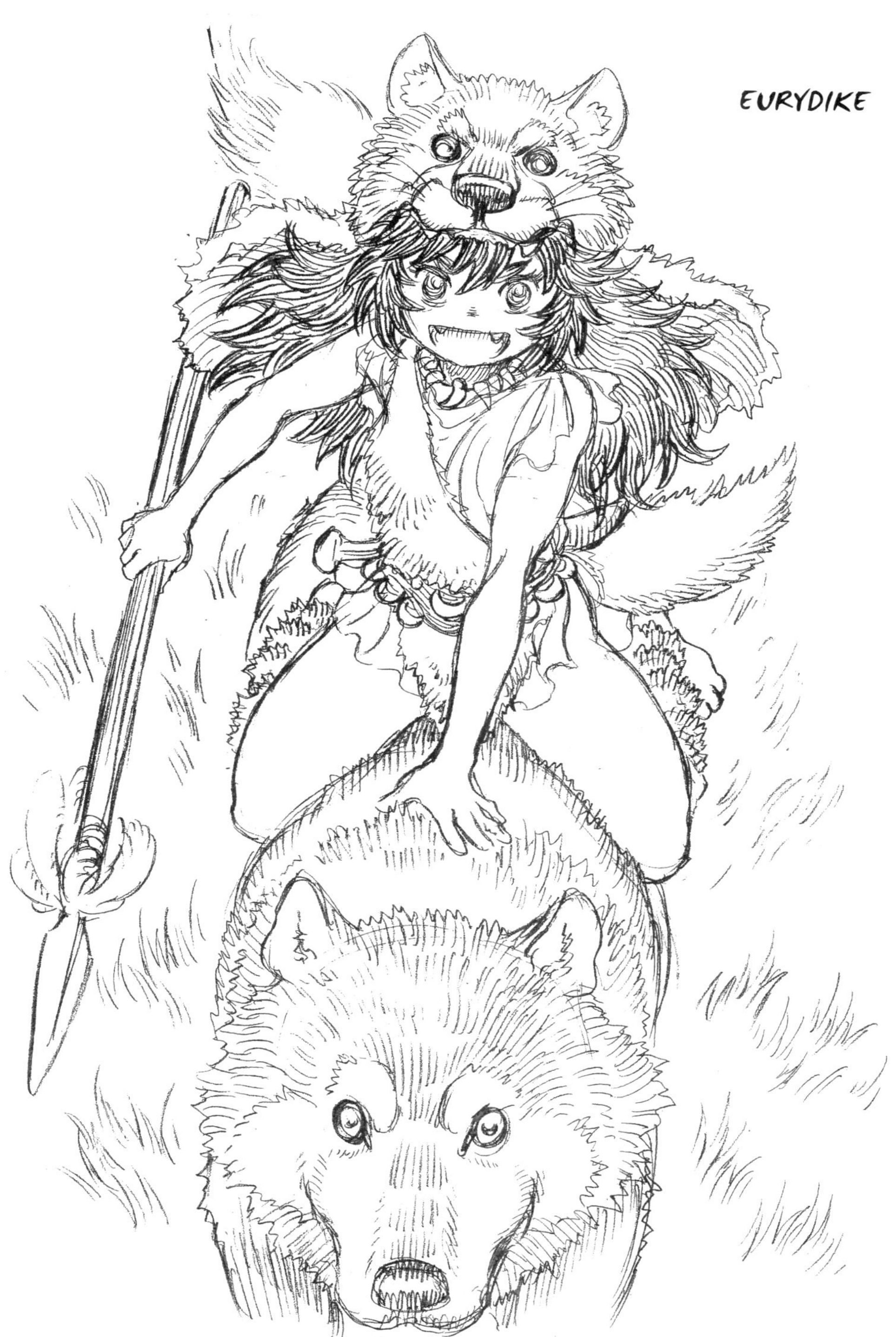
EURYDIKE

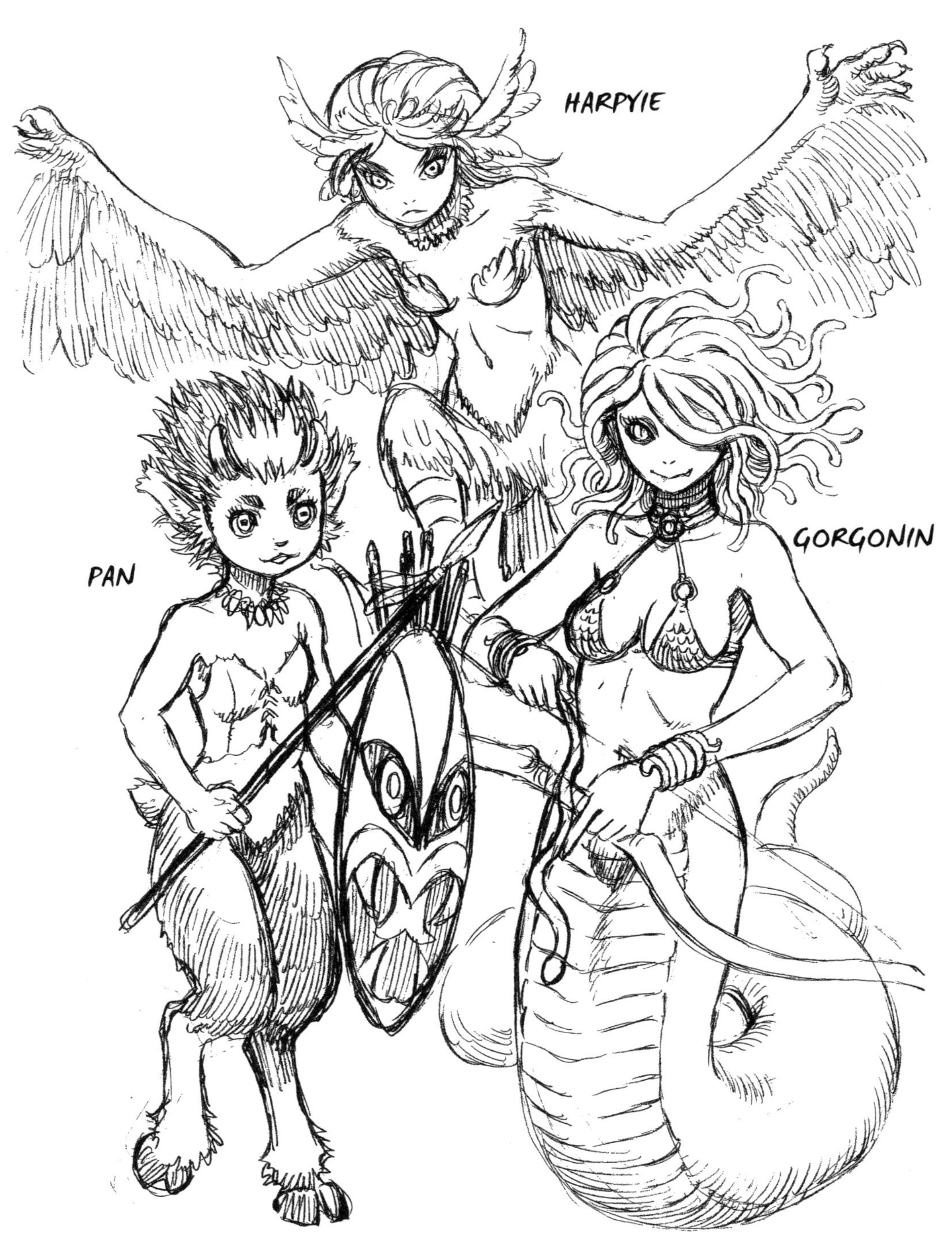
HARPYIE
PAN
GORGONIN

BARBARISCH: König Menelaos
KLUG: König Odysseus
KRIEGERISCH: Achill
BÖSARTIG: König Agamemnon
usw.

Ende des dritten Teils

Beginnend mit dem vierten Teil werden die Amazonen an der legendären Schlacht um Troja teilnehmen und der griechischen Armee eine Niederlage beibringen. Am Ende werden sogar dampfgetriebene Waffen vorkommen, und zwar auf Seiten der Amazonen (das ist in Teil eins von Ismene schon angedeutet worden). Die Seite der Griechen wird durch Beistand der Götter verschiedene Fabelwesen in den Kampf schicken.

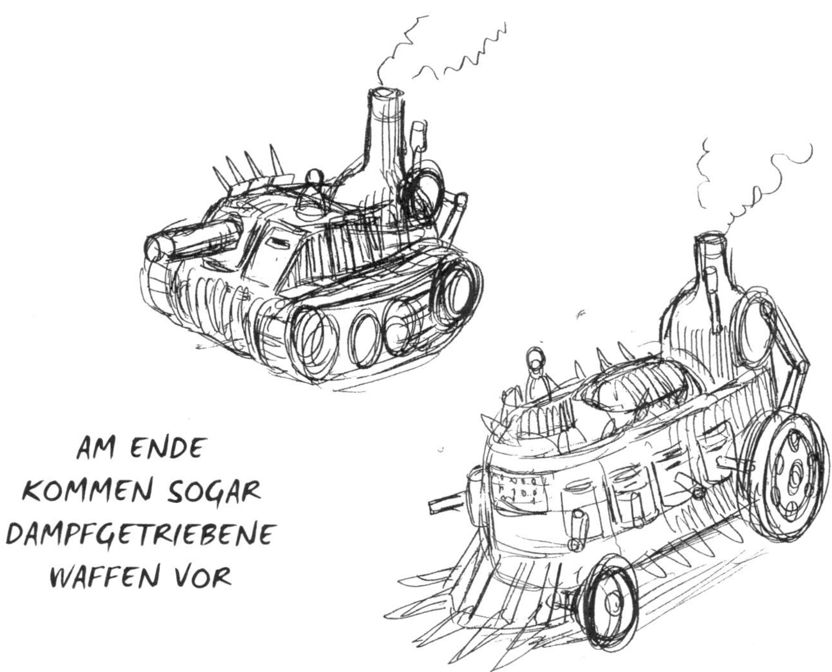

„Amazonen"
Entwürfe einiger noch nicht aufgetretener Charaktere.
Der Auftritt dieser Götter war vorgesehen. Es existieren eine Anzahl von Skizzen für Figuren außerhalb des Szenarios.

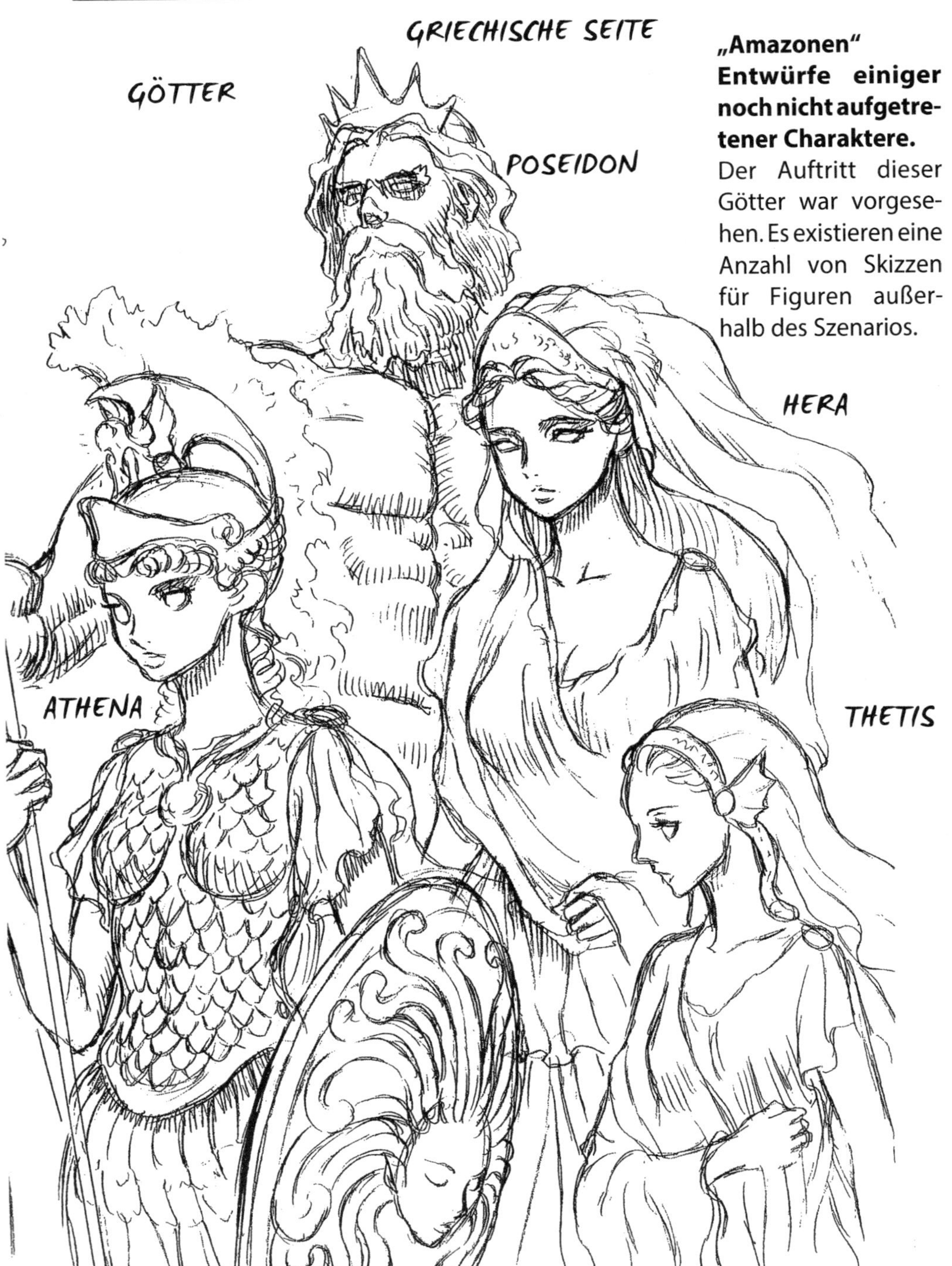

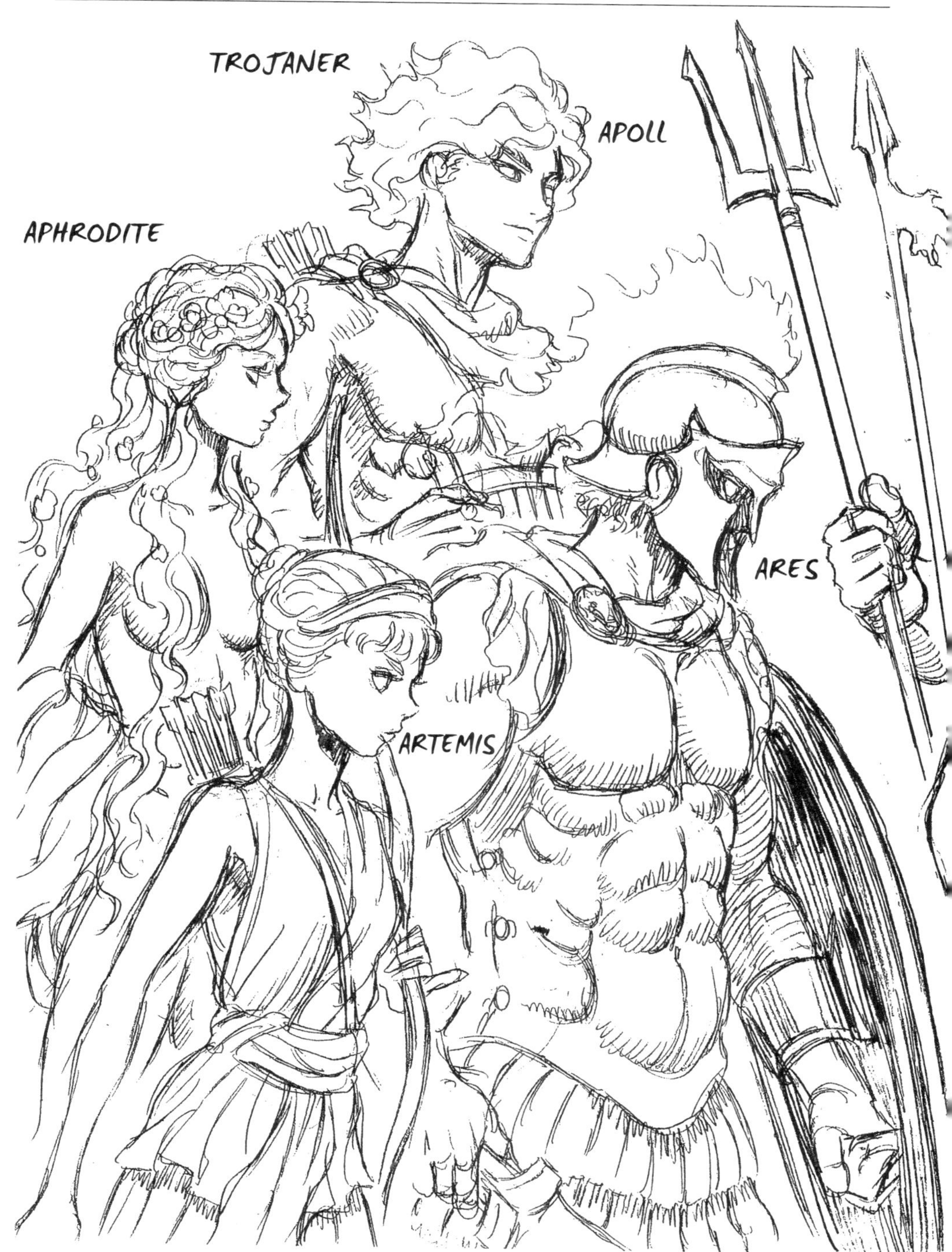
TROJANER
APOLL
APHRODITE
ARES
ARTEMIS

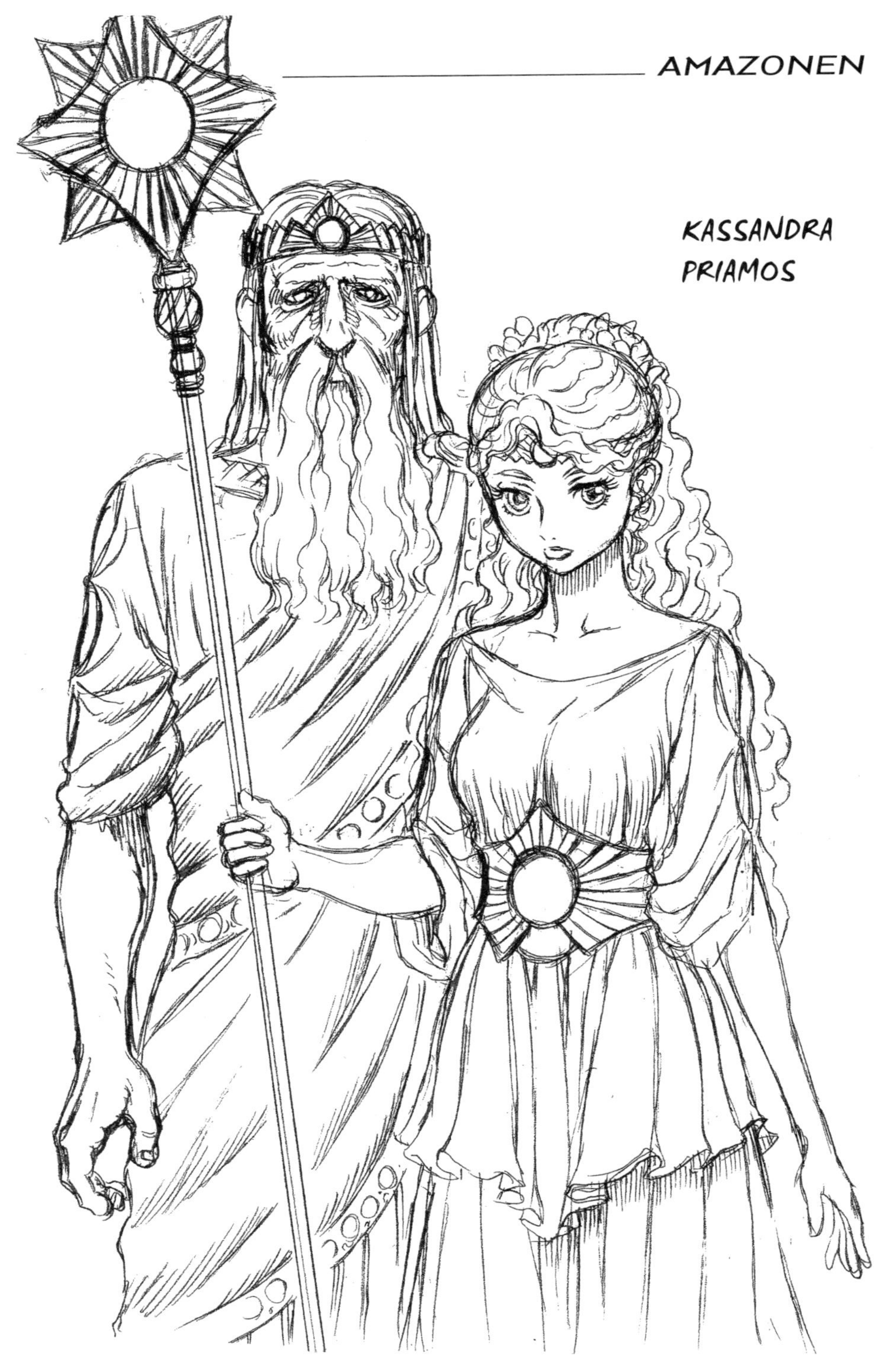
KASSANDRA
PRIAMOS

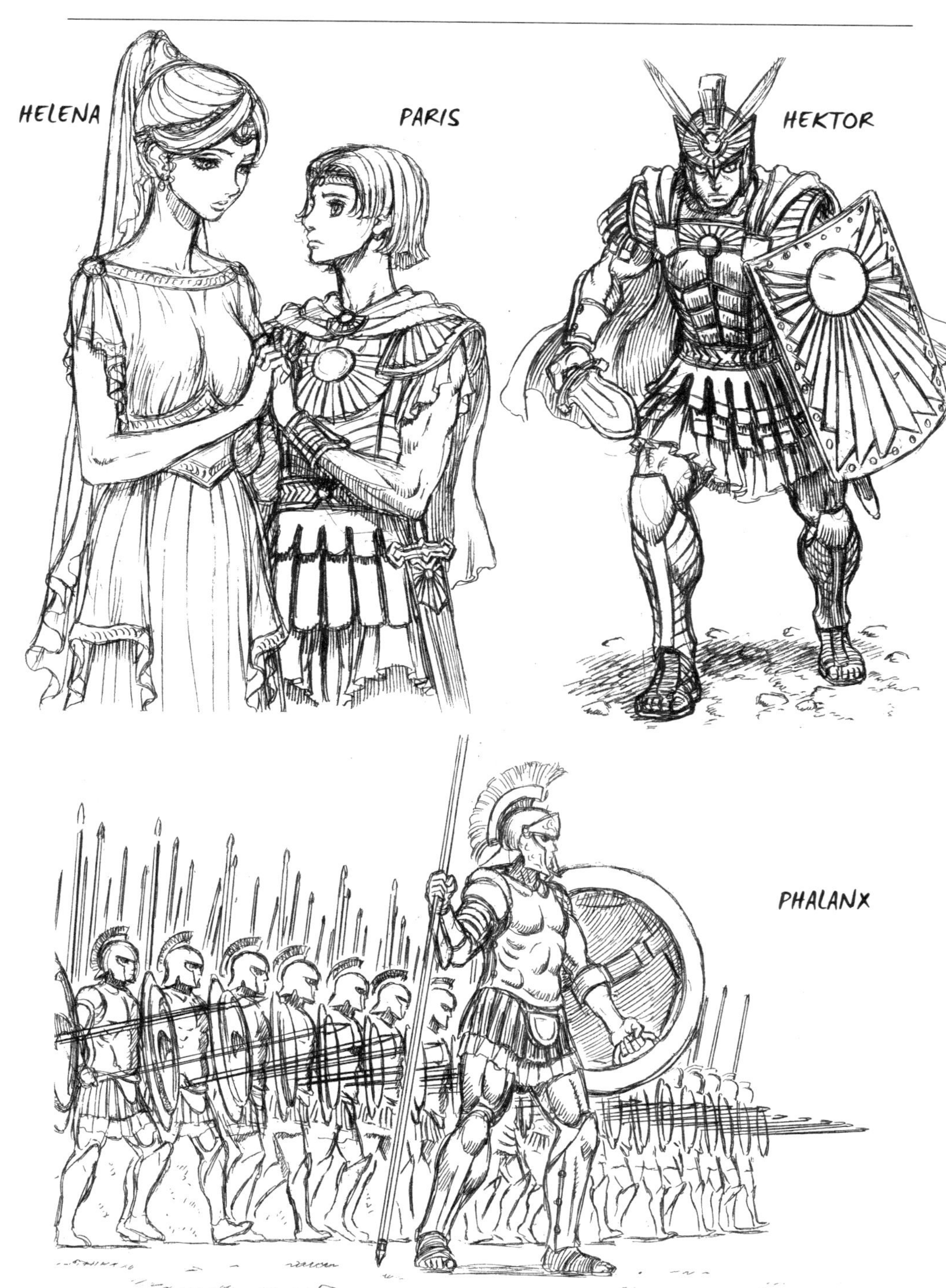
HELENA
PARIS
HEKTOR
PHALANX

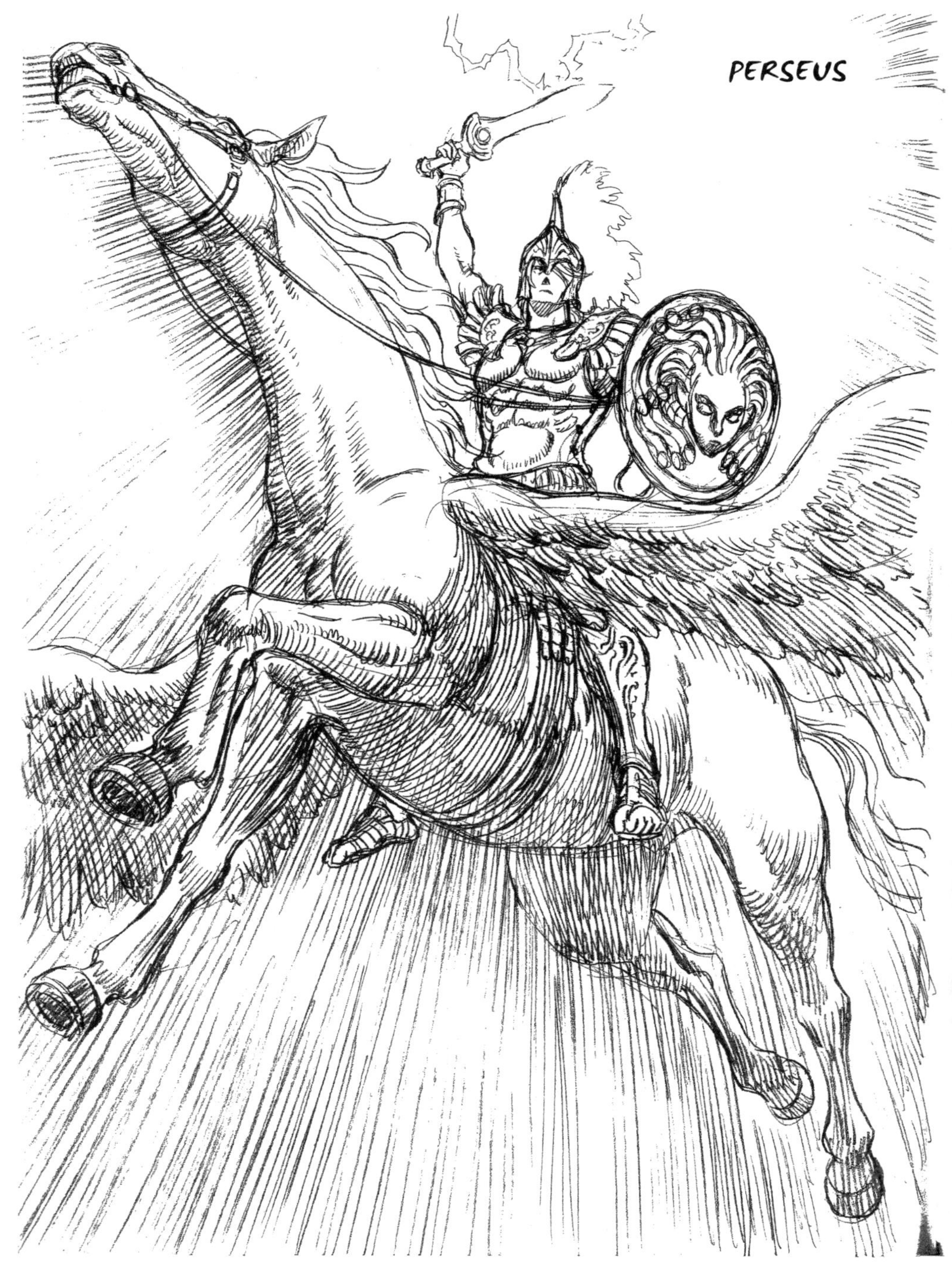
PERSEUS

Kentaro Miura
1966-2021

DUR-AN-KI

DUR-AN-KI

ACHTUNG!

Dieser Comic wird wie im Original gelesen:
von rechts nach links,
also fangt einfach von der anderen Seite des Buches an
und stürzt Euch in die Welt von

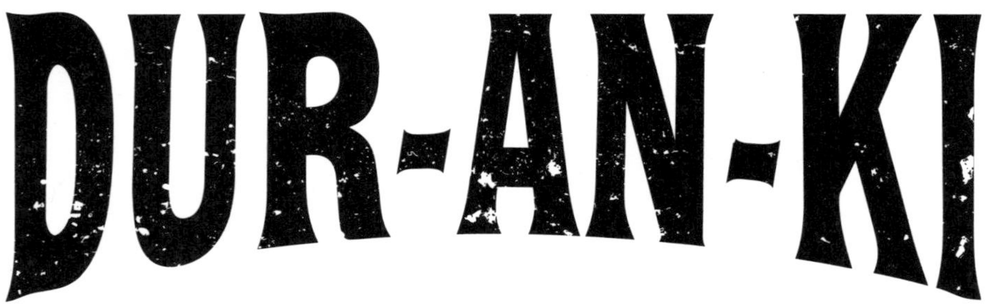

DUR-AN-KI erscheint bei **PANINI MANGA**, Schloßstraße 76, D-70176 Stuttgart. DUR-AN-KI wird unter Lizenz in Deutschland von PANINI Verlags-GmbH veröffentlicht. Druck: Gravinese Industrie Grafiche Srl – Leinì (TO) Anzeigenverkauf: BLAUFEUER VERLAGSVERTRETUNGEN GmbH, info@blaufeuer.com. Es gilt die Anzeigenpreisliste Nr. 19 vom 01.10.2021. Direkt-Abos auf **www.paninicomics.de**. Geschäftsführer **Hermann Paul**, Publishing Director Europe **Marco M. Lupoi**, Finanzen/Logistik **Felix Bauer**, Marketing Director **Holger Wiest**, Marketing **Rebecca Haar**, Vertrieb **Alexander Bubenheimer**, PR/Presse **Steffen Volkmer**, Publishing Manager **Lisa Pancaldi**, Redaktion **Stephanie Jakob**, **Matthias Korn**, **Daniela Uhlmann**, Übersetzung **John Schmitt-Weigand**, Proofreading **Jan Lukas Kuhn**, grafische Gestaltung **Rudy Remitti**, **Nicola Spano**, Art Director **Alessandro Gucciardo**, Redaktion Panini Comics **Beatrice Doti**, **Elisa Panzani**, Prepress **Francesca Aiello**, **Andrea Bisi**, Repro/Packager **Alessandro Nalli** (coordinator), **Mario Da Rin Zanco**, **Valentina Esposito**, **Luca Ficarelli**, **Simone Guidetti**, **Linda Leporati**, **Fabio Melatti**. **ISBN** 978-3-7416-2969-3

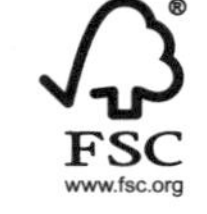

MIX
Paper | Supporting responsible forestry
FSC® C115044

Digitale Ausgaben: ISBN 978-3-7367-8953-1 (.pdf) / ISBN 978-3-7367-8954-8 (.epub) / ISBN 978-3-7367-8952-4 (.mobi)

Bibliografische Information der Deutschen Nationalbibliothek
Die Deutsche Nationalbibliothek verzeichnet diese Publikation in der Deutschen Nationalbibliografie; detaillierte bibliografische Daten sind im Internet über dnb.d-nb.de abrufbar.